JN290828

水洗トイレの産業史

20世紀日本の見えざるイノベーション

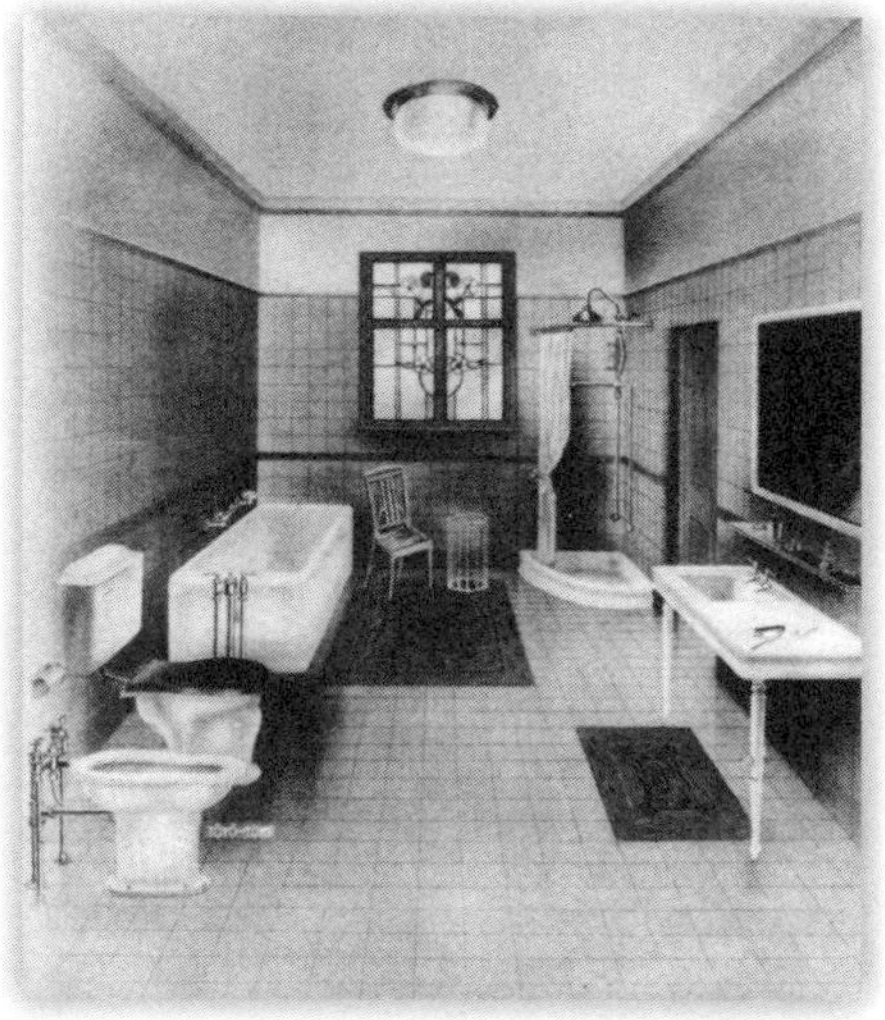

前田裕子 著

名古屋大学出版会

創意無くして起業は無く、研究を欠いては其の業は進まず、失敗を恐れて真の成功は望めない。畢竟産業の盛衰はこの精神の強弱に依りて支配さるゝものと思ふ。

——大倉和親（『面影』）

水洗トイレの産業史　目　次

序　章　トイレ「水洗化」の意味するもの……1

＊本書では、原則として漢字は新字体を使用した。引用文中の「……」は、引用箇所の省略を示している。

序章　トイレ「水洗化」の意味するもの

初めに断っておくが、本書は「トイレ学」を論ずるものでもなければ、いわゆる「トイレ話」を主題とするものでもない。われわれ（とは、ここではとりあえず日本の都市住民一般を指すことにする）の大多数にとってきわめて大切な生活設備《ファシリティ》である水洗トイレが、日本でどのように作られ普及してきたのかという、その過程、およびその背後で紡がれた歴史を提示することを目的としている。いったい、現代日本の都市部[1]に暮らす人間にとって、水洗トイレ以上に必要不可欠な「モノ」が存在するだろうか。今、たとえ一週間にせよ大都会のトイレがすべて使用不能になった、その都会で暮らす状況を想像してみてほしい。自動車が動かなくなるより、飛行機が飛ばなくなるより、携帯電話やパソコンが使えなくなるより、ガスや電気が止まってしまうより、トイレが使えなくなることによってわれわれの生活は悲惨になるだろう。そうした事態が起こらないとは限らないということを、たとえば大きな災害を経験した者は学んでいるはずだ。

日本では二〇世紀を通して、最も身近な生活設備であるトイレが、非水洗式から水洗式へと緩やかに切り替わった。いや、緩やかといっても日本人の排泄の歴史からすれば、それは実に劇的かつ画期的な変化だった。日本の歴史のなかでの二〇世紀は、戦争や経済成長、あるいは環境破壊に特徴づけられるとともに、トイレ水洗化の世紀でもあった。

トイレ水洗化の過程は、水洗トイレを成立させるさまざまな部材の工業化を必然的に含む。水洗トイレが重要なものだということに異論はないとして、しかし、工業化の視点からトイレそのものを検討することには困難が伴う。その理由は、トイレが給排水システムに組み込まれていることや工事技術と関わりがあること、あるいは工業統計のあり方などいろいろと挙げられようが、まずもって、「トイレ工業」あるいは「トイレ産業」といった括り自体が存在しないからともいえる。それをあえて「産業史」として捉えようというのが、本書の試みなのである。

現代の産業として水洗トイレを検討するなら、たとえば「衛生設備機器」あるいは「建築設備機器」や「住宅設備機器」といったカテゴリーを利用すればうまく実態がつかめるような気もする。しかし、残念なことに、日本標準産業分類（総務省）には設備機器に類する項目が存在しない。この状況が影響しているのか、工業化の数量的側面においては、統計的裏づけの精緻さを欠く各種製造業の部分的寄せ集めから考えるしか方法がない。

一方、歴史的なパースペクティブにおいても、〝水洗〟トイレを対象にするのであれば、「トイレ産業史」より「給排水設備（機器）史」といった括りのほうがふさわしいという見方もできる。実際、近代以降の欧米の「トイレ工業化」過程は給排水設備史のなかで捉えると理解しやすい。ところが日本の歴史において、給排水設備とトイレとは、いわば別の世界に属してきた。これについては本論で検討するとして、ここではとりあえず、欧米と比較した場合、後発の日本において単なるタイムラグではない、独自の水洗トイレ工業化の歴史が刻まれたことを指摘しておく。

ところで、「設備機器」というカテゴリーにもまたさまざまなものが含まれる。今日の市場規模からいえば、そのなかに占めるトイレの重要度は小さなものだ(2)。それに、空調（冷暖房）設備機器はむろんのこと、同じ水回りの設備機器でさえ、たとえば台所（キッチン）や風呂（バス）が持っている社会・文化的背景をトイレと同列に論じることはできない。「設備機器」というコンセプトは、学理に基づいて発展した技術によって立つのではなく、生活の必要に応じて開発されたさまざまな工業製品に共通する要素技術の集積から導かれたのであり、逆に言うならば、後発の設備技術が長い歴史を持ったトイレやバス、キッチンを統合した産業概念を可能にしたといえよう。

こうして設備機器としての統合が進めば進むほど、ことさらトイレ（あるいはキッチンやバス）そのものを抽出した工業化過程は把握しにくいものになっていく。結果として、本書においてはときに便器を――というのは当然として――ときに水栓を、ときには陶磁器食器や金属パイプを、またモノ以外にも設備工事や企業活動、その企業の経営者や技術者、都市建築や上下水道や公衆衛生なども考察の対象にしつつ、水洗トイレ国産化の過程を追跡することになった。なかでもこの過程に携わった人々の思想や行動とモノづくりとの関係性が重要な位置を占めている。いろいろなコト、モノ、そして人間の意思のインタラクションのうえに水洗トイレは作られ、そして普及してきた。本書では、水洗トイレの黎明期から本格的普及の始まった一九七〇年代初めあたりまでのおよそ百年を主たる考察の対象とするが、裏を返せば、それは水洗トイレという視角に収めた日本近代化の歴史でもある。

むろん、われわれをとりまくあらゆるモノ、そして工業製品に、そうした過程――開発、改良、生産や需要構造の変化、あるいは経済成長とのインタラクション等々――にまつわる物語は存在するだろう。そうしたモノのなかで、しかし、水洗トイレは現代におけるその圧倒的な重要性にもかかわらず、そして文化論的関心からは賑々しく話題を振りまいているにもかかわらず、工業化の視点から注目されてこなかったことも本書を著した理由のひとつである。本書が出版される二〇〇八年の日本における水洗トイレの普及率は、直近の諸統計から推定しておよそ九〇パーセント。これは全国を対象とする数字であって、都市部、特に大都市での水洗化率は百パーセントに近づいているはずだ。実際毎日必ず何度も使い、それがなければどうしようもなく困る水洗トイレ、のみならず近年ではそこに座ることで快適な時間を過ごすことさえできる日本のトイレの出自を、われわれはどれほど知っているのだろう。

（1）近代都市の形成と「衛生」の思想

水洗トイレ――これを人間の排泄物を水で流し去る機構、とするならば、水洗トイレははるか昔から世界各地で試みられ、設置されてもいた。[3] けれども、現代のそれ、すなわち、屋内環境を清潔かつ衛生的に保つ水洗式便器を備え、かたや排泄物を含む洗浄水に何らかの処理を施して再利用もしくは自然循環に返す試み——につながる機構であるトイレが普及し始めるのは一九世紀後半以降のことである。近代の都市では累増する人間の屎尿が生活環境を汚染し、その汚染から健康被害その他の弊害が生じていた。この状況における水洗トイレの普及——非水洗トイレから水洗トイレへの変化、もしくはトイレの水洗化——を「イノベーション」として捉えることから話を始めよう。

水洗トイレはそれ自体が偉大な発明（インベンション）であり、排泄設備の歴史的イノベーション（新機軸）であったが、それが普及することによって二重、三重に大きなイノベーション（革新／刷新）をもたらした。まず、第一のイノベーションは公衆衛生面、つまり都市の衛生状態を改善したということで、人間の健康維持、ときに生命そのものに対して実質的な貢献をした。[4] 第二のイノベーションは清潔面で起こった。「清潔」は疾病の予防という意味で「衛生」に重なる。が、さしあたり直接健康に被害のないレベルにおいても、悪臭や汚物の放置、害虫の発生といった不快な住環境を「不潔」として否定し、一方で個人および社会の生活をより快適なものに改善していく力となった。第三に、心理面でもイノベーションが生じた。これも清潔面に深く関わるが、より個々人の内的な問題として排泄行為への感覚を刷新し、排泄空間の快適さへの欲求を顕在化させた。かたや、汚物を身の回りから遠ざけるのみならず、ときにその存在を意識から抹殺することを欲する心理を生んだ。

つまり、水洗トイレの普及は、人々の衛生や清潔に対する認識と感覚とに左右されてきた。認識とは個人の選好に関わりなく、健康、場合によっては生命の維持のために衛生上何が必要かを理解することである。感覚とは安全や清潔、また快適さを求める気持ちと言い換えてもよい。どの程度の衛生状態また清潔感で満足できるかは、その社会、文化、時代によってさまざまだし、個人によっても異なる。ある個人（社会／文化／時代）は別の個人（社会／文化／時代）にとっては不要であり無意味な衛生基準や清潔さを不可欠なものとして求める。そして、いずれにしても、近代都市において「トイレ水洗化」がもたらすイノベーションは、都市機能そのもののイノベーション――都市をひとつの有機体のごとく機能させることを可能にする給排水システム（上下水道）の構築――のうえに成り立った。

〈公衆衛生面におけるイノベーション〉

第一の公衆衛生、すなわち認識から生まれたイノベーションがもたらされたのは、人間の集住によってその必要が生じたからだった。上下水道や〝水洗トイレ〟が建設されていたという古代都市において衛生上の必要性がどの程度認識されていたのか、ここでは問わないが、少なくとも一九世紀欧米の大都市においては水系伝染病（特にコレラ）をはじめとするさまざまな疾病対策として、給排水やトイレのシステム改善の必要なことが認識された。この中間にあたる時代にはどうやらそうした認識が、皆無とはいえないまでも恐ろしく希薄であった。中世から近世にかけてヨーロッパの諸都市、たとえばパリでは人々が公然とゴミや汚水、ときには屎尿までをも道路に捨て、あるいは直《じか》に排泄をしていたという。雨が降ってぬかるんだ道路の惨状は想像に余りあるが、その汚泥水を馬車がはねることのないように道路を石で覆う工夫がなされた。が、石で覆われた道路は水はけが悪くなり、ますます街なかに汚泥水が溜まるようになった。道路に屎尿をぶちまける行為は一四世紀末に禁止されたが、たとえ違反であれ一九世紀半ばまで続けられ、とりわけ貧困地区の不衛生状況はすさまじかった[5]。一方、道路の不潔な汚泥水を排除するためにセーヌに通じる溝が掘られたのは一二世紀末。捨てられる汚物が増えるにしたがって溝はすぐに詰まるようになり、一四世紀には地下の下水道が建設された。この頃になると屎尿は川を汚染するものと考えられ、下水道には流さずに別途収集されることになっていたが、その業務もまた不衛生に満ち溢れていた。時代の進行、すなわち都市人口の増加と下水道の許容量はいたちごっこで、下水道は次第に大規模なものに変わっていった。こうしてパリの下水道がまずは満足のいく状態に作り変えられたのが一九世紀の後半、著名なジョルジュ・オスマンの都市計画の一部をなした大幹線下水道である。[6] そして一九世紀末、住居のトイレを下水道につなぐことが法制化され、屎尿は下水道に流されることになった。[7]

パリの歴史は、多かれ少なかれ欧米の先進諸都市に共通するものだったろう。つまり、下水道とは当初、雨水と生活雑排水を溝や管渠に集め流すことによって、都市を水害と不衛生から護るための設備だった。道路に捨てられた屎尿が雨水や生活排水と一緒に流されることはあったが、原則論からいえば、屎尿は別個に処理されるべき不浄なものだった。だが、その不適切な処理、それ以前に不適切な収集と不適切なトイレが都市と住宅を悲惨な状況に追い込み、その収集処分をする人々の生命を危険にさらしてもいた。水洗トイレの発明がそれまでの下水道の意義と性格を変えた。水洗トイレは都市の水システムとともに自然発生的にできたものでは決してなく、多くの人々がほかならぬ「水洗トイレ」を作ろうと努力してこそ開発された設備である。その水洗トイレを経由して屎尿を下水道に流すことが認められたのは、ロンドン一八一五年、ボストン一八三三年、ハンブルク一八四二年、フィラデルフィア一八五〇年、パリでは一八八〇年であった。[8] 後述するように、当初この種の試みはいったん失敗に終わる。当時の素朴な下水道は屋内から流し出された屎尿を適切に受け入れる能力がなかったが、それは経験して初めて理解されたのだ。しかし、下水道建設および配管工事技術の向上、また下水流路の変更や処理施設の設置など、さまざまな工夫を施すことによって屎尿の下水道への直接放流が可能になった後、今度は逆に、トイレの水洗化が下水道建設の最大の目的のひとつとして掲げられるようになった。

さて、都市への急激な人口集中、それに伴う衛生環境の悪化は産業革命[9]の所産だが、膨大な人口を都市にとどめおくことを可能にしたのも産業革命だった。都市の人口増加を支えるにはそれなりのインフラストラクチュアが必要である。都市を、住宅を、そして個々人を衛生的に保つためには、多量の衛生的な水の供給とその適切な排水が不可欠だった。細菌学が劇的な発展を見せるのは一九世紀最後の十数年間だが、それ以前に、経験の蓄積と公衆衛生の発進により、上水（特に飲み水）が下水や廃棄物によって汚染されてはならないことが明確に認識されると、人工的な水のシステムの構築が不可避であることもまた理解された。多くの人間を収容する重層住宅、そこでの生活を支える給排水のシステムは、さらにそれを支える材料——たとえば鉄——の大量生産が可能になってこそ建設が可能となり、そのインフラストラクチュアの整備がさらなる人口の集中を可能にした。そして、上下水道の整備と水洗トイレの普及によって、住居内を含めた都市の衛生状態は画期的に改善された。(10)

〈清潔面におけるイノベーション〉

第二の清潔面でのイノベーションは、より社会的、文化的な色彩を帯びていた。再びパリの事例を引けば、ゴミや屎尿にまみれた道路を歩くために淑女のハイヒールが考案されたとか、家の中に溜めおいた汚物を上層階の窓から道路に向けてぶちまける行為が日常的であったため、その厄禍を避けるために紳士の帽子やマントが役に立っていたという類の、あらゆる「トイレ史本」に書かれているようなエピソードは、その時代の衛生観念や清潔感覚を巧妙に切り取っている。ロンドンでも一八五八年の夏、テムズ河畔に建てられていた議事堂で議会の開催が不能なほどに川を覆う屎尿の悪臭が強烈だったという。翻って現代先進国の諸都市に暮らす紳士淑女の数は知らぬが、この種の不衛生もしくは不潔な景色はもはや街なかに見られない。それは医療によるのではなく、「水道や下水道の普及による、またゴミの収集システムによる、とにもかくにも都市空間からの汚物の除去、搬出の成果(11)」なのだ。

上下水道の整備は人々の生活にも絶大な変化を及ぼす。豊富な給水は、「水汲み」が主要な家事の代表であった時代とは比較にならない量の水消費を人々に享受させることになった。一九世紀初頭のパリでは一日一世帯あたりに必要な水は五〜七リットルと考えられていたが、一九世紀中頃にはそれが百リットルを超え、二〇世紀初頭には二百リットルを超えた。(12) 一九世紀も後半になると、欧米の諸都市では上下水道のみならず、各家庭にその恩恵をもたらす設備機器が発達した。——「『衛生設備』のシステムは、運ばれるものの千倍にも相当する多量な清水を必要とする。遠くの水源から、圧力が加えられた純粋な水が、需要があれば即座に、何の障害もなく、あらゆる部屋に……供給されている。水に匹敵する生活必需品が他にあるだろうか？　それほど、私たちは水を廃棄（浪費）している(13)」。

ここで指摘された「生活必需品」は飲料水のことではない。飲料水はむろん生命の維持に不可欠な必需品だが、その必要量も限られている。われわれ都市生活者が必要とするのは、加えてそれとは比較にならない膨大な量の生活用水であり、そのほとんどは汚れを洗い流すために、言葉を変えれば、衛生と清潔のために給水され、排水される。生命維持のために体内に摂取された水も、他の食物とともに形を変えて体外に排出される。――「大便やそれを拭いた紙を水槽の中に落とし、大量の急激な水流で希釈した廃棄物の目に見えない大系へと洗い流す、精巧な技術によって、私たちは排泄にまつわる感情を欺く」。この目に見えないシステムは「建物の中や地面の下を通る何マイルにも及ぶ配管によって」遠くの処理施設や、あるいは川や海へ放水され、水そのものがもつ巨大な循環システムに吸い込まれる(14)。――ケヴィン・リンチは、このようなわれわれの生活における「変化の暗い側面」としての廃棄を「抑圧されてきた情緒的な主題」として捉える(15)。より具体的に述べるなら、体内に取り込まれたものをトイレという密室の中で排泄する行為、排泄された汚物、そこから発する臭気等は、実質的にも人々の話題からも隠蔽されるのが望ましい。

「水洗便所が大量の水を使って流し去ろうとしているもの、それは、負性としての身体である(16)」。――水洗トイレを現代文明の原点と捉える金塚貞文は、「排泄物を『目にふれない』ものとするという文化的生活からの処理過程の切断が、同時に処理過程自体の生態系からの切断に他ならない」ことに着目し、そこに人工的な生態系（＝経済循環）の戦略的追求が見られるとの批判的分析を行っている(17)。

水洗トイレは経済的戦略から生まれたわけではないが、その普及により屎尿を直に収集、処理あるいは廃棄する作業はなくなり、かたや衛生設備を作ったり配管工事を行ったりする技術的な産業が盛んになった。産業の盛衰には経済的動機がつきものではあろうが、それ以上にこの社会的変化は、それ以前と以後の時代を区別する重要な意味を含んでいる。誰が屎尿を処理し、その人々が社会的にいかなる位置を占めていたかという問題は、ときに文明史の深層部を映しだす鏡となる。ほかならぬ日本の近世から近代にかけての営みは、この意味では世界史上の希少な事例であろう。歴史学の領域で、屎尿処理のあり方を含めて「近代社会」の条件が論じられる機会は滅多になく、実際、表《おもて》に見える発展の陰にこそこうした問題が取り残される場合も多い。しかし逆に、たとえば今日、人々が衛生設備機器メーカーに対して「清潔」かつ「好ましい」イメージを抱いているとすれば、それはまさしく近代化がもたらした社会心理面でのイノベーションなのだ。

〈心理面におけるイノベーション〉

こうして第三の心理的イノベーションが訪れた。社会の衛生観念、そして人々の清潔意識の向上が水洗トイレの導入に一役買い、水洗トイレの常用が人々の心理を変えていく。このプロセスにはそれぞれの社会に特有な文化や慣習が複雑に絡み合い、おそらくそれが水洗トイレの普及速度にも反映しているだろう。このインタラクションは人々が日常あえて語ったり考えたりしないきわめて個人的かつタブーの世界に源を発しているだけに表面化しにくいけれども、結果として、水洗トイレを常用する人々に己の廃棄物の行く末と水資源の貴重さを認識させるための教育が必要になったことは否めまい。給排水のシステムは水の自然循環にとりこまれているが、その力を借りて流す汚物は廃棄物として処理されねばならず、その処理方法はやはり環境に負荷を与えるものだ。

人々は、水洗トイレの普及する以前にはごく一部の階級の特権であった、醜悪な廃棄物をその悪臭ともども即座に視界から遠ざけ忘れ去るすべを覚えた。――「尿と糞便は、一般に現代の西欧社会から最悪の汚物とみなされているので、人々はできるだけ早く完全に処分したいと思うばかりか、多くの場合、それを作り出す行為からも完全に縁を切りたいと思っている」[18]。反面、排泄行為のマナーはより洗練されたものに変わっていった。排泄物の次には残臭、そして音まで消さねばならなくなった。音を隠すためのフラッシュ使用、そのフラッシュの擬音装置[19]はともに現代の日本に特徴的だといわれるが、マナーとしては水洗トイレが普及した二〇世紀初頭のアメリカにおいてすでに経験されている[20]。そして小野芳朗が、「排泄物、口臭など、自分の体内世界と外界の接触点をできるだけ減らしたい。……清潔志向とは、みずからの世界のクローズド化をイメージしている」[21]と分析するように、自らの体内で醸成した物質が他者の関わる外界に触れることを忌避する心理[22]は、一方で捨て去ったものへの責任感の欠如につながる。人々は自らの身体とその日常生活をとりまくものを過剰に洗浄することによって清潔を保ち、その行為がすなわち資源を浪費し環境を汚染することには無頓着になった。本書では水洗トイレと環境との問題には立ち入らないが、しいていえば、一般市民よりもむしろトイレを社会に供給している業界サイドが、より環境にやさしい製品（たとえば、前述の擬音装置や節水型トイレ）を積極的に提案しているのが、少なくとも日本の現状なのである[23]。そして世界人口の増加と水資源の分布、水質汚染の進行等を考慮するなら、地球上のすべての都市に水洗トイレがくまなく普及する時代の到来を楽観視することはできない。とすれば、人類に不可欠なトイレには、いつの日かまた新たなイノベーションが必要になるだろう[24]。

　それはさておき、都市化が進むにつれて、人々は、排泄の暗部を覆い隠し、忘却させる水洗トイレというファシリティに、より積極的な関心を向けるようになった。公共施設や商業ビルのトイレは美しく贅沢な造りになり、一般住宅のトイレはそれぞれの家庭の主婦によって飾り立てられ、その空間のインテリアも多彩になり、便器は常に磨きたてられるようになった。――「近年実現した――すべての社会階層にとっての――排尿・排便における快適さの獲得はわれわれの社会の価値観を変えつつある」[25]。ロジェ＝アンリ・ゲランは宗教や文化によって抑圧されてきた「人間の自然な感性に開放的な精神」の復活をここに見出す。トイレや排泄に関わる話題がタブーや卑俗な世界を脱して市民権を得、人々のまともな関心の高まりとともにトイレの機能も向上し、多様化した。公衆衛生上は下水道の類を必要としない農村部においても、いや、山小屋においてさえ、人々は水洗トイレ――より正確にいうなら、それをとりまくシステムはどうであれ使用器具としての水洗式便器――を求めるようになった。日本では暖房便座や温水洗浄便座がすでに一般化し、便器自体の掃除もしやすくなり、節水化が進み、加えて一昔前には夢想もしなかった新しいトイレ・スタイルが次々に提案されている。ふたの自動開閉や自動洗浄の機能を持つトイレには商業ビルなどでしばしばお目にかかるようになったし、住宅向けに、デザイン性が高くあらゆる場所に設置可能なタンクレス・トイレも商品化された。快適かつ超清潔なトイレの演出は、とりわけ近年の日本で顕著な傾向であるらしい。現代日本、すなわちわれわれのトイレは、排泄という生理的欲求を満たすために仕方なく行く場所ではなく、リラックスできる快適な時間を過ごす清潔な場所に、すなわち排泄空間から快適空間に変貌しつつあるのだ。より快適かつ環境負荷の小さな商品の開発——「水洗トイレのイノベーション」は、モノづくりの場で不断に追求され続けている。われわれは快適さへの欲望をより深めることはあっても、いったん手に入れた快適さを自ら放棄することはできないだろう。

（2）給排水システムのなかの水洗トイレ

本書の主眼は工業化過程の解明にあるが、日本の水洗トイレの工業化には日本独自のプロセスがある。これが世界的に見ておそらく相当ユニークであろうことを、後段で順次明らかにしていく。考察の対象とする時代は主として二〇世紀の初頭から高度成長期の終わりあたりまで、すなわち、ベーシックな水洗トイレが都市部で一般化し始めた時代までとする。ただ、本論に入る前に最低限の実務的および共通認識を持つべき問題にも触れておかねばなるまい。まずは「トイレ」という言葉の検証からである。

〈トイレという言葉〉

本書では「トイレ」という言葉を使用するが、その理由はこれが現代の日本で最も普遍的に通用していると判断するからである。しかし、「トイレ」は、生粋の日本語でもなければきちんとした外来語でもない。「トイレ」に相当しそうな言葉は隠語を含めて数多くあるが、今日の日本では、たとえば「便所」などというより「トイレ」といったほうがはるかに一般的で、表現としても好まれている。この言葉を定義するのは、実はむずかしい。

「トイレ」という言葉のルーツは、英語の“toilet”やフランス語の“toilette”に求められよう。だが、「水洗トイレ」という言葉は、英語の“water closet”にほぼ相当すると考えられる。略称〝WC〟として日本でも使われるこの英語には、たしかに便所の意味もあるが、イギリスで最初に現れたときには水洗式の便器を指していた。“closet”というと「小部屋」（すなわち便所）を意味すると思われるかもしれないが、そうではない。一八世紀末から一九世紀にかけて、“pan-closet”だの“valve-closet”だのと呼ばれるさまざまなタイプの水洗式便器が考案されており、おまけにそうした便器は便座となる箱に収められていたことからすれば、“closet”は「便器」であり、しいていえば便座を含むと考えるのが正当だろう。水洗式便器を指していた言葉が、いつの間にかその設置場所をも意味するようになったのである。

同様に、日本語の「トイレ」という言葉も「便所」より多彩な意味で使われる。「便所」とは文字通り排便をする場所を表すだろう。その場所に置いてあるのが便器である。だが、「トイレ」については、その場所や空間を表す場合と便器機構を指す場合とがある。一般に空間を指す場合には単に「トイレ」もしくは「便所」という言葉を使い、あえて「水洗便所」もしくは「水洗トイレ」という言葉を使うときは、その空間に「水洗式便器」があることを意味している。が、水洗式便器に対して水洗トイレという言葉を使うことはあっても水洗便所という言葉を充てることはあまりない。「トイレに座って（考えごとをする／本を読む／……）」というような表現をわれわれは不思議に思わないが、「便所に座る」とは言わない。なぜなら便所とは元来、便器を置き、排泄をして、屎尿は便槽にそのまま、ある程度の時間放置する特別な空間だった。水洗トイレもまた水洗式便器を設置する専用の空間があるのが普通だが、寝室や浴室に設置される場合もある。それが可能なのは排泄されたものが放置されずに即座に流れ去るからだ。しかし、特別の空間が必要ないとしても便器だけでは決して成立せず、給排水システムと連結していなければならない。つまり、水洗トイレは排泄のための壮大なシステムの一部分を構成する「何か」なのだ。とすれば、近代的な水洗式の排泄方法が日本に導入されて以来、さまざまな外来語を使ったり、それを翻訳したりしながら、旧来の「便所」や「便器」では表せない概念に対していつのまにか「トイレ」という曖昧で便利でかつ親しみやすく清潔感のある言葉を充て、[26]それを旧来の「便所」概念にも充用してきたのは、いかにも日本人らしい言葉づくりといえるかもしれない。今日、この言葉は拡大解釈され、排泄システムの一環としての機能、さらには排泄行為そのものをさえ意味するようになっている。「出かける前にトイレをすませる」などという表現はまさにこれである。

本書では、人間が直接使用する排泄の機構およびその空間を指す最も一般的な言葉として「トイレ」を、そしてそれが給排水システムに組み込まれた便器機構を持つ設備である場合に「水洗トイレ」という言葉を用いる。

〈都市における水システムと水使用〉

一般に、給排水システムといえば身近な水回りを、上下水道はそれより大きな（上位の）人工的水循環システムを指す。現実には、それ以外の人工的水利用形態も存在するし、自然の水循環もさまざまな場面で関わりを持ってくる。こうした水循環を総合して捉える場合に、本書では「水（の）システム」という言葉を用いる。

さきに、「トイレ」という言葉の意味づけを検討したが、より実務的な世界においても、「トイレ」は給排水システムに組み込まれた衛生設備の代表としての概念と位置づけを与えられている。

図序-1〜図序-3は、上下水道と給排水のシステムを図式化したものであり、とりあえず都市の生活空間における水循環のイメージを具体化するために提示している。最終的には図における屋内の給水装置や排水設備を一括し、とりわけ衛生器具としてのトイレを中心に考察の対象とするのだが、ときには広義の給排水設備や上下水道をも含めて議論を進める。

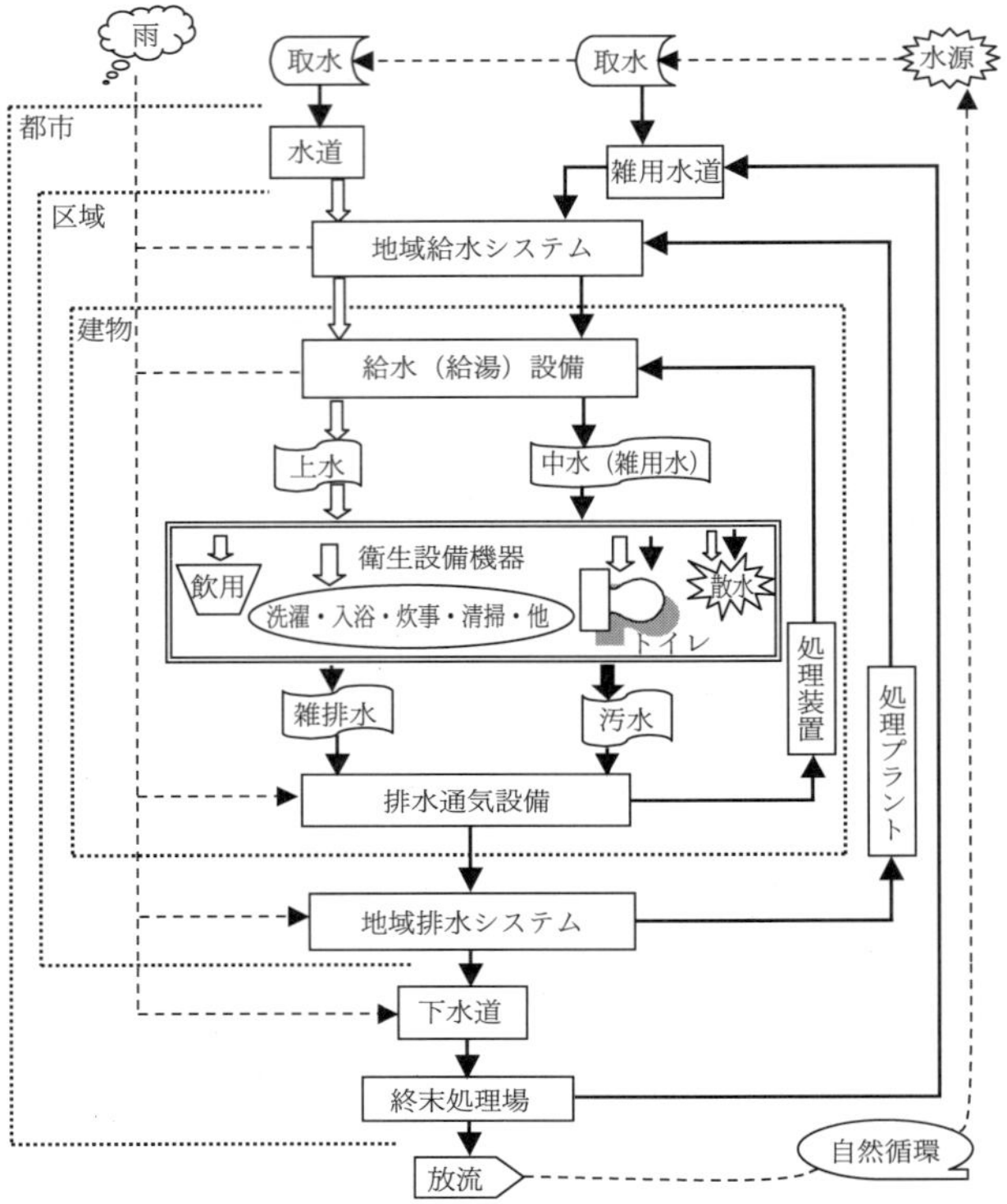

図序-1　トイレを中心においた水システムの概要

周知のように、自然界における水は循環している。都市の水循環は自然の循環よりもはるかに複雑で、『都市をめぐる水の話』（紀谷文樹他編著）によれば、大きく三経路から構成されており、その三経路が相互に関連しあっている。[27]

①自然的経路：降雨―地中浸透―蒸発散―地下水涵養―流出

②人工雨水排水経路：降雨―側溝・下水管・排水機場

③上水―下水排水経路

本書では主として③の経路に注目する。すなわち、自然界に存在する水を人間の生活環境に円滑に取り入れ、利用し、そしてまた自然界に戻して循環させる。人間の生活環境においては、良好な水質かつ適温の水を、適切な水量かつ水圧で供給し、いったん吐水した水が逆流して給水が汚染されることのないようにし、使用した水が漏水、溢水、逆流しないで支障なく排除できるとともに、排水管内の臭気や害虫等が屋内に侵入しないようにし、しかも公共用水域の水質保全を考慮して放流されねばならない。この給水と排水の間に位置する衛生器具は、給水や排水

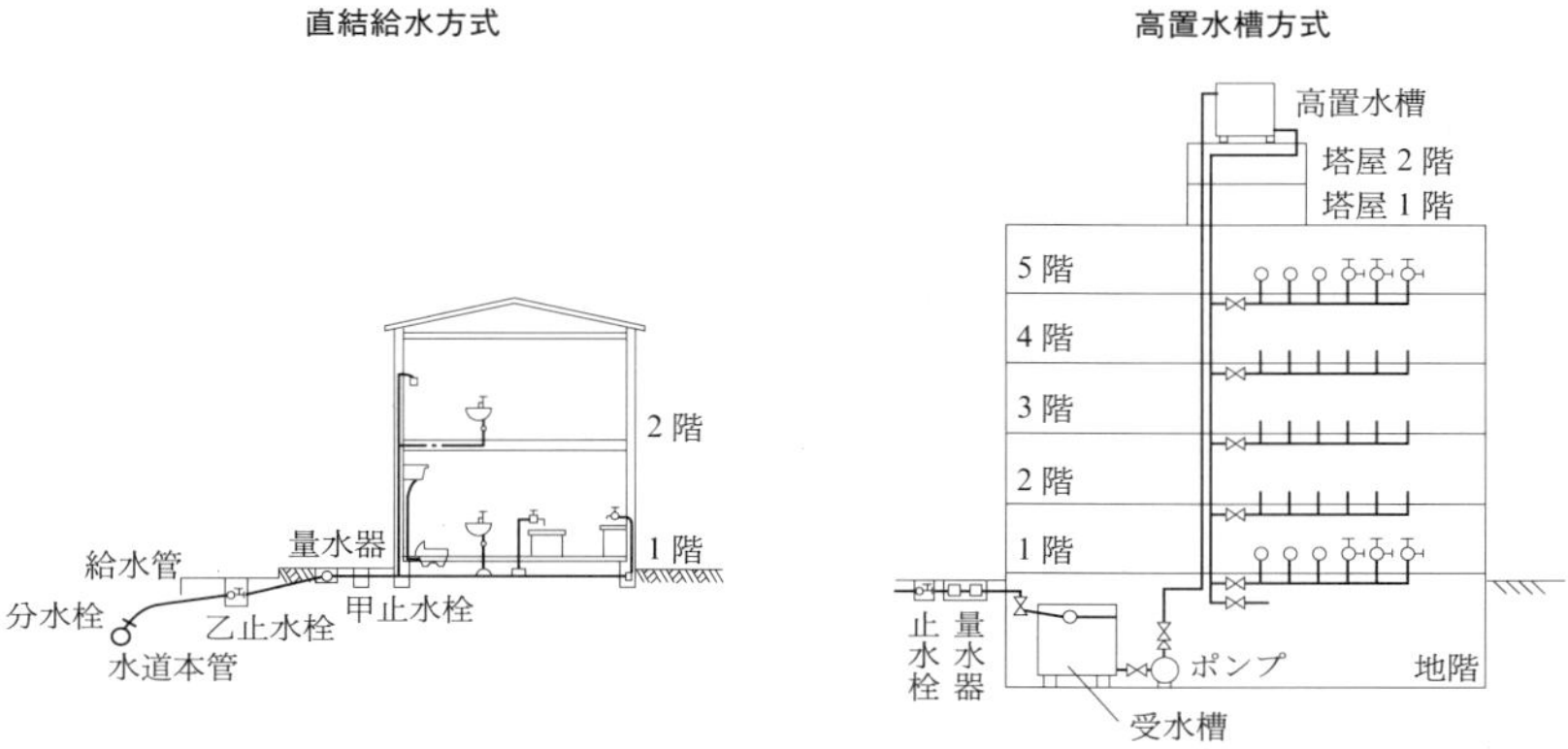

図序-2　給水のシステム

給水システムについては，個人住宅とマンションによく使われる事例を示した。

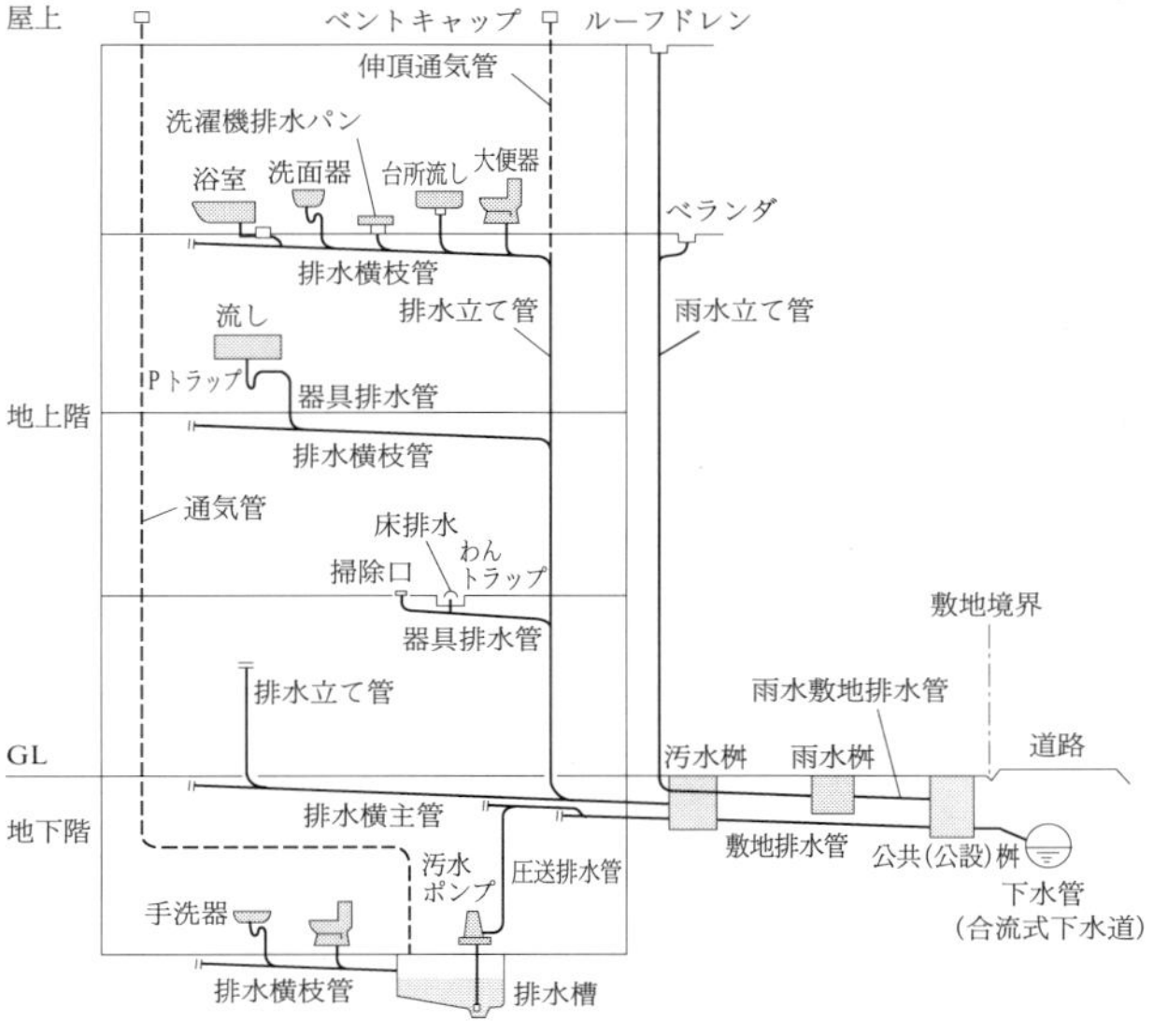

図序-3　排水のシステム

下水には雨水と汚水があり，処理体系にも分流式と合流式がある。

による汚染を防止し、しかも水の使用量を調節できる機構でなければならない[28]。水洗トイレとはそうした機能を持つものであり、しかしそれ以上のものであることは言うまでもない。

水の利用形態は通常図序-4のように区分されており、水洗トイレで使われる水は生活用水の一部である。今日、世界全体の水の利用状況は、生活用水一に対して工業用水二、農業用水七といわれる。世界全体で考えれば総使用量の一割だが、最も身近で水のありがたさや環境、資源、節約等々の問題を具体的に考える対象となるのが生活用水である。

国土交通省土地・水資源局水資源部が発表している二〇〇三年のデータによれば、日本の水使用実績は年間八三九億立米、うち生活用水一六一億立米、工業用水一二一億立米（公益事業で使用される水は含まない）、農業用水五五七億立米とある[29]。生活用水一に対して工業用水〇・八、農業用水三・五。つまり、世界平均と比べて生活用水の割合が多く、これは都市化の進展と生活水準の高さを示しているともいえよう。――「先進諸国と発展途上諸国との間に量的にも質的にも非常に大きな格差があるのが生活用水である[30]」。

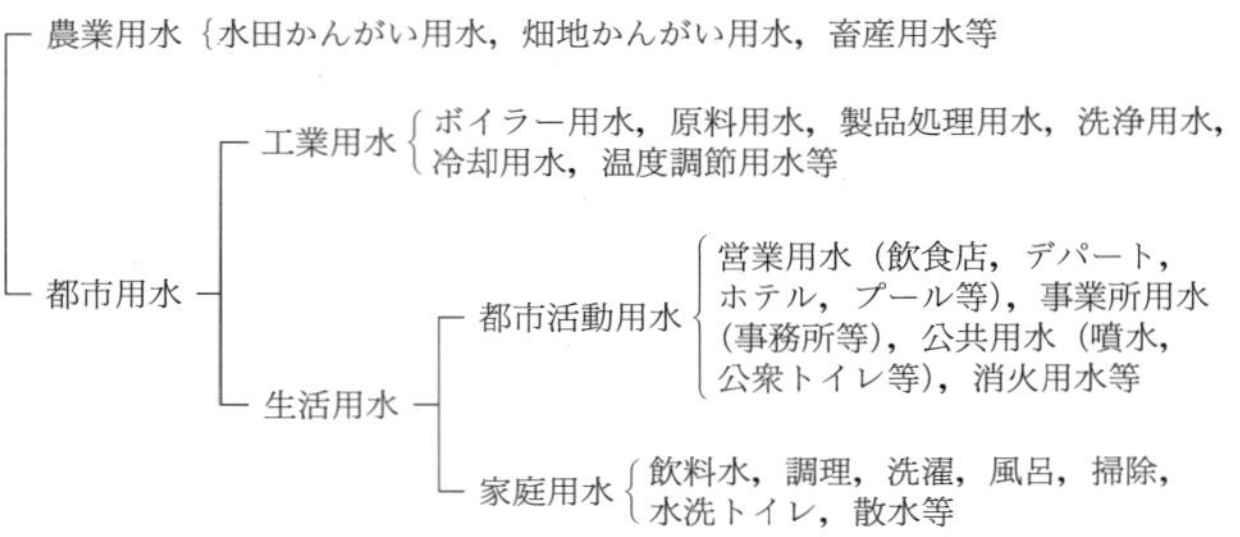

図序-4　水利用形態の区分

生活用水とは家庭用水と都市活動用水（オフィス、ホテル、飲食店等で使用される水）を合わせたものである。日本において、一九六五年から九〇年までの二五年間に生活用水の総使用量は約三倍、ひとり一日あたりの使用量は約二倍に増加し、その後は横ばい、近年では微減傾向である。とはいえ、ひとり一日平均使用量は三一六リットル。前述の二〇世紀初頭のパリとはもはや比較にならない。また二〇〇二年東京都水道局調査による家庭用水使用量の内訳（パーセンテージ）は、トイレ：二八、風呂：二四、炊事：二三、洗濯：

一七、洗面その他：八、となっており、トイレが一番多い。生活用水使用量は、とりわけ水洗トイレの普及につれて増加したといえそうである。

人間に必要な飲料水はひとり一日二リットル程度。本来的にはこれは利水であって生活用水のなかでは特殊な性格のものだが、いずれにしても給水されている上水以外からの摂取も多い。すなわち、われわれの生活用水のほとんどは汚れを洗い流すために使われている。そして、当然のことだが、資源としての水は供給されて終わるのではない。水が潤沢に供給されることは望ましいが、潤沢になればなるほど、それを流し去る巧妙で大掛かりな機構が必要になる。

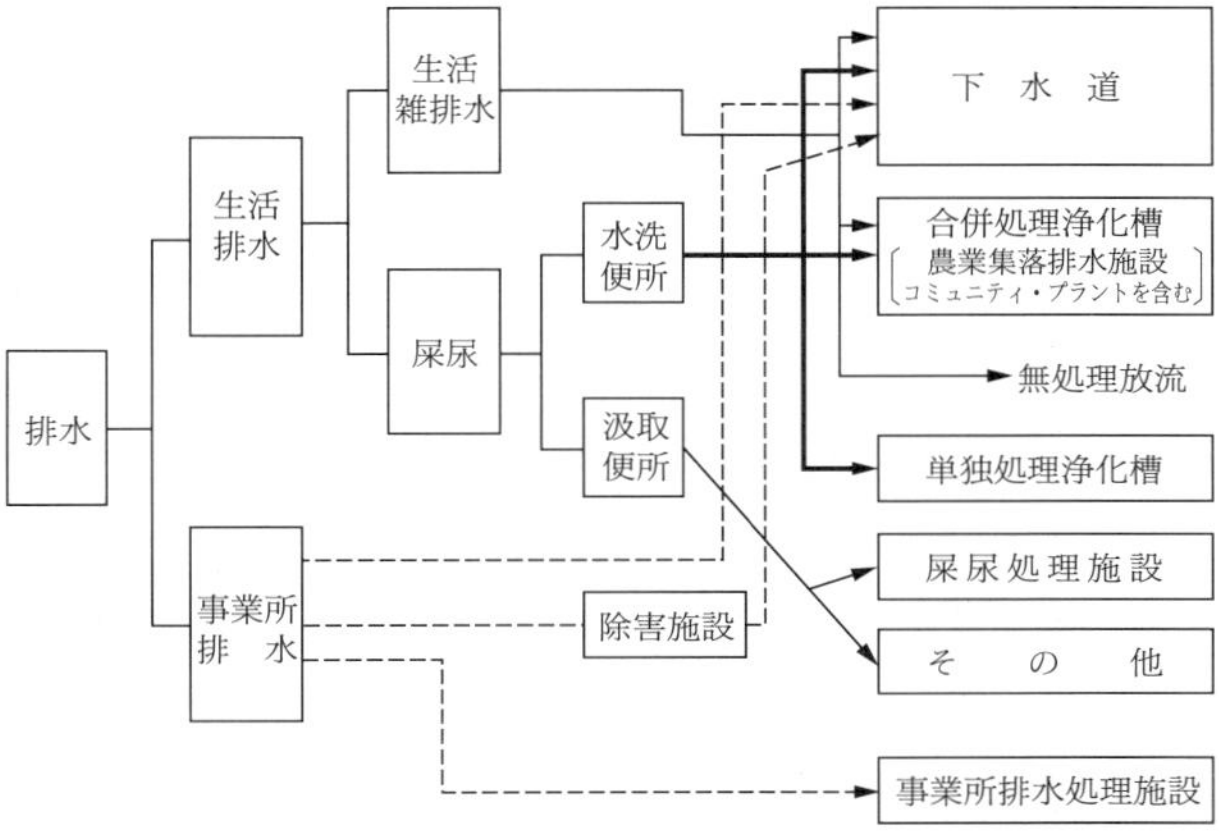

図序-5 排水処理体系

排水の処理体系は図序-5のように示される。下水とは下水道によって自然の水循環システムに還すべき水であり、都市においては雨水も含まれる。生活排水と事業所排水を合わせて汚水とも呼ぶ。屎尿はこの一部であって、下水道、浄化槽、その他屎尿処理施設を通って最終的に放流されるか、あるいは農村に還元されるかしている。

水洗トイレの工業化を語るには、ほかにも各種実務的な予備知識が必要になる。特に陶器や配管金具に関わる用語の説明は重要だが、これらについては後段各章のなかで触れていくことにする。

（3）日本人の感性とトイレ

〈水洗トイレの普及率〉

さきに、現代の日本ではトイレの快適空間化が進んでいると述べたが、水洗トイレの普及それ自体には時間がかかった。おしなべて工業化の側面では欧米への追随を急いだ日本人が、水洗トイレの国産化に踏み出したのはようやく二〇世紀の初めであった。半世紀後の一九五〇年代に日本の住宅トイレの水洗化率はわずか数パーセントであり、〝奇跡の〟経済成長を遂げたはずの一九七〇年代初頭に至っても三〇パーセントそこそこだった。そして二一世紀初頭の現在、普及率はなお九〇パーセント程度なのだが、一方、現代の日本ほど工夫を凝らしたさまざまなトイレを開発し、それが普及している国はほかにない。過去の日本において、衛生と清潔へのイノベーションは、水洗トイレを欠く環境においてもそれなりに達成されてきた。しかしこの間、都会で徐々に普及していった水洗トイレは人々の心理にイノベーションをもたらし、いったん水洗トイレが普及した後の、排泄空間から快適空間へのイノベーションはきわめて短い時間に起こり、現在なお進行しつつある。こうした日本特有のプロセスは、工業化の過程のみならず日本人の生活感覚に関わっているのかもしれない。

表序-1は水洗トイレ普及率の国際比較を試みたものである[31]。それぞれの国によって統計のとり方や都市域の捉え方、またトイレそのもののあり方もさまざまだと思われるため、同表の数字はあくまでも比較の目安に過ぎない。しかし、それでもいくつかの仮説を裏づけているように思われる。水資源、経済発展、工業化や都市化のレベルに比例するといった諸説に加えて、たとえば、欧米ではアングロサクソン系の国のほうがラテン系の国よりも普及が早いように見えるし、また、牧畜文化系統の国は農耕文化系統の国より普及が早いようでもある。

このうち、農耕文化・社会の特質は日本のトイレ事情にもあてはまる。牧畜が盛んな国では家畜の糞が豊富であるから、農作物の肥料に人糞を利用する必要がない。これに反して、農耕社会では作物を育てるための肥料を多量に必要とし、また家畜の相対的な数も少ないので、いきおい人糞を肥料に使う可能性が高く、トイレの水洗化が遅れる。

日本において人糞を肥料として活用するようになったのは、鎌倉もしくは室町時代のことらしい[32]。それ以前の時代、屎尿は不浄なものとして忌避されていたのであろう。仏教に端を発するという地獄のなかの「糞屎泥」や「沸

表序-1　水洗トイレの普及率：国際比較

(%)

国　名	調査年	都市部	農村部	全　体	屋内トイレ普及率
アメリカ	1950	95	—	80	—
	1960	98	70	90	—
	1970	99	86	96	—
カナダ	1951	92	28	68	100
	1961	97	54	85	100
	1971	99	77	94	100
イギリス	1951	98	68	92	—
	1961	96	84	93	—
	1971	—	—	99	—
西ドイツ	1956	71	38	52	100
	1960	94	63	75	100
	1972	—	—	94	100
フランス	(1950年代)	—	—	—	—
	1962	50	16	37	41
	1975	78	55	72	74
イタリア	1951	—	—	41	76
	1961	—	—	—	90
	1971	—	—	—	96
ニュージーランド	1956	—	—	81	—
	1961	96	74	88	—
	1971	—	—	97	—
韓　国	(1950年代)	—	—	—	—
	1960	(0.5)	(0.1)	(0.2)	84
	1970	5	(0.3)	2	95
日　本	1958	—	—	—	100
	1963	13	1	9	100
	1973	39	7	31	100

注）調査年は各国とも上段1950年代，中段1960年代，下段1970年代のデータをとりあげている。「屋内トイレ普及率」は「全体」のデータで，水洗/非水洗を問わない。数字のないところは不明。

出所）United Nations, *World Statistics*, 1961-84 より作成。

図序-6　江戸時代末期の農家のトイレ（復元）

美山民俗資料館（京都府），納屋。同資料館パンフレットによれば，約200年前の中層農家住宅（2000年5月に焼失）を，材料を含めてできる限り忠実に復元再建したものである。**上**：納屋（別棟だが母屋に近接している）に設けられたトイレで，穴の下方には巨大な木製の円型桶＝便槽が置かれている。**下右**：納屋のトイレ（写真上）に外接した木製小便器。尿は屋内トイレ床下に設置してある便槽に導かれる。**下左**：納屋の外観。便槽にアクセスしやすいように広い開口部が設けられ，取り外しの容易な扉が立て掛けられている。壁の上部にトイレの窓，右端には小便器の側板が写っている。

屎地獄」が、奈良、平安時代には絵画等を通して強烈にイメージ化されていても、江戸期の地獄喧伝の役割として影が薄い(33)のは、屎尿の肥料価値と関わっているのではないだろうか。むしろ現代の日本でこそ、「糞尿地獄」に対する恐怖感は強いかもしれない。

　人口のわりに耕作地が狭く地味が痩せていて、牛馬をはじめとする家畜の数が少ない日本では、人間の屎尿がきわめて有効な肥料となった。人糞によって米の収穫量が飛躍的に伸びると、その資源価値に対する人々の感覚は当然変わってきた。江戸の町にしても一七世紀あたりにはまだ屎尿の下水への垂れ流しなどが頻繁に行われていたらしいが、次第に汲み取りのシステムが整っていく(34)。歴史上も、また現代においても人糞を肥料として利用した、あるいは利用している社会は世界各地に見られるが、とりわけ江戸時代の日本でこのシステムがうまく機能したのは、屎尿施肥の技術向上および、それが効率よく〝商品化〟されていたことによる(35)。また屎尿は、同じく商品化されていた肥料の干鰯などと違って遠隔地への輸送に不向きである。トイレの視座から眺めれば、人口集積の度合と近郊地の農業、屎尿肥料化の知恵と商品化の工夫、これらの絶妙なバランスが「屎尿処理設備の欠如」と「衛生・清潔」をともに存立させる近世日本の大都市を生んだことになる。後段で触れるように、このバランスは一九一〇年代後半に崩れ去るが、その後もなお屎尿は肥料として使われ続けたし、人々も屎尿に対して「資源」としての強固な感覚を持ち続けた。その資源が利用される「農業」は日本人の心のなかで伝統的に尊ばれており、その価値観には循環の思想が生きていた。

〈モースと谷崎、そして大倉〉

その大切な資源は、人々の目の前で保存され、運搬され、散布されていた。屎尿に対するこうした日本人の態度と感覚は、開国後の日本を訪れた欧米人を戸惑わせた。横浜では一八七二年、屎尿の運搬に際し、汲取人が下肥桶の蓋をしないで市中を歩行することを禁止した。それでも居留者は昼日中、臭気を漂わせて海岸通を歩く汲取人の黄禍にほとほと難儀した[36]。東京でも状況は同じであった。

一八七七年に初来日した折に大森貝塚を発見し、その後、日本の住居の民俗学的研究でも著名になったアメリカの生物学者エドワード・モースは、農村を旅した折に旅行者の屎尿さえ貪欲に集めようと道端に埋められた甕を見て、「このようなものを尊重する日本人は、デリカシーにかける、といわねばなるまい……あまりにもおおっぴらすぎる[37]」と嘆息したが、反面、「汚物処理という隠しごとを、日本人は幾世紀にわたって実際的に解決してきた[38]」ことを評価する見識を持ちあわせていた。当時、アメリカの衛生工事技術はまだ発展途上で、汚物を下水に流し込むことができても適切に処理することはできず、すさまじい悪臭やコレラ、チフスの流行など多くの問題を抱えていたからである。モースは東京の死亡率が故郷のボストンよりも低いことを知って、早速その原因を追究した。

――「我が国で悪い排水や不完全な便所その他に起因するとされている病気の種類は、日本には無いか、あっても非常に稀であるらしい。これは、すべての排出物質が都市から人の手によって運び出され、そして彼等の農園や水田に肥料として利用されることに原因するのかも知れない。我国では、この下水が自由に入江や湾に流れ入り、水を不潔にし、水生物を殺す」[39]。むろん日本の方法で生活・飲料用水が汚染される可能性は避けられないが、熱い茶を飲用する習慣が功を奏していることも指摘した。——「数世紀にわたって日本人は、下肥を畑や水田に利用する国で、水を飲むことが如何に危険であるかを、理解し来ったのである」[40]。また、モースは屋内のトイレが「日本の家のなかでも、職人がとくに気をくばるところである」ことを鋭敏に見抜き[41]、上層階級の家ではその内部の「仕上げもうつくしく、掃除もゆきとどいている」[42]ことを書き留めている。モースの見たとおり、貴重な資源をおおっぴらに溜めおく場所であった日本のトイレは、大切にされ、衛生上の問題が生じないようにできる限り清潔に維持されてきた。

モースの観察から半世紀を経た一九三三年、谷崎潤一郎の「陰翳礼讃」が発表されている。日本の家屋や什器にまつわる繊細風雅な感性を思索するこの優れた作品中のトイレに関する記述は、文豪がこの設備を真正面から論ずる得がたい機会であるためか、しばしば引用される。——「日本の建築の中で、一番風流に出来ているのは厠であると云えなくもない。総べてのものを詩化してしまう我等の祖先は、住宅中で何処よりも不潔であるべき場所を、却って、雅致のある場所に変え、花鳥風月と結び付けて、なつかしい連想の中へ包みこむようにした。これを西洋人が頭から不浄扱いにし、公衆の前で口にすることをさえ忌むのに比べれば、我等の方が遙かに賢明であり、真に風雅の骨髄を得ている」。実はこのとき谷崎の自宅にはすでに水洗式便器が取り付けられていたらしいが、それが「真っ白な磁器で出来ていて、ピカピカ光る金属製の把手などが付いている」[43]ことに不満を述べ、また「ホテルの西洋便所でスチームの温気がして来るなどは、まことにイヤ」だと一蹴した。その二年後に著した随筆「厠のいろいろ」では、「少なくとも雲鬢花顔の東洋式美人などには、こう云う便所へ這入って貰いたくない。……仮に私が好きなように便所を作るとすれば、やはり水洗式を避けて、昔風のものにするが、出来るなら糞溜を便所の位置から離れた所、たとえば裏庭の花壇や畑などのある方へ持って行く。つまり、便所の床下からそこまで多少の勾配をつけて、土管か何かで汚物を送り込むようにするのである。こうすれば床下は明りのさし込む口がないから、真暗になる。瞑想的な、都雅な匂はほんのりするかもしれないが、不愉快な悪臭は絶対にしない(44)」と、昔かたぎの職人顔負けのトイレへの思い入れを語っている。谷崎の感性が当時の日本人にどれほど共感されたか定かではないが、少なくとも屎尿に対する親しみの情を、日本人なら持って当然という感覚が共通基盤として存在したのであろう。

こうして日本では、ひとつ屋根の下、人間と屎尿ができるだけ平穏に同居するすべが工夫されてきた。「汲取便所は、その臭気をさけるため、室内からいったん縁側など開放空間にでて、そこから行く(45)」といった住居構造もそのひとつである。トイレを大切にする感覚が伝統的に刷り込まれていたとすれば、洋風腰掛式の水洗トイレが普及し、そして旺盛な開発力を持った衛生設備機器メーカーが暖房便座や温水洗浄便座を提案している現代の日本で、快適空間としてのトイレが生まれたことに、むしろ不思議はないのかもしれない。

ところで、モースと谷崎との間にあたる一九一五年、やはり芸術を解し、優れた美的鑑識眼を持ちあわせていた日本人が、谷崎とは全く異なる見解を示していた。水洗式便器など日本で見かけることは滅多にない時代に、「やがて

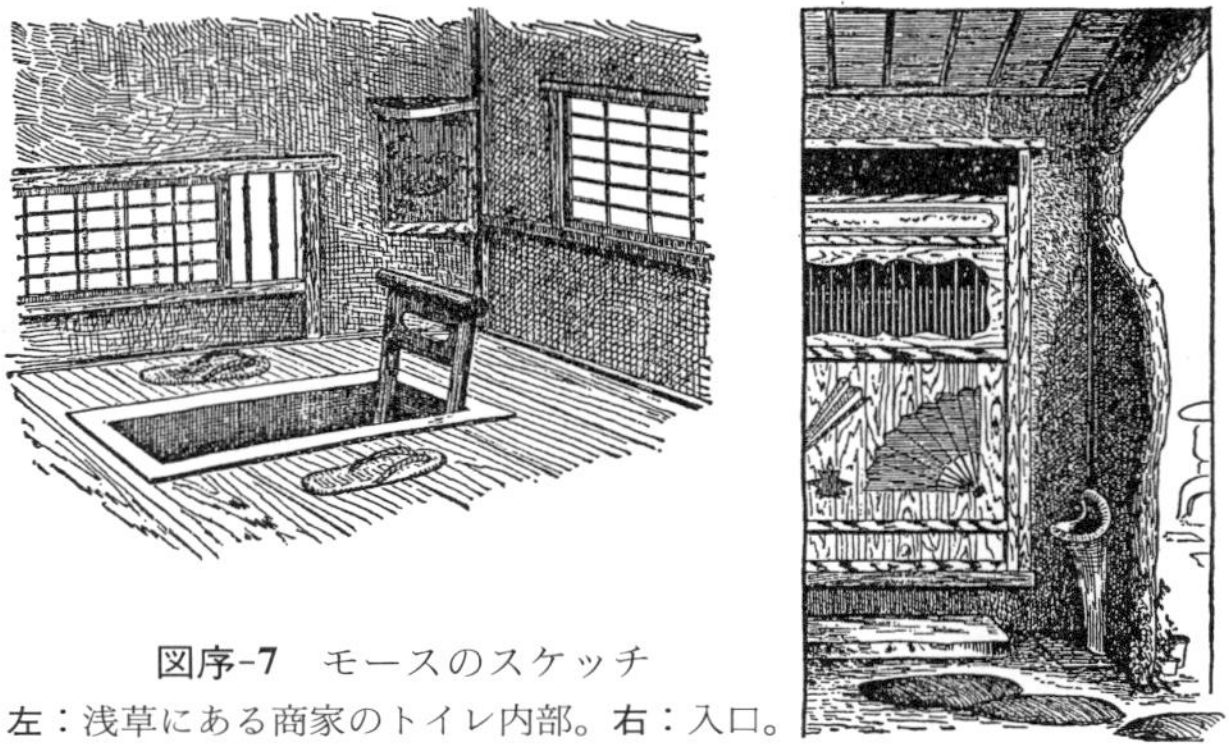

図序-7　モースのスケッチ
左：浅草にある商家のトイレ内部。**右**：入口。

図序-8　木製便器を置いたトイレのたたずまい（INAXライブミュージアム）

日本も外国の如く一家の内に糞便を置く事の出来ぬやうになるのは明か[46]」と言い放った大倉孫兵衛は当時七二歳。すでにその三年前から洋風便器製作の研究を始めていたが、事業化の困難に直面し、「陶磁器事業と心中する覚悟で」努力すると、老骨の決意を表明している。この時代に、しかも人生における成功と安泰を十二分に手中にしつつ病を得た身のうえで、かくも便器に入れ込む老人の姿は、傍目には異様にさえ映ったかもしれない。そして、大倉が考えていたのは、衛生状況の改善（第一のイノベーション）ではなく、清潔への挑戦（第二のイノベーション）、それも欧米型清潔観の普及であったこともまた特筆されてよい。むろん大倉孫兵衛の存在に関わりなく、今日の日本の都市住民はみな水洗トイレを利用しているだろう。だが、大倉孫兵衛と、その狂気と紙一重の情念を共有し事業化した息子の大倉和親がいなかったとしたら、今日われわれが享受しているような快適トイレが成立していたかどうか、これは疑問だ。それ以前に、日本における水洗トイレ、特に洋風腰掛式便器の普及は相当遅れたのではないかと推測できる。そして間違いなく、現代日本の衛生設備機器メーカーの業界地図は全く別のものになっていた。したがって、本書においてはこの父子の企業家としての軌跡をぜひとも語らねばならないし、そのことはすなわち日本で最初の、また現在最大の衛生設備機器総合メーカーであるTOTO株式会社の誕生物語にも重なっている。

今日、日本でトイレといえば、まずもってTOTO、INAXの世界であり、しかもこの両社はそれぞれ大倉父子と決定的なつながりを持っている。水洗トイレがどのように〝工業化〟されてきたかを考えるには多焦点的方法をとらざるを得ないと冒頭では述べた。ところが、面白いことにメーカーに関しては徹底的に焦点が絞られているのだ。その意味からも、本書の半分は衛生設備機器メーカー――とりわけTOTO、そしてINAXにまつわるさまざまな過去の検証に費やされることになる。

第1章　前　史――プラマーの世界から

本書が考察の対象とするのは、近代的な水洗トイレである。この原形が作られたのはイギリス、一八世紀末頃であった。以後一九世紀を通じて人々は工夫を重ね、現代使われているものと基本的に同じようなトイレ機構を開発し、二〇世紀初頭の欧米ではかなりの普及を見た。トイレの開発や普及に携わった人々は金物屋であったり、陶工であったり、またプラマー（plumber：配管工）であったりしたが、その多くは、同時に衛生技術者（sanitary engineer）とも呼ばれていた。日本語の語感からすれば、「陶工」や「配管工」と「技術者」との間にはかなりの隔たりがある。が、当時ヨーロッパで使われていた「エンジニア」という言葉は、工学的知識を備えかつ現場において実際のモノづくりや工事を行う力量のある職業人を意味しており、その認識のなかで、衛生に関わる仕事が工事技術と重なることは当然であった。この技術の基礎となるべき衛生工学（sanitary engineering）は、上下水道を中心とする土木工事と公衆衛生との接点で発進したが、より生活に密着した場面においてもむろん水回りの工事機会が生じる。技術や技能の分化が進んだ現代と比べ、当時の新技術である衛生設備機器製造および施工には多能工が必要だった。この時代のプラマーたちは配管の技術者であったのみならず、衛生や水質の問題に加えて金属、陶磁器、石材、木材などあらゆる材料知識を備え、ときにそれらを加工することまで行っていた。

時代が進み、産業、技術、技能が分化した今日において、水洗トイレというシステムを成立させるには、モノ（便器やパイプ）の生産と使用（消費）との間に配管設備工事、すなわち〝プラミング〟が介在する。いずれにしてもプラマーの存在は不可欠であり、彼らの活動が実は工業化の重要な部分を担ってきたのだ。「衛生」というソフトと「設備」というハード双方の技術の仲立ちをしたのは、まずもってプラマーたちだった。

1 欧米の水洗トイレ産業史

(1) 都市の水システムとパイプ

近代的な水洗トイレは、給水と排水のシステムをインフラストラクチュアとして登場してくる。換言すれば、水洗トイレが成り立つためにはまず給排水とのコネクションが必要になる。このコネクション技術は衛生技術とか配管技術とか呼ばれ、モノづくり面と設備工事面双方の要素で成り立っている。新しいシステムが作られていく過程の端緒には特に、このふたつの技術が、あるときは渾然一体となり、あるときは頻繁なインタラクションを通じて発展していく。その外側のシステムとして、形態や規模はどうであれ上下水道があり、そのさらに外側のシステムの一方には水源が、他方に何らかの処理を経て、あるいはそのままの形で、放流を受容する海や川がある。海や川と水源とは自然の水循環システムのなかでつながっている。一方、人工的なシステムのすべてをつなげているのは通水管（パイプ）である。「水で洗い流す」システムは、水の存在を前提として、その水圧とパイプの扱い（適切な通水・止水）とによって構築される。モノづくりを重視する本書では、トイレそのものを考察する前に、まずパイプの製造技術を検討しよう。

〈金属パイプの実用化〉

古代文明が栄えたメソポタミア、インダス、クレタ、ローマなどの諸都市には上下水道が敷設されていた。水洗トイレも設置されていたらしいが、今日のような水洗式便器が介在したわけではなく、排泄物を流水溝に落とし流すか、もしくは流し落とすシステムと考えればよいだろう。ちなみに、公衆トイレもあった（図1-1）。前記諸都市のうちローマの例を見ると、上水道や下水道がすでに行政の管理下におかれていたこともわかっている。古代ローマの水道橋は有名だが、あれは表に見える建造物であって、水道の大部分は地下に埋設された導水管で成り立っていた。こうした導水管、また地上の給水管として、木管、陶管、石管などとともに鉛管[1]が多く使われた。この鉛管は鋳造鉛板を丸めて製造したもので規格まで定められていたというから驚く。見方を変えれば、通水パイプを製造する技術こそが古代都市の大規模な水システムを可能にしたといえよう[2]。

それとともに驚くべきは、その時代から「近代的」水システムの時代までの時間的な隔たりである。古代文明の崩壊後、ヨーロッパにおいては千数百年もの長きにわたって、それに勝る水システムは形成されなかった。次にこの水システムが急成長するのは、やはりヨーロッパにおいて、産業革命後の近代都市化の時代であった。古代の水システムが文化の爛熟度を示すとすれば、この近代的水システムは人口の都市集中に伴う水需要の急増、そして特にスラムにおける衛生状態の悪化により都市生活そのものが危険にさらされるという必然的な要求があってこそ現れてきたと見てよいだろう。この間のトイレ史がどのような紆余曲折を経てきたか、本書で触れる余裕はないが、モノづくりの点からいえば、ローマ時代と近代とを結ぶ確

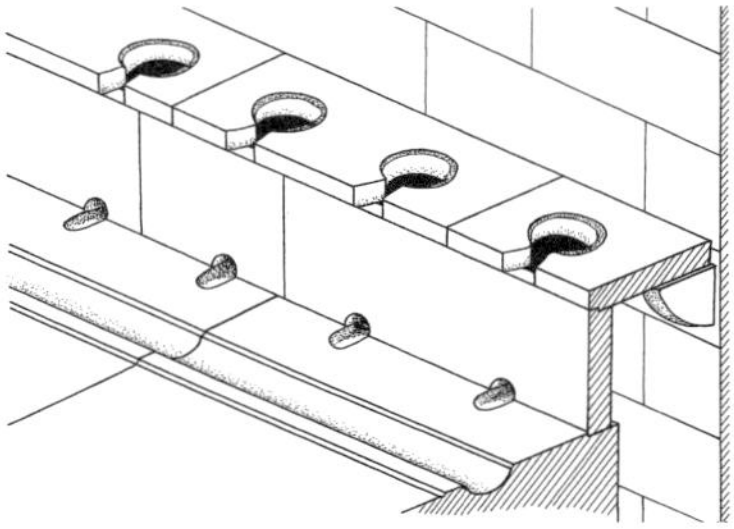

図 1-1　流水式公衆トイレ（アテネ：ローマ時代のアゴラ）

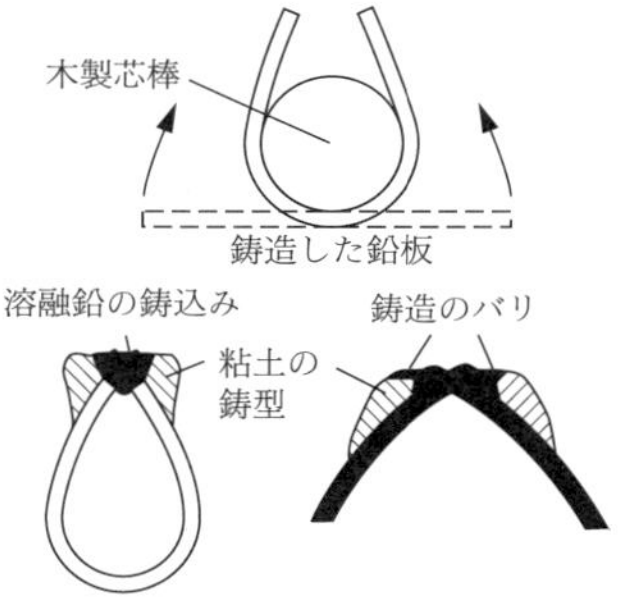

図 1-2　ローマ時代の鉛管製造法

実な共通点がある。それは新たなパイプ製造技術を基盤としていることだ。

ざっと二千年という時を経て、一八世紀中頃のイギリスでは圧延鉛板を使用した鉛管が作られるようになり、一八世紀末に溶融鉛の押出し、一九世紀初めには固体鉛の押出し加工法が発明されて、継目無管が標準的に製造されるようになった。(3) また、銅、真鍮の継目無管や錬鉄の鍛接管については一九世紀前半のイギリスで、継目無鋼管については一九世紀後半のドイツで製法が発明され、さまざまな用途に実用化されていった。とはいえ、一九世紀初頭のヨーロッパにおいて水道管の多くは木管であった。ロンドンの場合、上水の質量の問題から一八二七年以降鉄管が義務づけられたが、早いところでは一九世紀初頭に木管や鉛管から鋳鉄管への切り替えを行っている。(4) フランスでも一八世紀末に始まった鉛管から鋳鉄管への切り替えが一九世紀前半に急速に進んだ。この変化は一六世紀以降、ヨーロッパで主として大砲の素材となっていた鋳鉄の、給水管としての需要が一九世紀に入って急拡大し、(5) 規格が定められるとともに製造法にも目覚ましい改良が実現して価格が低下したことに関わる。すなわち、鋳造技術の向上によりパイプの厚みが均一化されて強度が増し、よって厚みを減らすことが可能になり軽量化が進んだ。フランスの場合、取引方法が重量単位からイギリス式の長さ単位に変わったことで、メーカーはさらなる軽量化を図った。その結果、製造価格が一挙に三分の一に低下し、これを鉛管と比較すると、一八世紀にほぼ同じ価格であったのが、一八二五年には鉛管の半分に、一八五〇年には四分の一に下がった。(6) 軽量化は輸送コストにも影響を及ぼす。同時期に継手の改良も進み、管工事技術が向上した。(7) 一方、アメリカでは、たとえばニューヨークの場合、一八世紀末にイギリス流の給水事業が導入され、水道本管には穴をあけた丸太が、各住宅への配管には鉛管が使われた。当時アメリカの最先進地域であったフィラデルフィアの水道委員会は、一八一〇年代に丸太管を輸入鋳鉄管に置き換える決定をした。(8) ちなみに、アメリカでは地域社会の水道事業から五〜五〇年遅れて下水道網が発達するのが一般的であったというが、都市のおかれた環境により下水道が先に建設される場合もあった。(9)

〈近代的プラマーの出現〉

産業革命の結果、一八世紀末から一九世紀後半の欧米においてはさまざまな金属パイプが量産できるようになり、配管や構造用素材としての利用が広がった。また、標準化あるいは規格化の問題も考えられるようになった。こうしてようやく通水管の広域的延長が可能になる。産業革命期に発展した技術のうち、最も遅行的だったもののひとつが配管技術なのだ。[10] 上下水道だけではない。一九世紀は史上初めて給排水、暖房、また照明などの設備機器が工業化されて市民の日常生活を支えるようになった時代だが、それはパイプやバルブをはじめとする設備機器の部材、それ以前に材料や金属加工技術の発達、そして標準の思想に大きく負っている。[11] 水システムとこれら新技術の相乗効果によって屋内・屋外設備技術が発展したという一面は、水洗トイレを語る際に忘れてはならない要素である。[12] 設備の配管には鍛接管や鉛管が使用されることが多かった。この状況下、プラマー（plumber：鉛工）――歴史的には、抽出しやすく加工性の高い金属である鉛を使って鉛板や鉛管を作り、屋根や雨樋などを設備し、あるいは各種鉛製品を作ってきた職種――の仕事が屋内配管と深く関わるようになる。扱う材料が多種多様になり、工事内容も給排水、衛生から、ガス、暖房、換気などに多角化した後も〝プラマー〟という言葉は残り、その意味が鉛工から配管工／衛生技術者／設備技術者へと変化した。一八七〇年代には衛生設備・工事（プラミング）技術の専門学校も設立され始めた。[13] 二〇世紀初頭に至ると、プラマーの仕事領域は照明や電話にまで及ぶ気配を見せたが、[14] これはあらゆる設備機器・設備工事がひとつの産業領域として統合的に把握されていたことを暗示する。

なお、本書では「暖房」を考察の対象にしていないが、衛生技術と暖房技術――特に初期のスティーム暖房の技術は、設備工事のハード面（パイプやバルブを使用）において大いに共通性があったことを指摘しておく。[15]

（2）先進国イギリス

〈近代的水洗トイレの嚆矢〉

トイレの起源はさておき、[16] 近代的水洗トイレ（water closet つまりWC）は一九世紀後半のイギリスで急速に発達した。むろん、大昔から世界のそこかしこにおいてさまざまな水洗トイレの工夫は試みられてきたけれど、それらを産業史的見地から近代の水洗トイレと同列に考えることはできない。機械的な機構を備えた水洗トイレという意味では、その起源を一六世紀末、イギリスのサー・ジョン・ハリントンの考案に遡るのが通説のようである。これは上部に設けた水槽の水を便座横のバルブを開いて流し、下水を少し離れた場所に運ぶという女王様のための特別な構想で、類似のものがいくつか作られた可能性はあるが、[17] きわめて特殊な事例といえよう。また、同様の構想に成る水洗トイレがフランス、ヴェルサイユ宮殿において一七二〇年代末から八九年の革命時まで使われていたという説もある。通水に鉛管を用い、便器のボウル部分は陶器製で「イギリス式の椅子」と呼ばれていた。[18] このトイレもやはり特別な人々のための特別な設備で、一般への普及につながった形跡はない。本書の関心からはやはり例外的な存在である。そこで、近代化先進国のイギリスだが、一八世紀中頃にはすでに屋内配管や排水工事が行われていたものの、便座やトラップ、便器ボウル部分などの製作の記録はない——つまり、水洗トイレが存在したとしても水洗式便器を伴わない屋外施設でしかなかったと考えられる。[19]

実質的かつ後続の発展に直接つながるものとしての水洗トイレの開発は、ようやく一八世紀末に始まる。ロンドンの時計職人、アレグザンダー・カミングズが水洗式便器を発明して、その最初の特許を取得したのが一七七五年。便器は金属製機械機構というべきもので、汚物の臭気を防ぐための封水トラップと手動のバルブがついていた（図1-3）。このトイレの欠点はバルブ操作を失敗するとオーバーフローすることであったが、これに工夫を加え、余分な水を流す導水管（バイパス）を取り付けて実用化したのがジョゼフ・ブラマー、一七七八年のことである（図1-4）。ブラマーといえば一世を風靡した錠前職人として有名だが、現代的感覚をあてはめて表現すれば、む

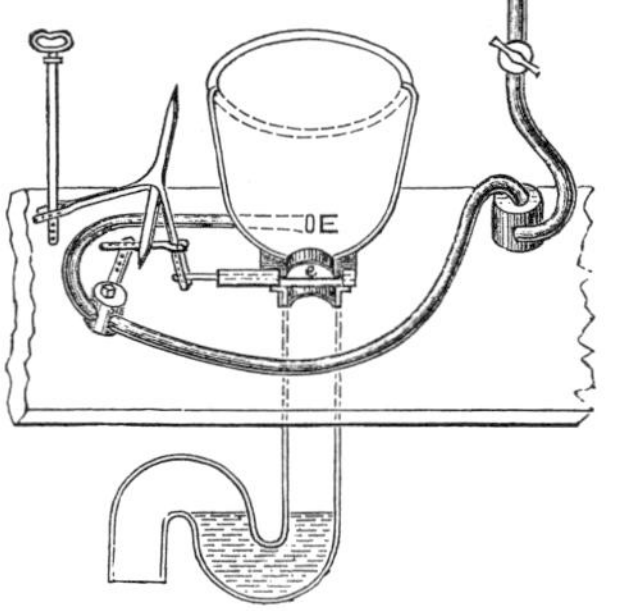

図 1-3　カミングズの便器（特許：1775 年）

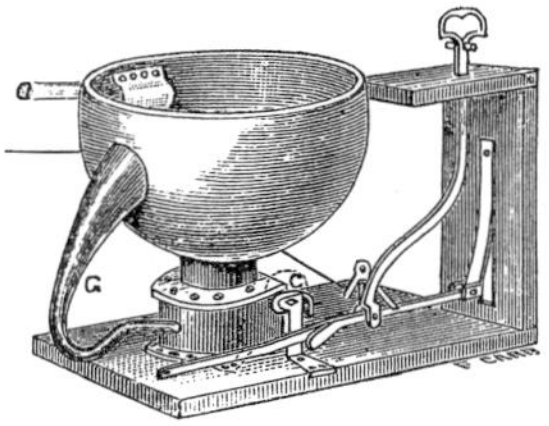

図 1-4　ブラマーの便器（特許：1778 年）

しろきわめて優れた精密金属加工技術者といったほうがふさわしく、本書の関連では、溶融鉛押出式鉛管製造機の発明もしている。彼の手になる新製品、つまり当時の水洗式便器は時代の先端技術であった。ただし、これらの便器はマホガニー製の外箱（便座）の中に収められていて、扱いにくいうえに高価な、もっぱら富裕層のためのもので、衛生的にも開発途上であったといえよう。

　金属加工の技術者たちが便器の開発にのりだすと、陶工たちもそれに目をつけた。もとより陶器は衛生用品に馴染みの深い材料なのだ。一七七七年には「イギリス陶工の父」と称されるジョサイア・ウェッジウッドが便器のボウル部分を陶器で作製し、ブラマーなど当時の便器機構製作者に供給したことが知られている。[20]この時点で金属と比較した陶器の特長は、見た目の美しさに加え、汚物が付着しにくく、掃除しやすく、腐食（発錆）がなく、耐久性に優れ、多少とも軽く、はるかに安価だったことである。便器の機械的な部分はすべて金属で作られ、[21]こちらは相当に高価についた。

　さて、衛生設備としての便器に本来求められる機能のひとつは、臭気や汚水の逆流を防ぐことである。その機能に優れた封水トラップを発明したのはジョン・ゲイテイト、一七八二年のことだったが、当時はこれも金属機構であり、製作技術が高度なうえに製作費もまた高価であった。その点、陶器を使うとこの種のトラップも、また、たとえば前述のバイパスも

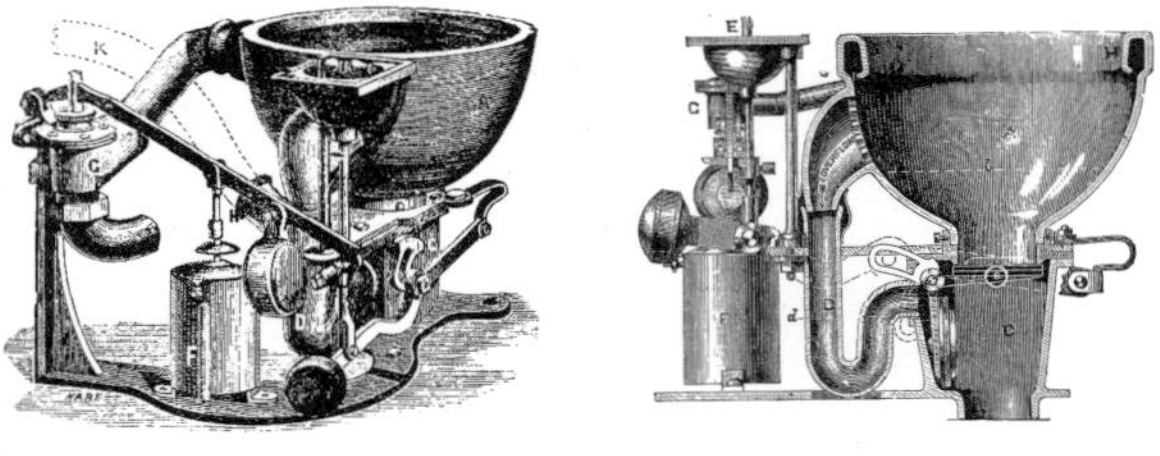

図 1-5　19 世紀の水洗トイレを代表するバルブ式便器（右図は断面）

容易かつ安価に製造できる。こういうわけで、それまで安価な〝穴あきおまる〟を便器の付属部品として供給していた陶工たちのなかには、便器機能のより多くの部分を陶器で製作しようと考える者が現れ始めた。さらに、便器全体を陶器で製造して高価な金属便器市場に参入する挑戦も始まるが[22]、そこに至るにはもう少し時間が必要だった。

〈都市化の進展と水洗トイレ〉

産業革命以後の人口の都市集中、それに伴う衛生状況の悪化についてはすでに触れたが、一八三〇年代からたびたび欧米を襲ったコレラの大流行は、それまでにも増して都市に居住する恐怖を人々に与えた。細菌学の発達により、こうした水系伝染病への根本的対策が講じられるようになるのは半世紀先の話だが、たとえ病原菌が突き止められていなくともその予防対策に開眼した人々が出現した。弁護士でもあったイギリスの社会改革運動家、エドウィン・チャドウィックは、水のシステムを整備せねば衛生状態の改善は不可能だと主張し、その努力もあって一八四八年には世界で最初の公衆衛生法が制定された。ロンドンでは一八四三年の首都建造物法により各戸の排水管を下水管に接続させることが、また一八四八年の公衆衛生法により家屋の新改築の際に屋内トイレ（水洗式／簡易式／灰便所）を設備することが義務づけられた。これに伴って一般市民のレベルでも屋内便器の水洗化が進行し、住居内の衛生状況は改善された。しかし、その当時の下水施設は汚水を川に放流するだけのものだった。下水管の傾きが不足する箇所では固形物が堆積し、河川の汚染はさらに深刻化した。そしてようやく本格的な大下水道の建設工事が行われたのが一八五九〜六五年である。本格的といっても、固形物を含んだ汚水をテムズ川の河口域まで運んで放流するもので、汚水処理施設を伴うシステムではなかったが、ともあれこの時期を境にロンドンでは水道工事もまた一大ブームとなり、トイレシステムも大きく変貌を遂げていく。

当時実際に使われ始めた〝水洗式〟便器の多くは、排便用鉛管の床上部を広げたようなものにバケツで水を流すといった幼稚な構造だったらしいが（図1-6）、以後、急速に改良が進んだと見られる。もっとも、その基本は前世紀末のブラマー式の流れを汲むものだった。一八五一年に開催されたロンドン万国博覧会[23]では水洗式便器が多数展示され、時代の先端技術として注目された[24]。公式カタログに見る水洗式便器、すなわち“water-closet”は、真鍮製品に分類されている。一方、主会場外に設営された職工家族用モデルハウスには陶器製ボウルの“water-closet”がしつらえられ、金属機構の周囲を陶器仕様にしていたことがうかがわれる[25]。公式カタログにイラストつきで紹介された水洗式便器は二点。ひとつはヴィクトリア調のマホガニー外箱を真似たリッジウェイ出品の陶器製品で、内部に陶器で覆われたバルブ式便器（機械機構は金属製）を収めた[26]（図1-7）。もう一点はジョン・ストークス出品の便器でやはりリッジウェイの陶器に覆われていた。つまり、カタログに描かれたのは、見た目に生々しい便器ではなかった。その他、製品名としてはボウルやパイプ、トラップなどの陶磁器あるいは炻器製品、バルブやコックの金属製品も散見される。

図1-6　まさに“汚水管の入口”としての便器

図1-7　リッジウェイの便器（ロンドン万博公式カタログより）

公式カタログとは別の出品趣意書には、より多くの便器や水栓金具のイラストが登場し、製品の構造や使用法も説明されている（図1-8、図1-9）。図1-8の右図は陶工スティーヴン・グリーンの特許サイフォン式便器で、陶器の本体が木製

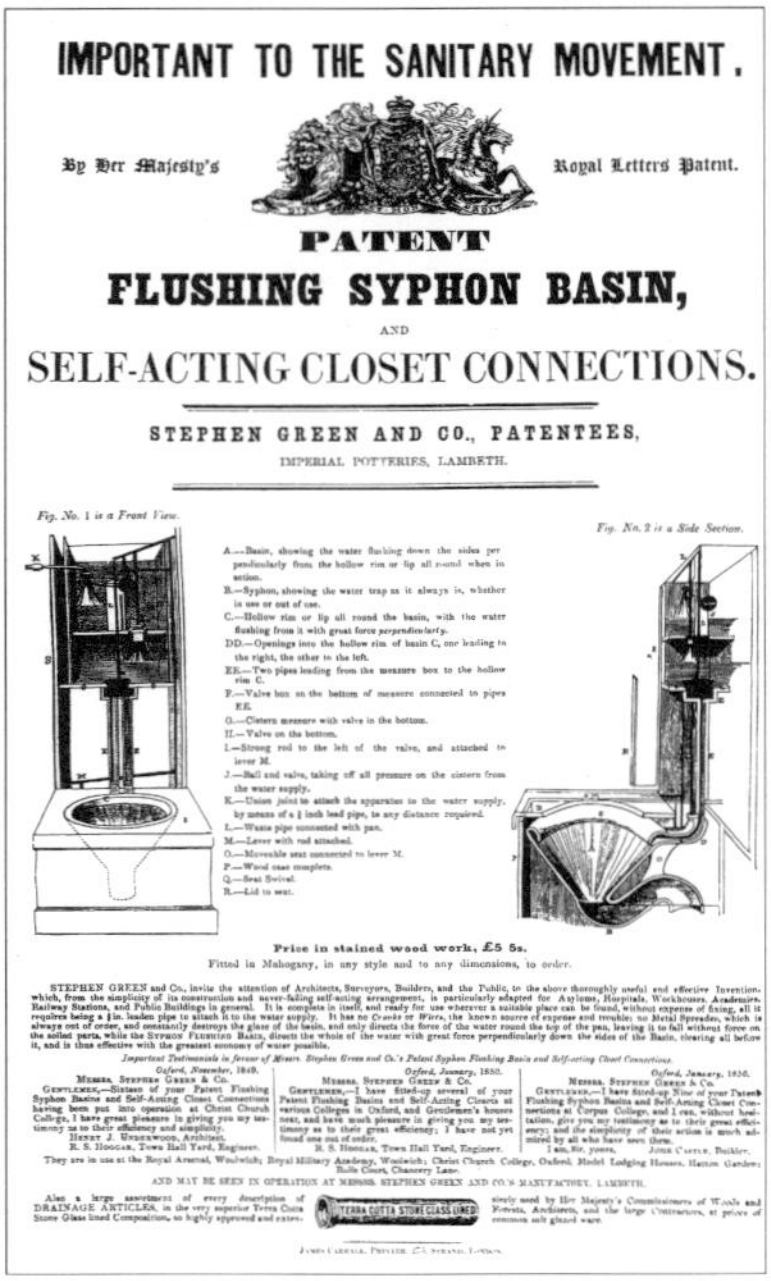

図 1-8　**左**：ジェニングズのラバーチューブ便器。**右**：グリーンのサイフォン式便器（ロンドン万博出品趣意書より）

ジェニングズは多くの水洗式便器を考案しており，公衆トイレとして採用された型式はこれとは別と考えられる。

便座に収まり、給水タンクの中の浮玉も見えている。左図は、当時最も精力的に活躍していた衛生技術者のひとり、ジョージ・ジェニングズの発明品で、パンもバルブもない構造であり、会場の建設中に使われていたことが記されている。また、ゲスト・アンド・クライム出品のカークウッド便器もやはり陶器のボウルと木製便座を備え、万博会場での使用に供せられたという。

展示品とは別に、この万博ではジェニングズが開発した陶器仕様の便器が公衆トイレとして採用され衆目を集めた。料金一ペニーの有料トイレ（男性用小便器は無料）で、利用者は延べ八二万七千人を越えた[27]。万博という、長期間大勢の人間が集う社交的な場所における〝適切な〟トイレの設置は、ここで新たな課題として体験されたはず

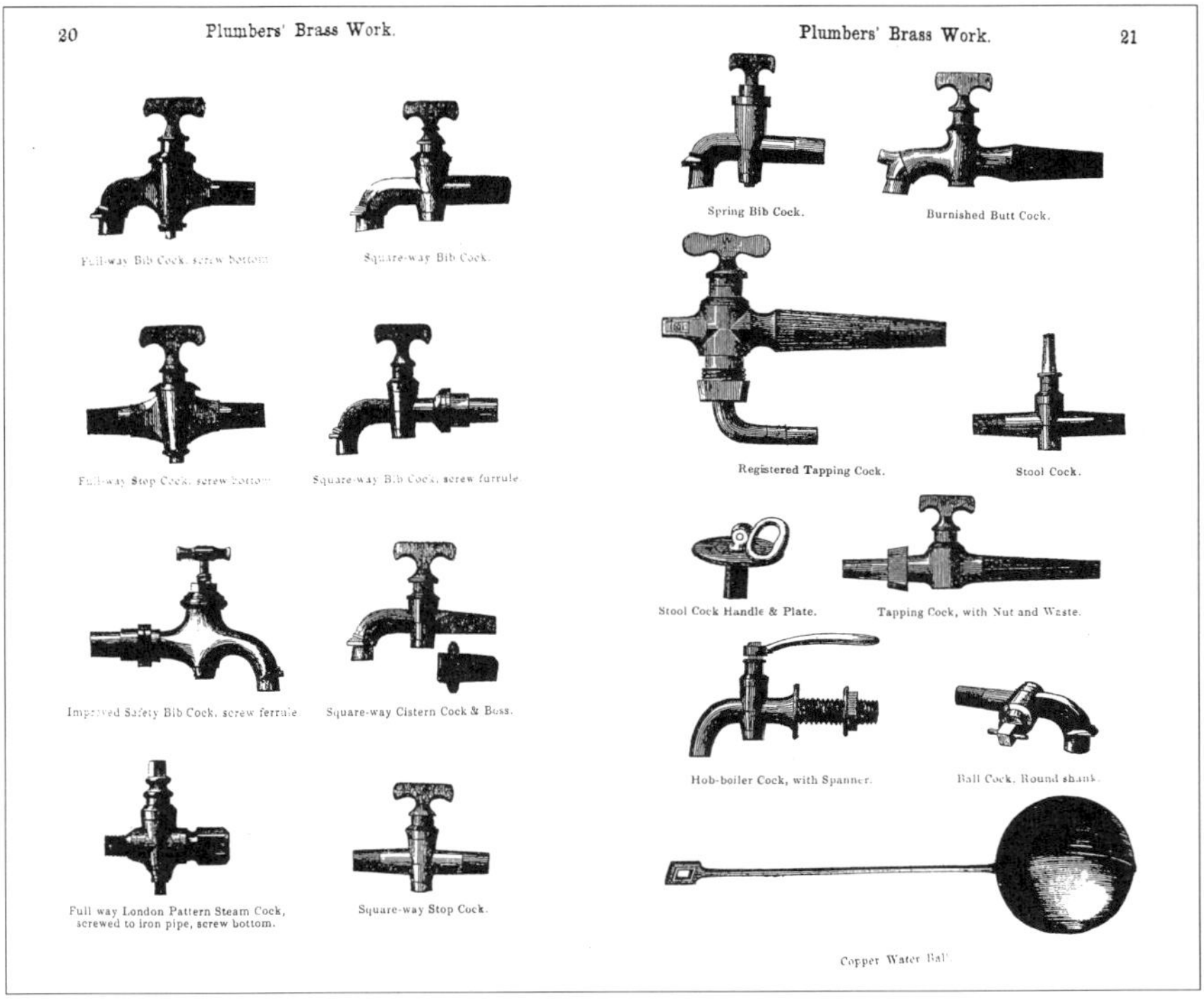

図 1-9　ウォーナーの水栓金具（ロンドン万博出品趣意書より）
右下部に水洗トイレの給水タンク用浮玉（銅製）が示されている。

である。[28] ジェニングズはその便器を著名な陶工、トマス・トワィフォードの協力を得て製作し、万博の翌年に特許を得、その後も改良を重ねた。[29] ロンドン万博は、水洗トイレシステムにおける、金属から陶磁器への材料転換が始まる機会を提供したと考えられる。

しかしなお、一八八二年に刊行されたスティーヴンズ・ヘルヤー著の配管（衛生）工事教科書[30]が扱っている便器本体はすべて金属製機構である。その二年後に刊行されたグレン・ブラウンの著書 "Water-Closets"[31] では、主として一八四〇年代以降に考案された百種を超える水洗式便器を紹介しており、ここでも主流は金属製機構[32]である。ただし、数は少ないが、ホッパー式と呼ばれる水流で流しきるタイプの便器が紹介され、そのなかに

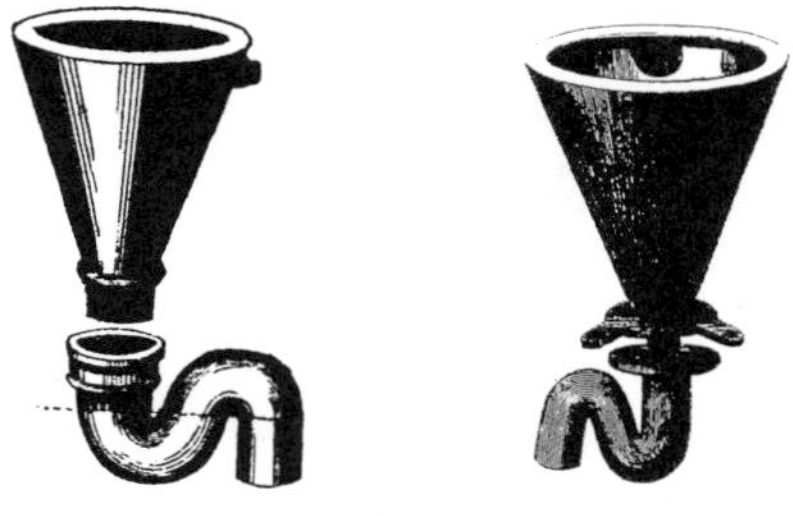

図1-10　ホッパー式便器（ロンドン万博出品趣意書より）

左：スティーヴン・グリーン出品の陶器製ボウルおよびトラップ“Hopper Basin & Syphon Trap”。右：ウォーナーが出品した鋳鉄製ボウルおよびトラップ“Iron Hopper with S Trap”。

ようやく陶器製のものが顔を出す。このホッパー式の便器が、後に普及していく水洗トイレ——ウォッシュアウト、ウォッシュダウンといった形式の原型なのだ。実は、ロンドン万博にもこのタイプの便器は出品されていたし（図1-10）、さきのジェニングズの改良型はまさしくこの形式であった。総じてこの時代には、製陶技術者というよりは衛生技術者、配管技術者、金属加工の技術者が中心になり、あるいは協力しあって水洗式の便器を開発していった様子をうかがうことができる。出身国別考案者数で最も多いのはイギリス、次いでアメリカ、わずかながらフランス、ドイツもある。また、一八八〇年頃、衛生トイレ（sanitary closet）と名づけられたバルブ式便器が考案されている。[33]

便器に流す水の制御に成功したのは一八六九年、やはり衛生技術者のトマス・クラッパーが改良した給水装置——浮玉を利用してタンク（水槽）の鎖を引くと一定量の水が勢いよく流れ、一定量を排水した後自動的に止まり、タンクにはまた給水がなされる工夫——によってであった。[34] クラッパーは一八四八年に水道屋／配管工《プラマー》として働き始め、劣悪な衛生環境のなかでトイレをはじめとする衛生設備の改良に尽力した。その最大の貢献が上記の給水装置の改良と普及（発明ではない）である。これ以前、トイレの出水／止水は手動バルブの開閉が一般的で、もし開けたままならば水が流れ放しだったし、給水装置があっても機能が不十分で漏水が生じていた。実際、トイレの水が流れ放しにされる場合も多く、これが都市の給水不足に拍車をかけていた。

クラッパーの事業は一八七二年の首都水道条例を機に大きく発展した。というのは、同条例により首都圏の水道施設規格が統一されて水道工事が容易になったからである。それまでは水道会社八社が独自の規格で工事を行って

図 1-11　ホッパースタイル（ウォッシュダウン式）の便器実物。
左：陶器製。右：金属製

陶器製は 1878 年（もしくは 1891 年），箱根富士屋ホテルに設置されたもの。金属製便器はボウル部（琺瑯）とトラップを別々に製造して組み合わせている。いずれもイギリス製。

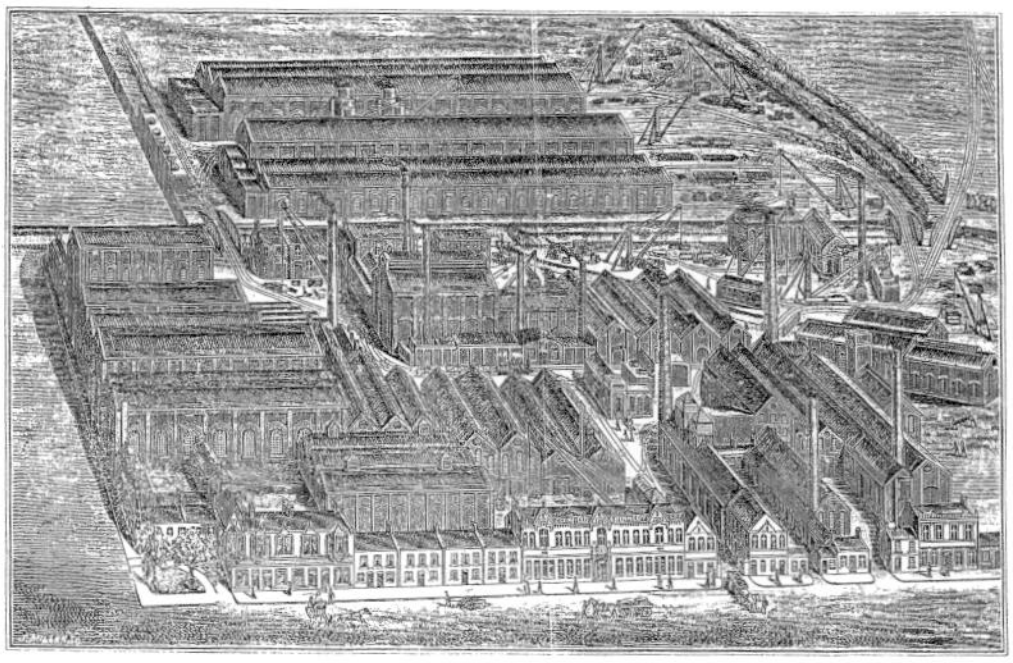

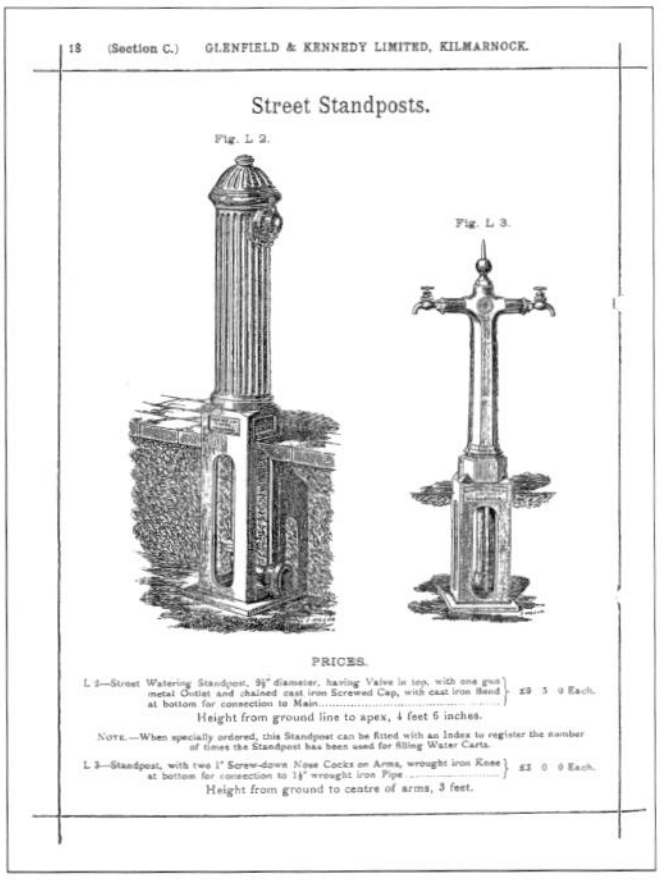

18　(Section C.)　GLENFIELD & KENNEDY LIMITED, KILMARNOCK.

Street Standposts.

PRICES.

L 2—Street Watering Standpost, 9½" diameter, having Valve in top, with one gun metal Outlet and chained cast iron Screwed Cap, with cast iron Bend at bottom for connection to Main.................. £9 3 0 Each.

Height from ground line to apex, 4 feet 6 inches.

NOTE.—When specially ordered, this Standpost can be fitted with an Index to register the number of times the Standpost has been used for filling Water Carts.

L 3—Standpost, with two 1" Screw-down Nose Cocks on Arms, wrought iron Knee at bottom for connection to 1½" wrought iron Pipe.................. £3 0 0 Each.

Height from ground to centre of arms, 3 feet.

図 1-12　グレンフィールド・アンド・ケネディ社（スコットランド）の工場図およびカタログ（同社 1904 年のカタログより）

Glenfield & Kennedy Ltd. は 1853 年創業の鋳物メーカー。ケネディの特許量水器が特に有名。カタログの表紙には，“Iron Founders and Hydraulic & Sanitary Engineers” とある。このカタログ発行の時点ではポンプやボイラー等，大型製品から蛇口等の小型バルブまで幅広く製造していた。図に示したのは共用水栓で，各戸に水栓がない時代は特に重要な役割を担っていた。ちなみに，このカタログは神戸旧外国人居留地の米国貿易会社機械部が使用していたもので，明治期に日本へ輸入された機械器具が多く含まれている可能性が高い。

図 1-13　上：鉛の圧延工場。下：溶融鉛押出鉛管製造工場（20 世紀初頭，イギリス）

いたために、区域間の配管接続に多大な困難をきたしていたのであった。[35] この条例は首都におけるトイレ消費水量の削減も要求していた。[36] ちなみに、大成功を収めたクラッパー社の看板には「鉛商、真鍮鋳造業者、特許登録水洗トイレ製造業者」と書かれていた。[37] クラッパーはまさに金属加工を行う配管工として数々の給排水関連製品を考案かつ製作し、その普及に心血を注ぎ、衛生技術者黄金時代の幕開けに貢献した。[38] なお、クラッパーの給水はハイタンク方式だったが、一九世紀末にはロータンク、二〇世紀初頭にはフラッシュバルブによる給水方式が開発される。[39]

同時期に進展した金属・機械産業とのインタラクションを通じて、特にロンドンでは水システムの整備が進んだ。ヘルヤーによれば、エディンバラでも水洗トイレの普及が始まり、一九世紀半ばには多くの住宅に据え付けられた。[40] だが、急速に膨張する地方新興工業都市の住民がこの恩恵に浴するには時間を要した。「一八七一年当時、マンチェスターに……水洗便所はわずか三七二個しかなかった。ノッティンガムでは、一万八千戸の住宅のうち一万五千戸は屋外便所兼ゴミ捨場を利用していた」。[41] また、自治体が水洗トイレの設置を義務づけた後でも、給水が止まることもあればバルブが故障することもあった。排水管の傾きが悪かったり、パイプの継手部分に不具合が出たりという設備工事面での欠陥も目立った。ロンドンでさえ、一八九〇年に行われた調査で配管工事の欠陥がなかったのは、調査対象三千世帯のうちわずかに三六世帯であった。[42] 設備機器や配管の技術が改善されるには、やはり二〇世紀を待たねばならなかった。

〈衛生陶器産業の発展〉

公衆衛生や水道事業の進展は陶磁器業者にも影響を及ぼした。著名な陶工でありまた衛生技術者として知られるヘンリー・ドールトンは、この時機を捉えて硬質かつ吸水率の低い炻器で下水管を製造し、下水システムの発展に多大な貢献をした。[43] ドールトンは一八七七年、ロンドンにあった工場をストークオントレント[44]に移転したが、同市を中心とする一帯のスタフォードシャーではこの時代に衛生陶器の近代的工場が続々と設立されている。一九世紀半ばにはウェッジウッド、ドールトンをはじめ、コープランド、ミントン、シャンクスなど主だった陶磁器業者が、便器、ビデ、洗面器などの衛生陶器分野に参入し、なかでもトワイフォード兄弟の成功は顕著であった。衛生技術者でもあったトマス・トワイフォードは一八四八年に家業の製陶工場を衛生陶器専門工場に再編した。トマス・トワイフォードは先に紹介したロンドン万博の公衆トイレの後、同じ方式で独立一体型[45]の便器を作るために工夫を重ね、ほぼ完成をみた後一八七二年に死亡、後を継いだ息子のトマス・ウィリアム・トワイフォードが一八八三年にこれを完成させた。その後、イギリス最大の衛生陶器メーカーとして名声を築くトワイフォード社は、一九〇〇年に水栓金具の製造も開始した。[46] トワイフォードの便器とクラッパーの給水装置との〝新結合〟により、水洗トイレは現代の形態にほぼ近づいた。実際、彼らはそれぞれにトイレット・ユニットの製作を始めた。また、一八八四年にフレデリック・ハンパーソン、一八八九年にD・T・ボステルがそれぞれ衛生陶器業者と協力のうえ、ウォッシュダウン式の便器を開発した。[47] 一九世紀末には多くの大手陶磁器業者がこの種の便器製造に参入した。

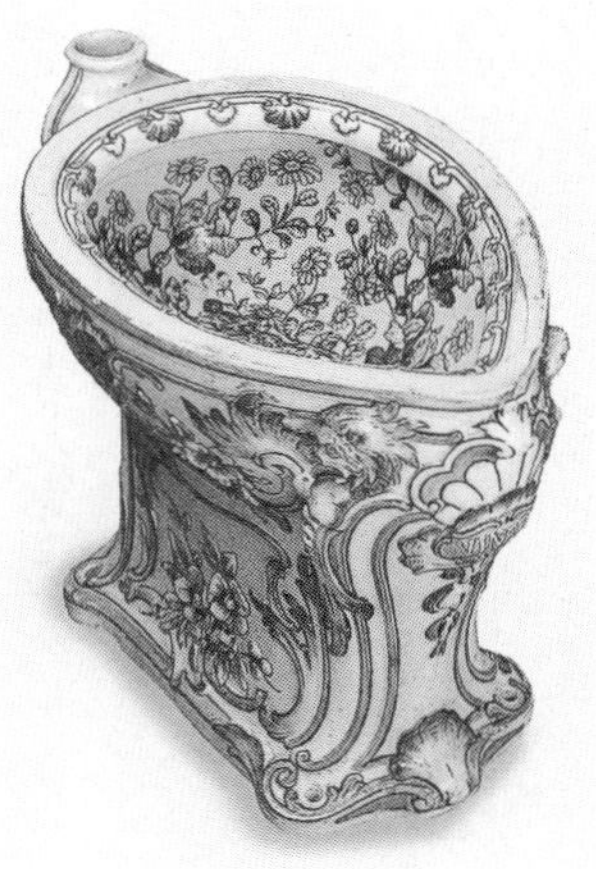

図 1-14　19世紀後半を代表する装飾性豊かな便器

1895年製，炻器質のウォッシュアウト式便器。この便器はオーストリア製で，イギリスから大陸への技術伝播の一端がうかがわれる。

「この種の便器」とは、常時水を溜め、水流の力で汚物を流しさり、また逆流が起きないように設計された便器である。陶器製品として考えれば、最初は金属製機構のボウル部分のみの置き換え、次にボウルとトラップがつながり、最後に全体を征服するという道筋をたどったのだが、この間に、便器の本体は機械機構から非機械機構へと変化した。この変化は、メンテナンス——手入れのしやすさのみならず、機械故障がなくなるという意味——の面で考えても一大進歩であったろう。それを可能にしたのが陶器という材料なのだ。こうした便器は機械的な金属製便器と比べるとはるかにシンプルな機構だが、陶器製品としては非常に複雑な構造をしており、それを生産するには伝統的な陶磁器産業にはない発想や技術が必要とされた。また当時、ヴィクトリアンスタイル[48]とも呼ばれる多色模様やレリーフなど装飾的デザインに特徴のある製品が多く製造されたことは、この種の陶製便器が贅沢品であったことを示してもいる（図1-14）。ちなみに、フランスでは一八世紀頃から陶器製のビデが製作されるようになり、一九世紀にはかなり広まったが、これも装飾性が重視されていた[49]。

　ところで、衛生陶器が急速に発達した一九世紀後半のイギリスにおいて、素地の多くは硬質陶器（solid earthenware）か炻器（stoneware）で、軟質陶器や磁器は適性に欠けるためあまり使われなかった[50]。硬質陶器は一九世紀初頭のイギリスで発展を見、半世紀ほど経ってヨーロッパ各地に広まったという[51]。その一般的製法は、軟質陶器よりも耐火温度の高い原料を使い、まず一一〇〇～一二五〇度の高温で締焼《しめやき》、次にそれよりも少し低温で釉薬を溶かしつけるように釉焼《くすりやき》、つまり二度焼をする。その特長を軟質陶器と比較すると、吸水率が低く、色が白く、強度が大きい。他方、磁器と比較すれば、ガラス質や焼成収縮が少なく、割れにくくて形状や精度を保ちやすく、コストが低い。一方、炻器は古くからあり、硬質陶器よりも吸水率が低く、軟質陶器より強度が大きく安価だが、原土に金属分が含まれるために有色であった（表1-1）。この問題には第3章であらためて触れる。

ドールトンが衛生陶器に使用した炻器は一度焼で充分な硬度と吸水率に至った（焼締められた）のでコスト的に優位があったが、鉄分を含み有色であるうえに塩釉を使うことで飴色になるため、便器の内側を白色素地で覆って（化粧）焼いたという[52]。一九世紀末には多くの著名な陶磁器業者がこうした内側白化粧の炻器便器製造に参入した。この事実は、便器にせよ洗面器にせよ、少なくとも使用部分は白色が衛生的だとして好まれたことを推測させる。

表1-1　陶磁器の種類と性質

	焼成温度	吸水性	白色度	透光性
軟質陶器	低	大	△	×
硬質陶器		↓	○	×
炻　器	↓	小	×	×
白色磁器	高	なし	◎	○

当初好まれた華美な便器[53]も次第に廃れ、一九二〇年代頃には白一色で表面に凹凸のないデザインのものが主流になった[54]。見かけの問題よりも、汚れ落ちを認識しやすく、汚れがつきにくく、掃除がしやすいといった実質的衛生面が重視されてきたことの証であろう。

図1-15、図1-16は当時の配管工事の一端を示す。イギリスでは一八九〇年の改正公衆衛生法により、一部地域で建造物への水洗トイレの設置基準が定められ、二〇世紀初頭には各自治体が類似の基準を設けたが、その内容は緩やかなものであり全国的な統一を見るには至らなかった。建築設備が急速な発展を遂げつつあるなかで、水洗トイレはまだ開発途上で安定的な標準型が確立されていなかったからである。便器はボウル・トラップ一体型陶器製サイフォン式の優位性が認められてきたものの、バルブ式の評価も、「最高品質の製品を適切に設置したならば」という条件つきではあるが、相変わらず高かった。この頃のバルブ式便器は陶器のボウルに琺瑯のバルブ機構、鉛製のトラップで製作され、給排水機構も複雑で良品は高価、ただし使用する水量は少なかった。安価に製造できる陶器製ウォッシュダウン式の総合評価は、高級バルブ式の後塵を拝していたのである[55]。

今日から振り返れば、一九世紀末から二〇世紀初頭に至る比較的短い期間に、トイレは機

LIST OF STOP COCKS

No.	Position.	Pipes Controlled.
1.	In Pit, Front Garden,	Main service to House.
2.	In Cellar, ...	Do.
3.	In Pantry, ...	Branch to Drinking-water Tap.
4.	In Cistern Room, ...	Main service to Cistern.
5.	Do. ...	Cold supply to Hot-water System.
6.	In Kitchen, ...	Do.
7.	In Cistern Room, ...	All services to Fittings.
8.	Do. ..	Branch to Draw-off on Third Floor and to W.C. on Second Floor.
9.	In Nursemaid's Closet (Second Floor),	Branch to Sink, Lavatory, and Bath on Second Floor, and to W.C. on First Floor.
10.	In Kitchen, ...	Branch to Sink, Lavatory, and Bath on First Floor, and to Scullery Sink and Servants' W.C. on Ground Floor.
11.	In Bathroom (First Floor), ...	Sub-branch to Bath, Lavatory, and Sink on First Floor.
12.	In Kitchen, ...	Branch to Pantry Sink, Lavatory, and W.C. on Ground Floor.

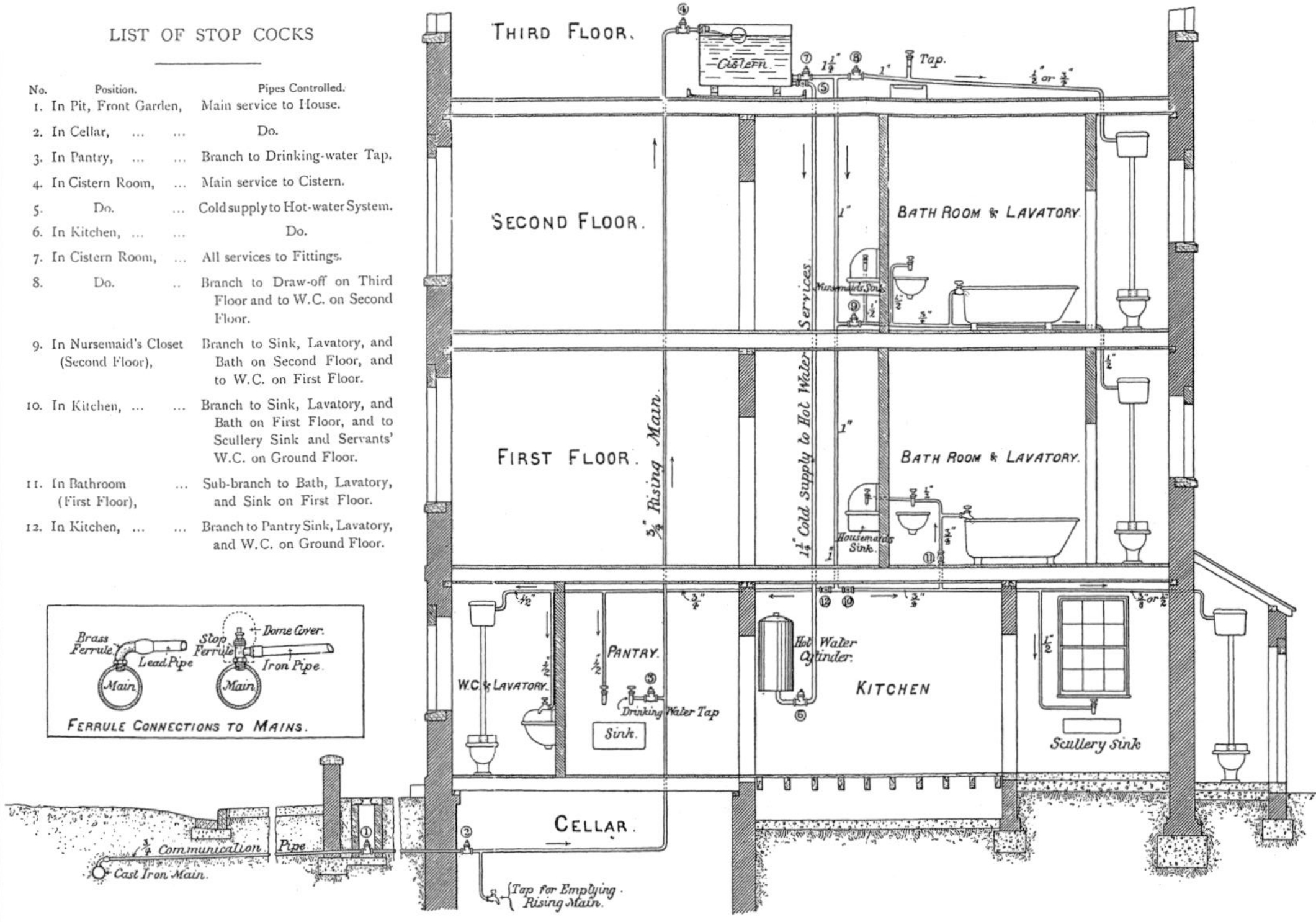

図 **1-15**　サトクリフの給水系統図：配管・水栓・設備機器（20 世紀初頭）

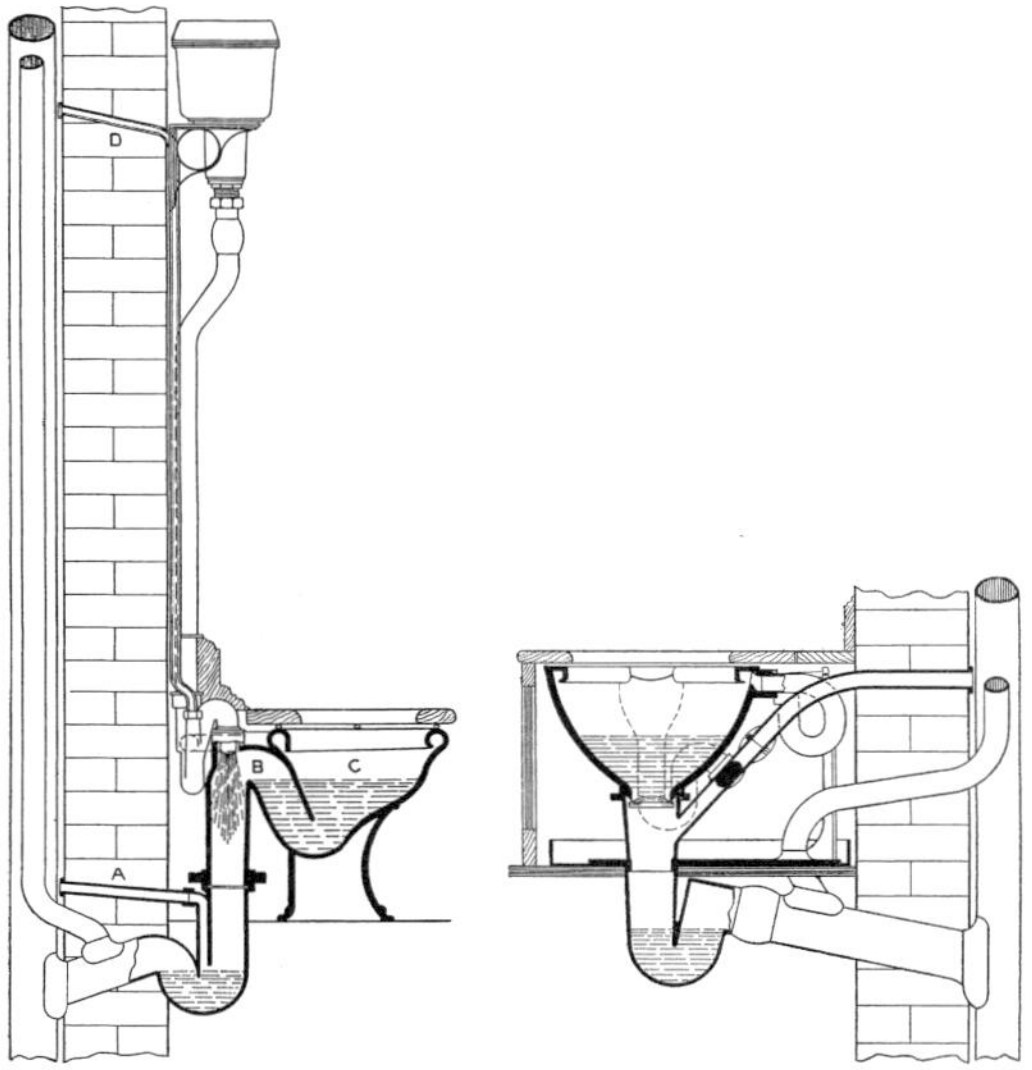

図 1-16　水洗トイレの給排水。左：サイフォン式。右：バルブ式

図 1-17　陶器製ボウルのバルブ式便器

能、材料、デザイン等において革命的ともいえる発展を遂げたのだった。つまり、近代的な水洗トイレに関していえば「初めに金属ありき」で、その後、陶器という材料革命を伴った技術革新が訪れたことになる。そして、この陶製便器の開発、製造に関わった陶工たちの多くも、同時に「衛生技術者」と呼ばれていた。

図1-18は、今日まで使われている代表的な陶器製水洗式便器の構造を示したものである。ウォッシュアウト（洗い出し）式は水流で洗い流すタイプ。その改良型ともいえるウォッシュダウン（洗い落とし）式は水の落差を利用して洗い落とす方式で、ウォッシュアウト式と比べれば臭気が少なく汚物もつきにくく、さらに構造も簡単である。これら二方式と比較すると、サイフォン式は構造が複雑で製造コストが高いが、サイフォン作用で排出力を増し、溜水面を大きくすることができるため、臭気が発散せず、汚物も付着しにくい。サイフォンジェット式はさらにジェット穴から噴出する水で強いサイフォン作用を起こす。価格は高く、水の使用量も多いが、衛生・清潔面からは優れている。サイフォンヴォルテックス式は同図のなかでは

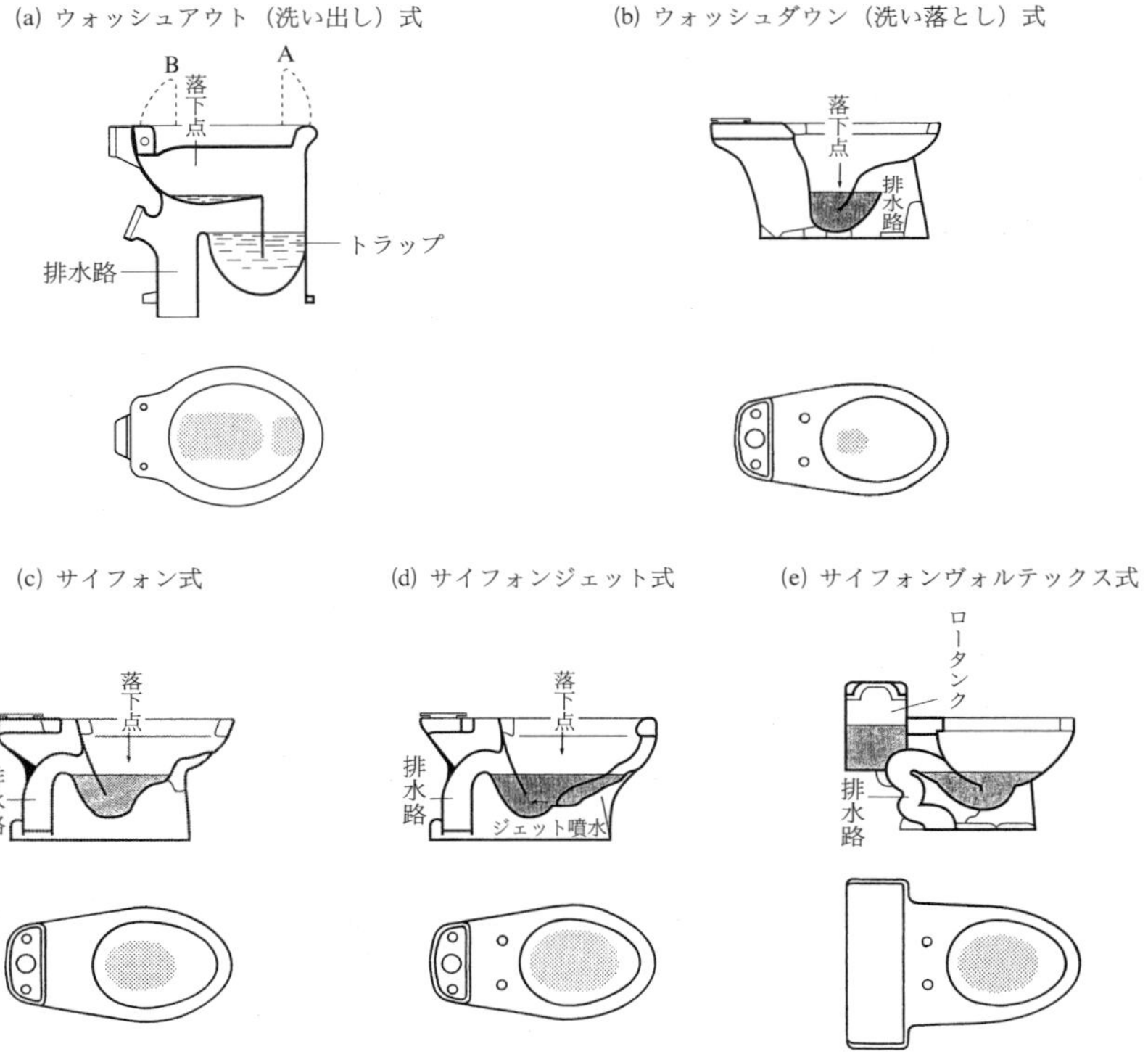

図 1-18　水洗式大便器の構造。断面および溜水面

新しい形式で、サイフォン式に渦巻作用を付加しており、ロータンクと一体化でき、洗浄音も静かな高級便器である。

(3) アメリカの都市・建築と衛生・清潔志向

開発の波はイギリスからヨーロッパ大陸やアメリカにも伝播した。水洗トイレに対するヨーロッパ大陸の関心は、しかし、イギリスほど強くなかった。たとえばフランスのような農耕社会において、人々は肥料になる屎尿に対しても、また人前での排泄行為に対しても、イギリスよりおおらかな感覚を持っていた。とりわけイギリスで水洗トイレの開発が進んだ背景には、ピューリタン的なイデオロギーの存在があったとする説もある。[56] フランスではようやく一八八〇年代になって、公衆衛生改革運動における水洗トイレ推進派が非水洗（トルコ式）派に勝利を収め、積極的にイギリスからプラミング技術の導入をはかるようになった。[57] 一九一〇年代になると水洗トイレは多くの家庭で不可欠な設備になっていたという。もっとも、設備や配管の不具合という問題はここでも日常的に起こっていた。[58]

〈イギリスからアメリカへ〉

一方、イギリスと同じくピューリタンの影響が強いアメリカの大都市では、イギリスより品質の高いトイレがより緊急性をもって求められることになった。アメリカでも一時期、金属製機械機構の便器が作られたが、一八七〇年代末頃から陶器製の一体型便器が各種考案され始めた。一八七六年および七八年にウィリアム・スミスがサイフォンジェット式便器の特許を取得、一八八四年にJ・P・パトナムがその改良型を開発した。これらは現在の腰掛式便器と基本的に同じ原理を用いて同じような機能を持つ便器であった。また、装飾性に特徴づけられたヨーロッパの便器と異なり、当初から機能的なプレーンデザインの白色陶器や琺瑯製品が一般的であった。源はイギリスからの導入技術であったが、アメリカにおいては独自の水洗トイレ開発競争が華やかに展開された。

このような独自性、そして急速な発展の一因は、アメリカ諸都市における衛生観念および環境の変化である。スーエレン・ホイは一九世紀初頭から二〇世紀中葉に至るアメリカ人の清潔観、またその実践についての変化が驚くべきものであったことを検証している。――「南北戦争前のアメリカ人のほとんどは不潔で、もしイギリス人旅行者の言葉をそのまま信じるならば、『垢にまみれ、獣同然の状態』だった[59]」。――ニューヨークでも一九世紀中頃まで屋内の排水システムはなく、トイレは屋外か、もしくは建屋に隣接はしていても外扉から直接入る別室になっていた。[60] 屋内配管技術の未発達による非衛生および悪臭等の理由で、他の住居部分と空間を共有できなかったからである。下水溝の臭気が病の原因になると考えられた時代であった。市民の排泄物のほとんどは、こうしたトイレから暗渠を通ってそのまま海に捨てられていた。[61] 暗渠がない場合には屋外トイレから通じている穴に汚物を溜め、時々運び出して捨てるか、直接川に流すかしていた[62]。

人口の増加に伴い、コレラや黄熱病の大流行がたびたびアメリカの大都市を襲った。疫病の原因が科学的に解明されるにしたがって人々は住環境の清潔さを重視しはじめ、都市清掃の必要性が叫ばれて公衆衛生が発進した。当時のアメリカにおける最も著名な衛生改革者、ジョージ・ウェアリングは伝染病の多発に悩むメンフィスの下水改革およびその結果としての衛生改革に成功し、多くの都市が同様な排水溝システムを建設した[63]。経験が蓄積されるにつれて、上下水道のみならず屋内給排水の配管技術およびその工事技術、すなわちプラミングが衛生上きわめて重要な意味を持つことが認識され、優良配管工の養成や「科学的な配管」を推進する運動が隆盛した[64]。サンフランシスコのような西海岸の新興都市でさえ、いや新興都市だからこそ、その建設の当初から給排水を念頭においた都市計画が重視された[65]。こうしてアメリカでは「水が都市という有機体にしみわたり、建物の地下室に入り、次いで上階に上昇し、各階に一ヶ所さらに台所へ、そして最後に浴室へと進んでいった[66]」。水洗トイレは一八八〇年代に都市ビルや公共建築物などに設置され始め、汚水量の激増に応じて都市の排水溝システムも大型化していく[67]。トイレ水洗化の基盤は物質的にも思想的にも着実に進展した[68]。

衛生観念の変化はとりわけ中流以上の家庭に大きな影響を及ぼし、主婦は洗濯と掃除に時間と労力を費した。初期ヴィクトリアンスタイルのインテリアは埃と雑菌の溜まり場と見なされ、シンプルかつ白色が衛生的だとされるようになった[69]。二〇世紀初頭には白い琺瑯の便器、浴槽、洗面所を導入したバスルームが中産階級の住居に不可欠な要素となり、従来使われていた木製パイプが工場生産の鉛管に置き換えられた[70]。多くの都市で「建物内に給排水設備を設け、居住者のために適切な数と種類の衛生器具を備えるように法令が制定された[71]」。もっとも、都市の貧困地区、たとえばニューヨークの賃貸住宅は惨憺たる状況で、トイレも不潔きわまりなかった[72]。市の調査をもとにようやく都市計画の一環として設備改良工事が始まる。この時期になると、都市の衛生はすでに当初の技術的問題を脱し、資金や行財政のありかたが問われるようになっていた[73]。第一次大戦後は工業都市が急激に膨張し、公共上下水道や新しい設備を備えた施設が建設され、新築住宅には水洗トイレの設置が当り前となった。[74] それまで人口に膾炙しながら実践されていなかった「清潔は信心に次ぐ（美徳である）[75]」という金言は、教会や学校や行政、そしてビジネスによって普遍化され、清潔はときに「信心に優る」ものにすらなった。[76] 清潔という観念を現実に変えたのは製造業や商業であり、広告の効果も目覚ましかったが、消費者もまた自ら熱意を持ってそれを求めた。[77] 清潔は「美」となり、白くシンプルな衛生器具がそのイメージを具現化した。そして、南北戦争から百年の後、ヨーロッパを旅するアメリカ人は、その衛生設備や配管の、アメリカと比較にならない貧弱さに嘆息することになる。――「アメリカ人の清潔への探求は一九世紀半ばにすごい勢いで始まり、第二次世界大戦後にピークを迎えた[78]」。

〈都市高層建築と標準化技術〉

旅行者といえば、アメリカにおける衛生設備機器の普及に重要な貢献をしたのはホテルであった。高級ホテル――いわゆる宿屋（旅籠）とはコンセプトの異なるファシリティ――が歴史に登場するのは一九世紀以降のことで、水洗トイレを設置した高級ホテルが出現したのは一八二〇年代末から三〇年代にかけてであった。配管設備工事のなされた水洗トイレや屋内の風呂そのものが珍しかったその時代、配管工という職業はなく、金物屋が工夫して必要な部材の製造や工事を行った。設備技術が向上して、たとえば最上階まで全室バスルーム付きのホテルが建設されるまでには、およそ半世紀を要した。[79] 二〇世紀初頭、大都市のホテルの近代的なバスルームは、ヨーロッパから訪れた旅行者を驚嘆させた。[80]

当初は人々の生活や居住観念からかけ離れた存在であったホテルだが、次第に市民生活における居住空間モデルとして捉えられるようになっていく。つまり、ホテルはアメリカの生活スタイル、その衛生観念や設備機器重視の思想を先取りしたのだ。そして市民レベルでの快適さや清潔への要求の高まりと都市行政との歯車がかみ合った後、都市住宅への衛生設備機器の普及も加速した。[81]

そして、水洗トイレの品質向上の追い風となったのは都市高層建築の発達であった。水洗トイレを含む配管・設備技術は都市重層建築の機能的生命線ともいえる。特に高層建築となると、工事技術も高度なら設備機器の品質にも高度さが要求される。この分野ではアメリカが世界に先駆けた。摩天楼（スカイスクレーパ）と呼ばれたその時代の〝超高層建築〟は一八八五年にシカゴ[82]で建設されたのが最初で、一九〇〇年代に入るとニューヨークで急速な発展を見た。それと併行して衛生、暖房を含む建築設備工事技術も急速に発展していく。

アメリカにおける標準化の進展も、衛生設備面でヨーロッパを凌駕する理由のひとつとなった。給排水設備規準の法制化は一八七〇年、ワシントン市のプラミングコードが世界でも最初だという。アメリカの諸都市ではこれに倣った法律が作られたが、自治体によって異なった規格ができてしまうため、全国的に統一化する試みが商務省において始められたのが一九二一年であった。ときの商務長官が、後にアメリカ合衆国第三一代大統領となるハーバート・C・フーヴァーである。一九二八年には、通称〝フーヴァー・コード〟と呼ばれる最初の規準が公表された、これが衛生設備規格（Uniform Mechanical Code）とともに衛生工事の規準（Uniform Plumbing Code）も定めた、当時世界で唯一のものであり、一九三二年には補足改訂版が出版された。広大な国土を持つアメリカでは、その後、地域事情も考慮しながらより適正な規準作成へと努力が続けられていく[83]。

アメリカにおけるサイフォンジェット式便器や一体型便器の開発もこの設備機器・工事技術の発展の歴史のなかに位置づけられている。より正確に言うならば、上下水道の建設、管材を含めた設備工事技術の発達、人々の衛生・清潔指向の高まり、これらのインタラクションのうえに新たな水洗式便器あるいは琺瑯のバスタブの開発があり、それらを大量生産する技術および給排水システムのネットワークをスムーズにつなげる標準化技術が出現してはじめて、アメリカで衛生設備機器の急速な普及が始まった。そして、設備機器メーカーにも大手企業が出現する。

〈大手設備機器メーカーの成長〉

「一八八〇年代の上下水道およびガス配給システムの敷設ブームによって、鋳鉄管の製造も急速に発展した。一八九〇年の事業所三五のうち一六は一八八〇年以降に建設されたものであり、……八三年から九三年のあいだに三六の工場が製造を開始した」[84]。一八九八年に四企業の合同で設立されたガス・水道管メーカーのアメリカン・パイプ&ファンドリー社（ニュージャージー）は、翌年さらに七企業と合同し、USキャスト・アイアン・パイプ&ファンドリー社を設立した。設立時のシェアはアメリカ市場の七五パーセント、一九〇九年および一七年のアメリカ企業内の資産順位はそれぞれ八四位、一八四位であった[85]。パイプ製造大企業の出現は、設備機器産業の隆盛をも示唆する。

今日おそらく世界最大の建築設備機器メーカーであるアメリカン・スタンダード社あらためトレーン社（二〇〇七年に社名変更）のルーツは、一八七五年にマサチューセッツ州で創業した金物屋である。一八九九年に中小の同業者を合併してスタンダード・サニタリー・マニュファクチャリング社を設立し、二〇世紀初頭には水洗式便器や湯水混合栓などの製造販売を行っていた[86]。一九一三年にはビルトインのバスタブを製造。バスタブ、便器、洗面器をコンパクトにまとめたバスルームを演出し[87]、一九二〇年頃にはアメリカ最大の衛生設備機器メーカーに、一九二九年には暖房設備メーカーのアメリカン・ラジエータ社（一八九九年設立）と合併して世界最大の建築設備機器メーカーに成長した[88]。同じく世界的に著名な、設備機器を中心とする多角的大企業であるコーラー社は、もとは一八七三年にウィスコンシン州で創立された農機具や鋳物のメーカー。一九一〇年代に白い琺瑯のバスタブを開発。この「割れ目も継ぎ目も合わせ目もない『衛生』器具」が瞬く間に人気商品となり[89]、一九二〇年代には衛生陶器や水栓および配管金具分野に進出した。配管部品メーカーとして一躍有名になった同社は、衛生設備機器メーカーとしても成長を遂げた[90]。クレーン社の創業はこれよりも古く一八五五年。やはり金具や鋳物の製造から始まり、一九世紀末には各種バルブ、パイプ等配管材の専門メーカーとしてシカゴの本工場の他に一〇工場を抱えるほど成長し[91]、二〇世紀初頭には七千種を超える金具を製造していた[92]。同社は第一次大戦期に陸軍施設の衛生設備を大量受注して飛躍、この後の急成長には製品納入のみならず、高度な配管技術の貢献度が大きかったという[93]。一九二〇年代にはアメリカ国内やカナダの衛生陶器メーカーや琺瑯製品メーカーを次々に吸収合併して総合的な設備機器メーカーとなった[94]。

アメリカにおける水洗トイレの普及は一九世紀末から一九二〇年代にかけて急速に進んだが、これはまさにアメリカの各産業で技術革新が不断に進行して多くの大企業が出現し、結果として第二次産業革命が展開した時期と重なる[95]。前述のメーカー、またフラッシュバルブの専門メーカーとして著名なスローン・バルブ社[96]も含めて、いずれも東部もしくは中部、すなわちニューヨークやシカゴなど早くから高層建築が造られた都市へのアクセスが良好なことがきわだっている。プラミングと深く関わってきたこれらアメリカの設備機器メーカーは、二〇世紀初頭にいわゆる統合的大企業として、金属加工産業では比較的早く成長した部類に属する[97]。同時期、衛生陶器を含む陶磁器産業にも成長は見られたものの、機械・金属産業のように生産が大規模化することはなかった。両者の違いは生産技術の問題に大きく関わる。標準化／量産化／機械化といった改革は陶磁器よりも金属加工に取り入れやすかった。金属加工系の企業が早く大規模化し、陶磁器メーカーを吸収合併して衛生設備機器もしくは建築設備機器メーカーとして成長を遂げる図式が、一九二〇年代に進行したのである[98]。

〈衛生陶器産業の動向〉

アメリカの陶磁器製品といえば、一九世紀半ばまではイギリスからの輸入が主であった。陶器の製造が始まったのは、オハイオ州ニューリヴァプールおよびニュージャージー州トレントンの一帯である。トレントンの場合、イギリスからやってきた移民熟練工が陶器生産に携わった。衛生陶器は一八七三年にトマス・マドック[99]が製造を始めるまでほぼ輸入に頼っていた。マドックは独自のウォッシュアウト式便器を開発するなどして業績を伸ばし、その製品は次第に都市部で輸入品を駆逐していった。もっとも、初めのうちは商標を王冠印にして、さもイギリス製であるかのごとく装わねば売れなかったという。[100] 一九世紀末から二〇世紀初頭頃、アメリカの衛生陶器工場では、まだプレス式で単窯を用い、また焼成を三回行うという手間のかかる生産法を用いていた。[101] 一九世紀末に熔化素地が開発され、[102] 二〇世紀初頭に泥漿流し込み法[103]とトンネル窯が導入されて、[104] 陶磁器工業も熟練と労働集約の世界から標準化された資本集約の世界へと徐々に移行し、特に衛生陶器においては、都市公衆衛生を先導する役割を果たした。[105] しかし、メーカーの規模が特に大きくなることはなかった。一九一五年、トレントンの衛生陶器メーカーの従業員数は、最大手のトマス・マドックでも四五〇人、大抵は二五〇人未満であった。[106] こうした衛生陶器メーカーは、二〇世紀初頭から一九二〇年代にかけて、すでに大企業として成長していたスタンダード・サニタリー・マニュファクチャリング、クレーン、コーラーなどの建築設備機器メーカーに次々と吸収合併されていった。[107] 他方、衛生陶器の製造技術が向上するにつれ、清潔の象徴として人気を博した「白い琺瑯」は、より優れた機能をもつ「白い陶器」に置き換えられていった。

ちなみに、一九六〇年代初頭のアメリカの衛生陶器市場調査によれば、国内市場占有率はスタンダード・サニタリー・マニュファクチャリング四〇パーセント、クレーン三〇パーセント、コーラー一五パーセントと、この三社で八五パーセント。あとはエルジャー、リーム、ボーグ・ワーナーなどが大手企業として名を連ねているが、[108] これらもすべてもとは機械、金属系メーカーから始まって、多角的事業の一部として衛生陶器、そしてむろん水栓金具類も自製した。エルジャー社は一九〇四年創業。フラッシュバルブから始めて、その後ディナーウェア工場を買収し、それを衛生陶器に変換させた。[109] リーム社は一九二〇年代にメッキ工場の買収から創業し、その後給湯器を手始めに設備機器製造に参入した。[110] 衛生陶器の中小専門メーカーも存在するが、シェアとしてはきわめてわずかである。[111] 衛生陶器市場の寡占状況は日本と似ているが、日本では産業発展のプロセスが異なることを後段で示す。

〈アメリカの経験が示すもの〉

アルフレッド・チャンドラーによれば、一九世紀末から二〇世紀初頭にかけての製造業大企業の成長は、量産技術とマーケティング機能双方の発展によっている。――「十九世紀も終りに近づくにつれ、多年にわたり製品の販売を卸売商や製造業者の代理店に依存していた少数の企業もまた、自社のマーケティング組織を創設し始めた。この戦略を採用した最初の企業のなかに数えられるのは、改善された技術と工場設計、および科学的管理法の適用によって着実な生産を可能とした、金属工業と金属加工業の製造業者であった。一八九〇年代後半に……給排水栓メーカーのクレーン社も、ほとんど同型の複数職能企業をつくりあげた[112]」。そして、一九一七年当時にはまだ例外的な事例だと断りながら、「金属加工会社は、大量生産方法を用い、多数かつ多様な消費者に販売した。……クレーン社、スタンダード・サニタリー《ママ》社（この二社は定型鉛管取付器具の製造会社）、ねじのメーカーであるナショナル・アクメ社は、多数の建設業者、建築業者、鉛管工事業者、製造業者、金物販売業者に製品を販売した[113]」。こうして、一九二〇年代にアメリカの大手設備機器メーカーは生産過程における標準化や量産を実現し、その販売網を確立していった。

「水洗トイレ」という視座を据えると、イギリスやアメリカの経験が以下の事実を示していることに気づく。すなわち、水洗トイレの開発と普及は、近代都市の発展や衛生問題に深く関わる。これをモノづくり面から見れば、パイプやバルブの発達を含めて「初めに金具ありき」であった。衛生技術と金属加工技術の接点から水洗トイレは生まれてきた。便器の原型は下水設備につながる入口、すなわち「排水パイプの開口部分」の工夫であり、より具体的には金属パイプとバルブを含む機械機構だった。金属製品として登場した便器は、より優れた材料である陶器に置き換わっていった。しかしなお、システムを作っているのはパイプやバルブであり、陶器はそのなかに位置づけられる存在だった。プラミングの本来的な成り立ちを考えれば、パイプやバルブが給排水システムの根幹に関わっていること自体、明らかだった。この点を普遍化して考えれば、設備機器一般の製造において、陶磁器業よりも機械・金属加工業のほうが優位性を持つことも、また明らかである。この関係はアメリカにおいて顕著に示された。金具メーカーや配管工事企業が周辺産業（たとえば陶磁器メーカー）を合併して、水回りのみならず総合的な設備機器メーカーとして成長していった。衛生・空調（冷暖房）設備ジャンルの産業が水洗トイレを包含して成長していくとすれば、その産業内で、陶磁器メーカー同士の競争が成り立っても、陶磁器メーカーと金具メーカーの競争は成立しない。設備機器産業において、金具メーカーは陶磁器メーカーよりも競争力が強いのである。その理由は製品技術および生産技術の違いにある。どちらが製品を多様化でき、多角化でき、短いライフサイクルで交換できるか。どちらが生産を大規模化でき、合理化でき、効率を上げられるか。そして、どちらの市場そのものに、より発展性がありさまざまな製造技術や工事技術のインタラクションに負う発展が見込めるかを考えれば、アメリカにおいて建築設備機器産業に大企業が生まれ育っていった軌跡は、きわめて合理的だった。[114]

2　日本の近代化と水システム

（1）近代化と公衆衛生

〈近代化の初期条件〉

水洗トイレは近代文明の産物だった。[115] 明治維新を経て、日本は積極的に欧米の文明を取り入れ近代化を図ろうとした。一九世紀末以降、水洗トイレが急速に普及した欧米諸都市の経験から「後発性の利益」を得られるとすれば、日本において都市化の進展とともに水洗トイレが普及していってもおかしくはなかった。しかし日本が、たとえば造船技術のキャッチアップに示した俊敏な反応は、生活に密着し衛生という重要な含意を持った水洗トイレについては認められず、普及速度も実に緩慢だった。その様子をまず見てみよう。

さきに概観した欧米「先進国」の諸都市では、一九世紀後半に水システムをめぐる状況が大きく変化した。同時期、近代化の入口に立っていた日本の状況には、欧米と比べていくつかの大きな違いがあった。まず、在来産業として金属パイプや金属バルブが作られていなかった[116]。当然、その意味での配管技術もなかった。水道はあっても木樋や石樋のレベルだったし、下水道は地形を利用しつつ、開渠や暗渠をつなげて堀や川に流し込む排水システムだった[117]。かわりに、たとえば東京では、欧米の諸都市と比べて屎尿の農村還元システムがはるかにうまく機能していたから、衛生問題もそれほど深刻ではなかった。アラン・マクファーレンはこの関係を「日本にパイプを使った下水システムがなかったことには利点があった[118]」と評価している。すなわち日本では、屎尿を目に見えない地下の管渠に流し込まなかったかわりに巧妙に処理して資源化する技術を獲得した。――「十九世紀中葉まで、日本式の解決法は、その全住民に対して、おそらく西洋のどのような解決法よりも遙かに効率的であったろう[119]」。

すでに述べたように、人々は屎尿の資源価値を認め、たとえ好まざる対象であろうとも忌むべきものとの感覚を持っていなかった。近代化の進展とともに化学肥料が導入されると、屎尿の需給と人々の価値観の双方に変化が訪れる。とりわけ急速に人口増加していく都市において、急増する屎尿の処理対策を講じねばならなくなるのは時間の問題だった。しかし、都市屎尿の供給が近郊農村の肥料需要を大きく上回る前に、日本の都市衛生は水系伝染病によって危機に陥り、それに対応して「近代的」な公衆衛生行政が発進する。

一方、工業化プロセスの面からいえば、「水洗トイレ」という新技術は給排水システムの一環であるために、その部分だけとりだして海外から技術導入をするわけにいかなかった。おまけに「排泄」という、きわめて隠秘かつ強固な慣習に関わる技術である。いきなり輸入商品を店頭に並べてみても、珍奇を超える関心を引くことはできまい。したがって、後発工業国日本におけるこの技術は、やはり先進諸国と同様に、水のシステムに関わる人々の間で新生の芽を吹くのを待つことになる。

本節では、上下水道の建設状況をみながら、日本のプラマーたちの活躍と設備技術を考える。

〈公衆衛生の始まり〉

日本で近代水道の必要性が認識されたのは、幕末以降たびたび水系伝染病の大流行をみたことによる。特にコレラは開国によってもたらされた伝染病といわれ、明治半ばまで猛威を振るった。一八五八年以降一九世紀中に死者千人以上を出した大流行が一〇回あり、一八七七年および七九年には首都東京もその激波に襲われた。この間、年々のコレラによる死者の総数は六〇万人にものぼる。[120] 明治政府の衛生行政の始まりは、まずコレラとの闘いを念頭においてのことだったといってよい。その中核が内務省衛生局であり、ここで衛生対策としての水道の普及に関する審議が行われた。コレラ、赤痢、腸チフスのような伝染病の「発生前防疫対策」としては下水道や適切なトイレの設置も重要だが、限られた財源内で実施可能な策として、上水道の整備が第一の行政目標に選ばれた。これには上水が直接口に入るものであること、下水道に比較すれば建設費用が少なく技術的にも容易であること、使用料を徴収しやすいこと等の理由もあった。[121] 事実として、人口の集中した主要都市に近代水道が敷設された後、コレラの大流行はなくなった。しかし、因果関係が証明されたわけではない。[122] 第5章でも触れるが、たとえば赤痢の罹患率が激減するのは一九六〇年代末である。コレラに限っていえば、その撲滅には水道以外の衛生行政が果たした役割が大きかったという。患者の隔離、飲料水の煮沸などの衛生指導が行政の力によって強力に実施されたのは日本で初めてのことであった。

ところで、“sanitary”、“health”（もしくはドイツ語の“Gesundheitspflege”）といった語を「衛生」と和訳したのは、日本の公衆衛生行政の創始者、長与専斎（一八三八―一九〇二）といわれる。[123] 長与はもと大村藩（長崎）の藩医で長崎医学校の学頭を務めた。明治政府に招請され、一八七一年に日本を出立した岩倉使節団の欧米視察に医学教育調査担当として同行。その際、前述の諸語の意味するところが単なる健康保護ではなく、貧民救済、都市計

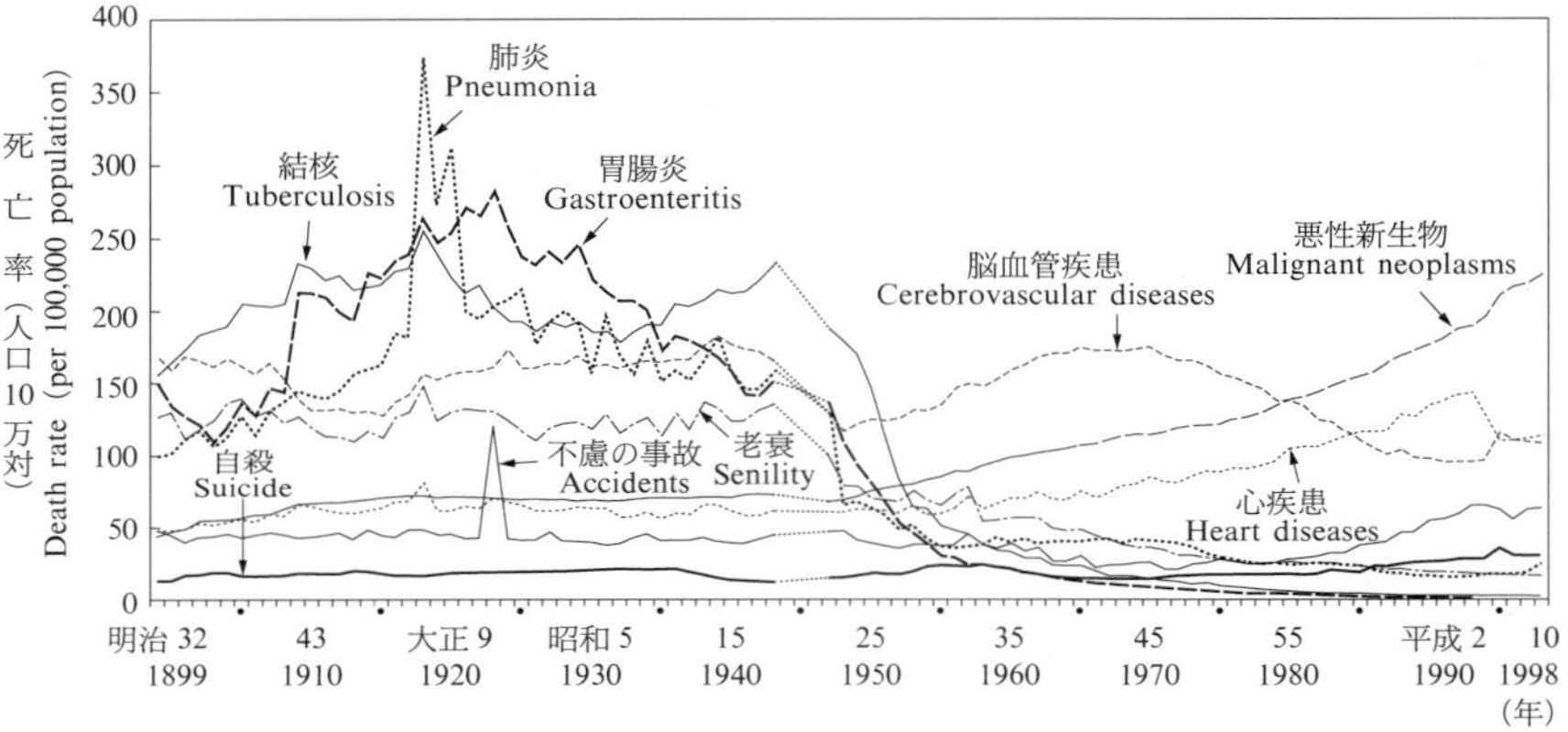

図 1-19　主要死因別に見た死亡率の推移（人口 10 万対）

出所）『人口動態統計 100 年の歩み』厚生省大臣官房統計情報部，2000 年，184 頁。

画、上下水道、生活様式にわたる国家福祉を推進するための行政の仕組であること、日本にはその概念すらないことに気づいて「公衆衛生」に開眼、これを畢生の事業とする志を立てたという(124)。一八七三年に文部省医務局（前年、医務課として創設）初代局長に任命された。医務局は一八七五年、内務省に移管されて衛生局となり、公衆衛生行政の中核を担うことになる。すなわち、長与は日本の公衆衛生制度の創始者というべき存在であり、「衛生」という言葉も一八八〇年代には定着したと思われる(125)。

一八七九年には各自治体に衛生課が設置され、道路、溝渠、便所、肥溜等の掃除・修理・改良励行を任とした。一八七〇年代末から八〇年代にかけて、各地で便所その他の「構造」に関する規則も制定されるようになった。一八九〇年にはイギリスから衛生工学専門技師W・K・バートンを衛生局に招請、日本各地の衛生工事の設計や審査に従事させた。なお、一八九三年より内務省では衛生局保健課が上水・下水・清掃方法に関する事項を扱い、土木局治水課が衛生工事に関する事項を扱うことになった。欧米では「衛生工学」領域で捉えられた上下水道の建設が、日本では「土木工学」の領域に収められたいきさつは、この制度設計にも見ることができよう。

公衆衛生は明治政府の基本政策として重要な位置づけを占め

た。富国強兵のみではない。日本を清潔で健康な文明国に仕立てていくことが、一九世紀の帝国主義世界のなかで先進国への仲間入りを果たすための必要条件であり、病原菌のいないこと、清潔であることが近代国家の要件と考えられたからである。[126] 明治から一九二〇年頃に至るまでの地域別死亡率は、一般に農村よりも都市、特に大都市において高かった。[127] さまざまな広報活動も行われ、そのなかで水洗トイレも登場した。たとえば、大阪で一九〇三年に開催された第五回内国勧業博覧会では、内務省が出品したベルリンの重層住宅衛生設備の模型にトイレや浴室の給排水配管が示されていた。[128] また、洗面所や有料の水洗トイレが設置され、モット社（アメリカ）の衛生陶器も展示された。[129] 水洗トイレへの関心はいまひとつだったけれども、総じてこの時期の衛生行政は大きな効果を上げた。

（2）横浜と近代水道

〈居留地の水問題〉

明治日本の衛生行政がまず目標として掲げたのは、前述したように上水道の建設だった。日本で最初に近代水道が建設された横浜の状況から見てみることにしよう。

一八五九年の開港後、外国人居留地と日本人居住区が設定され、いち早く外国人が去来することになった横浜では、その近代水道以前に上下水道建設の動きが起こっていた。幕末期の世相を反映して、攘夷派浪人による放火を含めた火事が頻発したのが一因である。一八六二年にイギリス領事が提出した最初の水道計画は、居留地住民の生命と財産を守るための、主として消火目的であったらしいが、実現には至らなかった。[130] かたや、居留地の外国人は、産業の発展とともに汚染が進みコレラが流行した自国の経験から、排水と下水道の整備も幕府に求めていた。[131] 当時は井戸の側《かたわ》らに屋外便所が設けられていることが多かったうえに、便所の溜桶が不完全で汚物が土壌を汚染しそれが地下水脈に及んでいた。生活で生じる汚水を適切に排水できてこそ衛生的な上水（井戸水）が得られる。明治に入り衛生問題が重要視されて、一八六九年から陶管の埋設による旧埋立居留地の下水設備建設が始まり一八七一年に完成、新埋立居留地では一八七七年に完成した。[132] 工事を立案、監督したのはイギリス人土木技師R・H・ブラントン[133]である。しかし、この下水設備は台所排水と雨水を流し込むには充分だったが、屎尿をそのまま受け入れる能力はなかった。屎尿受け入れには水洗トイレを設置するべきであり、そのためには「高く上げた水槽、井戸から水を水槽に入れるための押し上げポンプ、下水管の中にじかに流し込む正規の特許水洗便器[134]」が必要だった。ブラントンは水系伝染病の温床ともいえる不完全な屋外便所の根本的改革を切に願いつつ、資金面からその実現はむずかしいと懸念したが、その懸念の通り屋外便所方式はそのまま継続され、井戸による給水も続いた。その後、居留地人口が増大して当初の下水設備では支障をきたすようになり、一八八一年より卵形煉瓦管への改修工事が行われて一八八七年に完成する。[135]

〈日本最初の近代水道建設〉

衛生的な給水の必要性を痛感していたブラントンは、下水設備計画に続いて近代的な水道建設計画を立案したが、これも実現に至らなかった。外国人居留地には一八七〇年に木樋の水道がひかれた。しかし、先の下水設備と同様、一〇年も経つと破損がひどくなり、また人口が増加して水量も不足するようになった。衛生上の問題、および在住外国人の度重なる要請を受けて神奈川県はようやく市街地の水道敷設を志した。[136] 一八八三年、香港と広東で水道敷設を行ったイギリスの陸軍工兵中佐H・S・パーマーが来日した機会を捉えて設計を依頼、パーマーの意見書をもとに内務省に起業認可を要請。内務省は土木局雇工師のオランダ人H・L・R・ムルデルを実地調査にあたらせて認可指令を出し、工事監督にはパーマーを招請した。イギリスに帰国していたパーマーはJ・H・T・ターナー（設計監督助手）、F・ウォーキンショー（取入所機関監督、導水鉛工）、H・バグボルド（職工長、鉄管敷設技師）、A・ウォルシュー（導水鉛工）といった技術員を伴って再び来日し、施工指導にあたった。粘土や濾過砂は日本国内で調達したが、導水管すなわち鋳鉄管や鉛管、その他量水器、消火栓、給水栓等の設備器具から工具に至るまでイギリスより輸入して一八八五年に着工、二年後に完成を見た。[137] 輸入鋳鉄管の総量は一万二千トンにのぼった。[138] 水道の末端にはやはりイギリスから輸入された共用栓が使用され、各戸はその共用栓の鍵を持って水汲みをした。明治後半頃から専用栓も次第に普及し始めるが、一般家庭の場合はよほど裕福な家に限られていた。西洋風の近代的なビルが建ち、水栓の需要が増えても、その供給はもっぱら輸入に頼らざるを得なかった。[139]

〈プラマー（配管工／水道屋）の出現〉

横浜の外国人居留地では、一八六〇年頃から外国人の経営になる外国人向けホテルが開設されて、そのトイレは洋風腰掛式であった（図1-20）。ただし、旅行者が「旧式のバスルーム」[140]と呼んだとおり、ヨーロッパの前近代スタイル、すなわち箱型の穴あき椅子のなかに便壺を納めたもので、使用後に防臭剤を撒き、汚物は毎夜、居留地消防隊内衛生部の人夫が収集して処理した。[141] こうした洋風大便器はもっぱら輸入に頼っていた。

一方、神奈川県は一八七一年、日本人の道端での放尿を恥として路傍便所設置を町会所に示達、これにより市内各所に公同便所が設置された。一八七九年、当時薪炭商をしていた浅野総一郎が公同便所の貸下げを受け、六三ヵ所を洋風トイレに改造し、その屎尿を近郊農村あるいは船で千葉に運んで巨利を得たという。[142] 〝資源再生王〟の面目躍如たるエピソードであるが、やはり腰掛式であっても水洗トイレではなかった。しかし、水道敷設の後、ホテルやクラブ、居留地の外国人住宅などはむろんのこと、外国人が日本家屋を借りた場合でも衛生設備の設置が要求されることになった。便器等の衛生器材についてはイギリスからの輸入もあったが、すべての部品を輸入できるわけではなく、また給排水接続を可能にする便利な既成部品も存

図 1-20　居留地の腰掛式非水洗便器

在せず、結局、外国人の指導で日本人の銅工職人[143]やブリキ屋がパイプその他を作って取り付けた。[144]これは東京のホテルや個人住宅でも同じであった。[145]

前述のように、日本の近代水道の歴史は、まずもってヨーロッパの技術者や技能者たちが計画から設計施工に至るまで直に関わることによって発進した。水道の次には、その水を実用に利する給排水設備への需要がさまざまな場所で生じた。この一連の流れにおいて、外国人の教育訓練を直接受けた日本人の（導水）鉛工（と当時は呼んだ。英語の"plumber"の訳語）、すなわち配管工たちのなかから水道屋（と当時は呼んだ）、すなわち後の衛生設備工事業者が誕生したのである。これ以前、東京の宮内省の工事で外国人から指導を受けた宮沢信七も最初期の水道屋として活躍した。彼らは施工業者であったのみならず、ブリキの加工に加えて、鉛管、ときにトラップのような形態のものまで鉛板から製作した。[146]明治期の「水道屋の主人」は、当時日本で数少ない金属加工や配管工事を請け負える技術者——欧米流にいえば、まさしく「衛生技術者」——だったのである。ちなみに、一八九〇年代あたりまで、鋳鉄管以外に水回り設備の金属管として国内で使われ始めたのは、ほぼこうした鉛管に限られていた。[147]

（3）管材（パイプ）製造の始まり

〈金属パイプ・継手の国産化〉

本節冒頭で触れたように、日本では在来産業として金属管が製造されておらず、特に技術・設備面で高度な工業用鋼管は明治期にはほとんど欧米からの輸入であった。当時は神戸や横浜に商館をおく欧米の輸入業者から機械工具商（金物問屋）が買い入れて特約店などに販売した。一九〇〇年代に入ると、東京の機械工具商のなかにはパイプ専門の直輸入業者も現れた。輸入品は主として鍛接鋼管のガス管および工業用のボイラーチューブ、ステーチューブで、ナショナル・チューブ、[148]E・ヤングストン（以上アメリカ）、ページ・ハーシー（カナダ）、マンネスマン（ドイツ）、スチュワーツ・アンド・ロイズ（イギリス）等の製品であった。それに付随してデブリンやクレーン（以上アメリカ）、ジョージ・フィッシャー（イギリス）製の継手、バルブ類も入ってきたという。[149]二〇世紀前半の鋼管生産に関していえば、アメリカが群を抜いて世界のトップであり、製管法の開発でもリーダーシップをとっていた。[150]ちなみに、国産鋼管の第一号は一九〇五年、呉海軍工廠で作られた艦艇装備用のものであった。官営八幡製鉄所が操業を開始したのは一九〇一年、苦労の連続のなかで各種鋼材を製造したが、技術的に異質で需要も少ない鋼管を製造しようと考える暇も動機もなかったという。[151]一九一二年には日本鋼管が設立され、国産鋼管が製造されるようになり、第一次大戦期に輸入代替が進んで、急速に業績を伸ばした。同じ一九一二年、戸畑鋳物（一九一〇年設立）が日本初の国産鉄管継手を出荷した。年間生産能力百万個の工場を擁したが、一九二二年には国内需要に応じきれなくなり、別に専門工場を設立するに至った。[152]

家内工業レベルで製造の可能であった給水管について見ると、直径三インチ以上は鋳鉄管、それより小径のものは鉛管が用いられた。こちらは一八九〇年代に国産化が進み、明治末期になると一般品はほぼ国産でまかなえるようになった。大手の製造所としては、鋳鉄管：釜石鉱山田中製鉄所（創業一八八七年、釜石）、久保田鉄工所（一八八九年、大阪）、永瀬鉄工所（一八九三年、川口）、栗本鉄工所（一九〇六年、大阪）等。鉛管：古河電気工業（一八八四年、本所）、泉鉛管製造所（一八九二年）、日本鉛管製造所[153]（一八九九年、東京）等。[154]屋内給水配管には、鉛管、鋳鉄管から亜鉛鍍金鋼管等が使われるようになった。鋼管の使用は一九二〇年代に衛生工事がアメリカ式に移行してから盛んになったという。当時はまた、ガス管（亜鉛鍍金鋼管）が水道管としてしばしば使われた。[155]

排水（汚水）管についても、明治初期の手作り鉛管、銅管から次第に鋳鉄管が使われるようになっていった。[156]これも初期には輸入されていた。前節で触れたように、鉛管には多くの長所があったが、鉄管に比べて高価だった。概して昭和初期までは、上質の設備工事用パイプは輸入が主で、特にナショナル・チューブの評価が高かった。[157]国産のパイプや継手は輸入品と比べてかなり品質が劣っており、水圧や曲げによって一割程度が割れたという。[158]水システムに使われるパイプの国産化は進んでいくが、品質の向上には時間がかかった。給水管には有害物質を溶出させないこと、排水管、特に屎尿を流す汚水管には発生ガスにより腐食しないことなど、さまざまな機能が要求されたからである。汚水管には陶管も使われた。器具と管材の接合部は鉛板か鉛管を現場で加工して処置する場合が多く、鉛工の出番であった。

〈水道管と下水道管〉

設備領域（トイレ回り）から話がそれるが、上下水道用管材の製造についてもう少し言及しておこう。まず大阪と東京で使われた水道管である。一八九〇年に水道敷設調査を開始した大阪市は、輸入鉄管が高額であることから国産品の使用を計画し、釜石鉱山の銑鉄で水道用鋳鉄管を製造するよう大阪砲兵工廠に依頼、一八九一年に行われた試験鋳造の結果が良好だったことを受け、その翌年に二万トンを発注した。これが国産鋳鉄管採用の初めといわれる。契約では一日五〇トンを鋳造することになっていた。しかし、歩留まりが悪く、当初四ヵ月の平均生産量は一日わずか一〇トンにとどまった。結局、納期が大幅に遅れたうえに直管の長さを四分の三にカットし、さらに相当量を輸入しなければならなかった[159]。

同じ一八九二年、東京では市会において水道敷設案が可決され、外国から鋳鉄管を購入することとなった。が、国内鋳物業者から買い上げるべしという提言が市内の機械金物商からなされ、意見調整の結果、直管は外国から、異形管は運送上の問題があるという理由で国内産を使用することとした。そこで、異形管の鋳造を目的に日本鋳鉄会社が設立された。この新会社は経験もなく、適切な熟練工を見つけることもできず、度重なる契約不履行の末、不良品不正納入事件をおこした。当時の一大社会問題に発展したいわゆる「水道疑獄」事件である。この事件の混乱により、首都東京の緊急課題であった上水道改良事業は大幅に遅延した[160]。結局、東京市は鉄鋳物の伝統産地である川口の永瀬庄吉（永瀬鉄工所）に鉄管鋳造を依頼し、永瀬は首尾よくこれを仕上げて、以後鋳鉄管の専門業者として名を高めた。これを機に、川口では在来製品に加えて水道管やガス管など公共用の鋳物が新たに製造されるようになり、また、他の土木・建築用鋳物を官／民から受注する機会も増えていった。[161] 鋳鉄管の製造能力と社会インフラストラクチュアの整備進行との関係を示す興味深い一件である。

一方、下水道管としては、陶管が多く使われた。[162] 最初の国産陶製下水道管は一八七二年、常滑の鯉江方寿が、前述の横浜外国人居留地で下水道建設を監督していたブラントンに依頼されて製造したもので、その翌年から横浜で使われた。鯉江はイギリスから輸入した陶管を参考に、従来の素焼土管よりも高温で焼締めて吸水率を減らし、また漏水しやすかった継手部分を改良して製作したという。[163] 過去に例のないシステム／ネットワーク部品、すなわち規格品の大量受注であり、製造に初めて木型を使用したことでも画期的であった。[164] 常滑では真焼《まやけ》土管と呼ばれ、これが特産品となったことから、鯉江は常滑の陶祖とも称されている。当時、陶管は上水道、その他農業や鉄道建設にも使用されたため需要が急増し、常滑の陶業も隆盛した。

陶管は外圧で破損することもあり、より堅固なものとして煉瓦組みの築管も行われた。また、明治末からは鉄筋コンクリート製（手詰め）の下水道管も敷設されるようになった。

（4）近代下水道と水洗トイレ

〈東京の下水道〉

下水道については、首都東京の事例を中心に見ていこう。居留地の先行例を別にすると、日本最初の近代的下水道は、先に述べた長与専斎の働きかけが功を奏して実現した。内務省技術顧問（土木・治水）であったオランダ人デ・レイケの指導を得て内務省技師、石黒五十二が設計、一八九三年着工、翌年竣工したが、これは神田の限定された地域にとどまる。東京市の広域的な工事は一九一一年に始まり、一九二二年三河島汚水処分場の完成とともに竣工した。あと、早いところでは大阪、神戸でそれぞれ一九〇二年および〇三年に一部竣工している。いずれにせよ、普及の速度は遅かった。衛生目的の施策として、政府が上水道建設を優先させたことは前述のとおりである。

それよりも、下水道の建設が遅々として進まなかった日本において、ようやく一九〇〇年に制定された下水道法は屎尿の受け入れを定めていなかった。当時の汚水処理機能を持たない下水道の場合、屎尿をそのまま受け入れたのでは環境が悪化する。これはヨーロッパで経験済みであった。屎尿処理は同年制定の汚物掃除法の対象となり、地方自治体（市／町／村）ではなく住民（土地所有者／使用者／占有者）が処理する義務を負った。[165] その内実は近郊農家もしくは仲立ちの専門業者による汲み取りで、当時は合理的な方法と考えられていた。しかし、衛生上の問題が生ずる場合もあり、一九二〇年の法改正で汚物処理槽（浄化槽）で処理した屎尿は下水道や河川に放流可能となった。屎尿の収集処分が自治体の義務となるのは一九三〇年の法改正によってである。

そもそも一八八九年に長与専斎やバートンがまとめた下水設計報告書において、屎尿は農家の必需品であって下水道に流すべきではないとされていた。神田下水の建設に貢献したデ・レイケも屎尿の農村還元の知恵を捨てるべきでないと説いたという。[166] 前述したように、人口集中の進んだ都市部での屎尿処理に苦慮していた欧米の経験からすれば、日本の農村還元システムは実質的合理性に満ちていた。しかし、東京への人口集中もまた急速に進んだ（図1-21）。一九〇七年、土木工学者の中島鋭治[167]が前述の広域下水道建設工事の設計調査を委託された際、将来の舗装道路の普及を考えて、雨水・汚水の合流方式を勧め、水洗トイレによって屎尿を流すことも可能とした。この中島案に対し、一二年、農業団体などが貴重な資源である屎尿を流すことに反対したが、東京市は「屎尿を下水に流すことを強制していない以上、肥料問題への影響など想像できない」と一蹴したという。[168]

しかし日本の下水道建設の後れは小手先の問題ではなく、都市計画の思想そのものにあった。一九〇九年から一二年にかけて内務省命で都市衛生設備研究のため欧米各国を視察した小溝茂橋は、帰国後、「欧米の都市は殆ど上水の設備を有せざるものはなく其の設備の内容に就ては日本と差したる相違を見ず併し下水道工事に至っては殆ど間然する所なき迄に完全に設備せられ居れり」と、欧米諸都市との下水道の格差を評した。[169]

都市人口の急増とそれに付随する都市域の諸問題への対応を目的として一九一九年に制定された日本最初の都市

計画法は、都市衛生の重要性を認識しつつ、上下水道や廃棄物処理に関する事項を含まなかった。もとより都市計画行政の必要性を訴え、この法律の制定にも貢献した後藤新平は、東京市長在職中（一九二〇～二三年、震災前）の一九二二年、新設した東京市政調査会の顧問としてアメリカの市政調査の権威（当時ニューヨーク市政調査会専務理事）、チャールズ・A・ビアドを招聘し、市政研究を進めている。ビアドは、三ヵ月間の調査に基づくその報告書『東京市政論』のなかで、東京市行政部の組織によって達成されるべき事業（職務又は職分）として第一に下水道の完成を挙げた[170]。――「何よりも先に下水道の急速なる拡張が必要である。……現在の屎尿処分方法は、単に衛生上有害にして危険なるのみならず、之を肥料として使用する郊外地方まで持って行くには長途の運搬を要する為め今や経済上の重荷となりつつある。……下水道は現代都市の衛生計画を執行する上に絶対に必要である[171]」。

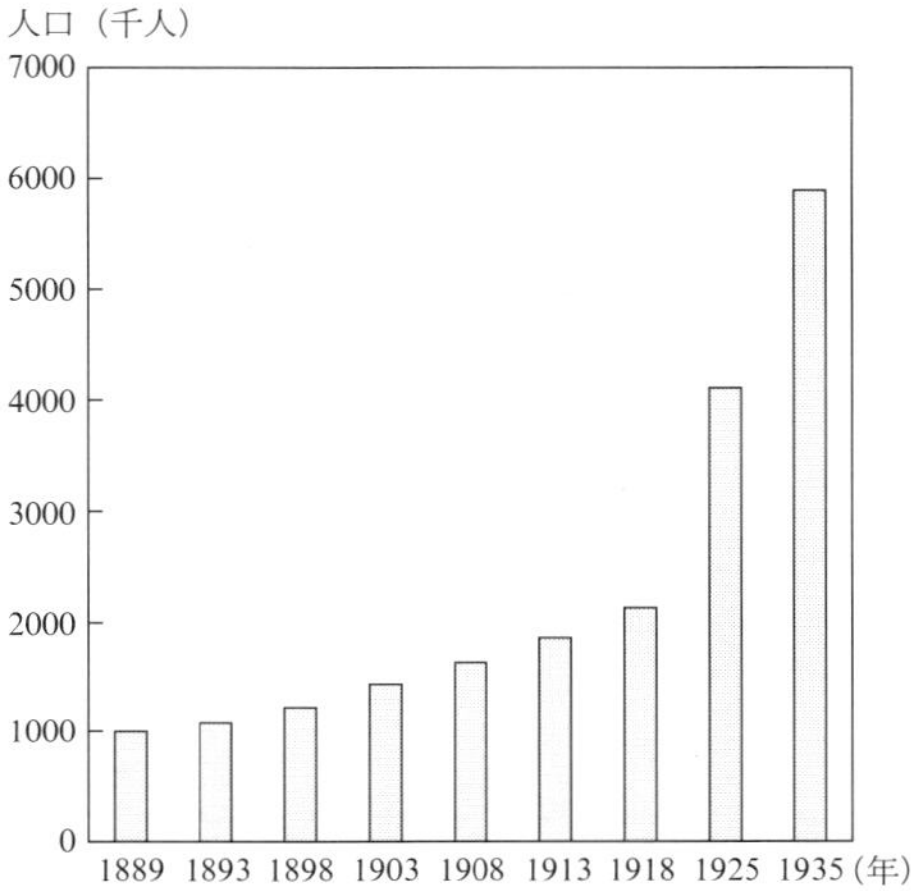

図 1-21　東京（市部）の人口の推移（1889–1935 年）

出所）新保博『近代日本経済史』創文社，1995 年，229 頁より作成。

また、第四番目に挙げた舗装政策の項では、「下水設備のない部分に高価な舗装を行って、二、三年の内に復た下水管渠埋設の為めに之を掘り返すのは金のかかる愚挙である。……街路が電燈、電話、電信の電線と電柱とで塞がれて、醜くもあれば危険でもあるし、又交通を妨げる……何時かは之等の電線は地下に埋設しなければならぬ。而かも之が好機は、水道工事の為めに街路を掘り開くとき、即ち道路舗装と歩道建設との前でなくてはならぬことは明らかである[172]」。

ここに見られるように、舗装道路といわばその下部構造となる上下水道その他の機能を一体化して都市基盤とする計画思想は、日本の行政官に刺激を与えつつ、ま

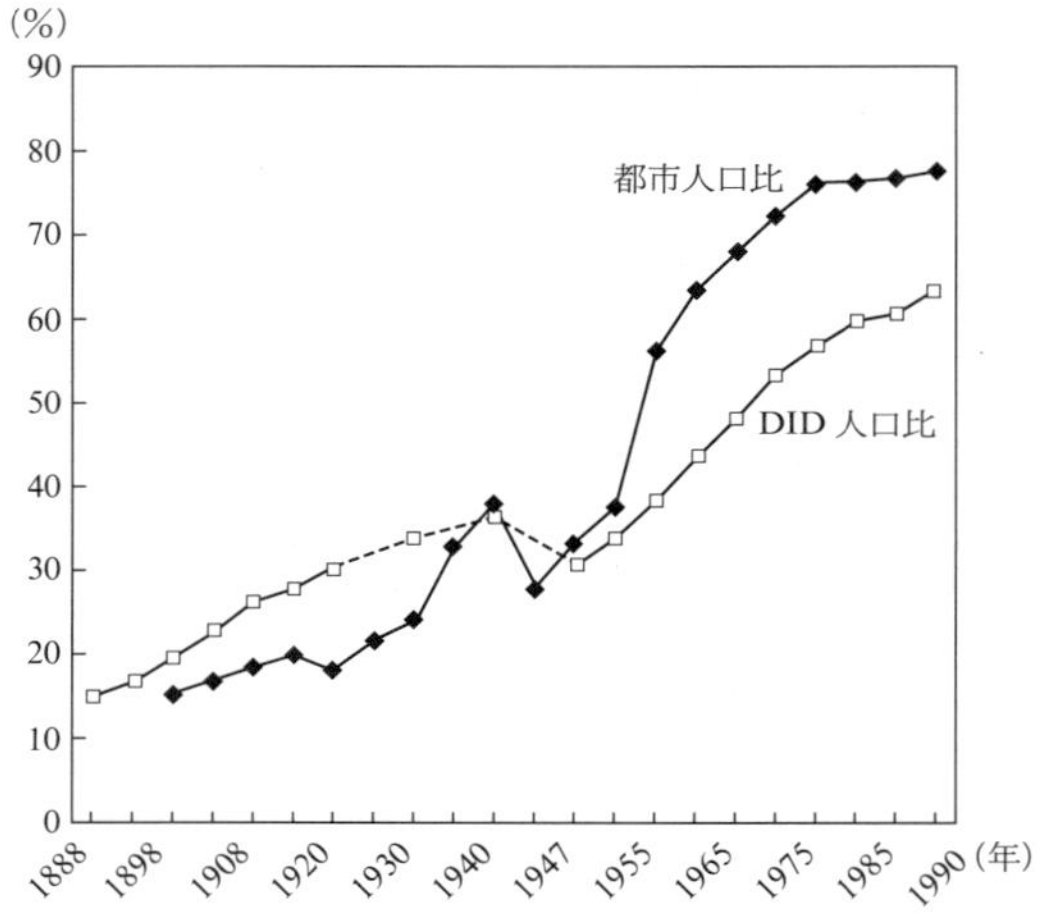

図 1-22　全国都市人口比の推移（1888-1990 年）

出所）都市人口比 1898，1903，1908，1913 年は南亮進（『日本の経済発展』東洋経済新報社，1981 年，216 頁）より作成。DID（人口集中地区）人口比 1888，1893，1898，1903，1908，1913，1920，1930，1940，1950，1955 年は大友篤（『日本都市人口分布論』大明堂，1979 年），他は国勢調査結果（各年）より作成。なお，小島勝衛/永野征男編『都市化の現状と将来』大明堂，1995 年，8，149 頁も参照。

た、その一年後に起こった関東大震災の復興の指針と捉えられつつ[173]、しかし実行はされなかった。最大の理由は資金不足だが、これは同時に、限られた財源のなかで何を優先するかという問題でもあった。少なくとも下水道施設に関していえば、都市計画におけるパースペクティブの貧困さが関東大震災後、さらには太平洋戦争後の首都改造の際にも尾を引いた。あるいは、これらすべてを含めた状況こそが、日本の経済発展レベルを示していたともいえようか。

　ビアドの見識には今日なお感服する。その歯がゆい思いまで伝わってくるような気さえするが、現実の都市部屎尿問題はすでに深刻な状況に陥っていた。一九一〇年代後半から二〇年代にかけて、日本全体で見ても都市人口の増大傾向が顕著になり、一方、農村における化学肥料の利用が急増し始めた[174]。都市近郊農地の宅地化が進み、屎尿の需要地が縮小して供給地は拡大した。東京市では広域下水道が完成する以前に屎尿需給のアンバランスが生じた。一九一八年には農家や業者による汲み取りが停滞し、未処理の屎尿をひそかに下水や河川に流す者が続出、一九一九年に市費を投じて屎尿の無料汲み取りを開始したが、処理量の増加に追いつけず、一九二一年には一部地域で汲み取りの有料公営化に踏み切った。他の大都市も同様であった。名古屋では一九二〇年に市が肥料会社に汲み取りを委託したが滞留が増大、一九二三年には終末汚水処理場を備えた下水道が一部完成したが、同時に海洋投棄も開始して問題となった[175]。大阪でも汲み取り業者が屎尿を川すじに流し込んだり、汲み取りの遅延で家庭のトイレが溢れたりする事態が続発し、一九二二年に処理施設を設けて市営で汲み取りを開始したが、状況の解決にはほど遠かった[176]。日本の大都市における屎尿の農村還元システムは、一九二〇年前後にその限界を露呈した。屎尿処理、あるいは下水道建設に関わる都市・社会問題が各地で頻繁にとりあげられるようになり、新聞の社会面を賑わせた。

〈トイレ水洗化の始まり〉

いよいよ水洗トイレに話が移る。明治中頃から横浜の外国人居留地や東京のホテルなどでは輸入された水洗式便器がぽつぽつと設置され始めた。明治末頃からは個人住宅でも水洗式便器を設置するケースが、きわめて稀ではあるが、見られるようになった。これら初期の水洗トイレから流れ出た排泄物は、必ずしも適切に処理されたわけではなかった[177]。

一九二二年、三河島汚水処分場の運転開始により、東京市の下水道は水洗トイレ取り付け可能（直接放流）の指定を受けた。一九三〇年の汚物掃除法により屎尿処理は自治体（市）の義務とされ、その手数料徴収が認められたが、一方で農家の汲み取りも続いた。一九三六年、東京市は下水道設備のある地区（下水処理区域内）での汲取式トイレの新設および使用を、例外規定はあるものの禁止、水洗化を都民に働きかけた。これを最初の契機として水洗トイレの一般への普及が始まったが、三年後の一九三九年、東京市の下水処理区域内水洗トイレ普及率（水洗トイレ設置戸数／区域内総戸数）は二六パーセントにとどまった。同年、大阪、名古屋、京都では一〇パーセント未満。しかし、事業体によって、たとえば岐阜市では九八パーセントという高率を示した。岐阜市は地方都市としてはきわめて早い一九三四年に下水道工事に着手、一九三七年には処理施設を完成させ、全市三万戸の住宅に陶器の便器を据え付け、長良川から引いた水を流すシステムを作ったのである。

統計的に明らかではないが、下水道の建設された都市部におけるホテル、学校、病院、商業施設やオフィスビルなど公共性の強い、また特に重層建築物においては、水洗トイレの設置が進み、一九三〇年代後半には特別珍しい存在ではなくなっていたはずである。一方、民間住宅において水洗トイレが普及しない、その最たる理由は改造コストが高かったことと考えられる。[178] これは実に維新直後の横浜でブラントンが懸念した障害だったが、それから七、八〇年の時を経ても事情は同じであった。名古屋市の場合、一九三九年の汲み取り手数料はトイレ一対あたり月四八銭と廉価に抑えられていた。かたや水洗トイレを設置すれば、水道料金が月平均二〇銭増加すると考えられ、加えてトイレの改造費は最低レベルで九五円。物価の安かった一九三五年に最低六〇円という記録もあるが、通常は百円以上を要し、一般家庭にとっては相当の重荷であった。[179] 改造コストは便器そのものよりむしろ「水洗」というシステム作りにかかるものであった。不潔汚穢に対する嫌悪感はあっても、水洗トイレが都市集住生活者にとって必要な衛生施設であるという認識は、衛生当局の呼びかけにもかかわらずなかなか一般化しなかったという。[180] ちなみに、ここに挙げた価格は一般普及品の事例と考えられる。高品質の衛生設備の場合、ヤンソン製作所(後述)のカタログ(一九三三年発行)によれば、一般住居用標準的衛生設備工事一式の概算価格は、上下水道完備地区での最も簡単な工事で三六三円(設備器具費二〇三円プラス取り付けおよび管敷設一六〇円)となっている。[181] また、主として大阪と東京で営業していた衛生工事業者、桐田商会の場合(一九三二年)、個人住宅用洋式水洗トイレ一基の設置費は一七〇円とされている。[182]

これらはあくまで上水および放流式下水道が整備された区域の話である。そうでない地区で水洗トイレおよび付随する衛生設備一式を設置しようとすれば、非常に高価についた。前述のヤンソン製作所の概算価格では、上水管・宅地下水工事一式・衛生器具・給水ポンプ・浄化装置一式・管類敷設工事などあわせると、実に七百〜千二百円となっている。[183] 庶民に手の出る金額ではないが、仮にこの種の工事を受注する衛生工事業者がいたとすれば、便器、金具といった設備器材を準備し、配管工事を行うのみならず、浄化槽など処理施設の設置まで請け負わざるを得なかった。公共下水道の建設が遅々として進まない状況において、衛生的なトイレは、とりあえず身近な場所においての屎尿処理方法とセットして考えられねばならないものになった。この時代、すでに「水道屋」のレベルを越えた幾多の設備工事会社——須賀商会、西原衛生工業所、城口研究所、昭栄興業、浜崎建物付帯工務店、井名利組、SO商会、斎藤省三事務所など(184)が浄化槽や処理施設と連結した方法で、従来の汲取式を改良したより衛生的なトイレ、ときに水洗式便器を備えたトイレを考案していった(185)。

概して戦前期までの日本人は、水洗トイレの設置にせよ、汲み取りの手数料にせよ、自らの排泄物の処理に対価を支払う感覚が希薄であった。衛生設備は給水サイドを優先し、排水サイドは後回しになる傾向が強かった。水道の普及率は常に水洗トイレの普及率を相当に上回ってきたし、たとえ水道が引かれても、水洗トイレを可能にするほどの水量が供給されるかどうかはまた別の問題でもあった。これは社会に浸透した価値観であって、そこから近代へ踏み出したのは、行政的にも、地域的にも、社会階層的にもごく一部であった。そして、他の多くの民生産業と同様、日本が戦時経済に突入することによって、トイレの改良や水洗化への流れは沈滞した。

ちなみに、時代が下って戦後一九六〇年代初頭、民間住宅のトイレ水洗化率は一〇パーセントに満たず、一九八〇年代初頭、同じく水洗化率は六〇パーセント近くになったが、下水道に接続する水洗トイレの比率はその半数を

図 1-23　旧岩崎邸（重要文化財）のトイレ

ジョサイア・コンドル設計の岩崎久彌邸に設置されていたハイタンク式トイレ。便器はドールトン社製で 1896 年竣工時そのままのものが現存している。

図 1-24　旧門司三井倶楽部（重要文化財）のトイレ

松田昌平設計の三井物産門司支店迎賓館兼社交場で 1921 年に竣工。復元建築だが，便器は竣工時のもの（東洋陶器の最初期の優良製品）を設置。

割っていた[186]。戦後の状況については、後段（第5章）で再考する。

（5）衛生技術者／設備工事業者の誕生

人間の排泄物と衛生との関わりが認識されるようになると、保健衛生の立場からトイレの改良に乗り出す事例も出てきた。下水道建設のおぼつかない時代、「住環境の非衛生」という現実に対処しようと試みた人々が、「衛生的な便器」よりも「排泄物の衛生的処理」を優先課題としたのは当然だったし、そこから日本独自の「衛生的な非水洗トイレ」や浄化槽の工夫も生まれた。大正便所[187]の考案者として有名な城口権三[188]などは、その代表格としてとりあげられよう。他方、欧米の経験と同じく、「衛生技術者」と呼ぶにふさわしい資質を備えた有能な設備工事技術者、すなわちプラマーも、この分野に関わった。まさに糞尿や蛆虫と格闘しつつ「衛生」を追求した人々の活動には頭が下がる。近代日本の公衆衛生はこうした人々に多くを負っていたことを忘れてはならない。

ところで、日本の都市における給排水設備の発展のあり方全般を見れば、欧米と比較して保健衛生分野の介入が少なく、むしろ、設備工事主導で開発や研究が進んだという[189]。この状況をもたらした人的資源のあり方もまた、戦後なお水回りの公衆衛生面に課題を残した要因のひとつといえるかもしれない。だが、さしあたりモノづくり面を重視する本書では、トイレの水洗化に先鞭をつけた著名なプラマーの実例を二件紹介しておこう。日本の衛生工事業者の草分けである須賀商会と、浄化槽や汚水処理技術で一頭地を抜いた西原衛生工業所、それぞれの草創期である。

〈須賀商会〉

〝水回り〟の近代化として、明治日本でまず建設されたのが上水道であったがゆえに、衛生工事は水道の付帯事業という認識から始まった[190]。

図 1-25　須賀豊治郎（1876-1925）

図 1-26　須賀商会店舗

看板文字が左から右方向へ書かれていること，また「鉛工部」にも注目。

大阪市水道事務所の職員から独立し、一九〇一年、大阪で須賀商会（現須賀工業株式会社）を開業した須賀豊治郎（一八七六―一九二五）は、[191]水道工事の傍ら衛生器具類を輸入すると同時に、その設計や設備施工においても工夫を重ねた。明治期にはもっぱら給水、給湯、衛生工事を受注する〝水道屋〟であったが、次第にガス、暖房、防火等の設備工事にも関わるようになった。須賀商会の最初の大型受注は、開業した年、大阪倶楽部ホテルの再建工事で、この時、横浜水道局の厚田武次郎を招請し、水道・衛生工事を全面的に請け負った。厚田は前述した横浜水道のウォーキンショーから配管（鉛工）工事の直接指導を受けた数少ない日本人のひとりであったが、須賀商会に移り、協力者もしくは指導者的立場で草創期の設備工事技術の中核を担うことになる。[192]また、須賀は鉛板を利用して独自の水洗式便器を考案したり、排水鉛管やトラップも鉛板を巻いて製作する一方で、[193]一九〇二年頃には水洗式便器の輸入も始めた。[194]一九〇五年、著名な建築家ジョサイア・コンドルの知遇を得て後、コンドル設計による建築の衛生工事を任されるようになり、ここで次々と新式の輸入衛生器具を扱い、業界で頭角を現していった。[195]

　事業展開も活発であった。創業三年後の一九〇四年、まず実弟の藤五郎が神戸に須賀商会を開設、外国商社や外国人住宅の工事を担当した。明治末には各主要都市に支店をおいて全国的に営業を展開、一九一〇年代になると朝鮮、中国にも進出した。一九一九年には自ら渡米して業界を視察。シカゴ、スローン・バルブ社の大便器洗浄用フラッシュバルブの輸入総代理店契約を結び、他にもスタンダード・サニタリー・マニュファクチャリング社や暖房器具メーカー数社と契約を結んで各種機械器具の導入を図るとともに技師を招請[196]、また、国内でも学卒の技術者を採用して業績を伸ばした[197]。すなわち、単なる衛生工事の施工業者ではなく、衛生設備設計の分野でもパイオニアであった。ちなみに、久保田鉄工所が製作した日本で最初期の鋳鉄管は須賀商会のマークをつけて水道管として使用されていたというから、設備器材のブランドでもあったわけである。須賀豊治郎は自らの考案に特許をとらず、模倣、普及に任せ、ひたすらその先に進む道を選んだ[199]。己の工事技術に対する自信のほどは、さきの渡米中、ニューヨークから送られた以下の業務通信にも示されている。――「給水管は表に有るメートル（量水器――引用者注）迄鉛管、其れより内部亜鉛引瓦斯管……。排水管は全部鋳鉄管なり。別に衛生工事は感心することなく、須賀商会の方が上等なり[200]」。

前述のように、当時の衛生工事業者は浄化槽の開発も行った。須賀商会では一九一二年、尼崎の外資系石鹸工場に施主の要望に応じた浄化槽を施工、また、城口権三とともに考案した日本初の純国産浄化槽を日本郵船神戸支店に施工したのが一九一七年である[201]。昭和初期になると浄化槽の届出が制度化されたが、こうした衛生工事に対する社会一般の理解はまだ浅く、役場の担当者は薬剤師であった[202]。郊外の広大な敷地に建つ邸宅で、水洗トイレは設置するが国家資源の屎尿を流すことはできぬというので、あえて後工程に汲取用便池を設ける事例もあった[203]。須賀商会の活動については、後段で再三触れることになる。

〈西原衛生工業所〉

同じく衛生設備工事・器具取扱会社であるが、浄化槽・衛生金具製造業者として名を馳せたのが、一九一七年に設立された西原衛生工業所[204]である。創業者西原脩三（一八八三―一九六五）は東京の印刷屋の三男に生まれた。工手学校で土木を、東京外国語学校で英語を学び、埼玉県利根川河川測量助手や内務省土木局製図課、東京市下水改良事務所などに勤めた後、衛生工事事業を興し、一方で屎尿処理の研究を続けた。浄化槽設備としては、一九一三年に小規模な単独処理槽を東京の個人邸宅に設置したのが最初である。一九一八年竣工の東京海上火災ビル建設の際、東京市技師の米元晋一から指導を受けて、腐敗・酸化・消毒の三槽組み合わせ浄化槽を設計施工した。日本で未経験の大型工事であったため、汚水量と浄化規模のバランスがわからず、試行錯誤を繰り返してたいへんな苦労を重ねたという[205]。結果的に、この工事の放流水の水質が良好だったため、警視庁は一九二一年にこの形式を浄化槽の基本形式と定めた[206]。この頃、西原はすでに都市下水道敷設の必要を痛感していたが、下水道行政の現場に身をおいた経験から、その実現には百年を要すると予想し、より現実的な屎尿処理法の研究を始めた。一九二七年には単身外遊して、アメリカ、イギリス、ドイツの主要都市における屎尿の科学的処理技術を見聞、帰国後自宅に実験設備を設けて研究を続けたが、戦前期には部分的成果を上げるにとどまった[207]。戦後は、GHQ／SCAP技術顧問のカウマンから指導を受けて合併処理槽の施工も始めている[208]。法整備や財政問題上の障害を乗り越えて、西原の研究努力が結実したのはようやく一九五〇年代後半であった。

図 1-27　西原脩三（1883-1965）

下水道建設の遅れた日本において、浄化槽その他のより簡便で経済的な衛生処理設備の果たした役割はきわめて大きい。水洗トイレの普及はこうした施設の開発に多くを負っている。一般市民の側からすれば、下水道のない地域で水洗トイレを使いたい場合に、その希望をかなえる手段が浄化槽だった。そこに関わる衛生工事業者の役割は実に大きく、なかでも西原の貢献度は高かった。のみならず、西原は水回り金具に関してても重要な事業展開を行うのだが、これについても後段であらためて触れることにしたい。

〈欧米と日本との違い〉

前節で述べたように、欧米ではまず金属管やバルブがあり、衛生／設備技術があって、そこから水洗トイレが発達してきた。その発想において、便器はシステムの一部でしかない。金属パイプやバルブの扱いに長じた機械金属技術者やプラマー（配管工）が生まれ、こうした技術者のなかから金属製の便器が考案され、その材料が陶器に置き換えられていった。むろん単なる材料の変更ではなく、陶器で作られるようになった便器はより優れた機能を持つ工業製品として発達した。この発展形態を企業発展と関連づけて考えれば、設備機器／工事会社がその傘下に、経営的な位置づけはどうであれ衛生陶器製造部門をおこうとするのが自然な流れであった。あるいは、順序は別として、衛生、暖房、ガス、その他付属品等に関わる製造部門をカバーする設備機器メーカーが、その基盤を金属加工においていたのは当然のことだった。そして、水洗トイレは衛生上の必要から生まれてきたものであるだけに、トイレを含む給排水衛生設備／工事の発展には衛生技術が不可欠であり、器材の製造技術、工事技術、そして衛生技術の接点が産業技術の要をなしていた。

日本が近代化の入口に立って欧米都市社会と接したとき、実際その社会で一般的に使われていたトイレは決して水洗式の衛生陶器などではなかった。ようやく、金属製の水洗式便器が新しい建築・住宅設備として出現してきた段階だったにすぎない。しかし、その後、特にイギリス、アメリカにおける水洗トイレの開発は急速で、一八八〇年代末には基本的に現代のトイレと同じような陶磁器製便器が開発され、二〇世紀初頭にかけて普及速度を速めた。多くの近代的工業製品やシステムと同様に、日本における水洗トイレの導入もまた欧米先進諸国を追随した。その過程に水道工事業者や配管工が関わり、トイレの開発にも一役買ったのは、欧米の経験から見て順当な現象だった。彼らは自ら金属材料を加工し、自ら作れないものは輸入して、さまざまな工夫を重ねながら水のシステムに関わる工事を行った。

しかし日本では、その後の産業発展の経路が欧米とは異なる。まず、水洗トイレの普及以前に、上下水道の整備やパイプの工業化をはじめとして、先決すべき課題がたくさんあった。かたや屎尿は、二〇世紀初頭頃まで農村に還元すればよく、またそれが求められていた。トイレに関していえば、本来的な衛生問題は「非水洗」の世界に属し、「水洗」の世界はしばしば特殊なエアポケットに隠れていた。そうしている間に、国内で陶磁器産業と金属加工産業が別々に近代化を進め、次第に衛生陶器や金具類が日本でも製造されるようになり、それを受けて、設備工事業者が水洗トイレ設置に必要な材料をそれぞれ別個に国内調達して衛生工事を行うという形をとるようになっていくのである。むろん、高級品は輸入に頼っていた。

さて、一九世紀末頃になると、欧米諸都市の高層建築、特にホテルや興行施設、高級住宅のトイレは、すでにわれわれに馴染みのある形態のそれに発展していた。一八九三年に視察渡米した大倉孫兵衛、また一八九五年に渡米後アメリカで暮らした息子の大倉和親、この父子はともに一九〇三年、製陶業視察のために渡欧した。その時代に彼らが目に留め、実際に使用した欧米の近代的水洗トイレシステムはさまざまであったはずだが、その理想的モデルの外観は美しい衛生陶器であった。陶業近代化に人生をかけた企業家父子は、給排水システムをさしおいてその〝陶器〟の製作に乗り出した。水洗トイレに対する社会的要請が希薄だった日本で、実際モノとしてのそれ――とりあえずは水洗式便器――を本格的に国産化しようとしたのは、機械技術者や金属加工業者ではなく、プラマーでも公衆衛生学者でもなく、陶器屋だった。本来、公衆衛生の世界とは無関係であった陶器屋が、「清潔な近代社会」に必要なファシリティの国産化に先駆けた。

まさにこのことによって、日本における水洗トイレの開発は、欧米先進国の後追いと少し違った経路をたどることになる。すなわち、日本の水洗トイレ史に金属製便器の時代はなかった。明治初期に多少の例外的事例はあろうが、日本人一般にとっての水洗トイレは、最初から衛生陶器のスタイルとなった。

これは興味深い事実である。日本の水洗トイレ、その工業化の歴史を語ろうと思えば、まず製陶業サイドから始めるべきで、なぜ陶器屋——すなわち大倉孫兵衛・和親父子が衛生陶器の国産化に乗り出すようになったかを明らかにしなければならない。そのためには衛生陶器以前に、大倉と日本陶器、いや森村組と輸出用陶磁器との関わりをぜひとも述べておかねばならない。その過程に、その後の衛生陶器産業発展の特質や基盤の萌芽を跡づけることから、日本のトイレ産業史の試みは始まる。

次章では、水洗トイレの話をいったん脇において、近代日本における陶磁器産業の新たな発展に眼を向けたい。

第2章　もうひとつの前史——近代陶磁器業の展開と大倉父子

前章でも述べたが、給排水システムに組み込まれるべき「水洗トイレ」という新技術は、ヨーロッパのプラマーの世界でまずは検討、工夫の対象になり、その技術者たちが工業化の端緒を開いた。日本でもプラマーたちの活躍が見られたが、便器の「工業化」の面では別の人々が欧米からの導入技術を利用して国産化を進めた。本章の内容は、一見、水洗トイレや水のシステムとは無関係な輸出陶磁器業の話なのだが、後段の「衛生陶器」工業化のプロローグであるとともに、大倉孫兵衛・和親という二代の実業家の登場物語でもある。大倉父子こそ、日本の水洗トイレ工業化を語る際のキーパーソンなのだ。本書では彼らを産業史のなかで描きたいと考えている。そして大倉父子のみならず、日本のトイレの近代化に重要な貢献をした人々の群像が、近代陶磁器業のなかに発見される。

陶磁器業といえば、日本でも在来産業として発展を見ている。陶器や磁器の便器は、在来産業からの発展経路のなかに素直に位置づけられるものなのだろうか。この章では、陶磁器というひとつの産業の「在来と近代」に注目しつつ、まずは近代的な陶磁器業が発展していく様子から検討を始める。

1　輸出向け陶磁器業と森村組の参入

(1) 輸出産業としての出発

在来産業であった日本の陶磁器業は、幕末維新以降、海外市場に直結されたことにより多大な変化を遂げる。伝統産品の輸出増加を見込んだ一部産地は近代的工場生産の移植を試みるがこれに失敗、一方で輸出向けの絵付が盛んになり、さらに、海外（特にアメリカ）で実用的に使われる商品の開発へと向かう。とりわけ大きな変化を経験した伝統的産地の瀬戸、東濃では、もとより進んでいた分業がさらに徹底して地域的工場生産の様相を呈した。豊富な原料と低廉な労賃で生産される素地を目当てに商業資本が絵付を伴って参入し、産地の経済的支配を進める。これらの絵付業者のあるものは生産規模の拡大を図るが、当初その生産は産地の能力的限界に、逆に支配されていたのであった。しかし、やがて素地・焼成技術の進展を見て工場を機械化し、海外市場で価格のみならず品質においても満足できる製品を一貫大量生産する業者が現れる。こうして、ごく少数の巨大な近代工場が産地から離れて成立し、産地に残存する無数の零細工場と驚異的な対照を見せつつ、明治末期には両者が並存することになる。

以上の過程は、はるか六〇年以上前に、奈良本辰也がその著書『近代陶磁器業の成立』（伊藤書店、一九四三年）において鮮やかに展開させたものである。奈良本は、最大手の絵付＝商業資本であった森村組から分立した日本陶器合名会社の企業活動をもって日本の陶磁器業における工場制工業の確立と捉え、そこで議論を終えている。その後の研究により、小経営の側のさまざまな発展経路も確認されているが、本書においては大手の代表である「森村組＝日本陶器」の発展に沿った形で近代陶磁器業の展開を概観しておきたい[1]。在来の産地としては、瀬戸、東濃を中心として話を進める。

明治日本が産業化の入口に立ったとき、製造業でいえば在来産業の主流は繊維、食品、肥料などであって、陶磁器業はそれらと比較すればはるかに小さな産業だった。しかし、開発途上の経済にとってみれば、輸出産業として成長しやすいがゆえに経済全体に貢献し得るという特徴を持っていた。陶磁器の食器、花器、人形等の場合、製造業としては資本、技術両面から参入が容易で、他方、伝統的な意匠がかえって外国での価値につながり、同じく在来産業の食品や衣料品と比べれば、外国で受け容れられやすい。製品の単価が低くとも外貨獲得率は大きい。いわゆる加工貿易との違いである。この条件は陶磁器に限らず、原材料を国内で入手できる日用雑貨類についてある程度あてはまる。だが、在来あるいは伝統的な製品生産が輸出産業としてとりあえず成功したとしても、その規模は限られている。あるレベル以上の発展には当然新しい何かが要求される。近代陶磁器業の揺籃期は、この「何か」をめぐる闘いだったともいえよう。

〈瀬戸・東濃の状況〉

愛知の瀬戸、岐阜の東濃（美濃東部。土岐、多治見、瑞浪の一帯）といえば古くから著名な陶磁器産地である。この地域の製品は、江戸後期になると中部地方はもちろん、関東、東北から西日本にまでその販路を広げていた。一八五八年、日米修好通商条約が締結されると、早くも三井組が瀬戸に舶来見本を持ち込んで製造を依頼し、アメリカに輸出したことに見られるとおり、輸出産業として成長する潜在能力も形成されていた。尾張藩政の多大な保護を受けていた陶磁器生産は、明治維新によっていったん大きな落ち込みを経験するが、[2] ほどなく明治政府の振興策もあって勢いを盛り返す。[3] 政府の振興策としては、ウィーン万国博覧会（一八七三年）への出品作品製作、海外に技術伝習生を送り込んでの技術導入、洋式陶磁器製造工場設立の助成、陶磁器をはじめとする日本製品輸出のために設立させた起立工商会社（一八七五年）、同社を含めた輸出業者に対する補助金等々に加えて、技術導入・技術者育成の両面において日本の近代陶磁器業さらには工業発展全体に多大な貢献をしたゴットフリート・ワグネルの招請、といったことが挙げられる。素地製造では早くも一八八〇年に、有田の香蘭社から分かれた精磁会社がフランスから輸入した機械を据え付け、原土処理から成形まで一貫した磁器の近代工場生産を始めた。しかし、政府主導で多額の補助金をつぎ込んだ洋式陶磁器製造工場や起立工商会社は、結局衰退の道をたどった。

同時期、瀬戸や東濃の陶磁器に対する需要は輸出、国内向けともに急激に伸びたが、これが粗製濫造を招いて価格が暴落、一八八〇年頃、深刻な危機が訪れた。製造業者は雇用を減らして家族労働を機軸に生産を行い、また、名古屋絵付と呼ばれた加工問屋の傘下に入って不況を乗り越える業者も増えた。(4) 手窯（専属窯）という問屋経営の形態も現れたが、その問屋の最大手が森村組であった。

こうした流れを背景に、一八九〇年代には輸出産業としての陶磁器業——品目でいえば、食器、花器、ノヴェルティ等(5)——に新しい傾向が見られるようになる。その第一は、新たに名古屋が陶磁器輸出業の一大中心地となる前兆を見せ始めたことである。第二に、輸出品の内容が、まず従来の日本製品そのもの、次いで日本的要素を〝売り〟とする輸出用製品から、さらに一歩進んで輸出相手国の日常的需要に向けた製品に変わり始めた。当時最大の輸出先はアメリカであった。とはいえ、アメリカ市場における陶磁器雑貨最大の供給地はヨーロッパであったが、この後第一次大戦でヨーロッパからの輸出が途絶えたのを機に、日本の輸出陶磁器産業はアメリカ、また新たにオーストラリアやアジア各地の市場へ飛躍していくことになる。

産地や製品の新傾向とともに、製造の技法にも新風が吹いた。石炭窯、動力ロクロ、石膏型、転写紙などの新技術が導入され、また、江戸後期から営まれていた分業制がさらに進展することによって生産効率が上がった。同時に、価格は安いが品質粗悪な製品も出回るようになった。こうして、美術工芸品から高級品、日用品、ノヴェルティ、また、輸出向け、国内向けと、多様な販売市場に向けて多様な製品が多量に生産される環境が整った。

（2）名古屋におけるクラスター形成

それならば、瀬戸、東濃地方におこった輸出陶磁器業は、在来の小規模業者が時流に乗り、製品を輸出用、ときに洋風に作り変えることで発展したのであろうか。その一面を否定することはできないが、ここで注目すべきは近接の大都市、名古屋である。瀬戸、東濃の陶磁器業を輸出産業として完成させた商人や貿易業者は名古屋に集積していたのだ。

名古屋集中のメリットは何か。実は一八九〇年頃から名古屋東北部（後の東区）[6]の一帯に集まり始めたのは、当時加工問屋と呼ばれていた絵付工場等の加工完成業者[7]および貿易関連業者であった。なかでも加工問屋は絵付加工という最終部門を掌握すると、次第に上絵付専業の下請工場を傘下におさめて支配し、素地業者に対しては買手として優位に立ち、輸出商社に対しては多様な商品を機動的に処理する専門納入機関として地歩を固めていった。さらに四日市、常滑などの、名古屋で最終加工をしない輸出品をも扱うようになった[8]。

ところで、輸出貿易業は言うにおよばず、陶磁器の絵付加工完成業もまた名古屋の伝統産業ではなかった。近郊瀬戸の陶磁器生産力は旺盛だったが、生産品の主体は下絵か染付。東濃ではさらにコストの低い日常用品が主流だった。絵付の伝統がないということは、地域独自の技術蓄積もないが伝統にこだわる陋習もなく、新しい技法や意匠に柔軟に対応しうることを意味した。

名古屋輸出陶磁器産業の黎明期、関連業者や絵付技術は主として別の地からやってきた。その好例が一八七〇年代半ばに輸出問屋を設立し、名古屋上絵付の開祖といわれた松村九助や滝藤《たきとう》万治郎である。松村は有田の生まれで、名古屋へはコバルトの販売で進出してきたのが最初であった[9]。滝藤は愛知一宮の生まれというが、加賀にも関わりがあり、陶器商の奉公人から身を起こし、東京や横浜の輸出商から注文を得て事業を伸ばした商人だった。両者とも当初は瀬戸の染付を扱い、輸出物として錦手、金襴手などといわれる派手な絵付が好まれることがわかってくるにつれ、上絵付を志すようになる。松村は一八八〇年、名古屋で最初の上絵付工場を建設した。同年滝藤も店内に絵付窯を設け、三年後に上絵付工場を建て、瀬戸の素地に九谷、伊万里風の赤絵付をして加工販売にまで事業を広げ、また陶画工の養成も行った[10]。加えて松村や滝藤は、多くの上絵付工を京都、九州、加賀などから引き抜いて名古屋に連れてきたという。[11] なお、松村が迎えた養子は、日本で最初に石炭窯導入と硬質陶器製造に成功し、近代陶磁器業に多大な貢献をした松村八次郎であるが、これについては後述する。

　松村九助や滝藤万治郎は、最初、輸出問屋／絵付工場を名古屋都心の商業地に構えていた。輸出には近接した堀川（運河）を利用し、艀に積載して四日市港で船に積み替え、輸出港の横浜や神戸に送っていたという。名古屋はもともと港町ではなく、港自体も、その周辺地区も発展が遅れていた。一九〇七年に名古屋港が開港した後も（戦後に至るまで）雑貨の船積みは艀が主で、積出しの水際は港でも運河でもさしたる違いはなかったから、名古屋の輸出貿易業者にとって港の近くで開業する利便性は低かった。陶磁器輸出が伸びるにつれて、工場の規模拡大が模索され、都心から外れて地価が安く、まとまった土地を入手しやすい東北部に目がつけられた。港からはさらに遠いが、背後に原料産地および伝統的な陶磁器産地としての瀬戸、東濃を控え、その地と街道で結ばれていたからである。[12] こうした立地条件のもとに輸出陶磁器産業の核《コア》が生成され始めた。早くも一八八三年に名古屋陶器営業組合が設立され、一八九一年頃には絵付工場の数も大小三〇を数えたという。輸出業者も集まり始めて、一八九四年には名古屋陶磁器貿易商組合[13]が設立された。成功した業者の羽振りはよく、地域の発展にも一役買った。絵付業、完成（箱詰め）業、卸問屋、貿易商の他にも、画材、薬品、包装材料、通信、金融等関連業者が集積し、一貫生産をする工場も出てくるにつれて、瀬戸、東濃の素地生産も一層発展するという産業集積効果が現れる。一九〇五年、名古屋における陶磁器輸出額は約三七五万円。この数字は日本全体の七〇パーセントを超えていた。[14] 第一次大戦の好況期を経て、関連業種もさらに厚みを増し、次第に世界各地それぞれに向けた陶磁器を製造して効率よく輸出するシステムが整っていく。戦前期のピークであった一九三〇年代には、実に六百を超す輸出陶磁器業関連の中小事業所が名古屋市東区に集中していた。

　つまり、名古屋の輸出陶磁器業は、国内各地の在来産業である陶磁器生産に従事してきた絵付業者、また海外、あるいは横浜、東京、大阪、神戸等から徐々にこの地に進出してきた輸出業者が東北部一帯に集積して隆盛したのである。昭和初期に至っては、輸出向け陶磁器の彩色に関して、「日本各地の技術はもとより、世界の代表的な装飾技術をすべて消化し、如何なる注文にも応じうる力を持って、……他の追従を許さぬ多様な商品を作り得[15]」という力量は、この地が各地方から集まった多能的な新興陶磁器業者の濃密な寄り合い所帯、今風にいえば〝クラスター〟であったことに深く関わっている。

以上、名古屋市東北部のクラスター形成の過程を述べてきたが、その流れの象徴ともいえる一件が、一八九八年に完了した、森村組専属絵付工場の名古屋（橦木町）集約である。名古屋における輸出陶磁器業の隆盛は森村組抜きには語れないし、逆に、森村組の大成功も名古屋という地の利を得たことを抜きにしては語れない。この森村組の進出は「在来」産業とは別の世界に端を発した、新しい商品開発、大規模経営、新技術の適用に由来する。結論を先取りして述べるなら、日本の近代陶磁器業の発展は、在来産業が時代に合わせて巧みに変化していった一面を持つと同時に、そうした小規模経営の集合では決して語りきれない別の一面を持つ。日本の工業化プロセスにおいては技術面での後れを輸入代替戦略をとりながら乗り越えた場合が多いが、直輸出業が主導権を握って、最初から輸出目的で在来にはない技術、製品を開発し、海外市場で大成功を収めるという経験がここで刻まれたのだった。

その力を発揮した企業――森村組の陶磁器業への進出を、時代をさかのぼって検討してみよう。

（3）森村組の活動の始まり

多少とも近代陶磁器業に関心のある人々にとって、森村グループ企業の歴史は周知のものであろう。ここではそれを実直に繰り返すことはせず、衛生陶器への道筋にこだわった整理を試みる。本書の関心からいえば、その企業体験として最も重要な点は、諸事業への新規参入、つまり起業の繰り返しである。ここで「参入」というのはグローバルな意味であって、日本においては新産業の「創生」に等しい。一見鮮やかに見えるその手法は、実は無謀なまでの積極性と強烈な情念に裏打ちされていた。森村組開祖の森村市左衛門にせよ、大番頭として日本の近代陶磁器業を実質的に展開させた大倉孫兵衛にせよ、まずもって自身が焼き物屋ではなかった。彼らは当時の日本において、きわめて質の高い商人として各々のキャリアを踏み出したのである。

〈森村市左衛門〉

森村組の創業期については関係各社社史等に詳しいが、その基本情報は『㊍之礎』（啓文社、一九〇六年）および数点の基礎文献に依拠している。[16] 以下、『㊍《マルキ》之礎』や社史等で繰り返されてほぼ公知情報となっている内容には、特に出典の断りを付記していない。

森村グループの開祖、六代目森村市左衛門（一八三九—一九一九、幼名市太郎、先祖代々の名を襲名したのは一八九四年だが、本書では以後、市左衛門で統一する）は江戸末期、京橋の老舗武具馬具商の長男として生まれた。一八五九年の横浜開港の直後、横浜に渡日した外国人から欧米の品々を買い込んで江戸で売る商いを始めたところ、大きな利益が上がり、また舶来品を欲しがる大名家ともつながりができてきた。父親（五代目森村市左衛門）がもとより武家に信用の厚い商人であったこともあり、商売は時流にのって急発展し、翌一八六〇年、ワシントンでの日米修好通商条約批准の際に、使節団の衣装やアメリカ側への土産品の特注を受けるまでになった。さらに、使節団が使う外貨（メキシコドル）を横浜で手に入れる手伝いを頼まれ、その両替の際、幕府の金銀がいわば騙されて流出していくことを直観的に捉えたらしい。自分の手で国益に沿う確かな外国貿易をやってみたいという気持ちがこの時に湧いたという。まずは歳の離れた異母弟、豊《とよ》を慶応義塾、福沢諭吉の下で学ばせた。御用商人として成功した後、一八七〇年代初めに銀座四丁目に洋裁店モリムラテーラーを構えたが、政府関係の仕事からは離れ、本業の傍ら横浜の外国人相手に日本雑貨を売る商いを始めた。

一方、豊は貿易商という確かな目的意識をもって学び、福沢もまた、豊の卒業後間もない一八七六年、絶好の渡米機会を紹介する。市左衛門は手を尽くして弟の渡航費を工面するとともに、銀座モリムラテーラー内に本拠をおく直輸出貿易会社、森村組（匿名組合）[17]を創立した。兄弟ふたりだけの事始めであった。直後に豊は渡米。イーストマン・ビジネス・カレッジで学んだ後ニューヨークで部屋を借り、市左衛門に日本の骨董を送らせて売ったところ、ちょうどクリスマスの時期にあたって好成績を収めた。むろん、横浜の外国人相手に長年取引を行ってきた市左衛門の仕入れの力量がものをいったのだが、当時日本では骨董品（古物）の価値が下がって仕入れ値が安かったために、利益も上がる一方であった。

二年後、豊はモリムラブラザーズという店を開設し、森村組のニューヨーク進出を果たす。草創期の艱難辛苦は筆舌に尽くしがたいものであったろう。翌一八七九年、森村組本店から村井保固が渡米して経営に参加し、事業は徐々に本格化した。村井もまた慶応義塾で福沢の薫陶を受け、役人や大会社の雇人よりも商人、それも小さな店でたたき上げたいという希望を持っており、福沢の紹介で森村組に就職したのであった。豊と村井の努力によりモリムラブラザーズは拡張され、やがて小売から卸（量販）へと成長していく。

〈大倉孫兵衛〉

これより前、創業間もない東京の本店には市左衛門の義弟、大倉孫兵衛（一八四三―一九二一）が助っ人として加わった。世間では大倉の名前は森村に隠れがちだが、日本近代陶磁器業の展開に関していうなら、その推進役は森村というより大倉孫兵衛とその長子和親が担ったのである。実際、実業としての日本の近代陶磁器産業の礎石は、第一に大倉父子によって築かれたといって過言ではない。

大倉孫兵衛は一八四三年三月、四谷伝馬町の絵草紙屋の次男として生まれた。[18]孫兵衛もまた外国人目当てに商売品の錦絵[19]を携えて横浜へ出向いた。偶々市左衛門と知り合って意気投合し、市左衛門の異母妹、ふじと結婚するが若くして死に別れ、後、鈴木夏と再婚、長男和親をもうけた。独立して一八七四年、日本橋通に錦栄堂（屋号：萬屋／かぎまん）という出版社を開く。夏の弟、保五郎が手伝って店は繁盛し、後年、大倉書店として有名になる。

次いで出版事業から洋紙の販売（卸）を始め、一八八九年には大倉孫兵衛洋紙店（現新生紙パルプ商事株式会社）を開業、やはり義弟の岩崎清吉の助力で繁盛する。この、社会的にも有意義で経営的にも大成功した店を持ちながら、しかし、孫兵衛はその経営を次第に弟たちに任せて森村組の本店を手伝うようになり、森村組の事業からいわば派生した陶磁器業にのめりこんでいくのである。といっても、当初は輸出用雑貨の仕入れが孫兵衛の仕事であった。市左衛門とふたりで天秤棒を担ぎ、東京、大阪、京都などの道具屋をめぐって買い入れをしたが、孫兵衛はこの種の商売に関しては無類の名人、かつきわめて厳格で合理的だったという。後年の陶磁器における良品主義もこの時代から培われたものだった。[20] 資質として、類稀な商才と同時に美的鑑識眼を持ちあわせていたこと、おそらくこれが後々まで決定的に重要な役割を果たした。

ところで、孫兵衛が市左衛門の事業に深く関わった理由のひとつは、日本からの金流出を防ぎ、むしろ海外から金を稼いでこそ商人の本分が果たされるという市左衛門の考えに共鳴したことであった。これに加えて、一八八〇年、貿易不均衡を是正するための政府の輸出奨励金貸下げ[21]をあえて断っている。商売は自主独立して真剣にやらねば立たぬという信念からだったというが、これについては市左衛門の意見も同じであった。[22] 森村兄弟といい、大倉孫兵衛といい、村井といい、ひとつの共通した気風として、官尊民卑の風潮を嫌い、スケールが大きく進取の気性に富み、独立心旺盛で自ら身を粉にして働く商人であったことが挙げられる。

さて、一八八〇年に初めて渡米した市左衛門は、アメリカでの売れ筋が陶磁器、それも新物とにらんだ。孫兵衛の仕入れた新物はすぐに売れたが、[23] ほどなくして、日本物ではなく、アメリカ人の日用陶磁器を製作して送るようにとの要請がニューヨークの豊から舞い込む。こうして、森村組は輸出陶磁器の開拓をも視野に含めるようになっていくのである。

（4）絵付加工輸出の雄へ

ニューヨークのモリムラブラザーズが卸売業に展開し、東京本店が木挽町に移った（一八八四年）後、森村組は神戸（三宮、一八八五年）、京都（一八九〇年）、名古屋（鍛冶屋町、一八九二年）と、次々に支店（出張所）を開設した。支店展開が進んだこの時期、輸出用陶磁器の開拓は大倉孫兵衛の仕事になっていった。孫兵衛は京都や名古屋を回って絵付工場と専属契約を結び、またモリムラブラザーズからの注文品を製作できる人材を探した。瀬戸の窯元、川本桝吉（初代）に研究させ、コーヒーカップやポットを製作し始めたが、技術的にも美術的にも稚拙な段階で製造コストも高かった。それでも九谷風の絵付を施したものがアメリカで売れたという。ちなみに川本桝吉は、瀬戸代々の窯元である川本半助の養子となり、一八七三年、日本が国を挙げて参加した最初の万国博覧会（ウィーン）に出品し受賞した名工である。川本の窯では一八九〇年頃に、色は悪いが形は洋風の食器を製造する技術を獲得した。

当時、森村組の主な絵付工場は、東京の河原徳立（瓢池園）、杉村作太郎（胡蝶園）ほか四工場、京都の石田佐太郎、名古屋の西郷久吉などで、それぞれ著名な大手の画工主でありながら森村組の専属となっていた。このうち河原は、ウィーン万博への出品目的で内務省に設置された陶磁器製造所において製作指揮を執り、万博に参加視察の後、自ら絵付工場「瓢池園」を創業、また、大日本窯業協会の設立に多大な貢献をするなど業界発展にも尽くした経歴を持つ[24]。瓢池園の作品はフィラデルフィア万博（一八七六年）、パリ万博（一八七八年）にも出品されて高い評価を得ていた。河原の三男、後の百木三郎には後段でたびたび触れることになる。一方、もとより分業の進んでいた瀬戸には森村組以外の輸出業者も注目し、ここに日本の輸出陶磁器素地生産の中核が形成されてその勢いは東濃にも広がっていった。こうした状況下の一八九三年、孫兵衛は自ら渡米してシカゴの万国博覧会[25]で欧米の陶磁器を見学[26]、絵付材料を買い揃え、見本品を持ち帰って各地の絵付工場で試作を促した。同年（おそらく帰国直後）、孫兵衛は瀬戸で川本の他、加藤春光、高島徳松という有力な三窯元と専属契約を結んだ[27]。こうして森村組では専属窯

図2-1　ホワイトシティ

（＝手窯）に素地を作らせ、まずは東京に送って絵付をし、横浜港から輸出。これが成功すると京都でも絵付を始め、こちらは神戸港から輸出するという体制を固めていった。[28] 名古屋の滝藤商店などからも絵付陶器を買い付けていたが、次第に瀬戸、さらには東濃に開拓した専属窯で大量に素地を作らせ、各地の専属絵付工場で輸出品を製作する流れが主となった。[29]

シカゴ万博見学についての感想が孫兵衛の口から聞けないのは残念だが、おそらく強烈な刺激になったと思われる。新興都市のシカゴには、当時世界で最先端の高層建築が建てられていた。[30] シカゴ万博の会場にはクロウ・サニタリー社により三二ヵ所に公衆トイレ・スポットが用意され、計二二二一個の水洗トイレが設置されていた。その約三分の二は無料、三分の一は一回五セントの有料トイレで、高級便器に加えて石鹸、タオル他の清潔用品が供された。[31] 他の施設内にも計八九五個、つまり、会場全体で三千百個を超す水洗トイレが取り付けられ、安全な飲料水や清掃の徹底を含めて「衛生の驚異」ともいうべき環境をつくりだしていた。[32] 建造物の外観が白一色に統一された万博主会場はホワイトシティと呼ばれ、「鮮やかな青空と紺色の湖を背景に真っ白な建物がそびえたち、……日差しを浴びてきらきら輝き[33]」、さらに何万個もの白熱電球や強力なサーチライトによって夜なお白く光り輝く圧倒的なパワーを発していたが、これがアメリカ社会の白色選好を余すところなく示していると、訪れた日本人の目に映ったとして不思議はない。素地の白さが清潔感を引き立てるような食器のデザイン、また後段で述べる白色衛生陶器製造への意欲の下地は、ホワイトシティにおいてこそ孫兵衛の心中にその核《コア》を形成したのではあるまいか。何より帰国後の孫兵衛は、従来の影の助っ人的な存在を脱し、はるかに積極的に新たな事業展開を目指して行動を開始した。ちょうど五〇歳であった。

〈橦木町の大絵付工場〉

帰国直後の一八九四年、孫兵衛は名古屋の出張所を都心部の鍛冶屋町から東北部の橦木町に移転させた。輸出業績が伸びるに従い、一八九六年にはこの地に専属絵付工場の集約を開始。ほどなくこれを隣接する主税《ちから》町にも広げて、従業員約千名を擁する大絵付工場群に成長させたのがさきに述べた一八九八年のことである。

この絵付工場の画工は地元で募集したのではない。各地に散らばる工場を文字通り名古屋に集結させたのである。瀬戸の素地を名古屋で荷受し、各地に送り、絵付して輸出する、という一連の工程は、取引量の増加に伴い、経費、納期、輸送による破損等の面で非効率が目立ってきた。[34] 素地の荷受と貿易業務は名古屋でできる。あとは絵付工程を持ち込めば効率が上がる。しかし、この絵付工程こそが「在来」や「伝統」の尾を引き、親方徒弟制度で伝統を重んじる地域産業の一角を担っている場合が多い。

さて、東京の河原、杉村、京都の石田など、大手画工主は画工とその家族を引き連れて名古屋にやってきた。大所帯の移動、さらに東京にせよ京都にせよ、名古屋に絵を描きに行くという「都落ち」の行動に対して画工たちが抵抗を感じたとしても当然であろう。特に東京の河原は、京都ならまだしも名古屋では画工の技力が落ちるといって、移転に極度の難色を示した。[35] これを実現しようとした孫兵衛の経営的発想もさることながら、それを可能にした戦略は何だったのか。むろん相当の資金が動き、魅力的な

図 2-2　橦木町の森村組専属絵付工場

図 2-3　森村組絵付工場の製品（明治中期の輸出品）

条件が提示されたことは想像に難くない。だが、彼らを惹きつけたのは金銭的条件だけではなかった。以下に紹介するのは、もと京都の画工主、石田佐太郎の貴重な記録と証言である。

石田は一八五八年、清水焼小売を生業とする家に生まれ、幼時から絵を描くのが好きであったことから染付と絵画を学んだ。その後、京都で最初に貿易物の陶器製造販売に携わったという幹山の店に職人として入り、染付から色絵付をするようになった。[36] 一八七九年、粟田焼[37]の上絵付業として独立し、一八八〇年代に水金（金液）を使い始めて繁盛した。[38] 京都の森村組出張所からの誘いを得て専属の絵付工場となり、五棟の工場で二百人ばかりの職人を使って、花器などの飾物、食器類の絵付を大々的に始めたという。――「京都の陶磁器業者が保守的なのと違って森村組は非常に進歩的で、食器を始めたのも……油絵即ち西洋絵を始めたのも一番でした。……三年程は京都独特の純日本画の絵付をやって居たのですが、大倉孫兵衛がシカゴ博覧会に行って色々あちらの陶磁器なり、その製法を見て来ましてから皆油絵に変へてしまいました。……森村組の京都専属時代に、私は……ラスターを使ひ始め、又金盛銅版や色盛もやり始めました。京都の人々が在来の物ばかりを賞美して新奇な物は全くやらうとしない中にあって、私が僅か十年程の間にかうした色々の新しい方法をやってみる事が出来たのは、全く森村組が終始外国から新しい見本や方法を取り寄せて十分研究させてくれたからに外なりません[39]」。

石田はその後、画工一五〇人ばかりを連れて名古屋に移り、檀木町に新たに建てられた絵付工場五棟のうち二棟半を二百人の職工を使って占めた。名古屋の西郷、東京の河原、杉村他もそれぞれの場所を占めて窯を並べた。業務の流れはインポートオーダー、すなわち、各工場から絵付見本を出し、それに対して森村組がアメリカで一年分の注文をとってから製造工程にまわすという方法をとり、これが成功した。同じ花の絵でも、それぞれが違った絵柄、独特の手法で絵付を行ったため、東京、名古屋、京都と三都の人間が同じ工場にいても衝突を起こすようなことはなかったという。かたや多くの画工が集まる工場では、秘匿の技が盗まれることもしばしばだったが、これを防ぐために分業の流れ絵付体制がとられるようになった。画工賃は最初日給、次いで時間給となり、結局請負に落ち着いた。一方、森村組では一八九五年、ニューヨークに意匠図案部を設置、和気松太郎をはじめとするデザイナーを常駐させ、アメリカ人の選好をとりいれた意匠原画を描かせて日本に送る体制を次第に整え、絵付のデザインを切り替えていった[40]。一九〇四年、則武《のりたけ》に日本陶器が設立されると（後述）、この絵付工場群は逐次構内に移転し、一部は日本陶器に内部化されたが、多くは森村組専属工場の立場を維持したままで、画工は錦陶組という組織を編成した[41]。移転後ほどなくして、橦木町工場時代の大手画工主たちはそれぞれに独立し、日本陶器を去った。錦陶組はいったん解体され、一九〇九年にすべての絵付工場を合併して錦窯組という組織が作られ、森村組のなかで絵付部門という生産の一翼を担ったが、一九一二年、日本陶器に吸収合併された[42]。

2　日本陶器合名会社の設立と展開

（1）白色硬質磁器国産化への道——「純白」への挑戦

洋風の食器は明治初期から有田、京都、瀬戸などで作られてはいた。国内向けには珍品、海外向けの場合は嗜好品の趣が強かったと思われるが、実用陶磁器、すなわち日常生活に使用される食器を量産して輸出する気運もあった。たとえば、有田の精磁会社が目指したのもその方向だったはずである。森村組が国内各地に積極展開を始めた頃、ニューヨークのモリムラブラザーズからも従来の嗜好品（ファンシーウェア）[43]から脱して本格的な実用陶磁器を開発するようにとの要請がきた。ヨーロピアンスタイルのテーブルウェアを扱うことでアメリカでの販売市場は一気に広がり、利益も上がる公算である。だが、問題は単に製品の種類や絵付ではなかった。日々の実用に耐えるということはそれだけ堅牢でなければならないが[44]、当時瀬戸で焼かれていた磁器はもろくて破損しやすかった。また、本格的なテーブルウェアとなると基調は素地の色、それは純白でなければならず、これまた瀬戸の磁器では不十分だった。それまでの輸出用磁器の絵付は作品全体に華やかな模様のあるものが多く、素地の色があまり問題にならずに済んでいたのである。そしてもうひとつ、製品の均一性の問題もあったが、優先課題はまずもって素地の改良であった。

孫兵衛は白素地開発のためには製造業者任せから自製へと方針転換をするべきだと考えたが、市左衛門はじめ森村組の幹部が積極的な賛意を示さなかったため、自ら研究開発のマネジメントを請け負うことになった。数年にわたってさまざまな工夫を重ね、日本各地を回って原土を探し求めたが成果を得ず、一八九六年、東京工業学校校長の手島精一の紹介で同校出身の飛鳥井孝太郎を招請した。飛鳥井は加賀の生まれ。石川県の助成を受け九谷陶器会社を設立した旧加賀藩士、飛鳥井清の息子であった。孫兵衛は飛鳥井に対し、「今日までの学問は一切頭から抜き去って、私と一緒に土捏ね職工になって呉れ[45]」るよう依頼したという。孫兵衛も、その懇請を受けた飛鳥井も、近代技術への憧憬を抱きつつ、頼るところは従来の職人的技能の世界であったといえるかもしれない。翌一八九七年、森村組は渡航費のほとんどを負担して飛鳥井を農商務省海外実業練習生の待遇で渡欧させ、白色硬質磁器研究に従事させた。翌一八九八年、成果を収めたはずの飛鳥井が帰国。しかし、その成果は森村組幹部の期待に添うものではなかった。ここに至り孫兵衛の白素地開発は四面楚歌、友人知己も「不賛成を称へて事業を中止することを忠告し、……陶器狂人と云って嘲笑する」有様だったという。そして孫兵衛自身、白色磁器製造に粉骨砕身した日々について「実際当時の私は狂人であった」と追想している[46]。

孫兵衛はしかし、初志一念を貫いた。一八九九年、橦木町森村組名古屋店の構内に試作工場（石炭焼成窯[47]）を私設し、飛鳥井とともに「造っては焼き、焼いては失敗し、失敗しては焼き、……[48]」という日々を送ること数年、十数万円を費すうち、偶々イギリスの陶器雑貨商、ローゼンフェルド兄弟の知遇を得たのを機に、一九〇三年、飛鳥井および在米していた村井保固と長男の和親を伴って自ら渡欧した。孫兵衛はこのとき還暦、森村組幹部の大反対を押し切っての挑戦であった。素地自製に反対の村井が随行したのは、「旅中の好機を見て……過去二十年の尽力研究も到底成功の見込みなき所以を説示し……狂熱的態度を改め[49]」させようとの目論見もあったらしいが、結局孫兵衛の熱意にひきさがることになる。[50] とはいえ、ヨーロッパの製陶工場は製法の秘密を明かさず、見学もままならなかった。ようやく運を得てカールスバード[51]のヴィクトリア製陶工場で見聞を重ね、またベルリンの粘土工業化学研究所に素材調合と焼成の試験を依頼し、ついに天草陶石を用いてまずまずの白色硬質磁器を焼成する方法を会得した。さらに、ドイツで当時最新式の製陶用機械類を購入[52]。また視察を通じて、日本の窯屋とはきわめて異なる陶磁器工場の経営、設備や組織、労働のありかたを確認した。そして翌一九〇四年一月、当時名古屋市郊外の則武[53]に日本陶器合名会社本社および工場が設立され、輸出用白色硬質磁器の本格的製造が始められる運びとなったのである。その後一九一七年に至り、新たに設立された日本陶器株式会社が合名会社を吸収し、同社は一九八一年に社名を「株式会社ノリタケカンパニーリミテド」と変更した。以下、本書においては特に必要のない限り一九〇四年から八一年まで「日陶《にっとう》」という略称を使用する。

図 2-4　創業時の日本陶器本社工場

（2）日陶設立の意味するもの

街なかの檀木町で、素地焼成の窯焚きは不可能だった。[54] 当時まだ水田の広がっていた則武の地が選ばれたのは、近隣問題や土地価格もさることながら、交通の便、工業用水の水質等の優位性を考慮した結果であった。則武は当時名古屋市内ではなかったが、一八八六年に開通していた東海道線名古屋駅の近接地である。鉄道の重視は、アメリカ経済を肌で知る森村組ならではの先見性を示すといえよう。この「輸送の利」を優先して、日陶は大産地瀬戸への利便性が高い名古屋東北部のクラスターから抜け出た。[55] 資本金一〇万円。出資者は森村市左衛門、大倉孫兵衛、村井保固、大倉和親、飛鳥井孝太郎の五名。代表社員[56]を務めることになったのは、満二八歳の誕生日を迎えたばかりの大倉和親であった。

その大倉和親は一八七五年十二月の生まれ。一八八五年慶応義塾の幼稚舎に入学、一八九四年、本塾（大学）を卒業後森村組に就職。翌年アメリカに渡り、イーストマン・ビジネス・カレッジで学んだ後、モリムラブラザーズに勤務した。幼少時から当時としては破格の「国際的」環境に恵まれ、また血はつながっていないが従兄にあたる市左衛門の二人の息子（明六と開作、ただし長男の明六は一八九九年に二六歳で夭折）とは歳も近かったから、互いに切磋琢磨して育ったと思われる。その後八年に及ぶニューヨーク生活は、和親の思想形成と経営哲学に多大な影響を与えているはずである。一九〇三年、前述の孫兵衛の欧米視察に合流し、この苦労多き視察の内に、相当な窯業知識と経営者となるべき根性を養ったであろう。孫兵衛、飛鳥井とともに帰国した後、則武の工場用地内にまず自宅を建築、夜に日をついで新工場建設に没頭し、日陶の礎を築いた。日陶は、森村組の資金と販路を背景に、大倉孫兵衛の白色硬質磁器製造への執念、そして息子和親の新事業への野望が生み出した企業ともいえる。

〈新技術と新経営法〉

日陶設立の、より客観的な要因は、製陶業の内部変化に求められよう。陶磁器産業が国際展開するにつれて、さまざまな新しい技術が導入され、生産形態にも変化が現れ始めていた。当時最大の技術進歩は松村八次郎による石炭窯の完成（一九〇二年）で、それまで主として松材に依存した燃料および丘陵地という登り窯の立地条件から焼成工程を解放した。こうした状況下、在来の焼成技法による瀬戸の輸出向け磁器生産もまた競争力を減じつつあった。

一方、森村組だが、一九〇一年に孫兵衛が瀬戸に匿名組合原料貯蔵所（森村組土拵場）を設けて撹拌機、圧搾機などを備え付け、素地坏土を改良するとともに安定した坏土を専属工場に供給した。[57] 機械の一部はドイツ、ドルスト社に発注、他は三重鉄工所に製作を依頼した。[58] 原料貯蔵所の資本は一万八千円。うち孫兵衛が三分の二を負担、残り三分の一を川本惣吉、加藤紋右衛門、加藤春光、高島徳松、加藤五助、加藤周兵衛という六名の瀬戸の有力窯元が分担した。株主以外の者に対しては株主よりもほぼ一割高で原土を売った。[59] 組成の安定した原料の一括製造が近代的機械制生産へ向けての大前進であることは言うまでもない。一九〇二年には瀬戸の有力一六窯を専属とし、また瀬戸陶磁器生産高の約一七パーセントを自社経由で販売した。瀬戸の陶磁器年間生産額は、森村組が関わり始めた一八九〇年頃には年間二〇万円程度であったが、一九〇六年には一三〇万円を超え、うち約九割が輸出向けであった。また、取扱い商人別内訳では、瀬戸商人の仲介約三割に対して名古屋商人が約五割、そのまた五割以上を森村組が占めていた。[60]

新工場設立後、日陶では原石原土粉砕からの一貫生産を始めて瀬戸素地製造業者への発注を減らした。日陶の輸出向け製品の素地に関して、瀬戸と日陶（内製）との生産高を比較すると、一九〇七年には瀬戸八五に対して日陶一五。つまり、設立後の数年間、日陶はもっぱら在来産地である瀬戸の生産に頼っていたことになる。この比率が徐々に変わって、一九一五年には瀬戸八に対して日陶九二となり、この時点で瀬戸専属窯は全廃された。[61] 瀬戸の原料貯蔵所は組合関係者に譲渡された。

素地生産と同様、日陶設立の後、洋風テーブルウェアの基本であるディナーセットの製作法完成までに重ねられた歳月は長い。白素地の改良にしても然り、いまひとつ、ディナープレート[62]の製造にも多大な問題が残されていた。ディナープレートの製造が特に困難だったのは、薄い平板部分の面積が大きいことに加えて商品に厳しい均一性が求められたことによる。[63]この意味でも、洋風テーブルウェアは和食器[64]と基本的性格の異なる「近代工業製品」であった。これらの研究開発は飛鳥井を中心に行われていたがなかなか成果が上がらず、試作費用は莫大な額にのぼった。それを補ったのが日本の国際的地位向上に伴って急増するニューヨーク店の売り上げだった。赤字を出し続ける日陶。[65]それをカバーして余りある利益を出し続ける森村組。一八九六年の飛鳥井招請以来一二年、開発の停滞により歩留まりが改善せぬまま生産量が拡大し、設備投資額が増加するにつれて、[66]製造部門である日陶と本家輸出商社である森村組との間に軋轢が生じ始めた。モノづくりと商取引、それぞれにプライオリティをおく豪腕実業家たちの足並みは揃わず、この間に大倉父子と森村組との事業への取り組み方の違いは明瞭になっていったと考えられる。[67]日露戦争終結後の景気反動で輸出が伸び悩んだ一九〇八年初、日陶は素地製造、錦陶組は絵付、森村組は輸出という分業体制がとられることになった。[68]森村市左衛門と村井保固は日陶の社員を辞し、その出資分はそれぞれ大倉孫兵衛と和親が全額譲り受けて登記を行った。[69]

(3) 日陶と森村組との関係

〝ノリタケチャイナ〟という世界的ブランドを知るわれわれは、日陶の設立がすでにその時点でエポックメーキングな優良近代企業の成立であったかのように思いがちである。確かに在来の窯屋とは違う、多数の新鋭機械を導入した大工場ではあった。しかし、いくつかの保留事項がある。まず、当初の資本金一〇万円は窯屋としては巨額であろうが、近代的設備投資の必要性や森村組の資金の動き方から見れば、いかにも小さい。また、孫兵衛は後年、「製造工場を立ち上げようと提案した時に一人の賛成者もいなかった」ことを繰り返し述べている。[70]日陶を率いることになったのは未来の大実業家、大倉和親だが、当時は何といっても若輩かつ経験も浅い。

こうした点から浮かび上がるのは、森村組の側から見た日陶が、大番頭の大倉孫兵衛の熱意に押され、森村組という商社に付属した輸出用陶磁器の素地製造部門として、仕方なしにか、あるいは挫折の可能性を織り込んで試験的にか、立ち上げられた工場だという実態である。[71]森村組としてはすでに錦陶組という絵付部門を擁しており、いわばそれと並列的な存在か、そこに素地を供給する半ば下請的存在として日陶を考えていたのであろう。その素地製造に関して素人の和親が代表社員を務めることになったのも、孫兵衛が最も気安く責任を分かち合える息子に任せたと思えば納得がいく。ヨーロッパ視察はその修行でもあったろう。だが、日陶が合名会社の形態をとったことは、素地部門が市左衛門個人の手の内から離れたことをも意味する。

分業体制がとられた一九〇八年、日陶は定款の営業目的を、それまでの「陶器の製造および海外輸出」から「陶器の製造および販売」へと変更し、翌一九〇九年には内地販売部を設けて、和親自ら精力的に洋食器の国内販売営業に携わり、輸入洋食器と市場を争うようになった。[72]こうした日陶の存在そのものに対する森村組幹部、特に大倉父子とそれ以外の人々――の温度差はさらに広がる。この間の内部事情を伝えてくれるのが、もと日陶幹部の伊勢本一郎である。伊勢は高等商業学校（東京）を卒業後、一八九七年森村組に就職。一九〇九年日陶に移籍し、後年副社長も務めた。[73]伊勢の日陶移籍は、森村組と日陶との関係悪化を懸念した村井の懇請により、いわば両社のパイプ役を担うことを期待されたもので、その結果、伊勢は日陶設立後の両社の良好な関係と発展に貢献すると同時に、両社の内情を知り尽くすことになった。[74]

伊勢の移籍後、大倉父子と森村組との方向性の違いは、表面上修正された。伊勢もその原案作成に関わったという規約制定がその証左である。だが、その規約は水面下にさらなる問題を孕んでいた。

そもそも匿名組合森村組の事業は縁戚、知人関係から始まり、創業者たちが自らの手で働きながら拡大していったものである。組織として客観性のある規定をほとんど持たぬまま、いわば成りゆき的に折々の決議録を重ねることで三〇年余りを過ごしてきた。問題の規約が発表されたのは一九〇九年四月、波風の立ったがゆえの組織改革および規約条項の明文化であったと考えられる。[75] 具体的には森村組の「組合契約書」および「内規」で、前者は主に所有、資本金、役員等、後者は営業や経営内容について規定した。本書の関心から重要なのは、このなかで森村組全体の事業目的および組織構造が示された点である。

まず「組合契約書」第二条には「当組合ハ日本国陶器及雑貨ヲ北米合衆国其他外国ニ輸出シ外国ニ於テ販売スルヲ以テ本業ト為ス」とあり、一方、「内規」の第一条には「当組合ハ本業ノ都合ニ依リテ内地又は米国以外ノ諸外国ニ販路ヲ開始スルコトアルヘシ」とされ、以下、要約して示せば、「さしあたりその調査研究に関する業務は日陶に属するが、企画段階から重役会の決議および総支配人の合意を必要とする」という但し書きがつく。次に、「組合契約書」第二六条において「総長（主権者）は森村市左衛門とし、代々同家が継承すること」が、また第二二条で「総長が総支配人以下役員の任免権を持つこと」、第二三条で「総支配人は森村組の事業執行上の全責任を負う。組合員中最も優秀なる人物で最高額待遇を受ける」ことが定められた。「内規」末尾の署名に示された役員の顔ぶれは、総支配人：村井保固、相談役：大倉孫兵衛、各事業部の責任者として、総務部：森村開作、生地部（日陶）：大倉和親、画工部（錦窯組）：田中幸三郎、営業部（輸出）：広瀬実光、[76] 販売部：手塚国一、[77] となっている。

実は、規約が制定される直前のメモと思われる組織図を和親が遺している。二通の規約文書と多少ずれる点はあるが、組織のイメージをつかむためにきわめて有用と思われるので図2-6に示す。

『森村百年史』によれば、孫兵衛は「副総長」を希望したが、森村との対立が再燃しかねないという村井や伊勢の説得に応じて「相談役」に落ち着いたことになっている。[78] それまで森村組の事業活動については、村井がアメリカ、孫兵衛が日本における総支配人としての役割を担っていたが、その権限を村井に集中させた。

伊勢が後年語ったところによれば、大倉父子は日陶に対する森村組の影響力が強すぎることに不満を感じて、彼らの事業構想をそのまま実現できる別会社の設立を考え始めた。[79] 森村組の影響力とは、本質的には村井保固のアメリカでの事業経営にある。実際、それまで森村組の事業の成功は森村豊の亡き後（一八九九年）、一に村井の功績によるものといってよかった。確かに、陶磁器生産の近代化等々は大倉父子、とりわけ孫兵衛の主導によるところが大きかったが、孫兵衛の自在な積極経営はアメリカから還流する莫大な利益を原資としてこそ可能であった。さらに、豊の時代から、森村組では「米状神聖」といわれ、アメリカで顧客を満足させるべく粉骨砕身しているニューヨーク店からの要望に絶対的優位を置くことが、いわば不文律となっていたのである。[80] 伊勢によれば、森村組の基本姿勢は、あくまでアメリカへの陶磁器・雑貨の直輸出を本業としていた。[81] かたや大倉父子は、従来アメリ

図 2-5　森村組の大幹部たち

前列左より大倉孫兵衛，森村市左衛門，広瀬実栄。後列左より森村開作，村井保固，大倉和親。

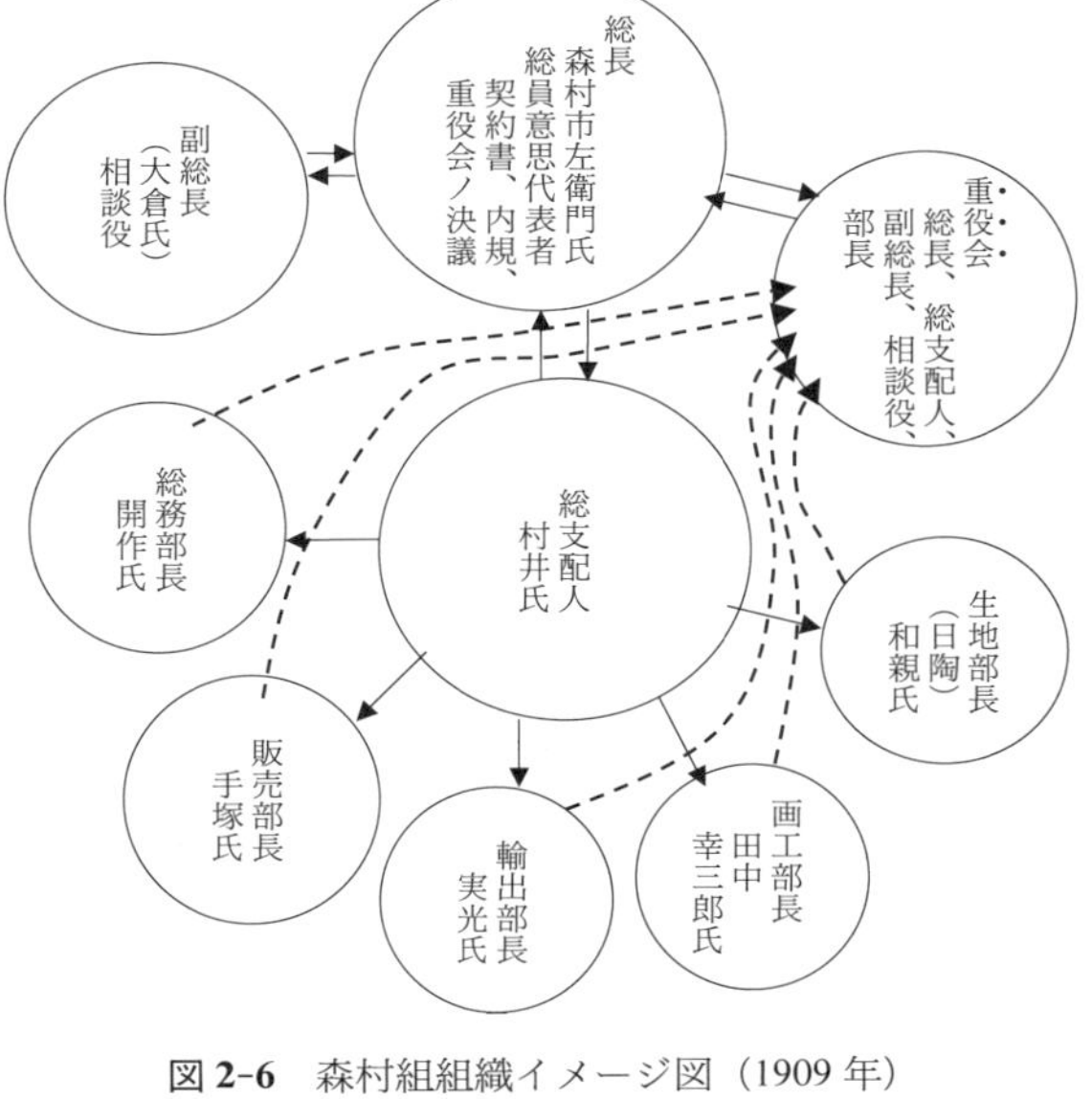

図 2-6　森村組組織イメージ図（1909 年）

出所）大倉和親遺品のメモ（ノリタケ社史編纂室所蔵）より複写的に作成。各氏姓名は，大倉氏：大倉孫兵衛，開作氏：森村開作，手塚氏：手塚国一，実光氏：広瀬実光，和親氏：大倉和親，村井氏：村井保固。

カ向けであった陶磁器輸出の相手国を中国さらには南洋方面へ広げる意欲を強めていた[82]。アメリカでの競争は品質面で厳しいことが予測されたからでもある[83]。先に見た森村組営業内容に関する「組合契約書」第二条と「内規」第一条との微妙な関係は、大倉父子の逸脱を牽制するためと考えれば納得がいく。下世話な表現をとるならば、森村組は〝鬼子〟になりかけた日陶を力づくで抑えこんだが、後述するように、そこから噴出するエネルギーが大倉父子とともに日陶を離れる。しかし、離脱するのは「事業」であって、対立した幹部たちの人間関係の基盤は崩壊しない。結果としていえば、この複雑な関係が、一方で日本初の世界的ブランド、〝ノリタケチャイナ〟を生み、他方で衛生陶器や碍子といった新分野の開拓につながっていく。

――「然し唯だ工商業の発展するばかりが目的ではなく、此れより日支両国に跨りて、安く良き品物を製して相方の民の益を計らば、我国の富をも増し、彼の国の用をも足し、互に和ぎ互に交り、工商業の上に、相提携して行く様になり、互に争ふ事もなく[84]」――このような理念的構想をも含有した孫兵衛のアジア進出の遠大な夢は、後年の日陶や東洋陶器に受け継がれていくことになる。東洋陶器については後述するが、ここでは戦後日陶の大社長、佐伯卯四郎の思い出話をあげておこう。佐伯は森村組に入社したが、ほどなく日陶に移りインド・東南アジア市場開拓を担当した。――「(インドに行って病気で帰国したが、再度行った。) その時孫兵衛さんからこういわれた。『……アメリカ一辺倒じゃまちがっている。……印度には四億の人間がいる。……しっかりやれ。お前が行って成功する頃には、おれはおそらくこの世にはいまい。おれの墓場に報告しろ。……印度近東方面はあらゆる希望をもっていたが、おれはそこまでやれなかったのだ。おまえに期待する。』といわれた。非常に感銘が深い[85]」。佐伯の二度目のインド出張は一九二〇年五月。孫兵衛が世を去る一年半前のことだった。

〈輸出用洋食器の完成〉

さて、森村組との内紛がいわば糊塗された後、日陶の経営は難航した。まず一九〇九年十月、孫兵衛が病に倒れてその後数年の療養生活を余儀なくされ[86]、経営判断が和親ひとりの肩にのしかかった。残されていた課題、ディナープレートの開発は遅々として進まず[87]、一九一〇年、技師長を務めていた飛鳥井は結局解任、後任には百木三郎（後述、第3章）があたったが、実質的な技術責任者として、新人技術者の江副孫右衛門（後述、第4章）が抜擢された。江副は有田の窯元の息子で、一九〇九年に東京高等工業学校窯業科を卒業して入社し、その直後から伊勢本一郎とともに素地や窯の改良にあたって成果を上げていた。和親は当初、有田の窯元という出自を警戒していたようだが[88]、次第にその警戒感も解け、江副の実力を認めて人事更迭を遂行した。客観的には、中核技術者を変えることで、より「工業化」にふさわしい近代的合理性を備えた開発体制に転換させた。飛鳥井は解任前から新興の帝国製陶所[89]に移籍する準備を進めており、移籍時には同郷の職工たちが行動をともにした。優秀な技能者を一度に多数失った日陶は一時辛酸をなめたという。後にも触れるが、帝国製陶所は後に名古屋製陶所と名を変え、日陶としのぎを削るライバル企業となった。飛鳥井の解任は両社の間に禍根を残したと思われる事件[90]だが、産業全体の発展にとってはプラスに働いたであろう[91]。

図 2-7　白素地の美しさがきわだつ日本陶器のディナーセット（製造期間：1914–26 年）

結果として、和親の江副登用策は実を結んだ。一九〇九年に一度大整理を行って合理化と工程管理の見直しを挙行したことも功を奏し[92]、一九一〇年より日陶はようやく利益を計上し始め、とはいえ、その利益は碍子生産（後述）に負うところが大きかったのだが、食器の歩留まりも向上した。日陶と森村組の対立点のひとつは素地の仕切値をめぐる問題であったが、その価格低下により両者の関係も改善した[93]。江副を中心とする技術陣は一九一三年に至りディナープレートの焼成に成功、翌一九一四年、白色硬質磁器素地を使用したディナーセットを完成させ、森村組を通じてアメリカへの輸出を開始した。このディナーセットをはじめとするテーブルウェアが、その後の日陶の主力製品となっていく。そしてアメリカで、日陶製品はモリムラブラザーズの商品として販売される。(94)

(4) 陶磁器事業の多角的展開

経営的には森村組と微妙な関係を残しているものの、製造業としての視角から見れば、日陶の設立、より厳格には絵付工程を全面的に内部化し、(95)主力製品を完成させるというステップを踏んで日本の近代陶磁器業が成立したと捉えることもできよう。その意味するものは、零細、もしくは家族経営が圧倒的に多い陶磁器業界に近代的な工場設備を備えた大企業が出現したことにとどまらない。従来、原・燃料産地に限定されていた立地条件から工場を解放し、一方、技能の多層性による分業制度を乗り越えて原料の調合から最終製品までの一貫生産が可能になった。労務管理、福利厚生、従業員教育も緒につき、企業内での研究開発体制も、波乱を含みながらではあるが整ってきた。そして、相応の品質管理のなされた生産ができるようになった。ただし、その内実が整うにはさらに時間を要した。次章で触れるが、海外からの導入機械の利用法ひとつをとっても、「近代」と「在来」の相克は尾を引きずるものなのだ。

上記のうち、福利厚生・従業員教育については、一九〇九年一月に経営側と従業員を含めた会員組織である「同仁会」が設立され、それまで日陶が管理していた事業を引き継いだ。設立の基金は市左衛門と孫兵衛の寄付金に依り、職場別に作業内容を競いあう競技会の設置、「技芸科」と「普通科」からなる教育機関の創設、女子従業員対象の教育プログラム開設など、活発に活動を展開した。また、従業員の啓蒙手段として一九〇七年五月に創刊された社内報『さきがけ』を、同会の機関紙として吸収した。(96)企業の内なる近代化はこうした側面からも進んだ。

日陶設立の目的は本格的洋食器製造への進出だったが、このこと自体、後の大倉父子の事業展開にとって大きな意味を持っていた。すなわち、洋食器は日本ではほとんど製作されたことのない外来品として現れたが、当然のことながら欧米では伝統産業の流れを汲んでいる。使い手（消費者）にしてみれば、食器にせよ花瓶や置物にせよ、基本的な違いは意匠にあるのであって、実用価値が伝統を超えたわけではない。ところが、後発工業国の作り手にとってはこの、和から洋へのいわば「横すべり」をする際に、意匠や職人の技能のみならず新たな技術が——近代的な機械技術や工程・品質管理技術を含めて——必要とされた。この経験が、次のステップ、すなわち「伝統産業にはない、新たな実用価値をもつ近代工業製品の製作」への技術跳躍を、意識的にせよ無意識的にせよ準備させたと思われる。また、後段で再考するが、森村組の直輸出業において相当の資本／資産蓄積が企業および幹部個々人になされたことも、次のステップへの決定的に重要な要素であった。これらの背景を抜きにして、日本の衛生陶器をはじめ、碍子、スパークプラグといった産業の発展を論じることはできない。

〈送電碍子の製造開始〉

さて、少し時代を遡った一九〇五年のことである。芝浦製作所の技師、岸敬二郎がアメリカから持ち帰ったR・トマス社製高圧碍子の破片を日陶に持ち込み、国産化の可能性を大倉和親に諮った。碍子は、通信用のものについては、有田の深川栄左衛門を嚆矢として、明治初期から多くの窯元が製造に参入した。しかし、高圧送電用碍子の国産化は遅れていた。乗り気を示さない森村組を尻目に和親は碍子の研究を開始、一九〇七年には芝浦製作所から高圧碍子を受注して出荷するまでになった。ちなみに、当時開発された特許高圧碍子（一九〇九年）の特許出願者として芝浦製作所の岸および日陶の飛鳥井が名を連ねているが、[27] 日陶側の技術担当者は当初百木三郎、そして江副がバトンを引き継いだ。

碍子への進出は、大倉父子にとってさらに意味のある一歩であった。それまで製造していたのは食器、花器、あるいはノヴェルティ、つまり、一般消費者が直接のユーザーとなる趣味性の高い雑貨で、意匠の巧みさや外観が命であった。最終的に良品を得るためには、高い技能や熟練が大きな部分を占める製品でもあった。その主たる輸出先がアメリカであり、この直輸出業こそが森村組の本業だった。碍子の製造はとりあえず内需向けである。むろん輸入防遏という意味では森村組の国富理念と相通じるものがあるが、製品としての性質は雑貨類ときわめて異なっている。

和親が岸の提案に応じた当初、碍子は製造技術的にも容易で、むしろ食器などより安価な材料で製造可能なものと理解されていた。加えて利益額、利益率ともに高かったことに実証されるように、(98) 白色硬質磁器食器開発の壁にぶつかっていた状況で碍子に手を拡げたのは、経営面からも充分な合理性があった。しかし、高圧送電碍子を製造するには電気知識も必要であり、またその歩留まり向上の困難に直面して、食器などとは別の工業製品の品質の重要性に気づいたことであろう。碍子は送電という近代的システムに必要な部品であり、作られたものは工業製品として産業社会で利用され、意匠よりも品質、機能、価格の重要度が高く、製品にばらつきがあってはならない。雑貨類についてもむろん品質や機能や価格は重要な要件であるが、何にプライオリティを置くかという点では明らかに違ってくる。そのプライオリティ、とりわけ製品のばらつきをなくすという一点は〝ユニフォーミティ〟（均一性）という概念を与えられ、この後、碍子、プラグ、衛生陶器等、工業製品の生産への一大要件となっていく。食器におけるディナープレートの特殊要件がここで一段と強く再認識されたといってもよいだろう。大倉父子は碍子製造に手を染めることにより、同じ陶磁器を扱うとはいえ、森村組の本業とは些か異質な世界へと踏み出す。これを全うしようとすれば、日陶の立場、すなわち森村組素地製造部にとどまるわけにはいかない。これはむしろ当然の判断だった。碍子を出荷し始めた一九〇七年、輸出用雑貨製造業を超えた陶磁器製造業へと、新進気鋭の和親の、そして当時なお意気軒昂であった孫兵衛の事業欲は、実は広がり始めていたはずである。

おりしも活発化していく送電事業に日陶は参画し、和親は社内の反対を押し切り、またライバル会社との熾烈な競争を重ねつつ、一九一九年、日本碍子株式会社の設立に至る。森村組では支配人の村井保固がこの分離に反対、和親と当時社長の森村開作[99]とで強引に推し進めた。もっとも、一〇年前の「規約改正」によれば、碍子製造も森村組＝日陶の本業から外れていた。新会社の社長は大倉和親、技術・製造部門のトップ（工務部長）は江副孫右衛門。すなわち、日陶の技術の中核を担っていた江副はここで日陶を離れることになる。日本碍子はその後、研究を重ねて製品の品質をさらに高め、アメリカ製品とも競い合う、日本最大の碍子メーカーとして成長していく。この過程でまたしても江副孫右衛門が頭角を現す。なお、本書で詳述する余裕はないが、一九三六年、同社からスパークプラグ部門が分離され、日本特殊陶業株式会社として分立する[100]。

〈事業の多角化と「一業一社」〉

以上の動きと併行し、大倉父子は一九一二年、衛生陶器の製作を目指して日陶内に製陶研究所を設立。一九一七年、九州小倉に東洋陶器株式会社設立。この件については次章で詳述する。一九一九年、こちらは大倉父子の個人事業で大倉陶園設立[101]。大倉陶園とは、一代の間に日本の陶磁器業の近代的展開を見た大倉孫兵衛の最後の一手、「利益を思うてはとても此事は出来ぬ故、全く大倉の道楽として此上なき美術品を作り度し[102]」という美術陶磁器工場であった。近代工業の世界を追求してきた孫兵衛だが、一方で量産品の限界を認識し、営利企業においては不可能と思われる領域にあえて踏み込もうとした。この種の工場は、いくら創業者の思い入れが強くても長続きするとは限らない。政府の力を借りて国家の製陶所に、という財界からの助言もあったが、和親は独力での設立運営に固執した。「金は失くしても、技術者諸君の腕とその作品が残れば満足」であり、工場を維持するために賤しくなることを怖れたという[103]。和親は健康状態の衰えた父親の道楽に徹底して肩入れをした。いや、道楽といっても、四〇年にわたって執念を燃やし続けてきた陶磁器の究極の美に商魂抜きで挑戦することが孫兵衛の天職であったのかもしれない。園主は孫兵衛から和親に受け継がれ、支配人は瀬戸陶芸デザイン家、日野厚[104]が務めた。大倉陶園設立の直後に森村市左衛門が逝去。孫兵衛は一九二一年末に逝去。翌一九二二年、和親が日陶社長を退き、日本における近代陶磁器産業黎明の一時代が終わった。なお、日陶の社長交替は、和親の個人的意思の遂行というよりも森村組の人事の一環と捉えたほうが適切であろう。[105] 和親はその二年後、日陶の取締役も辞任して役職から離れた。「陶器狂人」としての生涯の最期に美の世界を希求した父孫兵衛に最大限の理解と愛情を示しつつ、その父とともに手塩にかけて育てた日陶を離れてでも新たな事業へと自分自身を駆り立て、「日本の近代」を強力に推し進めていく工業力の一環としての陶磁器産業の中核的担い手に自らを任じたのである。[106]

この、森村組＝日陶の一時代が終わらんとするとき、それは日陶が株式会社として再出発した（一九一七年七月）こととも重なるが、この時期にちょうど東洋陶器（同年五月）、磁器人形製造を専門とする日本玩具[107]（同年四月）、そして日本碍子（一九一九年五月）、さらには大倉陶園（同年同月）といった新会社が設立されたことは示唆的である。ときあたかも第一次大戦の末期、日本経済は未曾有の大拡張を遂げ、なかでも輸出――すなわち戦場となり貿易の途絶えたヨーロッパへの需要を日本が肩代わりした部分――の業績が最も伸びた時期であった。そのひとつの象徴がアメリカやアジア方面への陶磁器輸出であったといって過言ではない。ヨーロッパ製品の代替としての日本製品は一般に品質面で劣っていたが、そこを何とかしのいだのが日陶のテーブルウェアであった。思えば一九一四年に日陶の洋食器製造技術が完成して輸出が始められていたという絶妙なタイミングが、ときの景気の追い風を目一杯に孕む巨大な帆の役割を果たしたのだ。[108] 日陶製品は森村組を通してアメリカのみならず世界各地に輸出されるようになり、社業は躍進した（図2-8参照）。客観情勢から判断するなら、これを機に大倉父子の陶磁器事業は多角化した。さらに和親は一九一九年、伊奈家への出資決定（さしあたっては陶管製造、一九二一年に匿名組合伊奈製陶所設立）。一九二〇年、各務クリスタル設立に出資。一九二一年、日本碍子においてスパークプラグの研究開始（一九三六年、日本特殊陶業設立）。また、一九一七年には大華窯業株式会社設立[109]と矢継ぎ早に拡張の手を打った。必ずしも己の事業に拘泥することなく、確かな方向性さえあれば誰がやろうとそこに出資するという形で近代陶磁器業そのものの国産化と発展を推し進めようとした。この意味では、和親にはもはや事業基盤を確立した日陶の経営に固執する必要がなくなっていたといえるかもしれない。

日陶の揺籃期には工場敷地内に居を構えていた和親だが、一九〇五年に名古屋市内に転宅した後、一九一七年には故郷の東京に戻った。これもまた多角化を始めた時期に重なる。東京移転の理由は健康問題を含めさまざまの要因が重なってと推察されるが、経営者としての和親は、日陶の現場に入り浸っていた頃と明らかに変わったといわざるを得ない。ひとつの工場へののめりこみから、窯業企業群を大局的に捉えて複数の手綱を捌く位置取りが、東京転宅の、少なくとも結果的な意義づけとなろう。

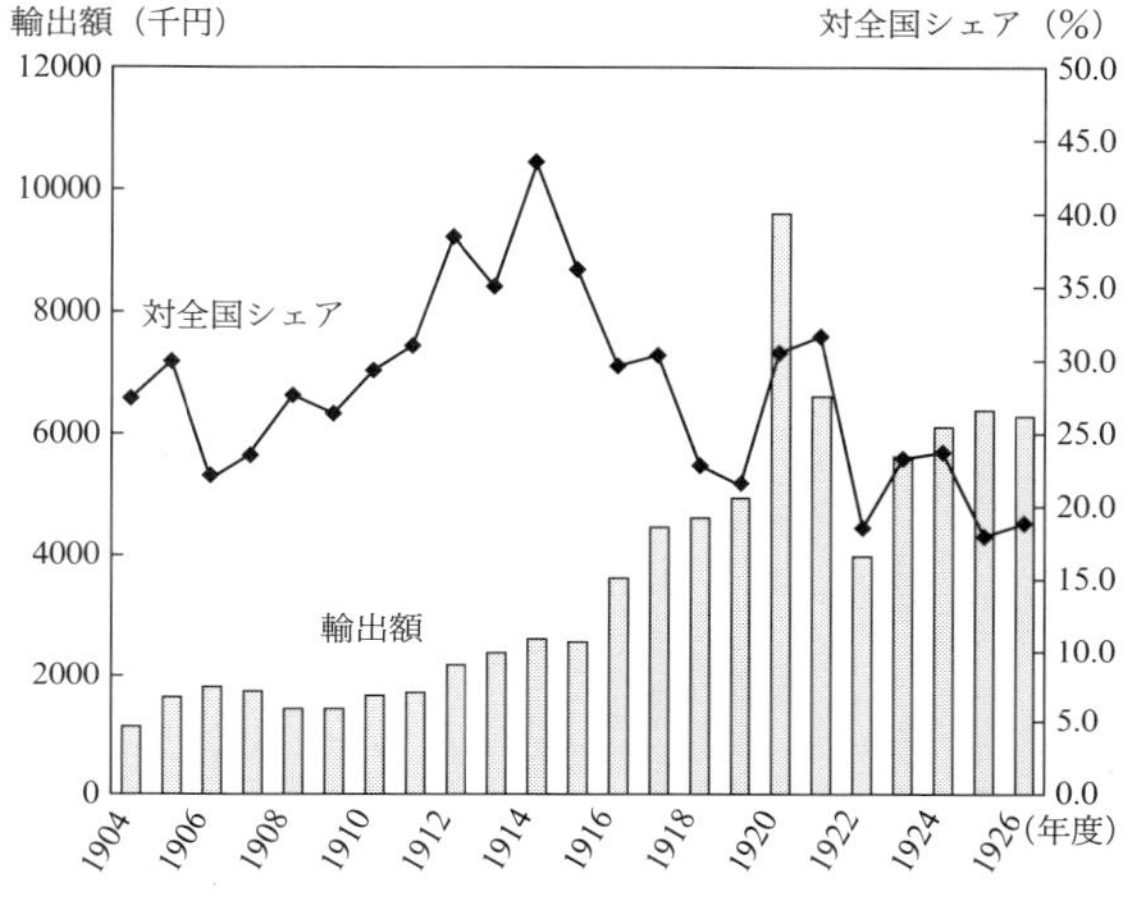

図 2-8　日陶の食器輸出額および対全国シェアの推移（1904–26 年）

注）1908–17 年の輸出額は日本全体の 28–43%，特に 1912–15 年は 35%以上を占めている。

出所）ノリタケ 100 年史編集委員会編『ノリタケ 100 年史』株式会社ノリタケカンパニーリミテド，2005 年，454 頁より作成。ただし，全国統計は通年，日陶統計は決算年度による。

かたや一九一七年、これまでの森村組の輸出事業を拡大継承する森村商事[110]が、また翌一九一八年、森村開作を社長にして持株会社としての株式会社森村組が設立された。すなわち、持株会社・森村組を頂点に窯業関係各社と銀行（森村銀行[111]）、貿易業（森村商事）を含めた、いわゆる財閥型の企業群が出現した[112]。大倉陶園は例外として、群立した企業はみな株式会社の形態をとったが、株主は森村組関係者（親族を含む）にほぼ限られた。また分離は、もとの企業からすれば人材の流出をはじめとする犠牲を伴うが、持株会社を立ち上げて求心力を明確化することで各企業の関係を良好に保ち、技術交流や資金面での融通を円滑化する目論見もあったことだろう。そして後年、周知のごとく、多角化された陶磁器業各社はそれぞれの専門分野、すなわち、日陶：洋食器、東洋陶器：衛生陶器、日本碍子：送電碍子、日本特殊陶業：スパークプラグ、伊奈製陶：建築タイル――で国内最大のシェアを誇る企業に成長する。[113]

『日本ガイシ75年』によれば、当時の対米輸出の業績好調を背景に、新分野が成長してきたら積極的に分離して発展を図るという「一業一社主義」の考え方が示されるようになったという。[114] だが、経営原則としての「一業一社主義」のルーツを確実に示す根拠が示されているわけではない。確かなのは、第二次大戦後の再出発の時期には、グループ各社にそれが和親の経営理念として浸透していたということである。[115] 戦間期に、まずその理念を打ち出して新部門のスピンオフを図ったと考えるのはかなり無理があり、むしろ成りゆき的にある程度形ができてから原則化されたと理解するのが自然であろう。[116] こうした疑問はさておき、一九一七年から一九年にかけての時期に、少なくとも旧来の森村組とは全く別のコンセプトを持つ企業グループ構想が和親、そして森村開作という第二世代の胸中に生まれていたと考えられる。もっとも、このふたりの構想がどの程度共通性を持っていたか、それについては今後の研究を待たねばなるまい。森村組はこの後も頻繁に組織改組を繰り返す。

さて、孫兵衛は旧森村組から日陶を分立させ、和親は草創期運命共同体であった日陶と袂を分かった。どちらの分断も相克を伴ったが、しかし、これは外の世界から見れば所詮内輪の諍いであり、むしろ事業の拡大、多角化と受け取られただろう。事実、森村組の求心力が消えることもなければ、幹部たちの人間関係が決定的に破綻することもなかった。その求心力の源泉は同族と創業の力、幹部の人格的結びつき、そして何よりも所有および資金的関係であったと推察される。宮地英敏は、一九一七年の日本陶器株式会社の設立（資本金一〇万円）に続く翌一九一八年の増資（資本金二百万円）に伴って所有関係に大きな変化が生じたことを指摘している。この増資にあたり、森村組が日陶の九〇パーセント以上の株式を所有することになったが、逆に森村組株式については、一九〇九年契約により出資金の五〇パーセントを占めていた森村家の持分が四〇パーセントにまで下落した。[117] すなわち、「機械制大工業を成立させて経営を安定化させた日本陶器を、森村組というグループに返すことと引き換えに、日本陶器

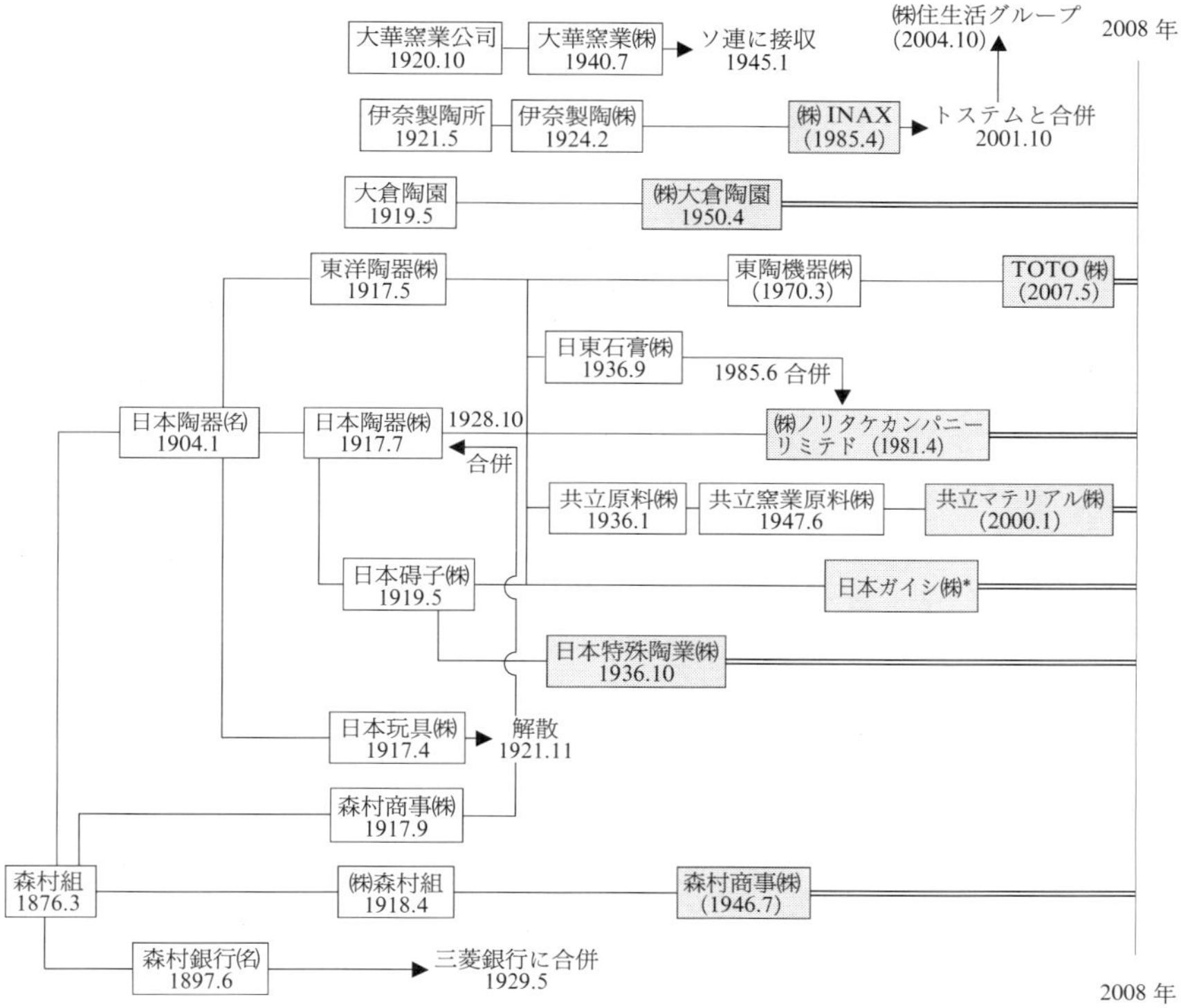

図 2-9　森村・大倉企業グループの系統図

注）数字は設立年月。（　）付は社名変更年月。＊日本ガイシ㈱は表記社名で，商号は日本碍子㈱のまま，変更されていない。
出所）筆者作成。

幹部たちは森村組内における森村家の絶対的地位を崩すこととした[118]」。――この分析は正しいかもしれない。しかし、森村組の日陶株保持は一時的で、その持分はほどなく森村同族株式会社や個人に分散された。一方、和親は社長を退いた一九二二年に日陶の個人筆頭株主（森村同族に次ぐ。約一八パーセント）に、取締役を退いた一九二四年には筆頭株主（約三〇パーセント）に返り咲いた[119]。さきの表現を借りれば、日陶の経営から身を退くことと引き換えに所有面で自らの地位を保ったのである。そして、その親会社の森村組において和親は取締役を務め、ほぼ個人筆頭株主であり続けた[120]。人事および株式数の持合方法に関しては、幹部たちの周到な計算と駆け引きが見え隠れする。

大倉父子が展開させた陶磁器業の主要各社は、後年企業グループを形成して関係を持ち続けるが、これが「大倉グループ」ではなく「森村グループ」と称されてきたことからしても、資金および結束力の基盤は「森村組」にこそ収斂していたと考えるのが妥当であろう。他方、和親が日陶の経営から離れた後も筆頭株主であり続け、かつその親会社の経営陣の一角で大株主として所有に携わっていた事実を忘れてはなるまい。

（5）大倉父子の資産形成と企業家精神

大倉父子には本書後段においてもたびたび言及するが、陶磁器産業を論じた本章の末尾で、企業家としての彼らの人間像、また事業を支えた資産形成について、多少の考察をしておきたい。水洗トイレをテーマとする本書としては荷が重く、また不十分さを自認した上で、なおかつ最小限の言及が必要と考える。和親については特に、本書後段の内容を先取りしているため、以下の結論めいた行論の根拠もまた後段に示されていることを断っておく。

さて、創業者の事業展開にはつきものであろうが、大倉の経営にも個人資産が関わっている。大倉父子のものもあれば、森村組から還流した資金もあろう。森村市左衛門にせよ大倉父子にせよ創業者の生存中は特に、個人資産と企業資産が混同されたことも十分に考えられる。つまり、彼らの私的財産と企業経営の資金の流れの関係は必ずしも明瞭ではないのだが、ひとつ確かな事実は、市左衛門も村井も孫兵衛も和親も、そして森村組の他の幹部（特に出資者）たちも、森村組の貿易事業が軌道に乗ってからは、みな相当の資産家になっていたということである。

〈貿易業の利益〉

『森村百年史』によれば、森村組で定期的に決算が行われるようになったのは一八八一年からであり、九二年からは毎年度ごとの決算となった[121]。そして純利益が上がれば社員に利益を分配するようになった。実際森村組は一八八〇年代末からアメリカへの陶磁器の売上げで莫大な利益を上げるようになっていた。[122] 一九〇〇年の森村組決議は、純利益の六割を出資金、四割を賞与に充てることにした。[123] しかし、増資分を凌ぐ利益が出るようになり、一九〇四、〇五の両年は四〇パーセントの高率配当を行った。翌一九〇六年には資本金を五〇万円から百万円に倍額増資したうえでなおかつ二〇パーセント配当を実施している。[124] 結果として、出資者を兼ねる幹部や社員は成績が上がればそれだけ俸給が増えるという経営者意識を持って働くようになり、「地位不相応と思えるほどの資産家」[125]になっていったという。匿名組合であるために決算報告が開示されない森村組の経営実態は当時の実業界の関心をひき、貿易品の積荷運賃だけで年々百万円にも達するとか、社員で数十万〜百万という財産家が少なくないことなどが取り沙汰された。[126]

『森村百年史』には森村組一九〇九年の利益分配が公開されているので、これに注目してみよう。まず同年、すでに述べた「森村組組合契約書」において、本組合員五名（代々継承）が第一資本金百万円[127]を出資、準組合員（一代限、重役会で決定）が第二資本金を出資することが定められ、さしあたりこちらは八名が計二〇万円[128]を出資した。[129] 一方、純利益金は約七九万二千円、うち約二五万一千円が賞与として分配されている。高額受賞者としては元方の村井保固五万円、森村市左衛門および大倉孫兵衛が各々三万五千円、当時ニューヨーク店支配人手塚国一が二万円、日本店支配人広瀬実光一万円、日陶社長大倉和親七千円、日陶技師長飛鳥井孝太郎千五百円等々となっており、[130] 前記出資者に賞与の三分の二以上を分配していた計算になる。[131] 賞与以外の五四万一千円の使途内訳は不明だが、匿名組合であるからにはその大部分が前記出資者、とりわけ第一資本金を出資した正組合員に配当された可能性が高いといえよう。[132]

いずれにしても森村組の純利益が、いかに幹部に多く還元されていたかがここに示されている。彼らは直輸出業――主としてアメリカ市場における成功によって巨富を築いた。[133] 事業利益の大きさは市左衛門や孫兵衛の国富思想に合致し、近代化途上の日本経済の発展と安定に貢献したであろうが、当然ながらその匿名組合への出資者個々人

表 2-1　森村と大倉：いわゆる「長者番付」による資産比較

（単位：円）

資料	発行年	森村市左衛門〈6 代/7 代〉		大倉孫兵衛/和親	
①	1902	500 万	〈6 代〉	100 万	〈孫〉
②	1916	500 万超	〈6 代〉	75 万	〈孫〉
③	1930	1500 万（49,156）	〈7 代〉	450 万（45,332）	〈和〉
④	1933	1500 万（28,566）	〈7 代〉	250 万（23,209）	〈和〉

注）（　）内，納税額。個人資産の内容は土地，有価証券，家屋，家財等多岐にわたり，また時勢によってその評価額も変化するため，調査自体が当然困難である。ただし，たとえば資料②について，「慎重かつ正確を期した調査結果であるため信憑性が高く，研究の素材としてこれまでに多く利用されている」（同書，5 頁）といった解説があることからも，それなりの目安としては利用可能であろう。また，7 代目市左衛門と和親の納税額からすると，課税対象所得額にはそれほど大きな差がなかったことが推察される。

出所）①「日本全国五万円以上資産家一覧全」中央書房，1902 年，渋谷隆一編『明治期日本全国資産家地主資料集成』IV，柏書房，1984 年所収，64 頁；②「全国五十萬圓以上資産家表」時事新報社，1916 年；③帝国興信所調査「全国金満家大番附」1930 年；④帝国興信所調査「五十萬圓以上全国金満家大番附」1933 年；③④の納税額は，東京尚文社調査「全国多額納税者一覧」1930/33 年。いずれも渋谷隆一編『大正昭和日本全国資産家地主資料集成』I，柏書房，1985 年所収，6，8，45，48，64，107，112，139 頁より作成。

の懐をも豊かにした。彼らは長者番付の常連になった。とりわけ森村の資産は莫大である。こうした潤沢な個人の資金を抜きにして、市左衛門や孫兵衛の後半生、また和親の経営行動を語ることはできない。

参考までに、森村と大倉の資産比較表を付す（表2-1）。ただし、ここに記された孫兵衛の職業は「書籍」もしくは「洋紙商」で、森村組とは別に家業からより大きな収入を得ていた可能性を示す。いやむしろ、森村組の活動から得る収入をあてにせずともよかったからこそ、陶磁器開発面での主張を貫き通せたのかもしれない。ちなみに、表2-1の出典資料（①④）で見る限り、「金満家大番付」に登場するのは、他に、村井、広瀬実栄/実光、森村勇、また大倉文二や邦彦（洋紙）。「多額納税者番付」になると、加えて森村義行、森村卯女、大倉保五郎（書店）、百木三郎や江副孫右衛門といった親族や関係者が顔を出す。また、一九一六年のダイヤモンド社編『全国株主要覧』によれば、「大株主中の大株主」一覧に、森村市左衛門（六代）、森村勇、大倉和親の名が挙がっている。[134] ここで計上された彼らの持株に、株式会社ではない森村組や日陶関連分は当然ながら含まれていないのである。

〈企業家としての人間像〉

この豊かな資産と裏腹に、大倉父子の伝記的説話には無私無欲という形容がついてまわる。[135] この表現は誤解を招く。いわゆる私利私欲に走らなかったということは、無私無欲と同じではない。彼らの行動はきわめて強烈な自我実現への欲望に裏づけされている。彼らは類稀な努力家であり、進取の気性に富んだ実業家であり、商才に長け、創造と革新にこだわりぬいた。事業にかける情熱は、ときに執念とでも言うべきもので、それを無欲とは呼べないだろう。成功して巨万の富を手に入れた後、カネに対する強欲さも狭量な執着も持たなくなったとすれば、その理由の第一はすでに巨富を築いていたからだと見ることもできる。そしておそらく生涯を通じて、大倉父子はカネに無頓着だったことはなく、むしろその緻密な計算能力を事業に活かした。一方で、いわゆる名誉欲や自己顕示欲に関わる恬淡さや日常生活における潔癖さが、この父子の行動を特徴づけている。とすれば、この父子の希少さは、ときになりふりかまわぬ強烈な事業欲実現への行動と自己顕示欲の欠如――もしくは徹底した自己規律――の共存にあるといえるかもしれない。

図 2-10　大倉孫兵衛（1843-1921），第 1 号丸窯の模型とともに

図 2-11　大倉和親（1875-1955）

創業者の森村市左衛門にも共通するが、成功した後の彼らはノブレス・オブリージュの実践者となった。少なくとも意識の上で、私利よりも母国や社会の発展を優先する思想は、彼らの生きた時代を反映している。カーネギーに代表されるアメリカの実業家の経営哲

学に触れ、市左衛門と孫兵衛についていえば晩年に信仰の世界と深く関わったことも影響して、その資産を社会に有効な形で使った。しかし、ここが分岐点となり、彼らの資産使途や生き方には違いが生じた。市左衛門は社会事業、すなわち多くの団体や企業の支援育成を行い、また教育事業（特に女子教育）に力を入れ、志高き者が困窮していれば経済的支援をし、結果として、その社会・教育事業のいくつかとともに名と人脈を残した。これが後年の森村グループの発展に多大な貢献をしていることもまた事実であろう。[136] 大倉は父子ともども陶業報国の理念を貫き、[137] 陶磁器業、すなわち製造業に富とエネルギーをつぎ込んだ。[138] 経営上リスクの高い新規事業への参入や新設備導入に際して私財を投じることを厭わなかった。原料に対する関心も人一倍強く、機会あるごとに原料山を買収し、あるいは採掘権契約を結んだという。[139] 極端な表現をとれば、周囲の反対があろうともカネに飽かせて己が事業に執着した一面さえ見られる。製造業は貿易業よりも利が薄く、社会事業よりも世間、あるいは後世に名を残す可能性は低い。そしておそらく大倉父子は、個人の名や資産に関わりなく事業そのものを残すことを欲した。[140] 彼らが直接に関わった窯業関連事業のうち、大倉の名が冠されているのは、孫兵衛自ら個人的道楽だと言い放った大倉陶園のみである。

ところで、人間像を語る際に大倉父子という表現をとるのは、父にとっても子にとっても適切さを欠くことになる。しかし、残された記録を見る限り、事業や経営に対する姿勢に関して、この父子には一卵性の感が強い。その基本は品質最優先（良品主義）と先進性、そして自立の精神に求められよう。むろん、和親は物心ついたときからすでに裕福な家庭に育ち、最高レベルの近代教育を受けた。卒業すれば渡米して仕事をするのが当然という了解が人生設計の初期条件であったわけだから、[141] 天保生まれの父とは違う。「イギリスの貴族を思わせる風貌」とは和親にたびたび使われる形容だが、写真を見てもなるほどとうなずける。一分の隙のなさ、また几帳面で多方面への心配りを欠かさぬ経営者の姿は、風貌のみならず、遺された手紙や手帳の書き込みから充分にうかがうことができる。父に比べて磊落さに欠ける印象も受けるが、しかし、仕事上の和親はここぞというときには積極果敢、いったんのめりこむとどうにもとまらなくなる性癖まで父譲りであった。仕事の徹底ぶりも詰めの厳しさも、工業製品に関わる客観的合理性を重視し、自ら先に立って技術革新に奮闘する姿も、この父子には共通していた。美と合理性――この両者の重なりは近代の特質のひとつともいえようが、その重なる世界を追求しつつ、しいて言うならば、父は美に魅入られ、息子は合理性の虜となった。つまるところ、彼らはきわめて優秀な技術者的資質を備えた類稀な実業家であったといえよう。また、ふたりとも趣味を楽しんだ記録はなく、[142] 和親については酒もほとんど飲まなかったという。

事業理念についていえば、同じ合理性を追求するとしても、そのパースペクティブに多少の違いが見られる。和親のほうがより近代的経営者の姿を示すのは、ごく自然な成りゆきでもあろう。たとえば、同じ愛国的動機を持っていたとはいえ、孫兵衛にとっての陶磁器業は、国産の安価な原料を用いて国民の労働によって製造したものを輸出し外貨を稼ぐという、国富形成にとってこの上ない事業として認識づけられていた。[143] 和親の場合、原料の輸入も辞さず、法外に思えるほど高価な海外技術導入にも積極的で、かたや現場の労働からは次第に遠のいた。その行動には、カネ（富）の流れや眼前のモノづくりへのこだわりを越え、送電事業や衛生事業を通じて、近代国家（社会）の建設にハード面で貢献する意図が認められる。

そして、きわだった違いといえばひとつ。父は子よりも教育者的要素が強く、従業員教育に熱心で社会的啓蒙活動も行っている。日陶の社内報『さきがけ』や、晩年松村介石に傾倒して関わった道会の機関紙『道話』に寄せた教育・啓蒙的な文章に、事業に対する合理的かつ徹底した良品主義、労働に対しては精神性を重んじる経営思想を垣間見ることができる。晩年には宗教性が強くなるが、それでもなお事業への気概が衰えることはなかった。

孫兵衛と和親がともに暮らした期間は長くないはずだが、遺された手紙を見ても、親子のコミュニケーションは十分にとられていたようである。経営術のみならず、生き方そのものについても、息子は父の影響を受けているだろう。ただ、和親の場合、むろん他人の事業への支援や寄付行為、さらには表立たないところで社員への個人的支援などは重ねているものの、社会に向けては寡黙で、書き残したものもほとんど見当たらない。「書く」こと自体を厭ったわけではないことは、多くの人々が、和親ほどまめに、そして律儀に仕事上、また個人的な書簡をしたためる人間は稀有だと語っていることに示されている。社会的には父の存在を越えた和親だが、名を残すことに対しては父よりもさらに関心が薄かった。のみならず、自らの個人的顕彰につながる行為をことさらに避ける傾向すらあった。(144)

このようなある種の潔さはどこから来るものなのか。創業者の心のひだへの関心を秘めつつ、次章ではいよいよ水洗トイレの本体である便器(衛生陶器)の国産化を検討する。

第3章　衛生陶器の工業化

トイレという、誰もが日々相対せざるをえない生活設備を通して工業化のあり方を考えるのが本書の狙いでもあるが、ようやくここで便器の登場と相成る。ただし、「便器の工業化」ではなく、「衛生陶器の工業化」という視座を設定し、そのなかでとりわけ「便器」に注目する、という方法をとる。衛生陶器は機能的には洗面器や浴槽など各種あり、その代表的なものが便器なのだが、便器も他の衛生陶器も工業化という点ではほぼ同じ流れのなかで捉えることが可能であり、また、技術的にも統計的にも、その他企業活動を見るうえでも、「衛生陶器」という括りのほうが便利な場合が多いからである。(1) ちなみに、経済産業省「窯業・建材統計年報」のデータによれば、二〇〇五年には年間約三四七万個の水洗式便器が出荷されており、その内訳で大便器と小便器の比率はおよそ一〇対一となっている。

便器は他のいくつかのモノと組み合わされて、トイレという排泄の設備を形成する。日本では明治後期から陶器製の非水洗式便器が、また一九六〇年頃から水洗式便器が一般に普及し始めた。が、需要が確実に拡大する生活必需品であり、また「陶器」という伝統的に馴染みの深い材質で作られているにもかかわらず、「衛生陶器」の供給市場は見事なまでにＴＯＴＯ、ＩＮＡＸ、二社寡占の様相を呈してきた。(2) 一見、在来産業から容易に転換できそうだが、実は参入が容易ではなかった。この衛生陶器という工業製品を日本でどのように国産化してきたかということが、本章のテーマとなる。

さて、衛生陶器そのものの市場規模は過去最高の年間販売額が九百億円弱[3]と、きわめて小さい[4]。経済史的な関心からは物足りないが、一方でトイレ（および衛生設備機器）をめぐる世界は実に大きな広がりを持ち、さまざまな方面からの関心を集めている。まずは昭和初期、東洋陶器株式会社において衛生陶器の生産基礎が築かれるまでの工業化過程を本章の課題とし、周辺の状況には必要に応じて最小限度触れながら話を進める。なお、一九一七年に設立された東洋陶器株式会社は一九七〇年、社名を東陶機器株式会社に、二〇〇七年にTOTO株式会社へと変更した。世間で馴染みのあるTOTOの商標は一九六九年から使われている。以下、本書では特に必要のある場合を除き、一九一七年以降一貫して「東陶」という略称を使用し、現況に言及する場合のみ「TOTO」と表記する。一方のINAXは一九二一年に設立された伊奈製陶所が一九二四年、伊奈製陶株式会社となり、一九八五年に株式会社INAXと社名変更した。二〇〇一年に至り住宅建材（サッシ）大手のトステム株式会社と合併、持株会社として株式会社INAX・トステムホールディングスを設立。二〇〇四年には持株会社の社名を株式会社住生活グループに変更している。本書で考察の対象とするのは、住生活グループではなくINAXのみであり、特に事情がない限り、一九八五年まで「伊奈製陶」、その後については「INAX」と表記する。

1　「衛生陶器」事始め

（1）「衛生陶器」とは何か

“sanitary” や “health” といった語を「衛生」と和訳したのは長与専斎だと述べたが、「衛生陶器」という名称は明治末頃、後に東陶の社長を務めることになる百木三郎（一八八〇—一九四〇）が英語の “sanitary ware” に訳語として充てたのが最初だという[5]。百木は前章で触れた明治期の著名な画工主、河原徳立（瓢池園）の三男で大倉孫兵衛の三女と結婚し、孫兵衛の父方にあたる百木姓を継いだ。一八九九年、東京工業学校窯業科卒業、翌年同校専攻科を修了後、農商務省海外実業練習生として渡米、アメリカ的自由主義の影響を強く受けて[6]一九〇三年に帰国。翌一九〇四年、日本陶器合名会社設立と同時に入社。一九一〇年および一二年にも欧米を視察。一九一七年、東陶設立と同時に同社支配人となった。一九三〇年に行った講演のなかで、百木は「衛生陶器」という言葉について触れ、「私共が勝手に訳して使っている[7]」と述べている。一九一二年、衛生陶器研究のために発足した日陶社内の「製陶研究所」（後述）は「衛生陶器」の名を冠していないが、同じ年、同社代表社員の大倉和親が業務通信のなかで「衛生陶器」という言葉を使用している[8]。

日本における最初の国産衛生陶器が、一九一四年に名古屋の製陶研究所から出荷されたものであることは、製陶研究所を後継した東陶のみならず日本近代陶業史の通説になっている[9]。とすれば、「衛生陶器」とは、それまで輸入に頼っていた高品質の水洗式便器等が日本で製造できたとき、従来の「陶磁器製便器」等とは違うことを示すために命名されたものといえよう。そして、この言葉が業界を超えて一般化する契機となったのは、東陶の技術者たちが協力して一九三六年に刊行した『衛生陶器』（常盤書房）という書籍であるという[10]。

図 3-1　百木三郎（1880-1940）

さて、『衛生陶器とは何か？』（一九一八年）と銘打った東陶の啓蒙用パンフレットには、「総てが衛生法に叶った陶製の器具に依り出来て水で洗ひ流すよふになって居るのみならず、臭気は清水を隔てて室内に発散する事を遮断する様になって居ります」と、絵入りで欧米のいわゆる「バスルーム」を紹介しているが（図3-2）、あえて言うならば、これを可能にする陶製器具、つまり「洋風水洗式」の便器、手洗器、浴槽等を「衛生陶器」とする意図を、おそらく草創期の東陶は持っていた。しかしその時代、日本に存在する便器の圧倒的大部分は非水洗式であっ

図 3-2　東洋陶器パンフレット『衛生陶器とは何か？』挿絵（1918 年）

た。そのことも影響したのか、「洋風水洗式」コンセプトは根づかず、言葉としての衛生陶器は時代を経て一般名称として広がり、陶磁器製の衛生設備器具全般をカバーするようになる。その大部分は給排水設備と連結しているが、医療器具や非水洗式便器など、給排水設備工事から独立したものも存在する。

衛生陶器素地に要求される特徴としては、機能的に、①強度および耐久性が大きいこと、②酸、アルカリその他の腐食性物質に接しても変質しないこと、③汚物が付着しにくく清掃しやすいこと、④吸水性が少ない（汚水、汚臭を吸収しない）こと。さらに工業製品とするために、⑤立体美を整えうること、⑥（材料として）安価であること、⑦複雑な機構のものでも一体（ワンピース）化しうること、等が挙げられる。[11]そして、衛生陶器のイメージは「白」を基本としている。白は光の反射率が高いために明度が高く、汚れが目立ちやすい。照明が現代ほど明るくなかった時代において、清潔を保つため衛生器具に白色が求められ、それが清潔感につながったのには合理的な根拠がある。加えて、「真白な衛生陶器」は欧米近代社会のイメージをも強烈に発散していたはずである。日本の民俗文化における「白」は純粋、無垢、神聖な感覚を喚起する色であり、[12]その色が排泄空間に顕示されることはなかった。

（2）「衛生陶器」以前の陶磁器製便器

日本において陶製便器が作られ始めたのは、江戸末期から明治初期にかけての頃、産地は瀬戸、常滑（以上、愛知）、信楽（滋賀）、赤坂（福岡）等で、一八九〇年頃まではもっぱら木製便器の代用品としてごく少数出回ったのみと見られる。

明治期に最大の生産地であったと思われる瀬戸の例を見てみよう。瀬戸では主として湯の根の本業窯で陶器質の非水洗式便器が焼かれ、本業便器と呼ばれていた。零細メーカーが共同で窯を使用し、明治中期までは半農半工の仕事であった。[13] 当時、瀬戸の大物といえば、磁器質なら丸窯で、陶器質なら本業窯で焼くのが一般的であった。[14] 一八九一年の濃尾大地震後の復興で、瀬戸本業便器の需要も高まった。本業便器は木製便器（角下箱）の贅沢型で、初期は形もシンプルだったが、年とともに〝はね止め〟や〝撞木〟がつき、金隠しの内外に染付模様を施した装飾性の高いものになったが、素地は吸水性が高くて貫入[15]も多く、便器として機能するための品質は悪かった。成形は手起こし[16]で行われていた。この便器は本業合資会社という共販機関を通じて日本全国に広まり、明治末頃までは陶磁器製便器の主流を占めたという。とはいえ、所詮は贅沢品で数も少なかった。[17]

図 3-3　陶製便器。**上**：朝顔型（明治後期〜大正）。**中**：染付角型（明治中期）。**下**：染付小判型（明治後期）。いずれも瀬戸

一方、磁器質の丸窯便器がやはり一八九一年頃、川本秀雄[18]によって考案された。従来の角型便器の改良を目指し、ハネ止めおよび前面の視野をさえぎる方法として金隠しをつけた小判型のもので、現代の和風便器とほぼ同様の形であり、その原形ともいわれる。[19]この便器は石膏型を利用した手起こしで成形した。[20]角型便器と比べ、形状としてははるかに陶磁器の性質をうまく利用しているが、やはり豪華な染付（後に青磁釉）を施した高価なものであった。同じ頃、加藤紋右衛門（池紋）も同じような丸窯便器を焼き始めたという。いずれにしても初期の丸窯便器製造は、もっぱら輸出用磁器を扱っていたメーカーの片手間の作業であった。一八九六年、池紋とその分家二工場および高級磁食器の窯元加藤四郎左衛門は、共同出資して愛磁合資会社（通称愛磁会社）という販売会社を設立した。もともと大器のメーカーであった池紋および分家は次第に便器（主として非水洗）製造の専門メーカーとなり、販売機関の愛磁会社は昭和初期に至るまで高級磁器製便器の産地問屋として全国にその名を知られた。[21]土（粘土）という可塑性の高い素材が便器という生活用品に独自のデザインをもたらし、かつその便器素材としての優位性が、在来産業に和風磁器製便器という新たな商品開発を招来したのである。また、当初、装飾性の高かった便器が、後年白一色に替わっていく過程には、ヨーロッパと相通じる便器デザイン構想の変遷が認められる。

ところで、森村組の専属素地工場となっていた瀬戸の丸窯有力メーカーだが、日陶が設立されて自社内の一貫生産に移行したためその関係が切れたことは前章で述べた。これを機に瀬戸丸窯の大きさを活かして便器生産に転向するメーカーも現れたが、むろん、この時代に作られた便器の圧倒的大部分は非水洗式だった。大正時代に入ると青磁釉による丸窯便器に対する需要が急伸、特に関東で人気を得た。一九一六年、共販機関として丸窯製品株式会社を設立。関東大震災後、需要増を見込んで窯を大型化し、さらに躍進した。[22]とはいうものの、磁器は高温でガラス質となるため、大型の製品を製作すれば変形しやすい。この時代の磁器製便器は非常に肉厚であるにもかかわらず形状に狂いが多く、傷物が多かったという。[23]たとえ非水洗式にせよ、便器としての機能、品質を全うしようとするなら、従来の製造方法では不充分であった。

ちなみに、愛知県知多の常滑でも明治中期以降には相当数の非水洗式便器が製造された。その多くは炻器であったと考えられる。第1章で鯉江方寿の陶管（下水用土管）製造について触れたが、鯉江はその後一八八七年に独自の陶製便器を開発、翌年に特許を得た。[24] 同じく一八八七年、四代目伊奈長三《ちょうざ》が単体の陶製屋外小便器（公衆便所）を開発、これも翌年に特許を得ている。ただし、実際の考案は長三の息子、初之烝ではないかという説も有力である。[25] 初之烝とその息子の長三郎については、本章後段で再述する。なお、常滑では時代が下って一九一四年、村万製陶工場が陶器の舟底型大便器で実用新案を取得、大正便器（底付下箱）のさきがけとなったともいう。[26] また、江戸中期に常滑から技法が伝わったという高松御《み》廐焼《うまやき》の窯でも、大正年間に陶管や非水洗式便器（讃岐便器）が製造されるようになり、陶管製造は今日まで続いている。

（3）衛生陶器の開発研究

話を水洗式便器に戻そう。第1章でも触れた大阪の設備（水道）工事業者、須賀豊治郎（須賀商会）は、輸入の腰掛式水洗便器、すなわち衛生陶器を扱っていた。非水洗式便器が小売店で一般に売られるのに対し、衛生陶器は建築設備工事の一環として準備されるものだった。これもすでに述べたように、設備工事業者が自ら獲得に乗り出すのに不思議はないが、須賀の行動は当時きわめて進取的・積極的であったとして特筆される。須賀は開業して間もない一九〇二年に早くも洋風水洗式大便器の輸入を始めていたが、[27] 欧米人向けの設備としては需要があっても、日本人は慣習からいって腰掛式になじめない。そこで、旧来の下箱に鉛板で底を作り、周囲から水が出るようにした水洗式便器の製作を試みていた。[28] 偶々しゃがみ式の水洗式便器を希望した施主の要望に応じ、いわゆるインド式といわれるひょうたん型水洗式便器（図3-4）に金隠しをつけたり、腰掛式便器を床に埋め込んで上端を床上に残したものにやはり金隠しをつけるなど、英米からの輸入品にさまざまな工夫を加えて日本初の和風水洗式便器を考案製作した。[29] 一九〇四年、見本を瀬戸の愛磁会社に送って製造を依頼、これを受けた池紋工場で和風水洗式大便

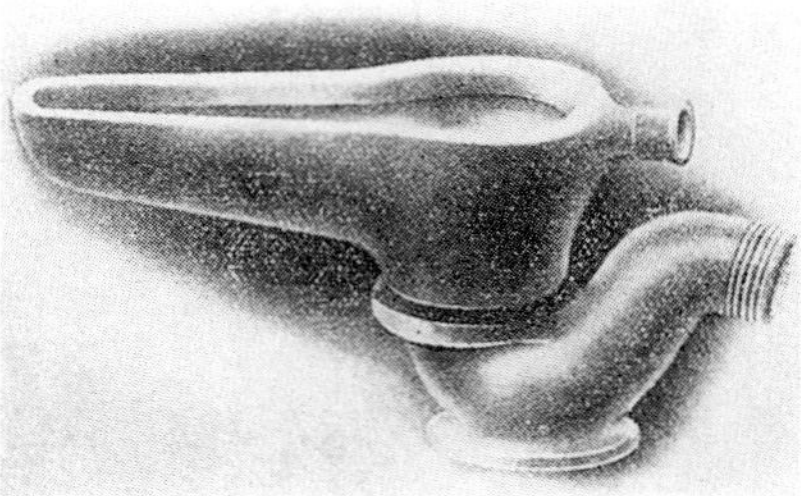

図3-4　須賀商会が利用したひょうたん型便器（1902年頃）

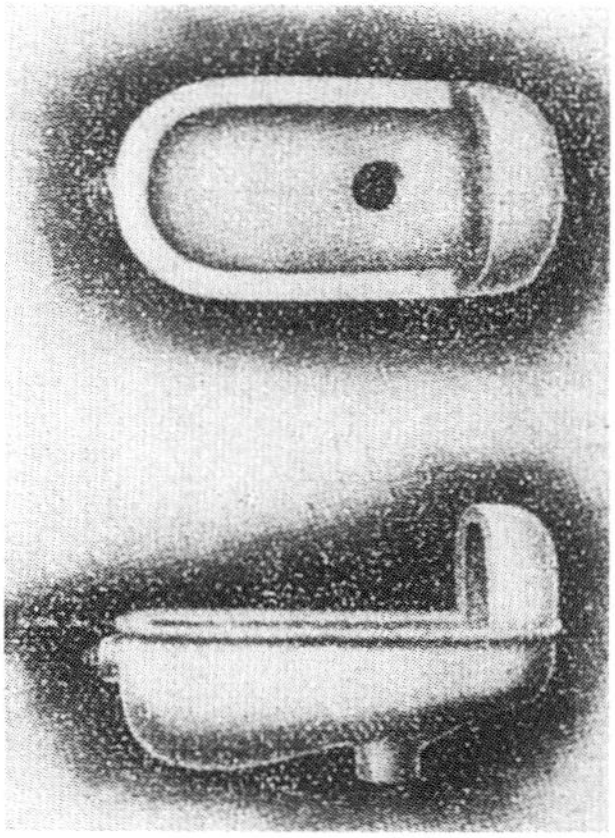

図3-5　パシフィック社製の須賀式大便器（1913年）

器、洋風壁掛小便器が製作され、相当数が各所に設置された。[30]

須賀は一九一三年、改めて設計した和風水洗式便器を、イギリスのトワイフォード社およびアメリカのパシフィック社[31]に製作させて輸入した（図3-5）。両社に各々一〇ダースの発注ということで、[32]単価は相当に高価であったと考えられる。パシフィック社のカタログには、先のインド式、すなわち〝イースタン・ウォーター・クローゼット〟と並んで、須賀商会発注の和風便器、〝オリエンタル・ウォーター・クローゼット〟が掲載された。[33] なお、当時、須賀商会に丁稚として勤め始めていた崎山宇一郎[34]によれば、大正時代の輸入衛生陶器は歪みが大きくそれほど品質が良くなかったという。[35] だが、須賀は一九一九年の渡米時にもパシフィック・プラミング・フィクスチャー社およびスタンダード・サニタリー・マニュファクチャリング社双方に和風便器製造の見積り交渉を行っている。[36] 設備工事業者である須賀商会の度重なる和風水洗式便器獲得への努力は、当時、より安価で品質のよい和風便器があれば、水洗トイレの需要が喚起された可能性を示唆している。むろん、トイレシステムは便器単独では機能し得ないが、とりあえず、国産化の困難な原因は、まずもって便器の陶器素地の問題と考えられていた。

ところで、初期の和風水洗式大便器には、洋風便器のウォッシュダウン式を模倣したトラップを取り付けていたが、しゃがみ姿勢でこれを使うと水のはねかえりを生じることが多い。そこで、トラップの取付位置を前後逆転させ（金隠しを反対側につけたという方がわかりやすい。図3-6参照）、さらに汚物付着部を洗浄できるウォッシュアウト式へと改良した。[37] こうした工夫を含めて、和風水洗式便器は、後発国が技術導入をしつつ独創的な製品／技術開発を行った好例といえる。外来の技術やノウハウ、すなわち、水洗という新しい方式、それに伴う給排水設備と技術、便器の材料や工業製品としての成形法もまた欧米に学んだ。それらを在来の社会／生活慣習に調和させて全く新しい生活用品をつくりあげ、今日なお一般に使われている。むろん、これ以前に非水洗式の和風便器の開発があり、水洗式は欧米企業に発注するという経緯を経てのことだが、工業化の視点からはきわめて注目すべき商品開発といえよう。須賀の海外取引先の経営者のなかには、和風便器の身体への負荷——しゃがみ姿勢のため新聞などを読みながら長時間過ごすことができない点——に着目し、自社工場に導入したいと申し出る者もいたらしい。須賀は早速和風水洗式便器の輸出向け生産を検討したが、当該企業で実際据え付けの段になり従業員の猛反発が生じたことを知って計画をあきらめたという逸話が残っている。[38]

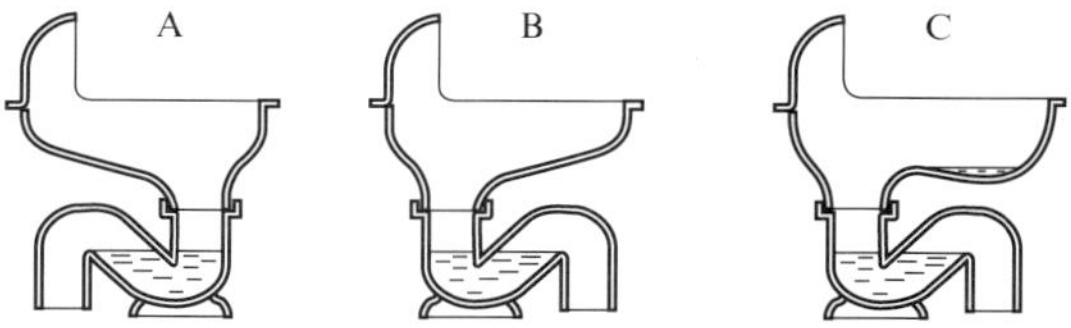

図3-6　和風水洗式便器の構造進化（A→B→C）

〈硬質陶器の開拓〉

当時、たとえばイギリスの衛生陶器といえば、硬質陶器か炻器のものが主流であったことは、第1章で述べた。炻器は古来日本でも焼かれ、在来産業として炻器質の食器や花器、また常滑では明治期になると陶管や非水洗式の便器も作られた。だが、日本に硬質陶器はなかった。吸水率の低さからいえば、硬質陶器よりも炻器の方が勝っている。だが、炻器は金属分を多く含み有色であるのに対し、硬質陶器は白色磁器に劣るとはいえ、それに近い白さを持つ（表1-1参照）。明治以降、硬質陶器の開発が盛んに行われたのは、硬さ、白さ、低い吸水性、機械工業への適性[39]、価格面での優位等、従来の軟質陶器、炻器、磁器にない総合的特色を持ち、実用性に富む素材として有用であったからにほかならない。便器としては炻器でもこと足りたが、「衛生陶器」という新技術は、加えて素地成形に向く坏土、そして何よりも〝白さ〟が必要とされ、とにもかくにも硬質陶器を開発しなければそれらしいものが作れないと考えられたのであろう。[40]後述するが、戦後、伊奈製陶が衛生陶器への進出を企画した背景にも、焼成白度の高い材料を知ったという誘因がある。

　硬質陶器については一九〇二年、前章でも触れた佐賀出身の松村八次郎（一八六九―一九三七）が開発し、硬質陶器と名づけた食器を製造したのが国産化の始まりとされている。松村は名古屋絵付の開祖、松村九助の養子となり、東京工業学校陶器玻璃工科でワグネルに師事し、一八九一年に卒業（一年研究を延長）。一八九六年に石炭窯を築造、一九〇〇年のパリ万博を機会に欧米視察の後、前章で触れた新発明の石炭焼成による硬質陶器食器を完成させた。松村はこの石炭窯の技術を積極的に開放し、また硬質陶器の特許も申請せず、日本の陶磁器業の発展に尽くす道を選んだ。[41]近代陶磁器業への貢献度は実に大きかったが、実業家としては松村硬質陶器合名会社を立ち上げたものの、成功はなかった。

　一方、金沢では友田安清（金沢工業学校）と弟の吉村又男、資本家の林屋次三郎が旧藩主前田家の出資を得、一九〇八年に日本硬質陶器株式会社（現ニッコー株式会社）を設立。草創期にはこの他、北村弥一郎、藤江永孝[42]、熊沢治郎吉といった有力窯業技術者が関わった。当初数年の間、開発は困難をきわめたという。経営面でも難航し、一九一二年には京都の松風《しょうふう》嘉定《かじょう》を社長に迎え、第一次大戦の好況を受けてようやく立ち直った。[43]また、熊沢は農商務省東京工業試験所の技手《ぎて》であったが、日本硬質陶器の嘱託として渡欧した成果を持ち帰り[44]、同所の部員西山貞（後述）もこの研究に大いに貢献した。ただし、明治末期になっても便器のような大型製品はまだ製造されていなかった。[45]理由のひとつは、硬質陶器に貫入が多かったからである。[46]また、便器のような大物は焼成中に製品自体の重みで形が崩れてしまうこと、水洗式衛生陶器の場合は特に金具取付部分の寸法精度が厳しいことなどの難問に応えねばならなかった。それ以前に、そもそも政府にせよ民間にせよ、硬質陶器質の便器開発に本気で取り組む試み自体がなかったのである。

〈大倉父子の決意〉

須賀豊治郎が欧米に和風便器を発注したのと同じ頃、一九一二年一月に、大倉父子は衛生陶器の開発を目指し、私財を投じて日陶の構内に製陶研究所を設立（私設）した。前章の近代陶磁器業発展史はちょうどここら辺りで幕を閉じたが、本章ではその経緯に戻って、森村組＝日陶に関わる物語を再開する。

和親はすでに一九〇三年の訪欧の際、サニタリーウェアの将来的な普及の可能性やイギリスで実験段階に入っていたトンネル窯について示唆を得ていた[47]。時は流れて一九一一年、平野耕輔の渡欧にあたり[48]、衛生陶器、碍子、食器を含め英、独、仏の製陶業の実態調査を依頼し、その回答を受けて衛生陶器製造の一歩を踏み出す決意を固める。当時、日陶はすでに森村組との分業を明確にし、原土粉砕から絵付までの一貫生産体制を整えて製造に邁進していた。そして一九〇九年の規約制定により、大倉父子が森村組と一線を画して、つまり、森村組＝日陶の〝本業〟とはまた別に、陶磁器製造の可能性を探り始めた事情もすでに述べた。しかし、とりあえず日陶の事業の本命ともいえる白色硬質磁器のディナーセットはまだ完成しておらず、かつ開発に乗り出した碍子は何かとトラブルを重ねていた。企業としては、そのうえ需要の見込めぬ新分野に事業展開する余裕がなかった。結局、周囲の反対のなかで大倉の私財を投じての船出となった。

製陶研究所設立に大倉が投じた資金は一〇万円とも、父子それぞれ一〇万円の計二〇万円ともいわれる。日陶設立時の資本金が一〇万円であったのだから、社内の私設研究所への投資としては巨額といえよう。孫兵衛自身はこの設立事情について、「研究所設立の理由」と題する一文を日陶の社内報『さきがけ』に載せている。

――「守るといふことは、退くに等しく、進み取る道を講ぜねば世に遅るること云ふ迄もない。一の工場が若此精神を欠き設備を怠ったとすれば、忽競争場裡に於ける落伍者となるのである。此理由此立場からして、研究所の設備は決して等閑に付すべきものでない。殊に我国の陶業界には遺利が極めて多い。一生陶業と死生を共にする私は、社会の為にも是非斯道の開発に全力を注ぐ覚悟で茲に研究所の設備を急ぐのである。……私は昨年試験室の必要を唱導して、日陶に其設置を促しました。しかし日常実務に遂はれては時と経費に障げられ、自ら十分の試験を遂げることは甚覚束ない、其所で此度同志の協賛の許に、断然研究所を私設するに到ったのである。……例令名義は大倉の私設としても、諸君は是を単に私に渉るものとのみ見做さず、大に心を加へて貰ひたい」[49]。

不退転の決意を述べた一文であるが、ここにはなぜか、衛生陶器を想起させる言葉はおろか、研究所の具体的目的も明らかにされておらず[50]、企画実践の主導権がすでに和親に預けられていたことを暗示する。いずれにしても、問題を抱えつつすでに全力疾走している白色硬質磁器食器、碍子以外の陶磁器工業化の可能性――大倉父子にとっては、衛生陶器にも応用でき、また他の可能性も含む、新たな基礎研究が必要になったということだろう。

すでに一九〇二年、家業の絵草紙屋から発展した大倉書店を義弟の保五郎に譲っていた孫兵衛だが、一八八九年の設立以来曲がりなりにも関わってきた大倉孫兵衛洋紙店についても婿養子の文二にすべて譲り渡したのが一九一一年末。同年、大府の広大な土地を購入し（後述）、そして一九一二年、森村組総支配人（「内規」に従えば、相談役）を辞して製陶研究所を設立した。前章で触れたように、一時大病に倒れた後、十全な快復を待つことなく取られたこれら一連の行動に、製陶研究所と和親のバックアップに残りの人生を賭けた孫兵衛の気迫と覚悟のほどが示されている。

〈製陶研究所の活動〉

製陶研究所は一九一二年一月、主任技師として当時農商務省東京工業試験所技師であった西山貞を招請し、百木三郎が補佐する体制で衛生陶器製造研究を開始した。西山は百木と東京工業学校窯業科の同期卒業生（一八九九年）で、ともに平野耕輔に師事した。東京工業試験所で硬質陶器の研究に励み、成果を上げて硬質陶器株式会社の揺籃期に貢献したことはすでに述べた。同年七月、東京高等工業学校窯業科を卒業したばかりの坪井礼三を日陶に入社させ、研究所のスタッフとした[51]。後に加藤千一も加わった。初期には「硬質陶器素地の基礎実験と工業化研究が併せ行われ」、「陶管と高級洋食器の研究」も「行なわれた模様であるが、段々とそれが衛生陶器に集中されていった[52]」という。

より具体的には、当時日本ではまだ普及していなかった硬質陶器質素地、釉薬の調合と試焼という基礎研究、また大物の流し込み成形[53]の実験が行われた。調合試焼については、一七、二八〇余種の試験を行ったと西山の記録にある[54]。西山にとっても「海のものとも山のものとも分か」らぬ状況で始めた実験であった[55]。成形法は、食器など小型のものについてはすでに一九〇三年、百木三郎がアメリカから技術を持ち帰っていたが、大物には適用できなかった。結局、和親がアメリカから石膏型そのものを輸入し、それを使って研究を行った[56]。また、孫兵衛は一九一三年、大阪の須賀商会よりさまざまな輸入衛生陶器を入手して参考に供した[57]。須賀豊治郎も製陶研究所の深田信之輔に協力し、特に和風水洗式大便器に関して繰り返し改良を重ねた[58]。製陶研究所では一九一三年以降三年間に六六種、計一万個近くの試作品を製造した。その間、一九一四年には良品を選んで大阪の建築陶器卸商、浜田商店に出荷。ここで輸入品と並べて販売された和洋水洗式大便器、小便器、手洗器、洗面器が、前述のごとく国産衛生陶器の嚆矢とされる。その折に顧客に呈された案内板には、和親の手になる以下の一文が示された[59]。ちなみに、当時の衛生陶器輸入額は年間二万円程度であったという[60]。

図 3-7　製陶研究所の成形作業場

――「研究ノ過去及将来　我国ニ於ケル厨房浴室便所等衛生上ノ設備欧米諸国ニ劣リ之ニ要スル内地製陶具モ亦不完全ニシテ過去ニ於テ輸入品ヲ防遏シ能ハサリシヲ深ク遺憾トス　吾人此ノ研究ニ着意セシ事既ニ十数年斯業調査ノ為メ人ヲ海外ニ派スル事二回近年是等衛生的設備ノ必要ヲ認メラルルノ機亦熟シ　曩《さき》ニ明治四十五年研究所ヲ特設シ専門技術者ヲシテ研究ニ従事セシメ費ス所ノ研究費数万百難ヲ排シ漸ク成果ヲ挙グルニ至レリ　今ヤ進ンデ実地試験時代ニ入リタルヲ以テ輸入防遏ノ目的ニ向テ製品ヲ市場ニ提供セントスルニ至レリ　近ク工場ヲ新設シ率先斯業ノ改良進歩ヲ計ラン事ヲ期シ茲ニ内外及我新製品ノ比較陳列ヲナシ諸賢ノ御批判ヲ乞ヒ併テ一般ノ御需用ヲ冀《ねが》フ　日本陶器合名会社内　製陶研究所」。

大倉父子の新事業展開の最大の目的は、おそらく硬質陶器製品の輸入防遏、国産化、そして輸出にあったろう。その研究のなかで衛生陶器に焦点が絞られていったのはいかにも興味深い。第1章で述べたアメリカでの衛生設備機器の急速な発展状況から考えれば、まさにその揺籃期からニューヨークに店を構え続け、アメリカの都市生活文化の変化をつぶさに知る森村組に属してこそ、この発想は可能だったのかもしれない。とはいえ、いわば水洗トイレというシステムを都市社会が必要とした欧米と比較すれば、当時の日本は経済発展レベルが低かったのみならず、上下水道の普及や屎尿の資源価値といった点から見て全く異なる社会環境にあった。おまけに、和風しゃがみ式から洋風腰掛式という、日本人の排泄習慣までをも変えようという試みである。ここにもし「前近代に対する挑戦」ともいうべき大倉父子の意図を汲み取るとすれば、送電碍子やスパークプラグなどよりもさらに強烈な情念の対象として衛生陶器が浮かび上がってくる。

衛生陶器製造にひとまず成功したその翌年の一九一五年、孫兵衛は白色硬質磁器のディナーセットの開発成功談に続けてこう述べた。――「数年前から……西洋風便器の製作を研究している。やがて日本も外国の如く一家の内に糞便を置く事の出来ぬやうになるのは明かで、其時には西洋風便器の必要が起ると思ふからである。……外国では三円で出来るので、日本へ輸入しても十一円五十銭で売れる。……私の所のは六円で造って十六円で売らねばな

図 3-8　**左**：製陶研究所で作られた最初期の洋風便器。**右**：製品置き場

らぬ。……五十個百個と造った内で二三十個位しか完全に出来ぬ為である。……三円で造り得るようにしなければならぬは明らかである。是が七十一歳の私の今日からの研究である。私は陶器事業と心中する覚悟である」[61]。

序章においても一部を引用したが、このわずかな談話から、孫兵衛の事業への姿勢がいろいろと読み取れる。ひとつは便器生産を経済的に成立させようとしていることで、単なる酔狂や試験的行動ではなかった証左となる。いまひとつは水洗トイレの実態を当時の西欧文明の所産と認め、日本もそれに倣うであろうと見越している点である。さらに、日本のトイレが水洗化される時期を、さほど遠い将来とは考えていないようである。この場合には下水道の普及が先決であろうから、当初、製陶研究所で陶管（下水用土管）を作ろうとしていた話にも納得がいく。先に触れたように、孫兵衛は製陶研究所設立の前年、名古屋と常滑の中間辺りにあたる大府の広大な土地を購入しているが、これは将来陶管製造に使う意図があってのことだったともいう[62]。そして、製陶研究所の開発能力が衛生陶器に手一杯で陶管が後回しになったとすれば、後述する伊奈家の陶管製造に対する和親の支援もまたうなずけるのである。孫兵衛の事業への意欲は晩年も衰えた形跡はないが、健康を害したため[63]、そのすべてを長子和親に預け、和親もまた常に父親と詳細な連絡を取りながらその事業欲の達成を自らに課した感がある。ただし、事業家としての大倉父子は、冷徹に工業化の本質を見抜きながら、日本の排泄文化の近代化――というより西洋化が進展する時期を早計した。洋風の食器を作るより、こちらははるかに無謀な試みで、森村組や日陶の幹部が衛生陶器への進出に賛成しなかったのはむしろ当然だったといえよう。この時点での洋風便器製造への参入は、常識的に考えれば明らかな失敗であったはずだが、しかし、未来の、日本を代表する衛生陶器、さらには衛生設備機器メーカーがここから生まれたのである。

(4) 衛生陶器の事業化に向けて――大倉和親の構想と行動

〈和親のヨーロッパ視察――一九一二年〉

製陶研究所を設立した年の春、和親は自ら渡欧し、衛生陶器のみならず食器、碍子を含めて、直面する諸問題の解決策とヨーロッパ先進技術導入の道を探った。(64) 特筆すべきはトンネル窯導入への意欲であろう。在米幹部に宛てた書簡のなかで、「最近独逸ニテ行ワレ始メタル白生地焼成トンネル窯詳細取調べ実見ノ結果、此専売ヲ買入レ一歩早ク行ヒナバ一時ノ犠牲ハ兎モ角将来ノ利不甚少。石炭ノ節減四割五分ニ達シツツアリ驚ク可シ。一窯ノ建設費四万円、専売費二万円ヲ要ス」(65) と報告がある。事実、トンネル窯は従来の窯と全く発想の違う、いわばコペルニクス的転回を遂げた生産設備である。世紀転換期のニューヨークで修行を積んだ和親にアメリカ的な経営合理主義が醸成されていたとすれば、この窯の獲得に向けて執念にも似た熱意を持ったことも納得できる。すでに近代的技術系経営者の思考を備えた和親は、日本と欧米との技術落差の本質を鋭敏に感じ取っていたはずである。

トンネル窯がヨーロッパで製造され始めたのは一八九〇年代末。平野耕輔が本格的な大型トンネル窯を文献により日本に紹介したのが一九〇八年である。(66) といっても当時はまだ世界でも試験段階で、ドイツのシュルツ、フランスのヤコブ、デンツ、そしてイギリスのドレスラーといった発明者がそれぞれ特定の工場と提携して研究中であった。最も進んでいたといわれるドレスラーにしても、小物焼成には成績を上げていたが、衛生陶器など大物の締焼は試焼すらされていなかったという。(67) 平野は一九一一年の渡欧の際に実地に視察。帰国後、品川白煉瓦会社に築造を勧めたが、時期尚早ということで実現しなかった。(68) 一方、トンネル式の小型絵付窯が日本に紹介されたのは一九〇六年であり、こちらは素地焼成用に比べればごく小規模でシンプルな窯である。和親の前述の書簡では前文に続けて、「我々ノ画窯旧式ナルニハ驚クノミ　断然一新ノ要アリ　直通トンネル式ヲ以而最近最良トス　一窯ノ建設費四千円位カ」とある。

　和親は素地焼成用のトンネル窯に心惹かれつつ、それ以前に解決すべき問題が山積していたために結局築造を見送り[69]、それに替えてマイヤー式小型絵付用トンネル窯の導入にとどめた。日陶の一九一三年度業務報告には、「大倉部長の洋行土産の一方――燃料経済法のクラフトの焚口、トンネル窯の二点は宿題のまま本年を経過せしが、画付用の直通窯は予期の成績を奏し」[70]とある。この「画付用直通窯」が日陶最初の絵付トンネル窯である。ちなみに、和親は「部長」と表現され、報告書作成者が日陶のトップである和親を「森村組製造部長」と見なしていたことを示す。

　当時、イギリスは衛生設備の最先進国でもあった。和親は陶磁器メーカーの一大集合地であるストークオントレントにしばらく滞在した。ロイヤル・ドールトン、ウェッジウッド、ミントンなど、イギリスの著名な陶磁器メーカーには、食器等の雑貨類と衛生陶器やタイル等の建築陶器類双方を製作していたケースが少なくない。和親もそれを目の当たりにしたはずで、ひとつのビジネスモデルとして捉えた可能性が高い。また、同地域の衛生設備に大いに感銘を受け、同時に、あまりにも落差のある日本の状況に危機感を抱いたという[71]。前述の書簡のなかで、「此外衛生陶器モアリ。和親ハ例ニ依リテアセッテ計リ居テ　ソレカラソレヘト何カ出来ルダロート御批評モ予期致シ」[72]、さらに自身の健康問題に触れ、「私ハ何カ役ニ立ツ様ナ事ガ出来ナイ様ナ体ナレバ生キテ居ル甲斐モナク却而働イテ出来ル丈ヤッテ終リヲ告ゲタ方ガマダ益ト考へ居リ」[73]そして長文の書簡の末尾に、「皆々様ノ御健康ヲ祈リドーカ陶業の益々隆盛ニ致度し」とある。事業展開への抑えがたい情熱には焦燥感が伴う。「陶業」に打たれた傍点は本人によるもので、己の事業へのパースペクティブを強調する意図とも受け取れよう。

　なお、一九一二年および次に述べる一五年の視察に関しては、書簡とともに和親本人の手になる調査報告書が残されており、和親の近代的製陶技術への関心の深さ、知識の豊富さ、また観察力の鋭さを示している。[74] 当時の和親について、何かと彼を支持する立場をとっていた森村開作あらため七代目市左衛門によれば、「衛生陶器が日本で出来るとお国のためになるというので、またその研究をはじめたが、和さんはそういうことが好きだったものですから、一生懸命やった。従ってお金を使うので……皆困っていましたが、その熱心と努力に引きずられ[75]」たという。大倉父子の事業構想に賛意を示さなかった森村組の幹部たちは、おそらくどこかで資金的負担をしつつ、結局は折れた。それは「懐の深さ」と呼べる行為であったのかもしれない。

〈和親の欧米視察——一九一五年〉

前記視察の二年後、すでに述べたように、製陶研究所は衛生陶器製造技術に一応の成果を収めて商品を出荷した。翌一九一五年七月、和親は各国衛生陶器事情調査と工場建設準備のため百木三郎、坪井礼三を伴って、再度の欧米視察に出発した。旅行の要点を、和親の日陶幹部宛業務通信から検討してみよう。

一行はまずアメリカに渡り、サンフランシスコで開催されていたパナマ・太平洋万国博覧会で見たアメリカ工業の近代化に大きなショックを受けた。和親は伊勢をはじめとする日陶の職員にアメリカという現場を経験させることの重要性を痛感し、具体的方策を提示している。[76] 和親一行の帰国はその年の末だが、視察旅行中の十〜十二月、伊勢その他三名の日陶職員が早くもアメリカ視察に赴いた。[77] 和親の実行力と決断の素早さを示す一件である。

さて、和親本人の視察だが、陶磁器食器関連ではやはり競争相手のヨーロッパ製品を気にかけている。一九一二年の渡欧の際にも、英、独、仏それぞれの個性豊かな良品を見る限り、その隆盛が衰えることはないと観察をした和親だが、[78] 三年後のアメリカでもまた日本の洋風陶磁器がヨーロッパの高級一流品に比肩し得ていないことをあらためて認識した。おりしもディナーセット五千組の受注を得たところではあったが、小売店にはドイツ、オーストリアの製品が多く、その「中位ノ品物ヲ相手ニ陣ヲ張ル」戦略が有効と見ている。[79] 一方、白色硬質磁器洋食器の開発に心血を注いできた日陶にしてみれば、たとえば碍子などの工業製品については用足りて低価格を実現することに重点をおいて考えてきたわけだが、「最下等ノ土デ良シ　電気試験サエ通レバ良シ　安クシテ利益アラバ満足ナリト云フ頭ハ全ク茲ニ一新ヲ要ス」[80]と認識を新たにした。そしてアメリカでの最大の収穫は、ニューカッスルで開催された米国窯業協会の夏期大会に参加が認められ、当地の衛生陶器および食器工場をいかんなく見学し、専門家や業界関係者と交流できたことであった。生産技術的には流し込み成形に一段の進歩を見たが、何といってもいよいよアメリカで実用化され始めたトンネル窯が大会最大の呼び物であった。[81]ただし、アメリカにおいてトンネル窯の評価が確立するのは、かなり時代が下って一九二〇年代後半以降のことである。[82]

アメリカのユニヴァーサル衛生陶器会社で見た改良型アメリカン・ドレスラー窯を心に留めた和親は、イギリスに渡り、「従来保守主義的な」イギリスのメーカーですらドレスラー式トンネル窯を導入しつつあることに焦燥感を抱いた。[83]アジアの島国のなかでいかに優位に立とうとも、世界情勢の変化に鈍く、旧式の窯で大量の碍子を焼くなど、戦国時代の武器で現時あるいは将来の戦争を行うようなものだと、大戦中のロンドンで書き記している。[84]トンネル窯は三年前にドイツで見学して以来の夢である。通信には延々とその優位性が述べられ、和親の期待の大きさと事業の進展を急く気持ちを読み取ることができる。和親は再び現地でトンネル窯の利用実態を研究し、日陶においてせっかく設置した絵付トンネル窯が、休日および毎夜焼成を止めるために、本来の機能を発揮させていないばかりか窯の故障を多くして多大な修繕費を要することを嘆いた。——「マイヤー画付トンネル窯ノ焼キ方ニ関シテ……数回画工部ニ注意セシ事柄ニ候へ共其都度種々ナル事情ト旧習ヲ脱シ得ザル為ニ折角ノ武器モ十分ノ効力ヲ出シ得ザルノミカ却而其生命ヲ短カクシ……トンネル窯ノ最大特長ハ連続焼成ニアル事ヲ再ビ茲ニ繰返シ、是レヲ失フ時ハ其の効力ヲ失フコト甚大ニ候……一日トンネル窯ヲ休マス時ハ六日間ノ焼成燃料ヲ駄費スル事ニ相成リ候[85]」。

画工場は一九一二年より全面的に日陶に内部化されている。新技術としてのマイヤー絵付トンネル窯は、ある程度営業成績を向上させたとはいえ、[86] 和親が期待したほどの成果を上げられなかったのであろう。「近代」へと脱皮した経営者と、在来の尾を引きずっていた画工たちの歩調は必ずしも揃わなかった。工場（生産現場）から次第に距離をおく経営を行うようになった和親の、現場への影響力の問題もあろうし、[87] 窯の利用法をめぐる、いわば労使の対立も推測される。小規模で技術的にもさしてむずかしくないはずの絵付窯でさえこの状況なら、問題の素地焼成窯はどうなるか。当時、ことごとく周囲の反対を押し切って経営を進めてきた和親にしても、本格的な素地焼成トンネル窯を日陶に築造するのは躊躇されたであろう。それならば、日陶ならぬ新事業においてトンネル窯を稼働させ、とりわけ大物の焼成に成果を上げることが、おそらく和親の最大の関心事になっていった。逆に、この実験のためにも衛生陶器を含む新事業を興す必要性が増したということができよう。

和親はドレスラー社にトンネル窯の設計を依頼し、特許権交渉を始めたが、大戦中という時機の悪さもあって契約には至らなかった。とりあえずこの時点では、旧知のローゼンフェルドの助力を得てボルトン社製の窯業機械類、すなわち坏土・釉薬関連の調整用機械器具、流し込み成形用装置を発注、また、坏土工場、匣鉢《さや》工場、衛生陶器成形工場、倒炎式六メートル円窯などの設計も同社に依頼した。これらは衛生陶器の製造を見越した措置だった。

和親の滞在中、ロンドンの高空は毎夜サーチライトで空襲の警戒を行っていた。[88] この時期にアメリカはともかく、あえて大戦中のヨーロッパ（英、仏）に自ら赴く行動そのものが和親の気迫を伝えている。この視察が、現下の大量需要のあるはずもない衛生陶器の開発を急ぐためだけのものであったと判断するのはむずかしい。食器、碍子、その他将来的可能性のある生産品目を含め、陶磁器の生産において自らの構想が隅々まで行き届く、いまひとつの新事業を立ち上げるためであったと考えるのが妥当であろう。

〈小倉新工場建設へ〉

前章で述べたとおり、大倉父子は早くからアジア市場に眼を向けていた。アメリカの洋食器市場はヨーロッパ、特にドイツ、フランスとの競争が厳しく、和親は視察のたびにそれを痛感せざるを得なかった。とりわけ、品質面での後れが懸念材料であったに違いない。量産品の洋食器、衛生陶器を中国や東南アジアに輸出する構図を、彼らは思い描いたのであった。そして目をつけたのが北九州の小倉である。主要原料、燃料、輸送などの総合的便宜を考えてのことであった。原料は天草陶石をはじめ九州産の対州石、対州白土など、また朝鮮カオリンが入手しやすい。燃料はむろん筑豊の石炭である。輸送立地条件としては、紫川に面し、石炭や原料土石は艀で入荷。出荷については、小倉は鹿児島本線と日豊線の分岐点で陸路の便利がよかった。また特に、隣接する門司港は一八九九年に開港の指定を受け、東南アジア、中国との貿易港となっていた。後年、奈良本辰也は、陶磁器業の近代化により、すでに在来生産地を工場立地条件にする必要のなくなった近代的工場の実例として、東陶小倉工場の重要性を指摘している[89]。

村井保固は小倉への事業展開に反対だったというが、和親は森村開作の説得に成功し、私財を投じて小倉に約二万五千坪の土地を入手したのが一九一三年[90]。さきの視察から帰国直後の一九一六年、さらに隣接した二万八千坪を追加購入した[91]。小倉の土地購入は、和親が日陶と距離をおいても新事業を興すことを決意した現れといえよう。だが、アメリカ市場を悲観視した大倉父子の予測は外れた。これも前章で述べたが、まず、第一次大戦が起こってヨーロッパは戦場となり、アメリカ市場に日本陶器の製品が進出する絶好の機会が訪れた。その日陶では一九一四年、白色硬質磁器のディナーセットも完成し、その後のアメリカへの主力輸出品となった。実際、アメリカへの輸出利益は年々急成長を続けた。さらにアメリカ以外の地域への輸出も始まった。

前章図2-8で示したが、日本の食器輸出額に占める日陶のシェアは一九〇八～一七年にかけて高止まり、とりわけ和親が新工場建設に乗り出すことを決意した一九一二～一五年にかけては三五パーセントを超え、一九一四年には四三パーセントに達した。この第一次大戦直前の時期、輸出額そのものが急伸したのではなく、日陶のシェアが高かったのである。これは日本国内の輸出陶磁器製造における日陶の群を抜いた強さを表すとともに輸出額そのものが伸び悩む、すなわち海外との競争には多少手詰まり感があったことを推測させる。より多く作り、より多く別の海外市場に売り込むという事業拡大の考え方もそれなりに合理性があったかもしれない。輸出品として考えられたのは、日陶の主力商品である白色硬質磁器洋食器のみならず、より安価な硬質陶器食器であり、将来的には衛生陶器他を視野に収めるという構想であったろう。「内規」をめぐる対立以降一〇年近く、内外情勢の変化にもかかわらず、和親の新事業への情熱は止められる段階を超えていた。

だが、本家の森村組は言うにおよばず、日陶社内の大勢も新事業に反対であった。衛生陶器に確たる需要があるとは考えられない時代であり、また、アジア市場を視野に入れるとすれば、単に輸出地域の問題ではなく商品自体が変わることを意味し、森村組=日陶の本業からますます外れる。結果的にいえば、設立後の新会社は日陶との間で、両社がともに製造する食器その他の小物製品をめぐって幾度も対立を余儀なくされることになる。

2　東洋陶器株式会社の設立と初期衛生陶器産業

(1) 東陶の設立

帰国後の一九一六年、和親は小倉工場建設に着手。翌一九一七年一月、まず「日本陶器合名会社小倉工場」として事業所を立ち上げた。和親揮毫による定礎の辞——「本邦陶業革新ノ為メ曩ニ本社ヲ名古屋ニ創立セシ以来拾有三年、製品ノ面目頓ニ革リ斯界ニ貢献セシ事尠カラズト雖尚孜々トシテ研究ヲ重ネ製造ノ改良進歩ヲ計ランガ為メ茲ニ小倉工場ヲ設立シ以テ永遠ニ素志ヲ貫徹セントス　誓至誠事ニ当リ欧州斯界之製品ヲ凌駕シ世界ノ需要ニ応ジ

益々貿易ヲ隆盛ナラシメン事ヲ期ス　　大正六年一月一日　　日本陶器合名会社　社員総代　大倉和親[92]

――は、この地から世界へはばたく和親の決意とともに、この工場が「輸出商品の製造」を目標としていたことを後世に伝えている。

工場立ち上げに引き続き、五月に資本金百万円をもって東洋陶器株式会社が設立された。社名の「東洋陶器」は、大倉父子の事業構想がアジア各地への輸出を主眼としていたゆえといわれるが、それだけではなかろう。そもそも日陶の命名について、当初いったんは「名古屋製陶会社」と決めていたものを、日本の産業として広く海外に進出する気概を表明するために「日本陶器（合名）会社」に変更したといういきさつがある[93]。とすれば、「日本」よりもさらに大きい「東洋」を冠する社名に、和親、そして孫兵衛の意思と気迫が見て取れよう。おりしも第一次大戦による好況期、和親の眼には北九州一帯の臨海工業地帯としての将来性が確たるものに映ったことだろう。定款の事業目的は「陶磁器の製造および販売」。この時点で輸出商品としての衛生陶器を製造しうる見込みは薄いから、食器の輸出を目論んでいたはずである。

これまでの経緯から、東陶の創立費は一切日陶が引き受け、森村組はおつきあい程度というスタンスを取ったともいうが[94]、株主はすべて森村組関係者および森村・大倉両家の親族であり、実質的に森村組の百パーセント出資会社という意味では日陶と同じであった[95]。筆頭株主は和親、第二位は森村開作。代表取締役社長に大倉和親、取締役に森村開作、村井保固、田中幸三郎が就任、実際の管理運営は百木三郎が小倉に在住し、支配人としてその任にあたった。百木は大倉の血縁ではないが最も近い親族の一人であり、日陶設立時の入社でその後技師長、取締役を歴任している。大倉父子の新会社への関わり方はこの人事にも現れていよう。日陶に蓄積された技術および経営ノウハウの移転は百木を中心としてなされた。従業員は名古屋からの転任約二〇名に地元採用者を合わせておよそ五〇名。熟練工は日陶出身者で固めた。

事業は衛生陶器製造部と食器製造部の二本立てでスタートした。とはいえ、生産設備の関係から創業時は衛生陶器の焼成のみで、翌一九一八年に国内および欧米向けの磁食器を始めた。需要増に対応しきれない日陶の補完的役割を担ったが、日陶とは原料も違い、製品の成績はいまひとつであった。大戦後、不況になると磁食器生産が行き詰まったため、一九二一年から硬質陶器食器の製造を開始。大正末期には経営上有力な部門となったが、これがかえって磁食器の技術進歩の障害になったともいう。[96] 当初は食器生産額が衛生陶器生産額をはるかにしのいでいた。[97]

生産設備の多くは、前述のようにイギリスのボルトン社から導入された。当時の製陶機械は、産業機械のなかでは比較的機構がシンプルで製作も容易だったが、国産機械は欧米の製品と比して故障が多く耐久性も劣った。[98] かつて日陶はドイツ製の機械を導入し、ドイツ式の工場を作ったが、東陶では食器の生産設備を含めてイギリス式の工場となった。ローゼンフェルドの助力に加えて、この時点での衛生陶器の先進国がイギリスだったことにもよるだろう。窯については、最初にイギリス式倒炎式六メートル円窯（徳利窯）、次に大型マッフル角窯[99]が築造された。そしていよいよ、和親、年来の懸案の実施、トンネル窯の導入である。前述のように、和親はドレスラー社との交渉を進めたが社内の賛同を得られず、結局これにもまた私財を、とりあえず立替という形で投じた。[100] 当時、大倉父子が事業の多角化を進めていたことはすでに述べたが、おりしも国内での洋食器需要も増加し始めた。和親が構想する東陶は、良質の、しかし日本を含めたアジア諸国で一般に使える量産タイプの食器、衛生陶器の製造を目指しており、将来的には輸出を主とするはずだった。和親にとって、素地焼成用トンネル窯は、個人的経済負担がいかに甚大になろうとも、まずもって東陶に設置しなければならない設備であったと思われる。ローゼンフェルドの仲介により、日本国内での独占使用権（一万ポンド、九万六千円）[101]、さらに設計図と建設資材を購入した。第一号窯の築造は一九一八年に始まり、基礎工事の後、イギリスから技師ラシュトンを招請して築窯（図3-9）。着工からほぼ一年後に完成、一九二〇年一月に火入れが行われた。が、温度が充分に上昇するのに実に四ヵ月を要し、衛生陶器の歩留まりは六割程度、さらに折悪しく大戦後の大不況期にあたり需要は低迷、九月には早くも休火に追い込まれた。[102] 他の窯も含めて、東陶初期の衛生陶器製造は難航し、〝ペケ〟（不良廃却品）で工場の土地ができたと揶揄されるほどであった[103]。

東陶ではトンネル窯で磁器食器も焼く予定であったがうまくいかず、別に磁器用の窯を作って内地向け食器の生産を始めた[104]。アメリカ向け食器は大戦が終結すると生産過剰の状況に陥った。この時点で振り返れば、アメリカ市場一辺倒を避けるという意味で、大倉父子の方針は適切だったことになる。東陶と日陶との間では協定が結ばれ、内地向けの食器は東陶が主として製造することになった。伊勢によれば、「東陶を生かすために大倉サンは日陶の犠牲をかまわずに……努力されたものであります。……大倉サンは……一ツの仕事に取りかかられるとそれに熱中して一方なるこれまでの仕事を振棄てる式の熱烈の性分である[105]」。

図 3-9　日本初，東洋陶器のドレスラー式トンネル窯築造（1919 年）

左から西山貞，坪井礼三，鮎川武雄，百木三郎，ラシュトン，星野勉。

当然ながら、和親と伊勢とでは企業活動へのパースペクティブが異なる。伊勢は森村組＝日陶の世界に生きて日陶を森村組の「部分」と解し、またそれを使命とする立場に立脚して両社に貢献した。それは和親本人にこそ期待された使命感だったのかもしれない。だが、和親にとっての日陶は、主としてアメリカ市場を狙う洋食器製造部門であり、かつ、森村組の貿易活動と一体化している「部分」へと変貌していった。胸中の陶業近代化構想はそれよりもはるかに大きく、ようやくおぼろげな輪郭をとり始めた時期だったろう。

しかし東陶の揺籃期、この時期に限って考えるなら、和親の経営方針は明らかな失敗であり、無謀であったと言わざるを得ない。開発、工場用地、生産設備といった巨額の支出がさしあたり和親個人に帰され、なおかつその巨費を投じた生産設備の稼働は不調で多大な欠損が続いた。和親が個人的にリスクを負うことで初めから無理を承知の船出をした可能性も捨てきれないが、結果的に損失を被ったのは和親ひとりでは済まなかったはずである。他に先んじて、しかも近代設備を整えて新事業を開始すること――和親にとってそれに勝る戦略はなく、そのこと自体が目的化していったようにさえ思われる。

〈東陶初期の経営状況〉

景気が回復基調になった一九二二年、四六歳の和親は手塩にかけた日陶の社長を退き、東陶や日本碍子などの新事業に力を注ぐようになる。この年、東陶の第一号トンネル窯は再び稼働、歩留まりは七割程度に上がった[106]。業績好転の機を見た一九二三年、和親は思い切った経営再建策を講じた。創業以来六年間の未処理金は払込資本金一五〇万円の七五パーセントに達していた。これをいったん五〇万円に減資して不良資産の大部を償却、さらに一五〇万円の増資を行い新資本金二百万円で再出発することにした[107]。言うまでもなく、自身を筆頭に株主の多大な犠牲のもとに決行されたのである。こうして、ようやく事業の採算が取れる形が整った。同じ年、第二号窯が建設されたが、その火入れ式の当日、関東大震災が起こった。

百木は内需の冷えこみを懸念したが、実際はこれによって需要が拡大した。ただし、直後は骨壺の大量受注で、それまで閑散としていた職場が急に活気づいたという[108]。食器、衛生陶器の復興需要はその後にやってきた。

さて、一九二〇年代初頭までについていえば、都市の洋風高層建築の衛生設備（器具）はほとんどが輸入品で、初期はイギリス（トワィフォード社、ジョンソン社、シャンクス社など）、次いでアメリカ（クレーン社、コーラー社、スタンダード・サニタリー・マニュファクチャリング社など）の製品が好んで使われた[109]。東陶は首都圏でのビル建設に伴う衛生陶器受注を得るべく一九二一年に東京出張所を設けて営業活動を行ったが、効果はいまひとつ上がらなかった[110]。大正デモクラシーの風潮のなかで生活改善、住宅改良の動きが加速され、ようやく「水回り」への意識が高まりつつあったが[111]、一般家庭の水洗式便器といえばごく限られた富豪の邸宅ぐらい、浄化槽は開発されてまだ日が浅く、放流式下水道は緒についたばかり。よって、水洗式衛生設備を目指していた東陶の衛生陶器も、もっぱら非水洗式の大小便器、簡便な手洗器、洗面器、痰壺などであった。[112] 一九二二年に開催された平和記念東京博覧会で東陶の組便器＝和風非水洗式大便器と小便器のセットが金牌を受賞（建築用衛生陶器部門）したことが、当時の需要構造を表している。白色で衛生的な東陶の非水洗式便器は、従来の磁器製品を市場から駆逐したともいう。[113]

これと矛盾するようだが、日本人の衛生観念や清潔志向のありかたが白色衛生陶器を受け容れない場合もあった。意匠の問題とはまた別に、付着物、特に生理が目立つことを忌避する傾向のゆえである。百木によれば、「現今は各国何れも純白即ち衛生といふ意義……黒色釉で仕上る事を希望さるる特別註文を往々受るが、……此感情のため……衛生的価値を抹消する事は理想的でない。……私は専門家として白色を可とし色物をおすすめはせぬ[114]」。百木にとって、そして東陶にとっても、その端緒から衛生陶器は白が命だった。しかし、丁度この時期から、現実問題としての需要の多様化に対応し、東陶は着色便器の販売を開始した。インテリア感覚の衛生設備として、ホテルなど大手ユーザーに好評を博したという。[115]

さて、関東大震災であるが、それまで輸入高級衛生陶器を使用していた洋風高層建築のひとつ、丸ビルが大打撃を受け、その復旧の際の衛生陶器受注を東陶が獲得した。これが東陶高級衛生陶器の大量受注の最初である。[116] また、震災後に建設されたビルは耐震性のある近代建築となり、給排水を含む設備機構の発達が併行して、ここにも衛生陶器の需要が生まれた。たとえば、東京市は罹災した多数の市立小学校の再建に際して水洗トイレの設置を英断した。[117] 住宅の復旧期には食器とともに一般向けの便器、洗面器、手洗器にも大量需要が発生した。都市ビルにおける水洗式衛生陶器設備類、また一般向け衛生陶器（便器については主に非水洗式）需要が、震災復興を機に、首都圏を中心としてようやく本格化の兆しを見せたのである。震災後四年（一九二三〜二七年）の東陶の経営状況の変化を見ると、従業員数は七七五人から七九一人へと漸増だが、衛生陶器の年間売上高は二七万七千円から五三万四千円へと、ほぼ倍増した。[118]

（2）初期衛生陶器の製造技術——東陶の事例

和親の新事業立ち上げは無謀に見えたが、製造現場や技術陣はさまざまな努力を重ねて工場の基礎固めを目指した。日陶で経験を積んだとはいえ、原料が違えば、食器でも幾多の調整が必要になる。大物の衛生陶器はそれよりもさらに困難だった。開発関係者を悩ませた衛生陶器の製造技術の基本はどのようなものだったのか。東陶の事例により、昭和初期の生産各工程——調合（素地）、成形（型）、焼成（窯）について、簡単にまとめておこう。

〈調合（素地）〉

衛生陶器の素地は、前述の硬質陶器質から化粧素地質や熔（溶）化素地質へと進化、それに伴って素地の吸水率が、それぞれ五～一五パーセント、五パーセント以内、一パーセント内外、と減少していく。化粧素地は特に大型製品に適しており、戦後ＪＩＳの定義では「耐火粘土を主要原料とする素地の表面に溶化質陶器素地の薄い層を融着したもの」とされた[119]。生素地はシャモットを多く含み、形状は崩れにくいが、有色で吸水性が大きく表面もざらつくという欠点がある。それを白色化粧素地（後に熔化素地質）で覆いかくして締焼、さらに釉焼をする。大物の三層構造を作って二回の焼成をするから、技術的にもむずかしく、多大な手間とコストがかかる。熔化素地は一九世紀末、高層建築の増加したアメリカで衛生陶器の品質向上への要求から開発されたもので、坏土調製および焼成面での新技術であり、一九二〇年代には普及していたという。千三百度近い高温で焼成し、熔化（磁器化）直前に加熱を止める。磁器の特長を最大限取り入れた陶器ともいうべきもので、吸水率が低いのみならず、機械的強度、硬質性、耐蝕性などが大きく改善され、貫入も生じず、現在なお衛生陶器に最も適した素地となっている。ＪＩＳの定義では「陶器の素地が溶化したもの」とされる[120]。ちなみに、炻器が発達したイギリスの衛生陶器産業で熔化素地が導入されたのは一九三〇年代、熔化素地に一本化されたのは一九五〇年代[121]と、この点では遅れた。

東陶では硬質陶器の開発後、大物用の化粧素地の調製を一九二〇年に完成させ、従来、技術・コスト両面から製造の困難であった、流しと大型ストール小便器の商品化に成功。一九二三年には和風浴槽も製造した。[122] 熔化素地の開発には一九二八年に成功、翌一九二九年、高級衛生陶器商品として出荷した。この頃すでにアメリカの衛生陶器はほとんど熔化素地質になっていたが、東陶では当初、相当にコスト高であったため、商品の差別化をせざるを得ず、硬質陶器質と熔化素地質を六対四程度の割合で販売した。[123]

素地の進化に伴い品質の基準も問題となったが、当時、工業標準としては、前述のようにアメリカのフーヴァー・コードが、工事も含めて給排水（衛生）設備規格を定めた世界で唯一のものであった。一九二〇年代に入ると、ヨーロッパとアメリカでは衛生陶器の材質、機能、デザインともかなりの違いが出てきていた。アメリカにおける衛生陶器やその生産技術、また工事技術の進展は目覚ましく、規格が制定されたことにより品質も一層向上した。東陶の製品はそれまで日本（人）の実情に合わせる過程で欧米折衷的になる傾向があったが、一九二八年、フーヴァー・コードを参考に独自の製品検査規格を制定して品質向上をはかった。[124] なお、日本全体の傾向として、衛生陶器、設備工事を含めて技術の主要な導入先は、一九二〇年代にイギリスからアメリカに移り、その結果、サイフォンジェット式便器や熔化素地への移行が、ヨーロッパよりもかえって早く進んだという一面もある。[125]

一九三四年、社団法人衛生工業協会の衛生陶器規格制定委員会によって標準化の検討が開始され、一九四〇年に臨時日本標準規格（臨ＪＥＳ）が発令されて、熔化素地質、化粧素地質および硬質陶器質の三規格が制定された。[126] 以下は戦後のことになるが、一九四八年に臨ＪＥＳを基礎とした日本建築規格が設定され、一九四九年に日本工業規格（ＪＩＳ）において衛生陶器の等級標準が設定された。一九五〇年、両者を合併してＪＩＳの改訂がなされ、従来の三種類の臨ＪＥＳはＪＩＳとなり、その後一九五三年のＪＩＳ改訂で素地、形状、寸法規格を含めて「衛生陶器」として一本化された。以後、改訂はあるが、衛生陶器といえば実質的に熔化素地質の規格で現在に至っている。[127] 同じ一九五三年、衛生陶器にＪＩＳ表示許可工場制度[128]がしかれ、また主要メーカーはこぞって統計的品質管理法を導入した。なお、この種の規格は生産者と使用者（主として建設業者）および行政が合同で専門委員会を組織

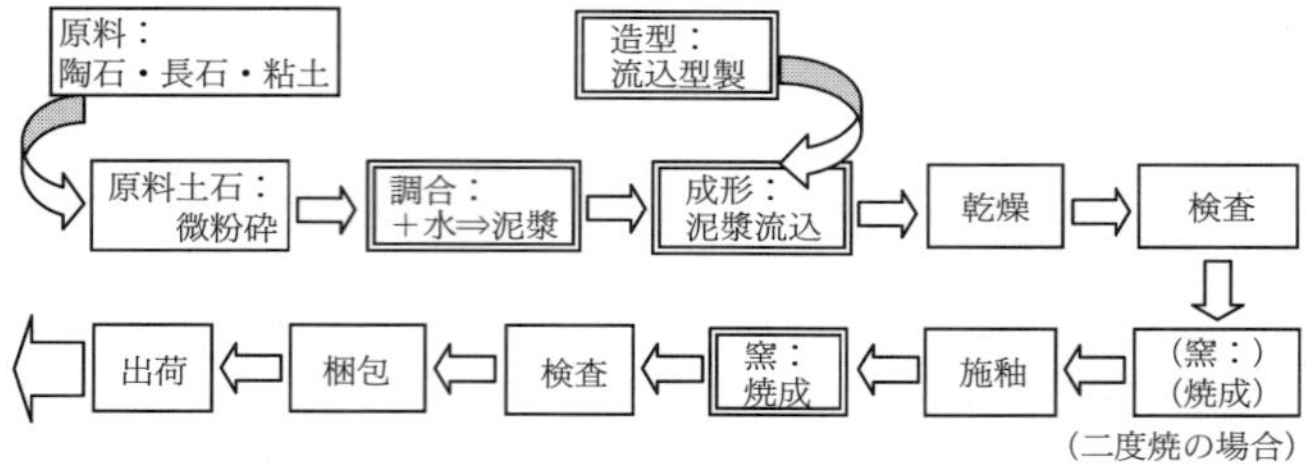

図 3-10　衛生陶器の製造工程

出所）TOTO，INAX のパンフレット等を参考に作成。

して検討、決定していく。当然のことながら、規格認定商品に関しては、先発かつ規格制定に関わった生産者が有利となる。日本初の衛生陶器ＪＩＳ表示許可は、一九五六年に東陶の小倉および茅ヶ崎工場が取得した(129)。

〈成形（型）〉

成形方法について、単純なものは型を使う手起こし（プレシング）も行われていたが、複雑なものは石膏型を作って流し込み（キャスティング）をした。プレシングは欧米においても二〇世紀初頭まで利用された方法であったが、相当の熟練と、特に重量製品の場合は腕力、体力が必要で、むろん量産向きではない。石膏型のキャスティングは現在でも生産数の少ない商品に対して使われる方法で、当時は以下のような工程を踏んだ。

原料：まず、素地原料は粉砕混合し、すりつぶして微粉にして水を混ぜて練る（泥漿）。このための機械はすべて輸入か輸入品のコピーである。

型製作：①設計図（完成品の図面）→②成型図（設計図に収縮分をかけ増した寸法を入れる。単純な相似ではなく、たわみの計算＝形状割掛も入れてある）→③原型＝種型（成型図に従い、完成品に似て非なる形状を作る。寸法部分は図面のままだが、凹凸面は作業者に委ねられる。いくつかに割って作る）→④元型《もとかた》＝ブロック（原型の形を作り出す型）→⑤ケース（元型は使用により摩滅するので複製に備えて第一元型の型を取っておく）→⑥使用型（元型の合同形）→⑦使用型を用いて成形工程に入る。

型はいずれも石膏で製作する。製陶研究所時代にアメリカからの輸入石膏型で研究を開始したことは前述したが、一九二一年に至り、七〇余種の石膏型を用いて日本初の和風サイフォンジェット式大便器を開発した[130]。百木によれば、型の内訳は原型一一片、元型一七片、ケース三四片（元型×二）、使用型一七片（元型と同じ）。これらが揃って、はじめて量産準備が整う。「実際のものを御覧にならないとその複雑さはわかりませぬ[131]」とは百木の談であるが、完成品からはその想像すらできないのが陶磁器の面白さでもある[132]。

成形（→乾燥）：使用型に泥漿を流し込み、水分を石膏にある程度吸わせてから型をはずし、接着一体化して乾燥させる。型の中に一日、乾燥に一週間、乾燥が進むにしたがってバリを取り、凹みをなでたりして仕上げたものを締焼、さらに釉薬をかけて二度焼にする。

全工程に要する時間は、全く修正がないとして使用型完成までにさらに三五日、その後の製造にさらに三〇～六〇日（商品の大きさ、形状等により異なる）。しかも、使用型の完成までに無修正ということが当時はまだむずかしかった。「型の研究」は継続され、成型図面の寸法取りなどのデータは蓄積されていくものの、新商品の開発には常に困難が伴った。こうして製作された使用型は、流し込みの度に吸収した水分を乾燥させるため一日一回しか使えず、また、三〇回からせいぜい六〇回も流し込めば歪みや狂いを生じて使用できなくなるものだった。

なお、泥漿流し込みの加工工程は、金属加工の鋳造技術に似ているようで、実は大きな違いがある。まず、元になる型作りだが、鋳物の木型は完成品プラス削り代。つまり、完成品の形を削り出すのに対して、衛生陶器では大きさ・形状とも、完成品と相当に異なる。陶器では乾燥・焼成による収縮（乾燥約三パーセント、焼成約一〇パーセント、いずれも一次元寸法）や重量・形状によるたわみを計算に入れねばならず、その収縮率やたわみは場所によって違う。完成品をバランスの取れた美しい形

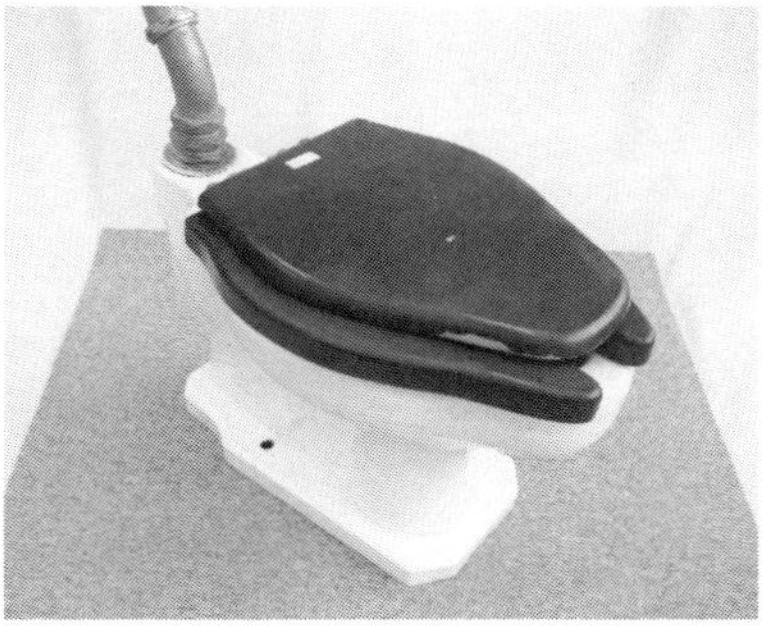

図 3-11 国産初のサイフォンジェット式高級洋風腰掛式便器（東洋陶器，1927–56 年製造）

図 3-12　流し込み成形作業場（東洋陶器，昭和初期）

態にするためには原型がいびつでなければならない。平面として完成させるために曲面を作らねばならない。特に凹面の製作は感覚的にむずかしく、その都度凸面の型（捨型《すてがた》）を作って合わせることで製作していく。失敗すれば最初からやり直し、三五日間のロスである。すなわち、最終的に設計図どおりの完成品ができるための原型作り、一方でいかに型割を巧く、数少なく作れるかが成形技術の鍵となる[133]。製陶研究所時代、型をまず輸入して製作しなければならなかったのもうなずける。が、実用化するためには日本の文化や日本人の体格に合わせて各種の製品を製造していかねばならない。型作りはまさに特殊技能の世界で、原型＝種型の製作に秀でた技能者は〝種師〟とも呼ばれ、成形職場の神様的存在であるという。この製法が使われる限り、あくまでも熟練が残るのが衛生陶器工業である。

〈焼成（窯）〉

熱処理に関して鋳造技術との比較をすれば、金属鋳物は炉で溶融した地金を型に入れ、冷却して固体になったものに切削、研磨等の加工を施して完成させる。衛生陶器の場合は常温の泥漿を型に流し込んで固め、乾燥させ、焼成して製品とする。つまり、型をはずした仕掛品が乾燥収縮し、さらに熱変成した結果が即、完成品である。金属鋳物と違い、後工程での加工はできない。むろん焼成温度や時間によって収縮率も変化する。さまざまな成分の混在する天然材料を使うために机上の計算どおりにいかない場面も多く、試作段階では結局経験の積み重ねがものをいうのである。

いずれにしても、窯は窯業一般の主要製造工程の締めくくりであり、それまでの努力が報われるか否かがここにかかっている。衛生陶器工場においても、工場設備の要はやはり窯。窯業技術者にとって最高の喜びのひとつは、新しい窯を長期間、夜に日をついで手間暇かけて念入りに築造し、その窯から最初の製品が無事に出てきた瞬間であるという[134]。

東陶に新規に設置された日本初のトンネル窯が、焼成法全般にわたって日本で初めての経験をもたらしたのは言うまでもない。従来の丸窯や角窯などの単窯は内径六〜八メートル程度[135]、当時の衛生陶器の場合、仕掛品を詰めて焼成に約三昼夜、火を止めて後約四昼夜放置冷却、そして詰め替え、という方法をとっていた[136]。東陶の第一号トンネル窯は内幅約一・五メートル、長さ約百メートル。その中央が高熱部になっており、品物は入口からトロッコで次々に運ばれ、徐々に焼成されて中央部で焼成を終わり、出口ではすでに冷却されている。戦前期には窯を通り抜けるのに約四昼夜かかっていたが（現在は一昼夜）、いったん火を入れたら原則的に火を止めないで連続焼成を行うものであるから、エネルギー効率が単窯と比較して飛躍的に高まり、エネルギーコストはおよそ半減、出し入れの手間も省ける。温度管理の設定はむずかしいが、設定後は単窯よりもはるかに焼成成績が安定する。つまり、焼成前の仕掛品の品質が一定であれば均質な製品が焼成される。設備投資の大きさを別にすれば、利点ばかりのようであるが、実は問題が山積していた。

まず、実際には焼成管理が安定しなかった。燃料は石炭でガス発生炉が別にあり、窯はマッフル式で場所により温度が不安定だった。しかも、マッフル式であるにもかかわらず、灰分が飛ぶので匣鉢《さや》に入れねばならなかった[137]。手間とコストの増大である。当時はまだ衛生陶器への需要が少なく、経済効率を高めるために食器も同じ窯で焼いていたが、製品の大きさも異なり[138]、また素地によって焼成温度が異なるため、温度を上げ下げせねばならず、火力も不安定であった。さらに厄介なのが窯事故である。トロッコの車輪が高熱でたわみ、重量のある品物が倒れこんでラインが停止してしまう。事故現場はまずもって一千度を超える高熱部分であろうが、その箇所を外部からは特定できない構造だった。結局、事故の復旧は、入口あるいは出口から人が入って停止したトロッコを次々と引き出し、崩れた部分を見つけて除去するしかなかった。焼成中の製品が〝ペケ〟になるのはむろんのこと、事故処理のために窯を冷却し、再び火を入れ所定温度に達するまでの間、エネルギーコストがかかり、当然生産も停止する。その損失を最低限にとどめるために、焼成技術者や技能者は充分に冷却されない（というより、常識的にはきわめて高温の）窯の中に入って事故処理を行った。今日のような良質の防護服もなく、窯を扱う現場員に火傷の絶えない状況は戦後まで続いた。初期のトンネル窯は労苦の塊のようなものだった。(139)

〈基礎技術の完成〉

調合、成形、焼成――これらの技術は一面、互いに独立しているが、完成品を生み出すためにそのインタラクションと統合性が必要とされるのは言うまでもない。ところで、当時の熔化素地の焼成には一度焼と二度焼の二方法があり、アメリカの高級品は二度焼とされていた。東陶も二度焼であった。熔化素地はガラス質になる直前で火を止めるため、焼成中に軟化して歪みや狂いを生じやすい。したがって、まず乾燥したものを高温で焼締め、その後釉薬をかけ、素地に溶かしつけるように釉焼をする。焼成技術も高度だが、まずは素地の問題で（むろん成形技術も関係する）、一度焼では軟化して製品が不揃いになるリスクが大きかった。だが、東陶の翌年（一九二九年）に熔化素地を実用化した名古屋製陶所(140)（以下、名陶と表記）は最初から一度焼で製品を完成させ、翌一九三〇年には衛生陶器を全面的に熔化素地とし、従来の硬質陶器製品と同価格で販売した。(141)このため東陶は価格競争で後れをとった。(142)当時百木は、二度焼は一度焼と外観では識別できず、コストもかかるが、品質面では勝るとの主張をしている。(143)

東陶では一九二四年に硬質陶器質の匣鉢入一度焼の研究が始まり、一九二九年に裸二度焼および小型品種の一度焼を実現。また、同時期に開発された熔化素地は、食器および化粧素地の締焼と焼成温度がほぼ同じであったため、これらの一括焼成が可能となり、生産効率が大幅に上がった。[144] 同じく一九二九年、カーボラジアント角窯が、またそれを土台にして、一九三一年にはドレスラー・カーボラジアント式トンネル窯が築造された。これらはカーボランダム材を用いた重油・直火・倒炎式の窯で、熱効率は一〇倍に改善、燃え滓が少なく裸焼が可能になった他、温度管理が容易で冷却時間も短縮された。さらに成形法が一重成形から一・二重成形に変わって、作業能率、精度ともに向上した。

図 3-13　東洋陶器小倉工場全景図（1934 年頃）

　百木によれば、「どうかして英吉利の製品に負けないような立派なものにしたいと念じつつ作った」昔日の製品には、「我ながら惚れ惚れするようなものがある一方、見ただけで穴にでも入りたいような」[145] ものもまた方々に取り付けられた、つまりきわめてムラが大きかったという。その後、一九二〇年代末から三〇年代初頭にかけて、東陶では生産技術が大きく発展を遂げ、衛生陶器の品質が安定、向上し、欧米製品に比肩しうる製品が作られるようになった。一九三六年竣工の帝国議会議事堂はできる限り国産品を用いることを原則に建設されたが、そこで使用された東陶の衛生陶器は欧米の一流品と比較して何ら遜色がなく、[146] 受注数でライバルの名陶に圧倒的な差をつけた。特に、サイフォンジェット式の和風大便器や小便器のトラップを金具から陶器に変更した成果は画期的であった。[147] また、一九三三年に三菱長崎造船所に試験的に納入された船用衛生陶器も輸入品と比して優秀性が認められたという。[148] 製造機種（特注品を除く）の数においても、一九二一年に六四、一九二六年に一四一、一九三七年には二四四品種が常時製造できる体制となり、東陶の高級衛生陶器製造は一応の完成段階を迎えた。[149] 今日から振り返れば、ようやく衛生陶器工業化の基本形成がなされたのが、この時期といえよう。一九二四年からはわずかながら輸出も始めている。[150]

（3）他の衛生陶器メーカーと伊奈製陶

〈初期衛生陶器産業の業界地図〉

東陶の設立に伴い、衛生陶器製造技術を完成させた名古屋日陶内の製陶研究所も小倉の新工場内に移転した。が、研究所の技術は東海地方にも残った。もと森村組専属絵付画工主から独立した杉村作太郎、製陶研究所を退職した加藤千一、那須藤松、森市五郎は一九一六年に合資会社杉村組という衛生陶器工場を瀬戸に設立した。製陶研究所技術陣の東海地方残留の理由は、九州小倉行きを嫌ってのことという。しかし、この新会社はすぐに経営難に陥り、東京財界の星野錫から出資を得て新たに中央窯業株式会社（名古屋市北区）を設立、生産を続けたが、結局一九二〇年、名陶に吸収されてその衛生陶器部門となった。加藤千一は名陶衛生陶器工場長および販売部長を兼任、その後、第二次大戦前まで衛生陶器業界において東陶・名陶時代を画することになる。[151] 特に、熔化素地開発については前述したとおりで、相当の技術力を持っていたことが推察される。戦前期は洋食器業界においても日陶・名陶時代が成立しており、高品質の白色硬質磁器のディナーセットを製造できるのはこの二社だけであった。前章で触れたように、もともと日陶と名陶は人間関係をめぐるもつれから敵対的ともいうべき関係にあったが、衛生陶器によってさらにその競合関係が拡大強化された。一方、杉村組に加わった製陶研究所の他の技術者はこの過程で流出。森市五郎は小松製陶所（小松市、設立一九一八年）、那須藤松は合資会社豊橋製陶所（豊橋市、同一九二〇年）に、それぞれ設立と同時に入社して製陶研究所の技術を伝えた。

製陶研究所とは別に、瀬戸の高島淳吉も農商務省東京工業試験所で伝習生として硬質陶器製造を学び、一九一五年、高島製陶所を設立して衛生陶器生産を始めた。[152] ちなみに、高島淳吉の父、徳松は、森村組最初期の専属工場のひとつで高級磁器食器を製造していた。一九二〇年までに全国で設立された衛生陶器工場は五社。高島製陶所を除いた四社は大倉の製陶研究所に人的な源をもち、またすべての製陶所が相応の機械設備を備えていた。が、この時期はまだ衛生陶器に対する国内需要は少なく、供給過剰であったという(153)。

製陶研究所においていったん開発された方法そのものの移転は、その過程に携わった技術者の移動によって比較的容易になされたと思われる。むろん天然材料の配合に関して、別の材料を使えば試行錯誤のやり直しである。その他に必要とされたのは、技術者に体化された技術とノウハウ、あるレベルの近代的設備、そして日本の陶磁器業が到達していた技術レベルであった。むろんこれは、当時の製品、技術、品質、生産量の水準からいえることで、特に和風非水洗式便器の類を製造するならば、製陶研究所の成果は十分すぎるほどであったろう。「水洗」というシステムに必要とされる複雑な機構、寸法精度や品質の向上、量産などを実現する技術は未完成の課題として残されており、その課題の達成を担ったのが、まずは東陶であった。

〈伊奈製陶と大倉父子〉

現代日本の衛生陶器二大メーカーの片翼、ＩＮＡＸはどうなっていたのか。実は本章第一節で紹介した常滑の窯元、伊奈初之烝（一八六二―一九二六）とその息子長三郎（一八九〇―一九八〇：幼名長太郎）の父子こそが、現ＩＮＡＸの基礎を築いた人物である。伊奈製陶の衛生陶器への参入は戦後のことになるが、ひとまずここで、明治末以来培われた伊奈家と大倉父子との関係について触れておこう。

伊奈家は江戸時代中期から代々、長兵衛もしくは長三《ちょうざ》を名乗ってきた常滑の窯元である。もと半農半工での甕造りから初代長三の時代（一七七〇年頃）に小物に転じた。常滑における茶器や酒器などの小物づくりはこの頃から盛んになり、江戸時代末期、朱泥の登場を機に全国的な人気を博するようになる。明治に入ると、今度は陶管（土管）の製造に転向する窯元が増えた。陶管は上下水道、鉄道、農業用と確実に需要が増大し、日本の近代化に資すると考えられた。その頃、四代目長三は、欧米向け輸出用として人気急上昇中であった竜巻《りゅうまき》製品(154)に力を入れてい

図 3-14　伊奈初之烝（1862–1926）

図 3-15　伊奈長三郎（1890–1980）

た[155]。さて、大倉孫兵衛であるが、森村組が輸出主力商品に陶磁器を選んで以降、頻繁に常滑を訪れて特産の朱泥竜巻製品を仕入れていた。その取引相手のひとりが四代目長三の息子、伊奈初之烝だったのである。初之烝が家業を継いだのは一九〇〇年。同年、飛鳥井孝太郎を常滑陶業同業組合に招いて、石炭焼成についての講演を依頼し、さらに窯の設計指導を受けている。飛鳥井は森村組がいわば先行投資して白色硬質磁器開発にあたらせている技術部門トップの人材だったことを考えれば、ここには孫兵衛の取り計らいが働いたと考えてよいだろう。常滑に石炭窯の新技術を伝えて瀬戸とはまた別の製品を作らせ、それを仕入れて輸出するという目論見があったのかもしれない。だが、初之烝はこの機を逃さず、家業を食器類や小物から再び切り替えた。石炭窯を建設し、動力をボイラーに替えて、これまで手控えていた陶管製造を開始したのである[156]。当時の常滑においてはきわだった先駆的試みだった。初之烝はさらに、孫兵衛から見せられたドイツ製モザイクタイルの試作に乗り出し、明治末にはその製造を開始するなど[157]、積極的な活動を展開した。

一九〇九年に至り、初之烝は長男の長三郎を東京高等工業学校窯業科に進学させた。三年後、卒業した長三郎とともに陶管の量産を可能にするロール式成型機械を考案、特許を取得した後、その特許を公開して地場産業に貢献した。これにより、常滑の陶管製造は隆盛し、圧倒的な生産シェアを誇ってその名を全国的に知らしめた[158]。

大倉孫兵衛が第一線を退いた後、伊奈父子は工場設備のさらなる近代化を目指し、その資金調達のため、当時日陶社長の大倉和親に助力を仰いだ。おりしも和親は、製陶研究所時代にいったん手を染めた後中断していた陶管研究を、設立したばかりの東陶において再開したところであったが、衛生陶器とはかなり製造法が違うため、事業化をためらっていたらしい[159]。伊奈父子の話を聞き、腹案の陶管製造への進出を止めて、この分野を伊奈に任せようと考え[160]、まず長三郎をアメリカの陶管業界視察に送り出した。企業見学、陶管製造機械一式購入、その輸送の手配まで森村組ニューヨーク支店の世話になって、長三郎は一九二〇年に帰国。翌一九二一年、匿名組合伊奈製陶所を設立して経営責任者となった。伊奈製陶所の資本金は七〇万円。伊奈家関係者と大倉側の折半だが、筆頭出資者は和親で出資額三二万円であった[161]。長三郎は陶管とタイルの製造を進め、事業は順調に推移し、ほどなく株式会社化を目指した。初め、時期尚早かと危ぶんでいた和親も、関東大震災後に賛同の意を示し、一九二四年二月、伊奈製陶株式会社が設立された。震災後のビル新築や復興建設により、特にタイルには大きな需要が見込まれた。ちなみに、一九二三年に竣工し、直後の関東大震災でほとんど無傷であった帝国ホテル新館（ライト館）の外装スクラッチタイルは常滑で焼成された。設計者のフランク・ロイド・ライトが常滑に帝国ホテル直営の煉瓦製作所を設けてタイル焼成を試みたがうまくいかず、最終的には伊奈初之烝（技術顧問）・長三郎父子の助力を得て完成させたといういきさつがある[162]。

図 3-16　伊奈製陶の陶管

　伊奈製陶株式会社の資本金は百万円、会長は大倉和親、常務取締役伊奈長三郎、取締役に伊奈初之烝と百木三郎、監査役に江副孫右衛門が就任した。当時、百木は東陶、江副は日本碍子の実務上のトップである。和親は筆頭株主として株式の四二・五パーセントを引き受け、技術、経営面での人材も送り込んだ。ところが、伊奈製陶の業績は芳しくなく、タイルは利益を上げたものの肝心の陶管が全くの不振で、一九二五年末には早くも減資に追い込まれた[163]。和親が大いに期待した陶管は、長三郎がアメリカから技術と設備を導入した新製品で、良く焼き締められて品質は優れていたがとにかく価格が高すぎた。加えて、色が淡く、ソケット部分の厚みが少ないため脆弱に見えたことが災いした[164]。色は見かけの問題にすぎないが、ソケット部は薄手のほうが取り扱い上優れている。感覚的陋習を破る努力は、ここでも挫折を経験せねばならなかった。かくてその後も長三郎は度々和親に助力を仰ぎ、総額にして四〇万円位の「個人的な借金」で危機をしのいだ。和親はときに自らの不動産を処分してまでこれに応じた[165]。しかも伊奈側にすれば「お金の足りないときにはお金を貸してくれたんじゃない、お金をくれたんです[166]」という状況であったらしい。前述のように、日陶や東陶など森村組と同根の企業に関しては、グループ内で資金が融通されていた可能性もあるが、伊奈製陶に関しては和親個人の責任で一線を画した支援が行われたと考えられる。後年、数々の技術革新を重ね、建築タイルで日本のトップ企業に、衛生陶器で第二の企業に成長する伊奈製陶の揺籃期は、和親の支援なしには成り立たなかった。和親にすれば、単なる支援ではなく、日本の近代陶磁器業のなかで、陶管、さらにはタイル部門の発展を伊奈製陶に預ける気持ちであったろう。後年、大倉流「一業一社」構想のなかで、伊奈製陶もその一翼を担うことになる。

伊奈製陶の陶管は次第にその優秀性を認められ、一九二八年には利益を上げるようになった。だが、同じ頃から電纜管の需要が増大し始め、一方、タイル部門では硬質陶器よりさらに吸水率の低い〝半磁器[167]〟の開発が進められた。一九三七年、伊奈製陶は陶管製造から手を引き、電纜管および同年商品化に成功した半磁器タイルを主力製品にしつつ、戦時期に突入した。

(4) 戦時・戦後の衛生陶器産業

〈戦時期〉

さて、昭和に入った頃から、日本各地の都市部では上水道に加えて下水道施設の建設が徐々に進みはじめ、都市ビルの数も増えた。特に東京ではトイレの水洗化の動きが強まった。東陶では、東京をはじめ関東以北の需要拡大に対応して茅ヶ崎に新工場を建設。一九三七年に操業が開始された。同年の売上高は、衛生陶器約九七万円、陶磁食器等他の製品と合わせて二三三万円に達し、戦前期のピークを記録した。[168] 各種高級衛生陶器の製造技術もほぼ完成した。[169]

しかし、戦時統制の時代に入ると民生産業としての陶磁器業は急速に縮小した。不急の製品であり労働・燃料集約的かつ輸出で栄えていた産業であるから当然の成りゆきでもあった。そのなかで、衛生陶器の満州、アジア方面への輸出は活況を見せ、特に満州向けの需要は一時期大きく伸びた。輸出ができなくなった後も衛生陶器の軍需は続いたが、これも大戦後半には生産が止まった。[170] 各企業は他の軍需品に生産を転換、東陶は点火栓用碍子や呂号（ロケット戦闘機）兵器用の電解槽、隔膜板などの工業用品。名陶、高島製陶、村万製陶は呂号用部品。豊橋製陶は耐酸瓶、丹司製陶は陶管を製造した。[171] 一九四二年以降は新たな技術者、すなわち、工科系大学や工業専門学校新規卒業生の割当が、最大手の東陶においても皆無となった。[172] 戦前期からの衛生陶器産業に関していえば、戦前と戦後の間には断絶とはいえぬまでも大きなブランクが生じた。一方、戦後日本第二の衛生陶器メーカーとなる伊奈製陶はこの時期、軍需用耐酸炻器の生産に集中した。戦後衛生陶器製造への参入には、この経験が活きた。

戦時経済で民生産業が停滞、さらには最小限に縮小されたこの時期、皮肉なことにトイレ水洗化の後れが功を奏した。肥料としての屎尿の需給バランスが逆戻りしたのである。戦後復興期も含めて、日本の農業はこれによって救われたと、岡並木が指摘している。[173]

〈戦後復興期――伊奈製陶の参入〉

戦後の衛生陶器産業の出発点はＧＨＱ／ＳＣＡＰ特需、つまり、占領軍（進駐軍）の需要を集中的に扱う政府の特別調達庁からの受注、通称〝丸進〟であった。東陶はこの丸進衛生陶器の実に九割を受注し、戦後再興の基礎を築いた。国内市場シェアでも戦後しばらく九割程度を占めていたと思われるが、一九四七年に始まる労働争議でしばし低迷をきわめる。この事情については、第5章で詳細に触れたい。

伊奈製陶も丸進の衛生陶器を受注した。伊奈製陶の強みは、ひとつの建造物に対してタイルと衛生陶器を同時に受注できることであった。特に、内装タイルは単なる壁・床材にとどまらず、トイレやバスの空間デザインにも貢献するため、双方をまとめてトータルに扱うことに合理的なメリットがある。大倉流陶磁器産業構想のなかで陶管、タイルに特化してきたともいえる伊奈製陶だが、伊奈長三郎は早くも一九四五年九月に大型衛生陶器試作研究の指令を出した。前述のように、戦時期に半ば強要された軍需用耐酸炻器コック類の製造のために獲得した精密な流し込み技術[174]、また特にロケット戦闘機用の耐酸炻器開発の際に使われていた服部陶石が成形性や焼成白度の点で衛生陶器に最適だと認識していたのであった[175]。加えて、一九三三年から三七年にかけて、テラコッタ素地で台所用流しとバスタブなどの大型流し込み成形製品を作った経験も衛生陶器進出への意欲と自信につながった[176]。

森村グループの一業一社方針を気遣った長三郎は、会長・筆頭株主の大倉和親に衛生陶器参入を相談したが、和親も東陶の競争相手として必要だという認識で特に異論はなかった[177]。創立当初から、和親の個人的思い入れの強さという点ではきわだっていた東陶にとって、この決定はショッキングであったという。

当時の和親の決断について、その真意が明らかにされているわけではない。しかし、ここに浮かび上がってくるのはきわめて大局的にものごとを判断し、推進する経営者の姿である。同じグループ企業群の窯業製品のなかで、食器やタイル、碍子やスパークプラグはみな国内外の競争にさらされていた。ひとり衛生陶器のみ、後述のように名陶の業績が不振に陥った後、良質の製品を量産できる国内ライバル企業が消滅する見込みであった。グループ内での「一業一社主義」を、衛生陶器に適用することは即、東陶の独占につながり、それは日本全体を考えれば、経済学的見地からも、技術発展面においても望ましい状況ではなかった。和親にしてみれば、陶管、すなわち水システムの一環であるパイプ製作の面で優れた実績を示した伊奈製陶こそ、良質の衛生陶器製造に最適な東陶のライバルメーカー候補であったろう。[178] 現に、当時を知る元東陶社員の回想によれば、伊奈製陶の参入によって社内に相当の危機感と競争意識とが生まれたという。[179]

伊奈製陶は一九四五年十一月、衛生陶器の試焼に成功。翌一九四六年十月、東京赤坂の三会堂が占領軍ホテルに改装される際、タイルとともにウォッシュダウン式洋風大便器および洗面器を受注、納入した。[180] 丸進需要、建築需要、貿易再開と戦後復興が進行するなかで、伊奈製陶の衛生陶器事業は急発展し、タイやインドへの輸出も始められた。[181] 一九四九年には生産額の三割近くを新製品の衛生陶器が占めるようになり、名実ともに日本第二の衛生陶器メーカーとして成長していく。現在に至るＴＯＴＯ、ＩＮＡＸの開発競争を見れば、この両社が存在してこそ、衛生陶器のみならず、機能や品質に優れた衛生設備機器が次々に提案されてきたという感を深くする。

大倉和親は一九四四年から四七年にかけて、老齢を理由に日本碍子、東陶、伊奈製陶などすべての役員を辞任（日本碍子については、江副と同時期）。伊奈製陶に対しては、個人で所有していた株式の七割を無償で従業員に贈与した。その際、伊奈製陶従業員に贈った言葉は、和親の人柄を示すものとしてしばしば引用される。――「……今日の本社は予想以上の発展で、まことにご同慶に堪えません。これ一重に伊奈社長を始めとし、幹部の皆様、従業員ご一同の一貫してかわらぬ熱誠ご努力によって築き上げられたもので、私は心よりよろこび、かつ厚く御礼申し上げます[182]」――これは、謙譲の美徳や思いやりの深さの表現というよりも、むしろ率直に語られた本心であり、この本心を持つことこそが和親の人品であったとも思える。伊奈家はもとより優れた窯元ではあったが、優れた在来の窯元が近代化の荒波を超えて優れた近代的陶磁器メーカーに生まれ変わるのは容易なことではなかった。和親は技術や人材、とりわけ資金面で伊奈を支えた。それは、自らが創業に関わった企業群と趣を異にする「伝統産地の窯屋」の飛翔に強く惹かれたからでもあろうし、反面、父孫兵衛が当時の在来産業との葛藤のなかから勇躍して新たな地歩を築くのに、森村組の海外活動から得た資金が決定力を持ったという事情をよく理解していたからでもあろう。むろん、資金があれば物事が成功するのではなく、日陶の場合も当然、孫兵衛はじめ多くの人々の努力を積み重ねてこそ事業が軌道に乗った。伊奈製陶もいわば同様の道を歩んだ。和親にしてみれば、その過程に深いシンパシーを感じ、その努力を賞賛し、また感謝する気持ちが生まれたとして不思議はない。そのシンパシーは、共同体的な〝情〟とは一線を画するものと考えるべきだろう。日本の近代陶磁器業の発展というスタンスで考えれば、伊奈製陶もまた和親の壮大なパースペクティブの一角を支えたことになる。

さて、技術畑出身ではない和親が、まず「技術者」であったということは、たとえば現在のＴＯＴＯにおいても語り継がれていることである。少なくとも窯業技術に関する知識は、和親と接する技術者たちをもうならせるようなものだったに違いない。しかし、すでに触れたように、和親が生産現場に密着して指揮を執ったのは日陶揺籃期の六〜七年で、特に事業を多角化させた後は工場から距離をおいた経営を行った。理由はどうあれ、多角化した事業すべての現場に自らが直接関わること自体、もはや物理的に不可能であったろう。己が撒いた種を育て、刈り取る仕事の大変さを知り尽くしながら、和親は次第に現場密着型ではない事業「経営者」になっていった。この、一定の距離をおく方法が経営上きわめて有効であったと、日陶会計および日本碍子創立時より事務部門トップを務めた中村賢之助が指摘している。[183]

〈二強時代の幕開け〉

衛生陶器以外の陶磁器製便器に関しては、戦後、一時期復興の兆しがあったが、一九五〇年代に入ると衰退していった。衛生陶器生産は設備も近代化されており、旧来の陶磁器製便器はそれに対する競争力を持たなかった。[184]

戦後、一九四八年末に日本衛生陶器工業協会が加盟一四社で設立されるが、三年を経ずに三社が退場した。戦後の厳しい経済の混迷、衛生陶器製造技術のむずかしさなどが影響したと考えられる。一九五一年時点での加盟企業は、東陶、伊奈製陶、名陶、丹司製陶所（現アサヒ衛陶株式会社）、日本陶業[185]、小松製陶所、高島製陶所、加藤製陶所、豊橋製陶所、西浦製陶所[186]（現ジャニス工業株式会社）、日本陶管の一一社であった。このうち、伊奈と西浦は戦後新たに衛生陶器製造に参入したメーカーである。また、戦後生まれてすぐに姿を消した企業のひとつ、大成陶器は、名古屋財閥の滝兵右衛門の助力を得、名陶の衛陶工場長であった丹羽重博を招請して設立されたが、ほどなく経営難に陥った。丹羽はその後丹司製陶所に移り、その頃から丹司の製品は品質が向上したという[187]。

同時期、一九五〇年末の衛生陶器製造業界では、東陶が月産額三二二〇万円で全国シェアの六二・五パーセント、月産製品重量では二五三トン、同じく四四・七パーセントを占めて圧倒的に第一位、次いで伊奈製陶が月産額、重量でそれぞれ一〇・八パーセント、一二・二パーセントを占めて第二位[188]。あとは特に大きな企業はなく、戦前、東陶・名陶時代を築いた名古屋製陶所ははるかに縮小してしまった。かわって、伊奈製陶が躍進し、後年のTOTO・INAX時代の幕開けとなる。

さて、本章を通じて見たように、品質の良い衛生陶器の水洗式便器は一九三〇年代に国産化された。その時代、上下水道などインフラストラクチュアの整備も世間の認識も、この便器本体の開発に後れをとった。東陶の営業活動は、まずもって啓蒙から始められねばならず、一般需要が伸びるのは戦後を待たねばならなかった。この状況は第5章において検討するが、その前に、水のシステムと工業化の関係性を再考する必要がある。再三述べてきたように、水洗トイレをはじめとする水回り設備機器は、給排水システムのなかに位置づけられてこそ機能するものであるからだ。次章ではこの位置づけを可能にする工業製品である水栓金具、つまり水回りの金属バルブやパイプの工業化問題にいま一度立ち返る。

第4章　水栓金具の工業化

前章ではトイレの主要部分、すなわち便器を構成する衛生陶器の工業化を概観した。この便器という道具にエネルギーを与えるもの、それは水である。より正確には水圧や水量や水流の組み合わせによって汚物を「洗い流す」のであり、これを可能にする工業製品がいわゆる「水栓金具」である。逆にいえば、水栓金具のついていない衛生陶器の便器本体は、「穴の開いた器」でしかなく、排泄物を溜めおくことすらできない。また一方、今日われわれが当たり前だと思い込んでいる「水漏れしない金具」は、水資源対策の観点からも評価を受けるべき存在なのだ。

図4-1はトイレ回りの金具を示す。一般に水洗トイレに使われている金具といえば、ロータンクから延びているパイプや継手、取付口や排水口の金具（スパッド、フランジ）、あるいはフラッシュバルブなどを思い浮かべるだろう。対象をもう少し広げて、衛生陶器に取り付けられた金具となると、手洗器の給水栓（蛇口）が最も目立つ存在かもしれない。普段われわれは意識しないが、実際、屋内にある給排水システムの末端部分、また屋内システムと水道管、下水道管を接続する部分にはさまざまな金属部品が使われており、これがないと給排水システムは本来的な機能を果たせない。図4-2～図4-5においては、こうした金具のうち、本書の内容に関わりの深い四点の構造を示した。前章で「便器」の工業化を「衛生陶器」という括りで考えたように、本章では「水洗トイレを機能させる金属部品」の工業化を「水回りシステムの金属部品を一括した水栓金具[1]」という括りで捉えることで具現化し、その過程を考察する。トイレに使われる金具はその一部分を構成している。製造面及び工事面から考えると、

郵便はがき

料金受取人払郵便

千種支店
承認

5155

差出有効期間
平成22年3月
31日まで

464-8790

092

名古屋市千種区不老町名古屋大学構内

財団法人 名古屋大学出版会 行

ご注文書

書名	冊数

ご購入方法は下記の二つの方法からお選び下さい

A．直 送	B．書 店
「代金引換えの宅急便」でお届けいたします 代金＝定価（税込）＋手数料200円 ※手数料は何冊ご注文いただいても200円です	書店経由をご希望の場合は下記にご記入下さい ＿＿＿＿＿ 市区町村 ＿＿＿＿＿ 書店

読者カード

(本書をお買い上げいただきまして誠にありがとうございました。
このハガキをお返しいただいた方には図書目録をお送りします。)

本書のタイトル

ご住所　〒

TEL（　　）　—

お名前（フリガナ）　　年齢

歳

勤務先または在学学校名

関心のある分野　　所属学会など

Eメールアドレス　　@

※Eメールアドレスをご記入いただいた方には、「新刊案内」をメールで配信いたします。

本書ご購入の契機（いくつでも○印をおつけ下さい）

A 店頭で　B 新聞・雑誌広告（　　）　C 小会目録
D 書評（　　）　E 人にすすめられた　F テキスト・参考書
G 小会ホームページ　H メール配信　I その他（　　）

ご購入書店名　都道府県　市区町村　書店

本書並びに小会の刊行物に関するご意見・ご感想

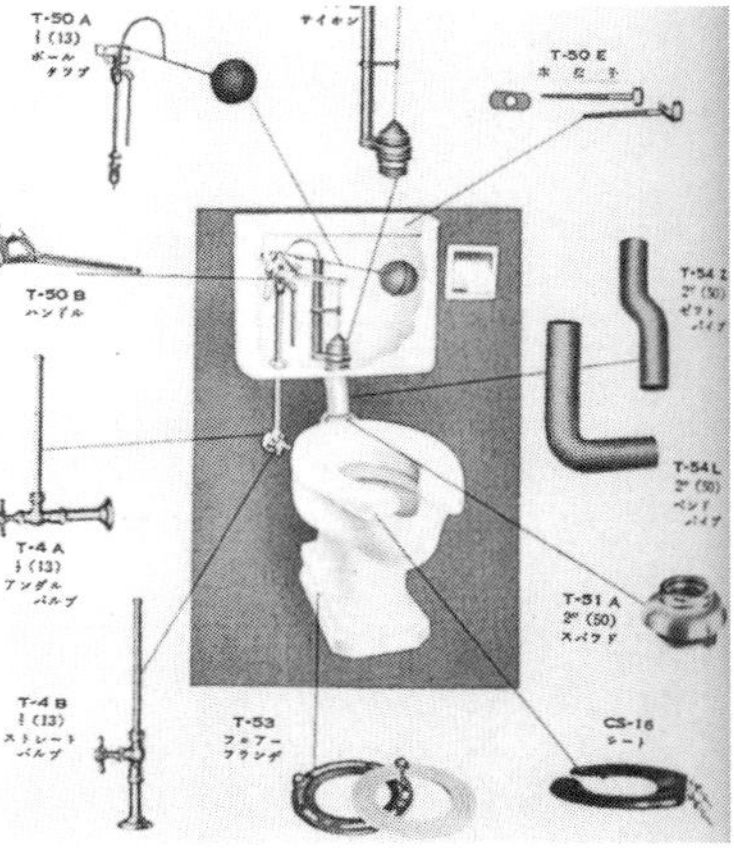

図 **4-1**　トイレ回りの金具（1939 年東洋陶器カタログより）

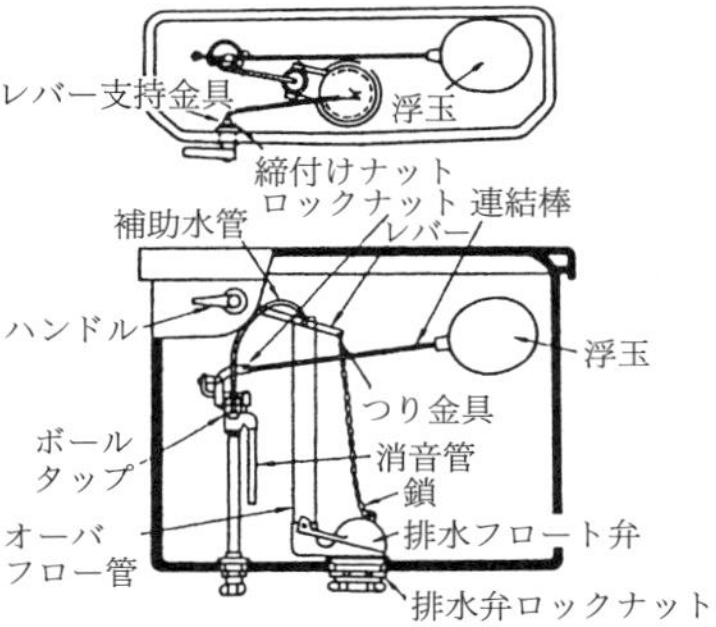

図 **4-3**　ロータンク構造図

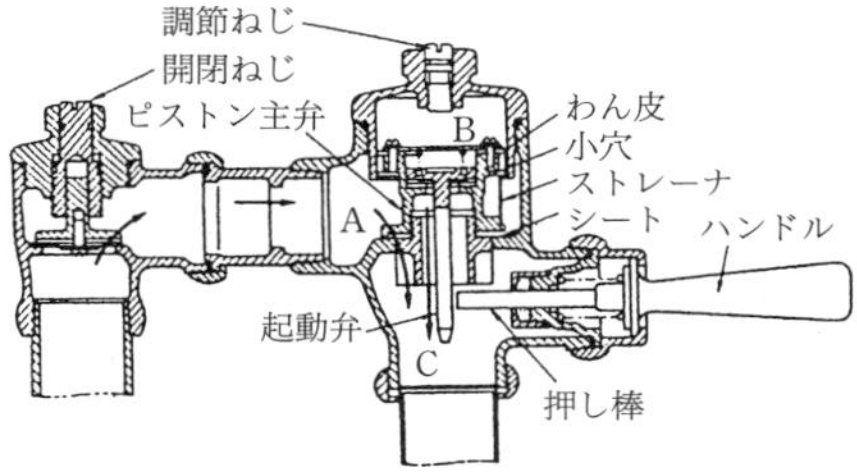

図 **4-2**　フラッシュバルブ構造図

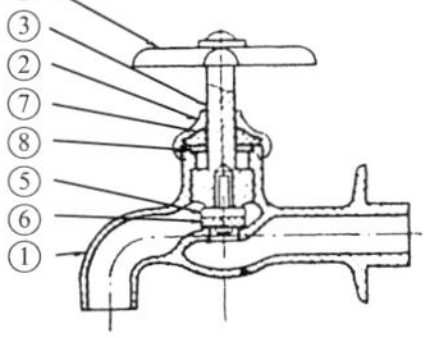

番号	部品名
1	胴
2	パッキン押さえ
3	せん棒
4	ハンドル
5	こま
6	こまパッキン
7	パッキン
8	パッキン受

図 **4-5**　横水栓構造図

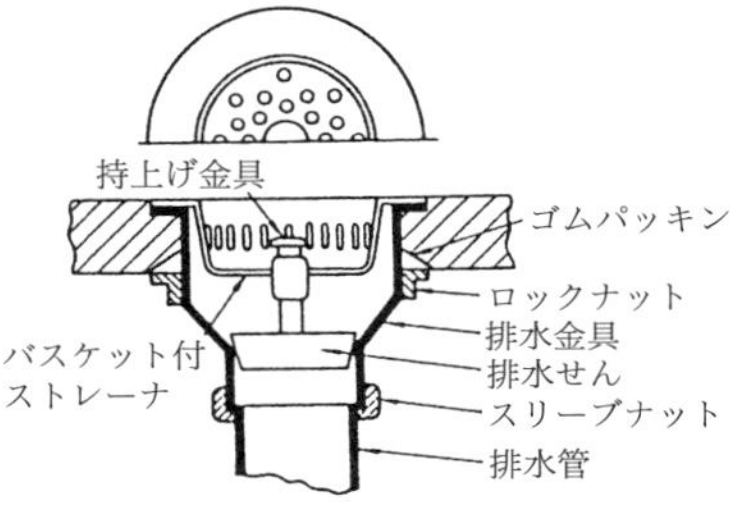

図 **4-4**　排水金具取付構造図

こうした金属部品は衛生（水回り）のみならず、空調（冷暖房）設備機器においても基本的に類似している。すなわち、建築設備／住宅設備のネットワーク部分なのである。第1章でも述べたが、たとえばアメリカの大手設備機器メーカーは、衛生・空調の両部門を擁している場合が多い。だが、日本では衛生設備機器の専門メーカーとして大手企業が育っている。

なお、都市の機能を人体になぞらえて論ずることがある。その際、上下水道という水システムを大動脈や大静脈に見立てるとすれば、こうした金属部品はさだめし動脈弁や静脈弁、また毛細血管などに見立てられよう。

1　水回り金具の国産化

（1）水洗トイレと金具

水栓金具は主として銅合金鋳物から作られる機械、もしくは金属工業製品で、広義にはバルブに分類される。[2] 銅は腐食に強く、展性、加工性に優れていることから浮玉にも利用されたことは第1章で触れた。また、青銅鋳物は耐圧性、耐摩耗性に優れ、黄銅鋳物はメッキ性やコスト面に利点があるといった特徴を活かして、水回りの場面で使われてきた。明治初期には作れるものは何でも作っていた金物屋、すなわち金属加工工場だが、次第に専門化が進むなかで、こうした水回りの金属部品をまとめて製造するメーカーもまた育った。つまり、「水栓金具メーカー」といえば、蛇口のみならず、衛生陶器に取り付けられる金具類、シャワー、また水回りの屋内配管用のパイプ、バルブ類、より大きなものでは水道の止水栓・分水栓などを作っているという解釈が事後的に成立している。水道管や下水道管等は、同じ水システムを構成するパイプではあっても、材料や製造技術が異なるために製造工場もまた分化する。

ちなみに、「水栓金具」という用語は、現在一般名詞として通用するが、東陶で一九六三年、それまで「付属金具」と称していた商品分類名を「水栓金具」と呼ぶようになったのが一般化の始まりと考えられる。[3] 同年以降、東陶のカタログにおいては名称が切り替えられたが、[4] 東陶の技術者である清沢洋が一九六五年の論文において、「水栓金具」ではなく「衛生金具（給水金具／排水金具）」[5] という用語を使用している。商品名を一般名称としてデビューさせるのには多少の時間を要したのかもしれない。

さて、「蛇口をひねれば水の出る生活」が近代化の一つの象徴であることに示されるように、水栓金具はわれわれの日常生活に必要不可欠できわめて身近な存在であるけれども、それ独自の工業化過程が明らかにされているわけではない。研究史については、日本バルブ工業会編刊『バルブ工業の歩み』（一九七四年）、空気調和・衛生工学会編刊『空気調和・衛生設備技術史』（一九九一年）が、部分的にではあるがこの種の金具の発展史を扱っており、本書の記述も、特に前者からの引用に多くを負っている。また地場産業の研究として、たとえば小倉栄一郎『彦根バルブ七十年史』（一九六五年）のような著作もある。それぞれの立場から貴重な業績であることは言うまでもないが、いずれも社会科学的な関心から「水栓金具産業」の全体像を扱う試みとは異なる。そもそも金具のような、何らかのシステム／ネットワークの部分として機能する製品について考える場合、その使用環境を含めた理解が必要となろう。ところが製品は小さくてシンプルでも、それが使用される世界は大きくて複雑である。一方でこうした製品は統計分類上の位置が定まりにくく、たとえば機械統計のなかの「バルブ・コック」という分類のなかにはきわめて性質の異なる品目が混在してしまう。その意味で工業化過程の研究が困難であることは確かである。

本章ではまず、明治以降、水回りの金具生産が始まり、専門化され、近代化されていく過程に、三つのルートからアクセスすることを試みる。第一はバルブ製造業（者）、第二は衛生設備工事業（者）、そして第三は衛生設備器具を代表する衛生陶器の製造業（者）のルートである。[6]

（2）初期バルブ製造業者の専門化

まずは水栓金具という視座を据えつつ、バルブ製造の歴史に触れてみよう。第1章で金属パイプの問題について触れたが、同様に、金属製のバルブやコックの製造起源もまた紀元前にさかのぼる。しかし、日本に渡来したのは幕末期、贈答品や輸入品の機械類に付属していたものが最初であろうという。明治以降、工業化が進んで船舶、機関車、各種産業機械が作られ、ガスや水道が引かれて、金属製バルブの国内需要が生まれた。水道工事、また近代建築に伴う衛生工事が進展すると水栓金具需要も高まったが、明治中頃までその多くを輸入に頼っていたのはすでに述べたとおりである。水回り関係ではグレンフィールド・アンド・ケネディの水道用弁、シンプレクスのフラッシュバルブ、クレーンのバルブなどが知られていた[7]。最初の国産バルブの記録は一八七七年、京都府勧業場の伏水《ふしみ》製作所で作られた蒸気機械用真鍮カランだという[8]。一方、一八八〇年代中頃から東京の芝周辺、および滋賀県彦根を中心にバルブ製造業者が現れた。東京はともかく、彦根にこの産業が興った理由は、この地が在来の鋳物産地であったことに求められる。一八八七年、錺職人門野留吉が製糸業者の依頼に応じて製糸設備用の蒸気カラン（工女カラン）の製造を始めた。その後、他の製糸業者や大阪の問屋などからの注文が増え、門野が同族や職人（徒弟）に「のれん分け」したこと、また在郷の鋳物師もバルブ製造に参入したことで業者の数が増加した。最初は砲金[9]のカランを扱っていたが次第に鋳鉄弁の一大生産地となり、鋳物から完成品まで一貫生産する工場がほとんどで特殊弁を得意とした。当時、バルブはまだ規格化されていなかったので、需要者の求めに応じるために流通は大阪の問屋の仲立ちで成り立った。それでも、飾り物や伝統の鋳物と比べればはるかに利幅が大きかったという[10]。

明治の中頃まで、国産バルブといえば水用（蛇口）と製糸設備用（工女カラン）にほぼ限られた。明治末期頃から高温高圧に耐えるバルブも製造され始め、また、製造における専門化が急速に進んだ[11]。バルブの用途がさまざまであり、多種多様の材料、機能、規格、形状に合わせた多種少量受注生産が基本であったこと、そして、ものによっては設備の特殊化、技術の蓄積が必要となったことなどがその理由である。青銅玉型弁やガスコックなどは特に専門化されずに作られていた。

水道事業に関わる国産給水栓（共用栓）の第一号は、一八九四年に東京の武井工場が横浜水道から依頼され、現物貸与を受けてそれをもとに木型を作り製造、納入したものという。武井工場は武井民太郎が東京、芝で創業。一八九一年にカランの製造を開始した。[12]一八九七年には東京市と給水栓供給契約を結んだが、納期遅延で延滞料を徴収されている。[13]製造の苦労が偲ばれるが、この頃すでに水栓類を専門に製造する業者が生まれていた。製造技術としては、鋳物は伝統技術の応用、初期には鍛造（打物）も行われた。機械加工の場合も結局手仕事に頼る部分が大きく、熟練や経験が必要とされた。[14]明治期における専業バルブ製造業者の創業数は東京三三、彦根五、大阪五など、合わせて七〇余。鋳物屋からの転業や水道用鋳鉄管製造業者の兼業が多く見られた。[15]また、販売は問屋の手を通したが、こちらは専業化せず、各種製品を扱う「金物問屋」が主体で、その数は圧倒的に大阪に多かった。一方、高級品、特に高度な品質を要求されるものは輸入品が選ばれ、外国商館、また日本の貿易商を通じて輸入された。イギリス系の商社が多く、そのためにイギリス製品が多く輸入されたという。[16]

大正末期になると、バルブ製造の事業所数は一七〇を超え、全国に広がりを見せるものの六割以上が東京（特に芝周辺）に集中、製品別では青銅の弁・水栓類が六割以上で、その七割が東京に集中していた。[17]第一次大戦後、江東、芝浦一帯、すなわち京浜工業地帯の原型をなす地区において機械、金属、器具などの製造関連部門が急成長を遂げたことが背景にある。[18]バルブ類は安定した需要を得ていたが、企業規模からは個人経営のいわゆる町工場がほとんどであった。

この頃までの水栓関連製造業者で最も積極的な事業展開をした一例が、一九〇四年に東京、芝で創業した高橋吉五郎（高橋工場、現株式会社ファインテック高橋）である。共用水栓、工女カラン、バルブ式カランの製造から事業を始め、その後米国シンプレクス社と特約してフラッシュバルブを輸入。大沢商会を通じて一般バルブをロシアに輸出。また、一九一四年にフラッシュバルブ、一九二二年には自在水栓の製造を開始した。これより早い一八八七年、京都で創業した水道器具製造販売業者富永正太郎（富永製作所）は、一八九七年頃に水栓製造を開始したと見られ、[19]一九二〇年頃にはかなり充実した設備機器および材料を揃えていた。[20]大正時代になると、フラッシュバルブの国産品も出回ったが、製造できるのは二、三の特定業者に限られ、その品質も粗末であった。[21]かたや、第1章で触れた須賀商会輸入の〝スローン・バルブ〟（一九二〇年）は日本の水道関係者を驚嘆させた。[22]ただし、その価格は日本円にして一本約二五円。タンクが不要で工事費も節約でき、性能も優れていることから、須賀はこれに三五円以上の価値があるとみなして輸入を決断した。[23]昭和初期になると、たとえば米本栄商店（大阪）が、スローン・バルブ、スタンダード・サニタリー・マニュファクチャリング、クレーン各社のフラッシュバルブを扱いながら、自作のヨネ・フラッシュバルブを売り出し、相当数のビルで使われた記録もある。[24]

さて、バルブは大きさや用途も多様だが、製造技術も在来の鋳物技術などの応用で製造できる程度のものから、特殊な高級工作機械を必要とする類のものまでさまざまである。初期の水栓類の場合、それまで日本になかったものでありながら、バルブのなかでは比較的製造技術が容易で、初期投資も少なく小規模で成り立ち、しかも需要は増大傾向で、在来の金属加工製品と比べれば利幅が大きい、といった参入へのインセンティブが働き、製造業者の数が増えたと見られる。特に、水道事業の始まりはこうしたバルブへの需要増を確実なものにした。関東大震災によりバルブ業者の集中していた東京が被災し、業界に変動を与えたが、また、震災を機会に復興建設関係のバルブ需要は増大した。この頃を境に、水道関係バルブはさらに専門化が進み、幹線関係配管の鋳鉄製制水弁や消火栓などを生産する業者と、末端配管用小型弁（青銅弁、給排水栓類）などの量産品種を狙う業者に分かれてきたという。本書の考察の対象となるのは後者だが、これら業者の大半は、新製品開発や技術研究よりも受注獲得競争のためコストの引下げを主要命題とし、合理化による質量の生産性向上とは相容れない品質を度外視した価格引下げ方策をとる方向に追い込まれていった。[25]

時代が進み、軍需部門の産業が発展するにつれてバルブ一般への認識は高まったが、水栓など小型弁の生産設備・技術に大きな進展は見られなかった。ただし、給水栓にようやく規格ができたのが一九二六年。社団法人水道協会（一九五六年、日本水道協会に改称）の前身である上水協議会[26]が工学会[27]に依頼して作成したもので、公称内径一〇、一三、一六、二〇、二五（ミリメートル）の五種が制定された。一九三五年の水道協会総会において、各径ごとに一ミリずつ大きくして材質は具体的に表現することも決まり[28]、同協会による水道用資機材検査も始まった。だが、同じ番号でありながら、二〇や二五の水栓は全国で二〇種類以上が使われていたという[29]。外目に見えるデザインのみでなく、ネジ山の高さ／ピッチ／形状、また管の肉厚寸法の違い等が理由である。大もとの水栓が明治の頃の輸入品、それもさまざまなタイプのものが各地で使われ、しかも水道事業が市町村（水道事業体）の管轄であるために生じた現象であった。事業体が違えば同じネジ番号でも合わないのが普通のこと、同じ事業体の同番号のネジがぴったり合わないことすらあった。

図 4-6　昭和初期頃までの水栓類（横水栓）
水栓類は熔解してリサイクルできるため，保存されにくい。また，刻印がある場合も少なく，製造者や製造時期がわからないものが多い。

本来、システム／ネットワーク部品であるために規格が必要で、また製造技術的には規格を制定しやすい製品であるはずの水栓は、こうして明治以来の成りゆき的な状況を引きずって製造されていた。すでに社会に普及浸透した管や管用ネジの種類が多ければ、規格化は逆に困難になる[30]。そして、製品規格のこの状況が生産のあり方そのものを規定していたといえるかもしれない。鋳造では相変わらず長年の経験が重視され、作業標準の設定などは行われず、木型は専門業者への外注が多かった。機械加工は、熟練から合理的手法へ移行することで精度を高めようとする気運はあったが、概して名人技量が尊重された。組立では自動化を研究した企業もあるが、装置作成費、正確度、段取りの手間などの問題が多く、結局手作業に落ち着く傾向が強かった。水圧検査方法は量産品に限り、ようやく手動ポンプから動力ポンプへ切り替えられつつあった。鍍金は外注が主だった。水栓類の鍍金は早くから考えられたことではあったが、需要が少なく、各企業ごとに鍍金設備を持つには至らなかった。[31]

（3）衛生・設備工事業者と金具

前述のように、パイプやバルブの国産化が進展していくわけだが、たとえば水洗トイレの設置を考えたとき、具体的にどのようなパイプやバルブが必要なのか、最初に理解したのは、おそらく設置の工事を請け負った人々、すなわち、当時の「水道屋」である。その問題については第1章で触れた。むろん、トイレだけでなく、設備工事上必要になる金具を準備する必要に迫られ、自ら工夫を重ねるなかで、設備の機能のみならず建物全体にとって、金具類がいかに重要な役割を果たすかを理解したのも、こうした人々だったと思われる。一九三〇年頃になると、すでに何度も紹介した、日本の衛生工事の草分けである須賀商会は、湯水混合弁（埋込式ミキシングバルブ）や混合栓（二バルブ式）などを取り扱い、[32]器材の国産化にも努めるようになっていた。須賀商会は戦前期を通して最も著名かつ有力な衛生設備工事・器具取扱会社であったといってよい。また、須賀商会よりも早く、一八八三年に開業していた大阪の水道金物屋、吉川商会（吉川與兵衛商店、図4-7）は、大正末期までに大阪に五工場、東京に一工場を持ち、図面または見本品による特別注文にも応じていた。[33]さらに金具そのものに深く関わったのは、これもすでに紹介した西原衛生工業所であった。浄化槽や汚水処理に力を入れていた西原脩三だが、彼自身、仕事をするなかで国産金具の品質の悪さに閉口していたのである。

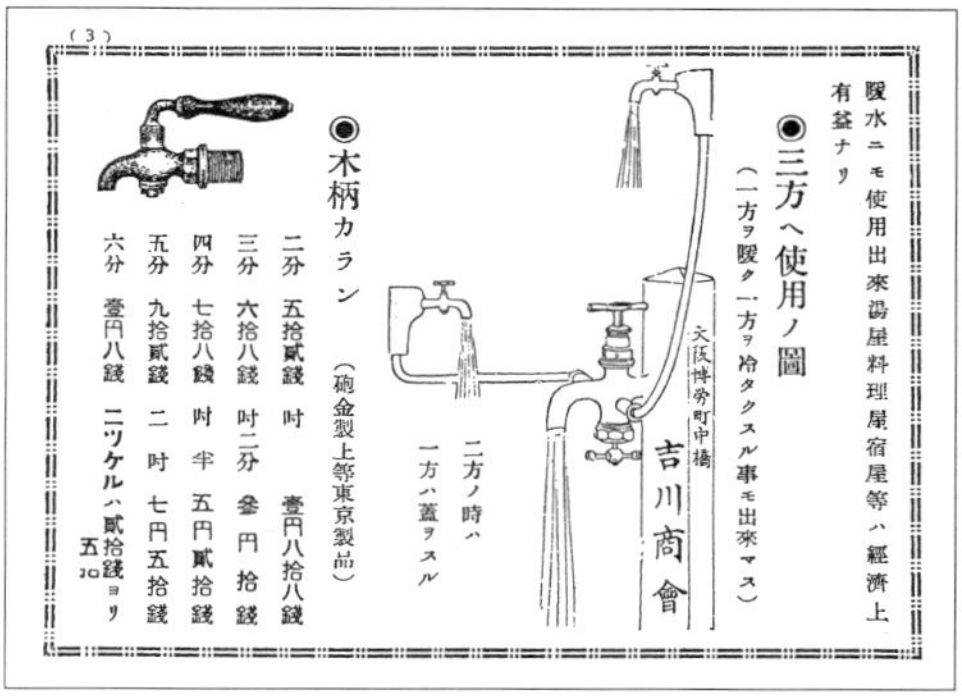

吉川商會店舗

図 4-7　大阪博労町，吉川商会の店舗およびカタログ

店舗には「電気瓦斯水道工事設計請負建築金物商」の看板が見える。カタログに紹介されているのはいわばタコ足配管の給水栓で，当時の配管工事事情がうかがわれる。

〈ヤンソン製作所——パイロット印金具〉

一九一三年、西原は日独合弁の合資会社建材社[34]の客員として衛生工事部門を担当することになり、その縁で同社の暖房部門担当のドイツ人技師A・P・テーテンスの知遇を得た。[35] テーテンスは日本定住のエンジニアとなることを嘱望されて一九一四年に招請され、後年、東京海上旧・新館など近代ビルディングの建設に携わり、「暖房設備の建材社」の名を高める立役者となった優秀な設備設計技術者である。その頃——明治から大正初期にかけて、輸入衛生器具はほとんどイギリス製で、金具を製造する場合にもイギリス式の鉛管接続に適する方法が採用された。その後、一九二〇年頃になると、アメリカでの衛生設備および工事の発達により、金具の形式もまたアメリカ式へと移行し、鉛管から鍛接管へ、ハンダ接合からネジ接合へと変化していった。[36] 時代が進むにつれて洋風建築のレベルも上がってきたが、そのなかで国産金具は「恐ろしく粗悪なもので」やはり輸入に頼らざるをえず、その主流はアメリカのクレーン社かスタンダード・サニタリー・マニュファクチャリング社製であった。[37]

衛生金具類の国産化を模索していた西原は、おりしも関東大震災で輸入が困難になったこともあり、一九二四年、テーテンスおよび、おそらくテーテンスの紹介で知りあったヤンソンとともに、東京、大森に合資会社ヤンソン製作所を設立、「パイロット印高級衛生・暖房金具類」の製造を開始した。ヤンソンはエストニア出身で衛生金具の設計に秀でた技術を持っており、一九二〇年頃には横浜に工場を構えていた。名人かたぎで納期遵守に多少問題があったとされ、また価格は輸入品と同程度だったというが、国産品のなかでは群を抜いて品質が良く、高い評価を得た[38]。高級品はニッケルメッキ、一般品は亜鉛メッキ等を用いていたことが当時のカタログに示されている。技術的にも、大小便器用フラッシュバルブの逆流防止、湯水混合水栓のポップアップ式排水金具、ハンドシャワーの考案など、優れた成果を残した。優秀国産品奨励採用方針のもとに建造された帝国議会議事堂の衛生金具類にはパイロット印が指定された。当時、西原衛生工業所はすでに浄化槽開発で名を上げていたが、高級金具の製造においても高い信用を得ることになった。逆に、ヤンソン製作所も金具のみでなくパイロット式濾過装置や焼却炉を製造するようになり、事業の幅を広げた[39]。

だが、戦時期になり、ヤンソンは欧州系外国人であることを理由に活動を禁じられて疎開した。ヤンソン製作所は東西機器製作所と改名、その後西原衛生工業所に吸収されたが業績は著しく悪化、戦後一九五三年に松原製作所として再出発[40]、「パイロット印高級衛生金具類」の生産を再開した。パイロット印の製品は、戦後も一九六〇年代にかけて、高級金具として著名な建築物に数多く使用されたが、高価でもあり、金具の多品種大量生産時代に入るとその使命を終えた[41]。

欧米の経験から推して、日本の水道屋や衛生工事業者、すなわちプラマーたちが便器や金具の開発に携わったとしても、何ら特別なことではない。だが、社会にその経験の積み重ねのない状況では、さまざまな役割を一度に果たさねばならず、過重な負担をしいられたのも事実であろう。彼らはパイオニアであったが、結局目の前の必要資材を準備することに追われ、そこから将来を見越した設備機器製造へ本格的に踏み出す道は選ばなかった。彼らはメーカーと強い関係を保ちながら、多種多様の器材、機器を統合する立場を堅持した。

すなわち、日本では衛生工事業者が必要なものを輸入により調達して水洗トイレや洗面器を設置している間に、陶器と金具が別々に発展し、工事業者は次第にそれぞれを国内調達して衛生工事を行うという形をとるようになった。一例として、一九三〇年頃、大手の衛生工事会社であった田中工業所の工事方針は、衛生陶器は東陶もしくは名陶、鉛管は日本鉛管製造所、鋳鉄管は久保田鉄工所、水栓類はヤンソン製作所もしくは八重沢工業所（八重沢仙松、東京、一九一四年創業）、それぞれの製品を使うことを勧める、つまり、施主あるいは設計者にこれらの製品の使用を指定するように求めるものであった。[42] 工事業者は中間ユーザーとして、製造から独立していく傾向を強めていった。

（4）衛生陶器製造業者と金具

ここで、戦前期までの衛生、あるいは水回りに関わる「工事業者」、「金属加工（金具／バルブ製造）業者」、「製陶業者」の関係を整理してみよう。まず工事業者であるが、当初はどこかから何かを調達せねばならず、たとえば須賀商会は必要に応じて金具を製造したが量産とは無縁で、また衛生陶器の設計を試みたが、自ら製造するには至らなかった。西原衛生工業所は金具の製造に乗り出したが、これは品質重視の少量生産を営む別会社にとどまった。また、陶器の製造には関わらなかった。つまり、工事業者は配管関連の金具の製造に関心が深く、またその生産に関わる可能性を持っていた。工事（＝配管）業者と金具の関係は本来きわめて密接である。だが逆に、もともと金属加工、もしくはバルブ製造業者が、自ら設備工事に大々的に乗り出す例は、おそらく戦前にはなかった。金属加工業者が陶器を作る事例は、さらにない。最後に、製陶業者が工事に関わる事例は、陶管に関わるところではあり得たが、それ以上に広がることはなかった。そして、陶器屋が陶器のついでに金具を販売することはあっても、それを自ら製造することはなかった。もともと陶器屋は金気を嫌う。製造中の陶器に金属粉が付くと変色やピンホールの原因になるからである。

しかし、ほかならぬ水洗トイレを作ろうと思えば、実際に衛生陶器に付設する金具が必要になる。この取付口をうまく機能させることは、事情に精通している者にさえむずかしかった。ましてや、衛生陶器を扱わない金具屋が設計図のみをたよりに製作する金具に、衛生陶器屋は満足しなかった。国産の水洗トイレもしくは洗面器や陶製バスの品質が海外優良メーカーのものより劣っているとすれば、その大きな理由のひとつは、陶器と金具の接点にあった。

〈東陶と付属金具〉

第二次大戦後、この図式は大きく変化した。何より驚くべきは、戦前、戦後を通じて日本最大の衛生陶器メーカーである東陶が、自ら日本最大の水栓金具メーカーに成長したことである。この事情は後段で詳述するとして、まずはそれ以前の東陶と金具の関係を概観しておこう。

東陶の創業者、大倉和親は衛生陶器への進出を決めた当初からこうした金具、すなわち、衛生陶器の付属金具(fittings)の内製を視野に入れていた。すでに東陶の工場建設時、構内に将来の金具製造に向けて用地が確保されていたという。[43] 欧米で生まれた製品を欧米の製造技術を導入してゼロから国産化しようというのだから、金具の重要性を認識していて当然である。[44] ただ当時は衛生陶器のみで精一杯であった。上下水道の普及状況、屎尿の肥料価値、肝心の製陶技術その他の事情から、衛生陶器製造の経営が成立するかどうか、それすらも危ぶまれていたであろう。陶磁器に関してはときに無謀とさえ思われる積極経営を進めた和親だが、さすがに全く異分野の事業への参入はしなかった。通常、〝やらなかったこと〟に対する評価は下されないが、当時の技術状況を勘案すれば、和親の賢明さを示す証しでもある。あるいは、窯業に対して持っていた狂おしいまでの情念が金具に対して欠けていたことが幸いしたといえるかもしれない。ちなみに、この〝付属〟金具という呼称はまさに陶器屋的な発想に依拠していた。本来の付属的部品はともかく、水回り金属製品一般に対して、金属加工メーカーが自発的にそのような名称をつけることはあり得ない。

金具の自製はその後も東陶の経営課題としてあり続けた。第1章でも触れたが、「水洗トイレ」というひとつの設備を考えた場合、価格的には「衛生陶器＝便器」よりも周辺の「水洗システム」のほうが高価であり、そのシステムは金具なしには成立しない。金具を制することは衛生陶器の製造に終始するよりもはるかに大きな利益をもたらすはずである。また、トイレそのものの製品開発から考えても金具自製のメリットは大きい(45)。だが、一九三〇年の百木三郎（当時、東陶工場支配人）の講演記録によれば、東陶の衛生陶器に合わせるなら、まずは優秀な外国製金具が望ましい。ただ国産でも良いものがあるとしており、これはパイロット印の製品を指している。東陶が金具生産に参入できない理由としては、国産金具ですら優秀なものは高価で市場性が薄いことを挙げている(46)。つまり、新規参入するには、品質・コストともにパイロット印を超えねばならず、その能力が当時の東陶にはなかった。おまけに当時、水洗式の便器を開発しても、需要は主として非水洗式の和風便器となれば、水栓金具製造へのインセンティブはいまひとつ膨らまなかった。

さて、東陶では一九三一年、技師西川弘三(47)がアメリカ留学の際に付属金具の調査研究を行っている。有名メーカーであるスタンダード・サニタリー・マニュファクチャリング社やクレーン社などの衛生陶器には必ず同じメーカーの金具がセットされていた。初めからシステムとしての衛生機器を製造していたアメリカの大企業にとっては、その双方が揃うことによって商品としての「水洗トイレ」が成り立つ(48)。前述のように、日本では須賀商会に代表される東京、大阪などの大手設備工事店や販売店が付属金具を協力工場で作らせ、衛生陶器とセットして販売する方式が一般的であった。また、ライバルの名陶はすでに一九二〇年代末、衛生陶器と付属金具をセットにして販売していた(49)。東陶は衛生陶器の輸出に際し、金具がないために受注に失敗し、その後の受注には金具メーカーからの購入品をセットして応じた。ヤンソンのパイロット印金具は確かに高品質だが、価格も高く量産には向かない。他の水栓金具メーカーはみな小規模で技術水準が低く、品質も不揃いで、陶器との接合具合に問題が生じることがしばしばだった。内製か、専門協力工場を育成するか、アメリカから輸入するか——西川は専門メーカーからの良

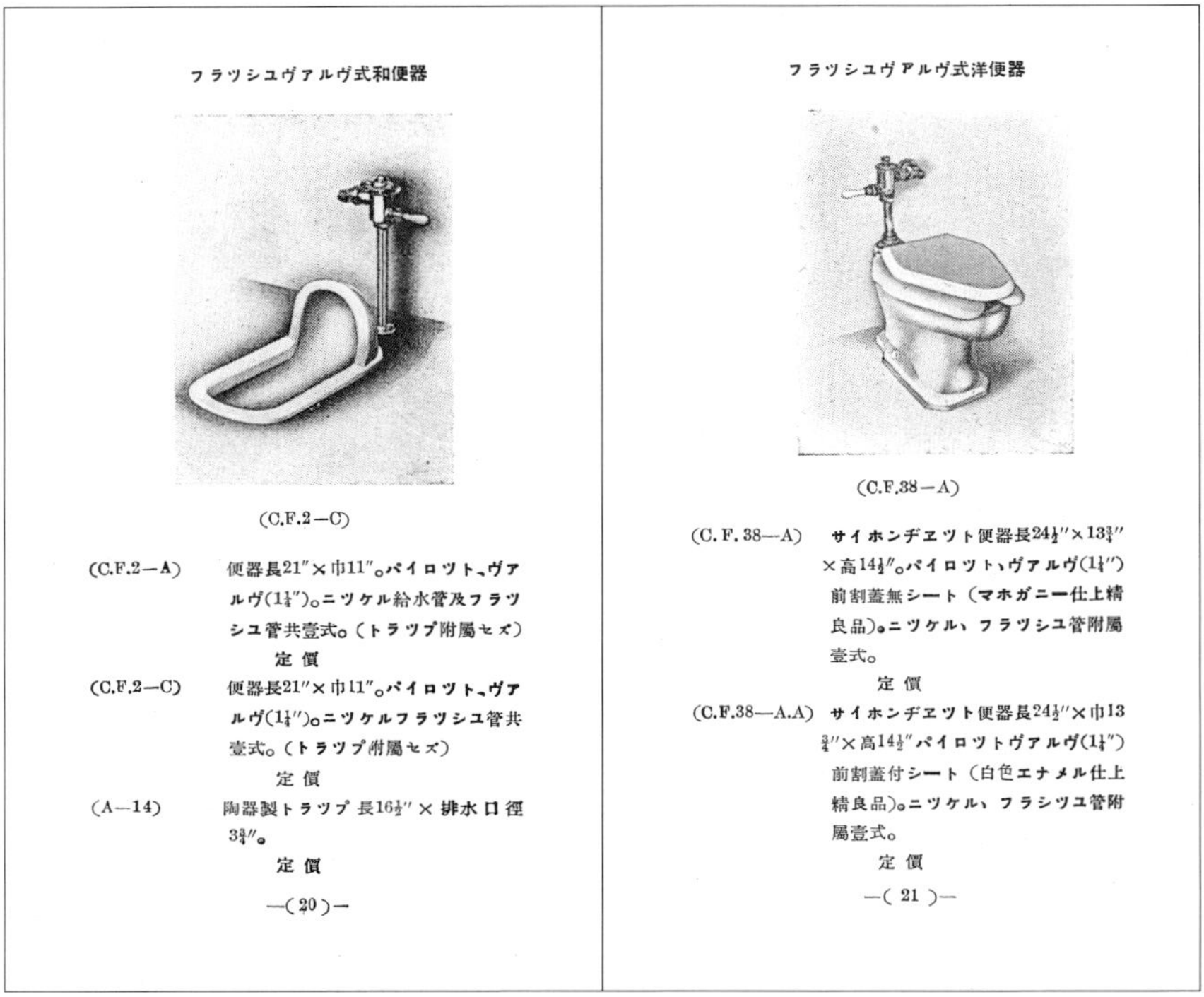
フラツシユヴアルヴ式和便器

(C.F.2—C)

(C.F.2—A) 便器長21″×巾11″。パイロツト、ヴアルヴ($1\frac{1}{4}$″)。ニツケル給水管及フラツシユ管共壹式。（トラツプ附属セズ）
定價
(C.F.2—C) 便器長21″×巾11″。パイロツト、ヴアルヴ($1\frac{1}{4}$″)。ニツケルフラツシユ管共壹式。（トラツプ附属セズ）
定價
(A—14) 陶器製トラツプ 長$16\frac{1}{2}$″×排水口徑$3\frac{3}{4}$″。
定價

—(20)—

フラツシユヴアルヴ式洋便器

(C.F.38—A)

(C.F.38—A) サイホンヂエツト便器長$24\frac{1}{2}$″×$13\frac{3}{4}$″×高$14\frac{1}{2}$″。パイロツト、ヴアルヴ($1\frac{1}{4}$″)前割蓋無シート（マホガニー仕上精良品）。ニツケル、フラツシユ管附属壹式。
定價
(C.F.38—A.A) サイホンヂエツト便器長$24\frac{1}{2}$″×巾$13\frac{3}{4}$″×高$14\frac{1}{2}$″パイロツトヴアルヴ($1\frac{1}{4}$″)前割蓋付シート（白色エナメル仕上精良品）。ニツケル、フラシツユ管附属壹式。
定價

—(21)—

図 4-8 西原衛生工業所の記念カタログより

このカタログはアメリカ大使館（1931 年竣工）の新築工事の際，日本人用衛生器具を納入するため，米国の商社に提出された特別版で，製品が「国産高級品」であることを強調している。

品購入を結論づけ、東陶ではヤンソン製作所をはじめ、八重沢工業所、高橋製作所（旧高橋工場）、ミナト製作所、木本鉄工所、富永製作所（神戸）などと取引を進めた。一九三〇年代後半には、衛生陶器に仕入れ金具をセットして一式を納入する傾向が強まった。さらに品質面での差別化を行い、ヤンソンをA品（高級品）、その他をB品（普及品）とし、それぞれ別個の東陶製品マークをつけて販売した。[50]

東陶の金具売上高は一九四三年に戦前のピークを迎え、年間四九万円を記録した。特にヤンソンは生産量の四〇パーセントを東陶にA品として納入した。[51] 一方、工事業者の西原衛生工業所が東陶とヤンソンの販売特約店として両者を合体させた衛生器具のカタログを製作した例もある

（図4-8）。東陶はまた、一九三五年にヤンソン製作所と、一九四一年には八重沢工業所と、それぞれ買収、共同出資会社設立の話を進めたが、戦時期の企業整備とぶつかったこともあり、いずれも不成功に終わった[52]。一九四三年には木本鉄工所と匿名組合契約を締結して金具発注を行ったが、民生品はむろんのこと、軍需用衛生陶器すら生産が低迷していった[53]。

民生品が不遇であった戦時期を超え、東陶がついに金具生産に乗り出すのは戦後である。

金具付きの衛生陶器という占領軍特需を大量に受けた東陶は、何としてでも金具を準備する必要に迫られた。最初は在庫品をさらい、購入した金具を衛生陶器にセットして納入した。けれども、かつての仕入れ元は戦災に遭い、もしくは材料不足で、戦前並みの生産再開は望めなかった[54]。ともかくも一九四五年末、東陶衛生陶器工場の片隅で金具自製の第一歩が印された。もっとも、当初の工場作業は鋳物の試作といった趣で、出荷した製品はほとんどが仕入れ部品の組立品だった。一九四七年、ようやく鋳造、機械、鍍金の各工場が新設された。台風で飛ばされそうな建屋であった[55]。

2　東洋陶器株式会社の金具製造

（1）東陶の戦後経営と江副孫右衛門

〈戦後の金具〉

後から考えれば、戦後まもない東陶の金具工場立ち上げは、決して早すぎる試みではなかった。戦時期、軍需一辺倒になった日本の工業界は、さまざまな問題を抱えながらも金属加工技術を発展させ、それを中小工場にまで拡散させた。戦後、材料とある程度の設備さえあれば、そして高い品質を問わないならば、小さな給水栓の類を製造しうる力量を持った工場はいくらでもあった。大企業にしても、軍需生産が禁止され、企業解体の憂き目に遭ったとき、残された技術者や技能者が生きていく道を探すのに、設備工事や金具生産を選んでも不思議はなかった[56]。戦時中は不急の民生品として衰退した水栓金具類の場合、材料は不足していたが、需要の急進が予測された。また、水道事業は自治体の管轄で水栓の規格も各地でばらばらであったから、金具生産もローカルかつ小口で成り立つという性質をもっていた。さらに、バルブひとつを製造するにも工程ごとの分業が可能であった。金具の製造市場全体を考えれば、むしろ戦前期に積み上げられてきた秩序が壊れたとき、新規参入が容易な状況だったといってよい。逆に、多少とも長期的な視野に立てば、金具供給市場の構造は競争的であった。

このこと自体、陶器とは随分様相が違った。衛生陶器——特に水洗式便器のような複雑な機構を持つ製品は、供給市場が限られていた。製造法にしても、ひとつの事業所で全工程の作業を行うのが適していた。したがって、衛生陶器製造においては絶対的ともいえる優位に立っていた東陶であったが、金具製造への参入にはやはり困難が伴った。

が、結果的にいえば、一九六二年、東陶の総売上高に占める金具のシェアは衛生陶器のそれを上回った。その後、高度成長期の終焉する一九七〇年代半ばまでを見れば、衛生陶器メーカーとして名を馳せた東陶は、同時に日本における水栓金具のトップメーカーでもあり、企業としては金具製造をトップ事業部門として擁していたのである。これについては次章で述べることにして、ここではまず東陶の戦後経営への道筋を概観し、その後で水栓金具の事業化について検討することにしよう。

〈江副孫右衛門〉

東陶の経営陣は、初代社長の大倉和親が一九三九年に会長に退き、創業以来小倉に在住して実質運営の任に当たってきた百木三郎が第二代社長に就任。しかし百木は一九四〇年末に急逝、その後を六代目市左衛門の四男である森村茂樹が継承した。すでに述べたように、和親は一九四七年一月に会長を辞任。これが当時の労働運動の高まりと直接関係するかどうかは不明だが、和親の辞任と同時に東陶では経営陣と従業員労働組合との間にクローズド・ショップ制労働協約が結ばれ、組合がその人事権を掌握するに至って以後労働争議が深刻化、ついには経営側による作業所閉鎖や組合側による無期限ストライキにまで拡大した。この間、一九四七年十一月に社長は森村から永瀬善一に交替。一方和親は、当時佐賀県有田町長に奉職していた江副孫右衛門に東陶への出仕を要請。江副はこれを受けて二足のわらじを履き、争議の沈静化に尽力した。一九四八年末にようやく争議は収まったが、永瀬は翌年初頭に急逝し、第五代社長には江副が就任した。東陶の経営は惨憺たる状態だった。争議後の業績回復は思わしくなく、それに続いたドッジラインに伴う不況が追い討ちをかけ、企業存亡の危機に見舞われた。そして当時の多くの日本企業と同様、東陶もまた朝鮮戦争の勃発で息を吹き返したのであった。

ただし、東陶にとって朝鮮戦争特需は単なる景気回復以上の意味を持っていた。国内での衛生陶器、金具類に対する復興需要も潜在的には大きかったはずだが、住宅はまだ貧しく、トイレは非水洗式だったし金具の取り付けもわずかであった。特需は日本国内および沖縄基地の米軍、あるいはその住宅関係用のもので、トイレには水洗式便器が必要とされ、衛生陶器とそれに金具をセットすることが条件づけられていた。当時の受注に特需が占める割合は圧倒的で、とりわけ金具の伸びは著しかった[57]。

図 4-9　江副孫右衛門（1885-1964）

ところで、江副孫右衛門（一八八五―一九六四）については第2章で幾度か触れた。言うまでもなく、日陶の主力製品である白色硬質磁器製造の技術的基礎を築いた立役者である。繰り返しになるが、一八八五年二月、有田の窯元の生まれ。父親が石炭窯導入に失敗したために家業を継げず[58]、苦学して東京高等工業学校窯業科を卒業した一九〇九年に日陶に入社、技術者の中核として存分に活躍した。食器、碍子についてはすでに触れたが、特にスパークプラグの開発生産はその端緒から江副の業績に負っている。戦前期に森村系窯業企業各社の取締役を務め、日本碍子、日本特殊陶業、共立原料各株式会社については社長職にあったが、軍部とぶつかり、一九四四年九月にすべての役職および業界・学界の公職を辞任して郷里の有田に退いた。[59] ことの原因は、軍部が要求した航空エンジン用スパークプラグの量産を江副が受けなかったからである。江副の技術思想からいえば、当時の製造環境において急激な量産と品質の確保の両立は無理だった。感情を害した軍部は江副が経営責任をとって辞職しなければ軍需会社の指定を取り消すと脅し、江副はいわば詰め腹を切らされた。戦後一九四六年に就任した有田町長の職をしばらく東陶と兼業した後一九四九年に辞任、同時に東陶の第五代社長に就任して実業界に完全復帰した。森村系窯業企業全体にとって戦前期最大の技術系経営者であった江副だが、東陶に関しては取締役として名を連ねたこと以外直接関わりがなかった。その江副が、戦後になって東陶の陣頭指揮を執ることになったのである。

　森村系のみならず日本の近代陶磁器業、特に工業製品としての陶磁器の発展や事業化の問題を考えるとき、江副は最大の功労者の一人に数えられてよい。江副が碍子やプラグ生産の確固たる基礎を築いた理由をひとつだけあげるなら、それは品質への執念だといえよう。江副自身はそれを〝ユニフォーミティ〟と表現した。従来、陶磁器業の世界には「均一性」という概念がなかった。たとえば、和食器揃はひとつひとつが微妙に違っていることがむしろ風雅とされる。洋食器のディナーセットはこれとコンセプトが異なる近代的工業製品であることは第2章で述べたが、実は日陶のような近代工場でさえ、偶然にできた優良品を逸品として尊重する風潮が強かったともいう。[60] 碍子、プラグといった工業用品はどの製品も同じ品質、特性を有していなければならない。そのための品質管理や工程管理、より具体的には時間研究や作業標準の設定、部門横断的な日々の対策会議などを、江副はすでに一九二〇年代の碍子工場に取り入れていた。[61] 歩留まりを上げ良品主義を貫くための厳しさは後々の語り草にもなった。そんな江副を、小出種彦は〝ユニホームテイ（ママ）の鬼〟と評している。[62] 時代の流れから考えれば、戦後の再出発期に品質最優先、しかも碍子や、とりわけ航空エンジン部品であるプラグの生産技術に経験を重ねたトップリーダーを擁した東陶は、まさにそのことによって業界の先頭を切っていくことが可能になったといえよう。江副のもとで東陶は戦後の本格的再出発を果たし、経済が高度成長期に突入するとともに急速に衛生陶器部門での業績を伸ばした。

(2) 金具工場と杉原周一

しかし、水栓金具生産については、後年東陶の社長を務める杉原周一（一九〇七―一九七二）について語らねばならない。杉原は戦後東陶の大社長として名を残しているが、大倉父子や江副に比べて経済史的関心から評価を受ける機会はさらに少ない。だが実のところ、杉原の経験は戦時から戦後への技術移転や企業成長の道程、さらには技術者の生き方に関わるきわめて興味深い一事例を提示している。本書では、杉原と東陶との関わりの端緒について、少し立ち入って紹介しよう。

図 4-10　杉原周一（1907-1972）

〈航空エンジンから日用陶器へ〉

杉原周一は一九〇七年五月、大分県生まれ[63]。子供の頃から勉強の虫で将来は数学者になりたいと思っていたそうだが、師範学校の教師を勤めていた父親は、勉強ばかりしている変わり者の子供が学者になったら本当の変人になってしまうと心配したらしい。その父の希望を容れて数学者の道をあきらめ、東京帝国大学工学部機械工学科に進学、一九三一年、卒業と同時に当時花形になりつつあった航空エンジンの開発に携わるべく三菱重工業に入社した。ここで研究部門に所属した杉原の最大の功績は、燃料噴射装置およびその噴射量自動制御装置の開発（発明およた新たな専門工場を設立することになり、杉原はその工場長として生産ラインの立ち上げを任された。また、この研究発明により東京帝国大学から博士号を授与され、技術院賞その他複数の技術賞も受賞した。つまり、杉原は技術者として研究、設計、現場を通して活躍の場を与えられ、しかもその「場」は戦時期の航空エンジンという、品質最優先のハイテク機械工業製品の量産を至上命題とする、平時の民間企業ではまず考えられない環境だった。そこで如何なく才能を発揮した杉原は、ある意味で恵まれた戦時期を過ごしたといえるかもしれない。しかし、多くの同時代人と同様、杉原にとっても戦争の深化に伴う職場の「軍隊化」や日々人間性を失うような就業体制は苦痛であったし、敗戦してみれば、己が技術の結末が若い戦闘員の散華につながった心痛を反芻せざるを得なかった。こうした複雑かつ空虚な思いは当時の、たとえば航空機技術者の大多数が多かれ少なかれ抱いたものであったろう。杉原の場合、いったんは社内の自動車部門に移って研究課長職に就いたが、ほどなく三菱重工を退社し、郷里大分で農業を営む決意をしたのであった。[64] 杉原は実際郷里に戻って晴耕雨読の生活を始めたが、それだけでは現金収入が得られないので、大分県の工業試験場長の職を得た。しかし、こうした生活が杉原にとって物足りなくなってしまうのに、さして時間はかからなかった。

一九四七年末、タイミングよく飛び込んできたのが小倉東陶への入社話であった。話を持ち込んだのは、杉原の三菱重工時代の上司、深尾淳二である。深尾は終戦時、三菱重工の経営陣に名を連ねていたために戦後の過度経済力集中排除法の適用を受けて職を失い、困窮していたところへ、出身校の東京高等工業学校の同窓で後に日本碍子の社長になる吉本熊夫の半ば救済的な誘いを得て、森村系の各社から顧問として招かれることになった。当時、森村系の窯業企業が深尾に期待したのは生産技術面での助言であったと考えられる。すなわち、窯業生産を支える機械技術や工程管理面の改善で、この施策に関して戦時期航空エンジンの大量生産を先導する立場にあった深尾が適任と考えられたのは不思議ではない。

東陶でも、大倉和親の要請を受けて危機打開に取り組み始めていた江副が、専攻こそ違え深尾と東京高等工業学校の同期生であったうえに航空エンジン部品であるスパークプラグを生産していた関係で、お互い周知の間柄だった。その江副は（少なくとも深尾の理解では）、衛生陶器や食器を製造する機械面、あるいは生産ラインを改革する力量を持った技術者を希求していた。かたや深尾は、戦時期に三菱重工の航空エンジン部門に集結していた優秀な技術者たちの戦後を案じ[65]、ひとりでも多くの実りある再就職を果たすために奔走していた。こうして、郷里に隠遁していた杉原の再就職話が持ちあがった。

杉原は最初この話に乗り気だったが、実際に手続きが進むといろいろな問題が出てきた。深尾の説得の切り札は「日本工業の再興のため」であったが、それに納得してもなお、いったん決意して農業に従事し始めた身にとって小倉での再出発は中途半端に思われたし、全く異分野への転業には躊躇もあった。何よりも、杉原が入社手続きをしにいった当時、東陶は日本でも有数といわれた労働運動拠点となって職場の実権を握った労組と経営側が激しく衝突し、まともに就業できる状態ではなかった。特に、決定済みの採用条件に労組が口を出し、それを経営陣が甘受している状況に杉原は不安と苛立ちを覚えた。一九四八年五月、いったんは入社手続きを済ませたものの、杉原は何かと理由をつけてまた郷里に戻ってしまった。江副はその杉原に対し、以後七ヵ月間、黙って給与を支払い続けた。翌一九四九年初頭、杉原はようやく勤務を開始した。

〈機械技術者の生き方〉

深尾もまた、杉原の再就職が成功することに百パーセントの確信を持っていたわけではない。眼前の問題は経営側と労組との対立だったが、これは全国的な問題でもあり、いずれ解決に向かうと考えるしかなかった。より大きな問題は、窯業の世界で中心となるべきはやはり窯業技術者であり、そこでは機械技術者が実力に比して冷遇されるのではないかという不安であった。これについては深尾自ら東陶の経営陣に以下の申し入れをした。――「窯業に機械技術者が関係することは結局伴食に終る懸念がある。これに対する幹部の意向を確かめおき度。即、窯業、応用化学出身の技術者が主流となり機械出身者は下積みとなることが従来の工業界に於ける情勢より普通と考えられる。工場の機械化を目的とすれば、生産技術的に見れば機械技術者が窯業応用化学出身の技術者と同程度に重用されるべきはずであるが閥もあること故、最も懸念するところである」。[66]――深尾にはいまひとつ、杉原自身が将来的に衛生陶器のような生活用品の製造に満足できるかという危惧もあった。[67]とにもかくにも、杉原は戦時期の最先端産業における最も優秀な技術者のひとりだったのである。

杉原を活用しようとした江副の思惑が明らかになっているわけではない。当初、江副は深尾に対し、製陶の生産技術改善の担当者を要望したはずだった。杉原が最初にオファーされた工務課長という役職名もそれを示しており、[68]最初期の業務はコンベヤその他の設計製作という肩書どおりのものだった。ところが半年後、それとは別に、鋳工部門次長兼鋳工課長として、危機に陥っている新生の鋳工（金具）工場を受け持つよう江副から直接依頼を受けた。[69]結局その後、杉原は製陶関係の生産技術ではなく、金具製造の工場に生きることになった。江副のなかでは、金具自製の必要性が危急の課題として深刻に受け止められていたはずである。異色の機械技術者である杉原を活かす場が窯業よりも機械・金属加工の世界だという認識は、杉原の就職後生まれたかもしれないが、実はその腹案を秘して招請した可能性も高い。あくまでも陶磁器メーカーとして優良著名な東陶が、まさかその「付属品」として試行錯誤段階にある金具作りに杉原を誘うわけにはいかなかったであろう。[70]

結果として、江副の杉原登用策は大成功を収めた。しかし、決して最初から順風満帆だったわけではない。東陶において未経験の分野で新しい工場だということは重々わかっていたはずだが、それは杉原の知る航空エンジン工場とあまりにも違った。三菱重工航空エンジンの機械工場は、当時のアメリカの最先端工場を模倣して建設されたもので、太平洋戦争中に大きく引き離されたとはいうものの、それまでの日本では最大規模、かつ他を圧倒的に凌駕した近代工場であったことに変わりはない。鋳物工場は、鋳物のイメージを一新させる、これまた日本一といわれた最新鋭の工場だった。工場設備のみならず、生産方法、とりわけ標準化や品質管理面で進んでいたのがこれらの工場の特徴である。もとより日本航空規格（航格）の発進は日本の工業標準化の先鞭をつけるものでもあった。[71]リミットゲージシステム、時間研究、作業標準、流れ作業、生産管理、設計と現場をつなぐ部門横断的会議等々、結果はともあれさまざまな方法が試みられ、独自の量産システムが構想されていた。[72]それらの工場は戦時経済が深化するにつれて徴用工などが増え、歪んだ肥大化をとげて機能を失い、さらに空襲を受けて悲惨な結末を迎えたのは確かだが、一方で優秀な技術者や技能者が数多くいて設計・現場ともに技術戦争の最前線を張る自負があった。その巨大組織を出て小さな鋳工工場を任された杉原にとっての最大のショックは、生産現場をとりしきる人間がいないことだった。金具の設計や製品開発に最大限の自信を持って臨むことができたとしても、工場の量産体制は個人の力で一朝一夕に整うものではない。――「就きましては小物銅合金鋳物の経験者にて熔解から造型鋳込みまで全面的に指導出来て而も作業管理の能力に優れたものを一名御世話下さる様に御願い致します。要するに工長として鋳物一切を引受ける能力のある者が一日も早く……鋳工工場の立直しのためには絶対に必要です……何分鋳工課の危機は目前に迫って居ります[73]」（杉原より深尾宛）。

東陶の経営陣にすれば、杉原には現場管理を含むすべてを求めていたのかもしれない。おそらく数名のベテラン技能者が補強され、杉原は工場の根本的改革へと乗り出した。

（3）金具工場における生産技術改革

〈町工場からの出発〉

さて、鋳工工場と呼ばれていた東陶金具工場（一九五二年より第二工場、一九六四年より金具工場と名称変更）の内部変化に着目してみよう。出発点は戦後当時で見ても中程度の町工場レベルであった。[74]実際、金属加工用機械もない状態での船出で、工場の前を流れる紫川対岸の旧陸軍造兵廠から中古機械を入れた。技能工もおらず、造兵廠に

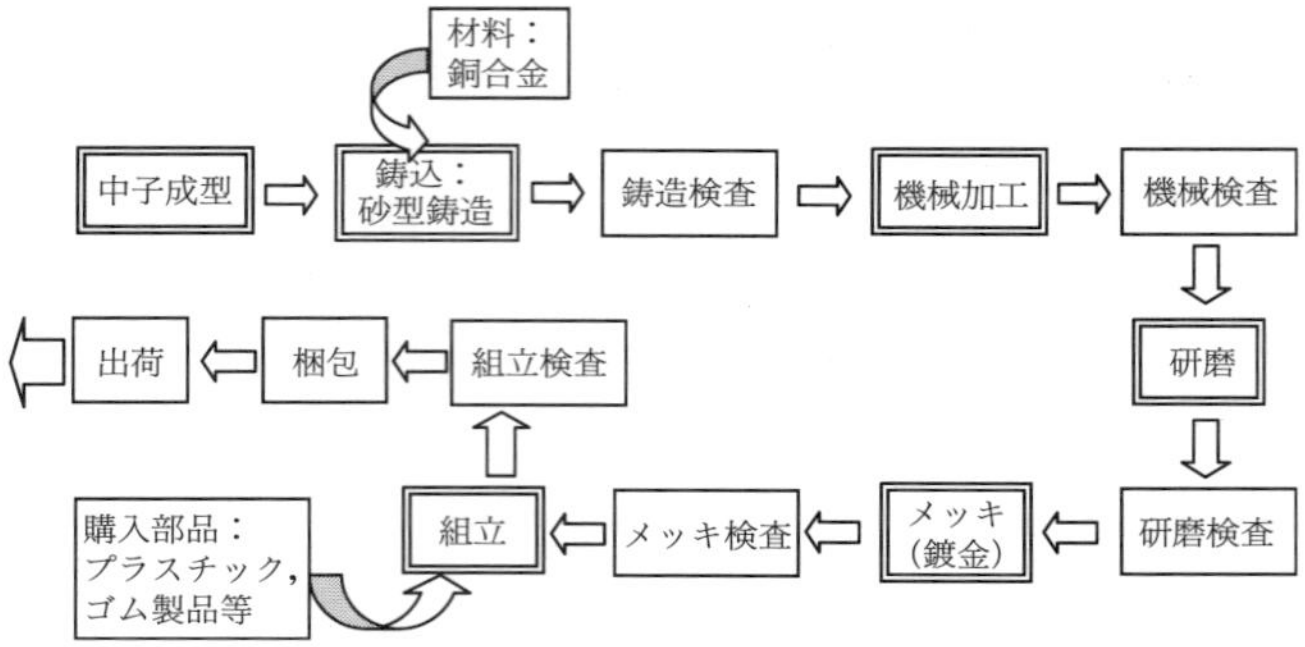

図 4-11　水栓金具の製造工程

出所）TOTO のパンフレット等を参考に作成。

いた機械工を引き入れた。材料もなく、銃の砲身[75]などの故銅を溶かして使用した[76]。当時、金具は青銅鋳物が主体で、その一般的製造工程は、鋳型→（中子）→鋳造→機械加工→研磨→鍍金（メッキ）→組立→梱包出荷となっていた（図4-11）。技術や技能のレベルを別として、これらの工程は分業化が容易だという特徴を持つ。

当時の状況だが、まず鋳物の生産が常に遅れ、成品にはしばしば鬆《す》が入った[77]。機械工場には一九四七年頃、ヤンソン製作所で経験を積んだ佐藤政吉を招いて技術育成を図ったが[78]、生産設備は貧弱だった。研磨工程では、付着した研磨剤のカスを小さなブラシに磨き粉をつけていちいち手作業でこすりとっていた。鍍金では毎日のように浮き・剝げがあり、市場からも〝ベロ剝げ〟の返品があった[79]。鍍金槽には戦時期に作られた電解槽や衛生陶器の浴槽が使われた[80]。検査工程は制度化されていなかった。検査用の機械もなく、鬆漏れの検査は口で吹いて行った[81]。金具自体の製品標準すら確立されていなかった。創業以来の経緯により、少なくとも付属金具については製品に対する相当の知識を蓄積した衛生陶器メーカーの、金具製造への参入はこのようなレベルで始まり、それでも一九五〇年には百種近い金具の製造に取り組んでいた[82]。

杉原が鋳工工場長となった翌年に朝鮮戦争の特需景気がおこり、金具需要は急増した。本書で突き合わせて検証する余裕はないが、この需要増に対応して杉原の行った職場改革は、彼が経験してきた戦時期の航空エンジン工場で行われてきた生産改革と多くの共通性を持っていた[83]。杉原自身も、水栓金具と航空エンジンの燃料噴射装置が大きさも似ており、その考案、設計、試作、また工場経営も戦時期の経験が非常に役立ったと述懐している[84]。民生産業の製品・生産技術改良に大きなブランクの生じた日本の戦時期は、反面、国を挙げて軍需産業、なかでも航空機工業の製品・生産技術改良に必死で取り組んだ時代でもあったのだ。むろん、戦時期からの技術移転のみならず、杉原は戦後の品質管理法も取り入れたし、深尾もまた、三菱の造船所や自動車工場で催される技術研究会に杉原の参加を促した。こうした背景のもと、一九五〇年代における杉原の技量とパースペクティブは、東陶金具工場のみならず、日本の水栓金具業界において突出していたと考えられる。東陶は金具において後発だったが、業界全体も戦時期のブランクから再出発を始めたところであったし、金具の主体となる銅合金の鋳造技術自体、日本では経験が浅くレベルも低かったからである[85]。以下に示すのは、東陶の二つの社史から抽出した杉原初期の改善のポイントであるが、この方法が、実は日本の機械加工技術の最先端の経験の積み重ねと最新の知識に裏打ちされており、当時技術的に低迷していた金具業界のなかで、きわめて異色かつ先進的な取り組みであったことは、後の成功要因として示唆的である。

図 4-12　初期の東洋陶器・金具機械工場（1951 年）

〈初期改革のポイント〉

設計：東陶の金具は当初、パイロット印製品や輸入金具など市販品のスケッチから始まり、少数の経験者を中心に見よう見まねで製造していた。生産が増えても規模の経済とはならず、品質のばらつきが大きく、品質管理も困難であった。何よりも量産を前提とした試作・設計が必要と考えられた。製品開発以前に設計の標準化と共通部品の開発を推進、部品相互に互換性を持たせて部品点数の集約を図り[86]、精度の向上と量産によるコスト

図 4-13　初期の東洋陶器・金具鍍金工場（1951 年）

ダウンの実現を目指した。まずは製品寸法ひとつひとつの標準化が必要だった。

標準化：東陶のみならず、戦後の金具を語る際に、とりあえず重要なのが規格の制定であった。水栓の場合、互換性が必要なものでありながら規格は水道協会制定のもののみ。一方、建築設備関係では衛生工業協会が規格検討を行っていたが、メーカーはそれぞれ独自形式の給水栓を市販していた。ここに至って水道協会、衛生工業協会が協力して日本工業規格原案を作成。一九五〇年末にＪＩＳ‐Ｂ二〇六一（給水セン）として結実し、金具生産は新たな標準化時代に入った。[87] 東陶金具工場は一九五三年にＪＩＳ表示許可を取得した。[88] これと併行して東陶では前記の標準化作業を進め、一九五六年に社内規格ＴＩＳ（Toyotoki Industrial Standards）をひとまず完成させた。ＴＩＳはＪＩＳよりもはるかに厳密に規定され、その後のＪＩＳ改正に貢献したという。当時の東陶常務取締役秋吉致によれば、ＪＩＳ制定時の金具の規格は高品質の衛生陶器の真価を発揮させるのに未だ不充分であった。[89] 給水栓は水栓金具について最初に制定されたＪＩＳだが、衛生陶器の付属金具（スパッド、フランジ、排水金具、トラップ）については一九五三年、フラッシュバルブについては一九五九年に衛生工業協会規格として制定されたものがそれぞれＪＩＳ規格となった。[90]

品質管理：具体的方法としては、検査工程にリミットゲージシステムを採用。検査会議はほぼ毎日始業時に開催して鋳造・機械・鍍金・組立の順に検査報告。現場・現物主義で、製造工程責任者は〝ペケ〟品を前に〝ペケ〟対策を即答させられた。ただ鋳造不良については複合原因の場合が多く、これについては定時操業終了後、毎晩九時までの〝ペケ〟対策会議が継続された。[91] また各製造工程それぞれに関係者全員が集合。部品の欠陥について予防、改善の対策を出し合う部門会議で品質の向上と安定化を図った。クレームや故障は直ちに生産現場へフィードバック。その都度材質の変更や製造工程の組替えなど指示が出される。これに併行して高級品と普及品を差別化して販売する戦略を採用。一九五二年からは衛生陶器との規格統一も図られるようになった。

工程管理：量産の基礎は科学的管理にあり、という基本を貫いた。生産目標の設定・遂行を基本に据え、そのために各工程の進捗状況の厳正なチェックを行った。作業研究、時間研究を徹底し、作業標準を制定した。工程会議は検査会議と同様、毎日行われた。各製造工程、部品倉庫および外注の工程係が一堂に会し、工程ごとの部品生産状況を確認、各製造工程の隘路を明確化した。

図 4-14　東洋陶器・金具工場の目視検査（1953 年）

在庫管理：一九五五年には在庫補充方式による工程管理が始められた。製品庫による管理から部品庫による管理に改め、過去の出荷実績および納期別受注残高から製品、部品それぞれに一定の標準在庫量を設定し、限界値を割ると自動的に生産命令が出る方式を考案。月間標準在庫量を決め、在庫減少とリードタイムの短縮を図った。

材料・設備の改良・更新：鋳物材料については、耐圧部分以外に黄銅を使用してコスト低減を図る試みが早くから始められ、一九五〇年代半ばには軌道に乗った。中子の材料も改善され、炉は電気炉から重油炉に変わり、モールディングマシン、ターレット旋盤なども導入された。研磨レースはベルトがけ駆動からモータ直結に切り替えた。

基礎技術の向上：主要部品である鋳物技術向上のため鋳物技術会議を設定、鋳物砂、造型法、湯道の改良などに務めた。

外注：水栓金具は形こそ小さいが、鋳造品、伸銅、木製品、ゴム製品などを集合させた総合工業の産物でもある。[92] 自製が無理な場合、地元はむろん東京、大阪をはじめ全国に外注先を求めた。金具部門では一九五四年、鋳物二、機械二、鍍金七、主要部品関係七社と提携し、外注事務整備と外注育成強化を図った。鍍金[93]については当初外注を増加させた結果、外注依存度が七～八割にまで増え、却って生産が不安定になったため五割までは自製しうる体制に整えなおした。一方、機械加工については周辺の中小工場の技術レベルからして外注委託がむずかしかった。社内に外注指導係を設け、技術指導を行いながら外注を増加させる方法をとった。一九五〇～五三年にかけて生産能力は三倍になった。

製品開発：戦前からの仕入れ品のスケッチから次第に独自のデザインや機能を持つ製品が生まれてきた。一九五二年の一ハンドルによる埋込式ミキシングバルブは、早期の独自開発の一例である。また、従来凹凸が大きかった製品のデザインをプレーン化して自動研磨機にかけられる形態にする等、設計と加工工程突き合せの改革も発進した。[94] 独自に開発する製品が増えるにつれて、衛生陶器の〝付属〟金具を作るという概念から脱却し、製品自体にさらなる発展性を求めていったことが推察される。

前記局面における杉原の初動体制確立はきわめて俊敏だった。ただし、金具生産に最も重要な基礎を築いた当初数年、杉原の意図する科学的管理や機械化方針の真意は経営陣にほとんど理解されなかったという。[95] 折からの不況で金具部門は相当の赤字を出し、社内には工場存続に反対する意見もあった。その声を抑えて杉原の裁量に任せたのは、当時の社長、江副の功績である。[96] 朝鮮戦争で好機が到来し改革が進んでも、一九五五年頃までは生産が不安定、需要増に対応して設備投資するにも資金が不足した。[97] しかしこの時期、金具工場では何よりも品質管理にプライオリティがおかれた。つまり、製品さらには部品ひとつひとつの品質こそが大切にされ、増産の基盤が築かれた。[98] その一九五五年、杉原の就任時には赤字を抱え月産二百万円足らずだった金具工場の売上高は月産五千万円に達し、衛生陶器の五割を超えた。――「二、三年後には陶器と同額に達するものと思はれます[99]」（杉原より深尾宛）。

そして一九五八年には月産一億円を突破、東陶は水栓金具の分野において、品質、品位、機能とも〝国内ダントツ〟のトップ企業になっていた[100]。

〈高度成長期への対応〉

東陶の金具生産方式は一九六〇年に大きく転換した。日本住宅公団標準仕様の水洗式トイレ（便器と金具のセット）[101]、全国の主要都市水道事業などの指定獲得、東京オリンピック関連施設新設や下水道工事の進展などが複合的に影響し、より基本的には日本経済全体の高度成長・市場拡大を受けて受注・生産ともに急上昇、さらに品不足が生じていた。そこでシンプルな量産種を外注し複雑な少量種を自製してきた従来の方式を改め、量産種を自動機械で自製し少量種を外注する方向に切り替えた。資本集約的方法によるコスト低減と人員の節約を目指したものだが、この方法が可能になった背景には協力工場の技術力向上があった。これについては、次章で述べる。

一九六二年、東陶における衛生陶器と金具の売上高は逆転した[102]（図4-15）。この頃から金具部門の売上はさらに飛躍的に伸びていく。翌一九六三年、商品名の呼称を「付属金具」から「水栓金具」に変更[103]、一九六四年初頭には一連の合理化計画が遂行された東陶〝金具工場〟が完成した。立ち上げから満一八年、杉原が関

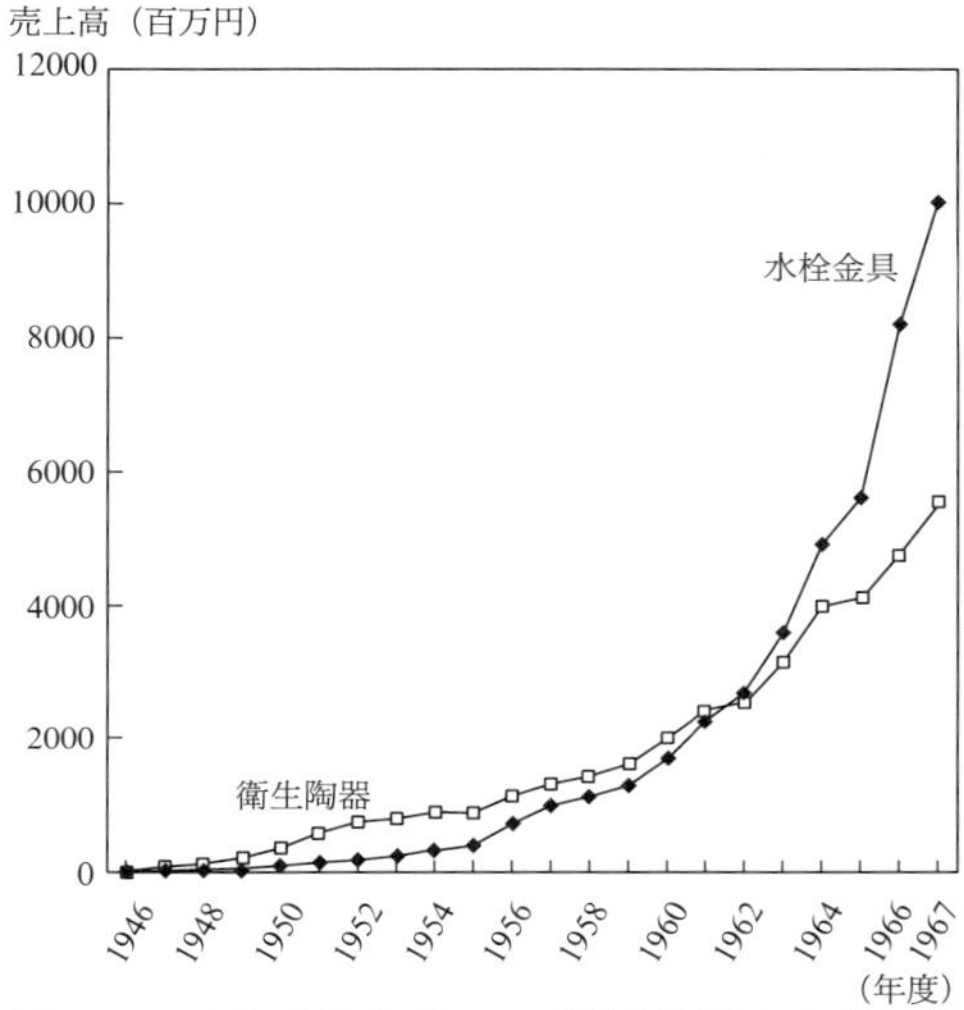

図4-15　東陶水栓金具および衛生陶器売上高の推移（1946-67年）

出所）『東陶機器七十年史』45，57，89，103，253頁および巻末資料より作成。1965年に関しては本文と巻末資料の区分が異なるが，本文の数字。「社内資料・50年史」巻末資料も利用。「その他」の項目には食器，合成樹脂製品等が含まれる。

図 4-16　合理化後の東洋陶器・金具機械工場（1964年）

わって一四年余、日本初、世界水準の近代的銅合金工場の誕生であった。工場の自動化工程は量産用加工機械導入に始まり、次々に自動機械を設置、二交代制採用、また鍍金、研磨工程にも自動機械が、組立、検査にもそれぞれ独自開発の機械が導入された。工具類の集中管理は一九六三年から治工具室を設けて行っていたが、三年後の一九六六年には機械課の工具係とその他各工程（鋳造、研磨、鍍金、組立）の機能を統合した治工具課が独立した[104]。機械のみならず、自動化に適した羽布《ばふ》（後述）や研磨剤の開発も行われた[105]。生産方式とともに生産技術のコンセプト自体が大きく転換し、生産技術開発が進行する態勢が整ったといえよう。また、東陶では一九五六年に設置された商品部で広告宣伝、アフターサービス等の顧客対策とともに新製品の設計も行うユニークな体制をとっていたが、杉原は水栓金具の設計だけは金具部門で所掌することを主張してこだわりぬいた[106]。製品の品質は国内外で認められ[107]、全国給排水栓類生産額に占める東陶のシェアは一九六五年に約四七パーセント、一九七五年で約四二パーセントと他を圧倒した[108]。一九六〇年代は給排水栓金具市場全体の伸びも著しかった（図4-17）。

東陶の金具参入成功の理由は何か。次章でも述べるが、まず第一は「特需」であった。占領軍特需に加え、杉原が鋳工工場長となった翌一九五〇年には朝鮮戦争の特需景気で需要が急増、次の一九五一年も金具受注の六割が特需関係だった[109]。特需自体は外発的要因だが、受注を獲得し、戦後発展のカタパルトとなし得たのは、まさに戦前期、地道に、孤独に積み重ねられた衛生陶器の技術と実績の賜物があってこそだった。その賜物が金具生産にも活かされた。第二は、水栓金具業界未到の生産方法に果敢に取り組み、高品質製品の量産に成功したことである。従来は市場の構造自体が町工場の集積だった。品質的にはヤンソン製作所が一部の要求を満たしていたが量産品ではなかった。金具の設計・生産は衛生陶器に比べれば標準化が容易で、東陶の一連の改革は日本の水栓金具生産自体に多大な影響を与えた。そして第三は、第二点の要件でもあった標準化、すなわちＪＩＳをＪＩＳ改正に展開させたことである。ＪＩＳは最初きわめて緩やかな基準から始まったが、改正を重ねることにより全国レベルの統一基準として充実していく。基準をリードすることは業界における主導的地位を得ることにつながる。[110] この戦略は時代の流れに見事にマッチした。水道関連製品の規格には、ＪＩＳのほかに本章第1節で述べた日本水道協会規格（ＪＷＷＡ）[111]も並存しており[112]、製品規格化への先駆けによる市場制覇への試みは、衛生陶器におけるそれよりもさらに効果的だったといえよう。〝ユニフォーミティの鬼〟といわれた江副、機械工業における製品開発から品質管理、その先端の開拓に携わってきた杉原、両者のリーダーシップが存分に発揮された結果であった。

東陶の金具成功は日本の水栓金具供給市場の構造にも決定的な変化をもたらした。従来、小規模な町工場が担い手であった市場は戦時期の企業整備で零細な企業の数を減らしていたが、さらに寡占傾向が強まっていく。

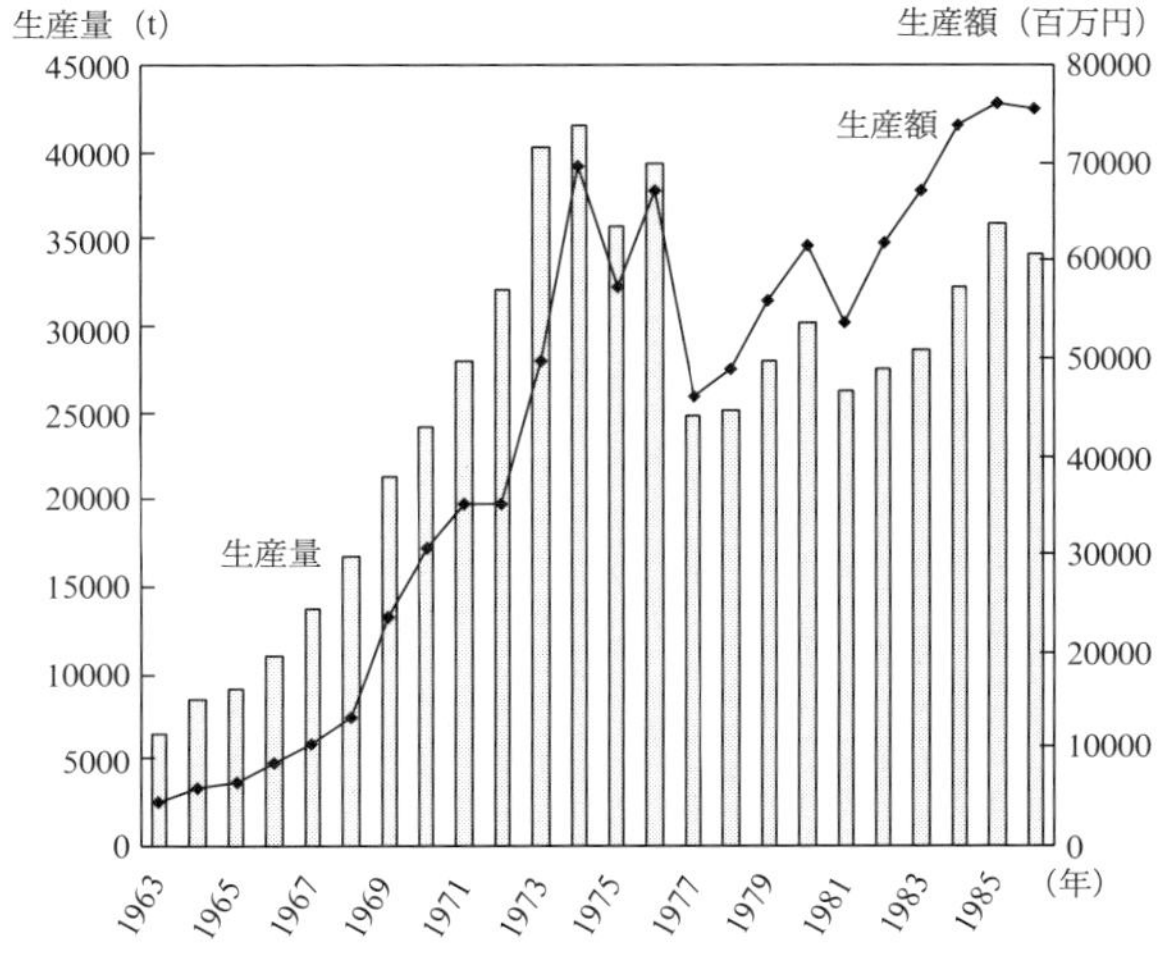

図 4-17　給排水栓類の生産量および生産額の推移（1963-86年）

出所）通商産業大臣官房調査統計部編『機械統計年報』各年より，「バルブコック及び管継手」の「給排水栓類」データから作成。

(4) 水栓の規格化と中小金具メーカーの動向

戦後におけるいまひとつの顕著な変化は、中小メーカーの地域性である。水栓金具メーカーの集中地区といえば東京、大阪、名古屋を中心とした工業地帯および彦根であったが、新たに岐阜(特に美山地区、現山県市)で多くのメーカーが育った。

〈岐阜水栓〉

〝岐阜水栓〟グループのいわば開祖にあたる北村静男は一九〇六年、美山佐野に生まれた。当時、美山は貧しく、伝統の紙漉きも斜陽化してきていた。北村は小学校を出た後、まず大阪の鋳物工場で小僧として修行し、一九二四年、一八歳のときに名古屋で零細な鋳物工場を始め、一九三二年には北村製作所として給排水栓類の製造を開始した。流通は大阪の問屋が主に押えている時代だったが、北村は自分でカタログを作り、それを携えて満州にまで行ったほど営業活動にも力を入れた(113)。故郷にも縁戚者の手になる分工場を設立し事業は順調に発展したが、戦災で名古屋、続いて岐阜の工場も焼け、いったんは何もかも失った。戦後、名古屋での再出発を計画したが、美山の地区村長、藤田昇氏の村おこし工場誘致の話に共鳴し、資金援助を得て故郷で水栓作りを再開したのが一九四八年。縁戚関係を通じて岐阜市および山県市近辺にいくつも工場ができていった。なかには鍍金を専門に受け持つ工場も現れて工程分業も軌道に乗った。水栓の需要が少ない頃は戸車やシンプルなストップバルブなどを製作、いずれも利幅は大きかった(114)。

特別の立地条件に恵まれたわけではないが、羽布加工には比較優位があった。羽布は分厚い帯状の布に膠《にかわ》(接着剤)を塗って研磨剤の粉をつけ、これを機械(ベルト)にかけ回転させて研磨を行う、いわば布製グラインダである。膠や研磨剤は繰り返し塗りなおさねばならず、ひとつの製品に対し、研磨剤を変えて四段階ほどの工程を踏む。一日中座ってやるような根気の要る仕事だが、美山ではこれを農家の手内職として広めていった。すなわち、メーカーが仕掛品を配達し、研磨の前工程を家族でこなし、仕上がったものをまた引き取りに行く。農村地帯では埃が舞っても問題にされず、特に農地を持たない世帯に現金収入の得られる仕事として喜ばれた。繁忙の時代には飛驒地方や古川、福井までも請負農家を探して歩いたという。農繁期や祭りの際に納期が遅れがちという問題もあるが、今日でも研磨工程は家内工業に外注している。[115] コスト的に優位であるとともに、長年培われた熟練がものをいう。岐阜では羽布加工そのものが地域の特殊技能として育ったのである。

岐阜水栓は北村の縁戚関係を中心に、株式会社喜多村合金製作所[116]（MYM）、株式会社KVK（旧北村バルブ）など十数社が生まれ、一九六〇年代後半に急成長し、その多くが中堅企業として育った。在来産業の手漉和紙の需要はさらに低下して凋落、その主産地の労働が、魚の水を求めるが如くに新興の水栓事業に集中した。[117] 東陶が高級品を志向した時期に普及品を狙ったことも功を奏した。東陶は、特に競合している独立給水栓の価格競争に先陣を切り、後れを取った岐阜の各社は一時辛酸をなめたが、その後努力を重ねてコストダウンに成功した。[118] また、たたきあげの金具屋たちにしてみれば、この分野では後発の東陶が「付属金具」という商品名を使用して急成長し、おかげで給水栓類までが〝付属〟の範疇に組み込まれてしまったことへの反発もあり、これが大きな奮起材料になったという。[119] JIS表示許可取得（後述）を目指した際には、岐南工業高等学校から教諭を招き、データとりや統計的手法を勉強するところから始めた。[120] 製品は給水栓主体から多角化したが、それでも水回り設備機器関連に徹し、本業以外には手を出さないのが岐阜水栓各社の経営方針である。それぞれが販売先や得意分野をうまく棲み分け、ニッチを開拓し、競争かつ協力しつつ、厳しい時代を超えてきた。関連部品のゴムやプラスチックを扱う工場も現れて水栓クラスターの様相を呈し、衛生設備機器の多様化と機能向上につれて住宅メーカーとの共同開発による新商品も次々に生まれている。現在、水栓金具国内市場はTOTO、INAXが二大メーカーとして名を連ねているが、給水栓に限れば、岐阜水栓が約五割のシェアを占めているともいう。

〈ＪＩＳ取得への戦い――タブチの事例〉

戦後復興期、水道関連金具は需要増の確実な製品として捉えられたであろうが、一九五〇年代以降、新規参入あるいは戦前期から続く中小のメーカーにとっても、まず超えるべきハードルとしてＪＩＳ表示許可取得があった。そのための工場改革が各企業の一大目標になったのである。いくつかの証言を総合すると、当時町工場が最も苦労したのは社内規格の成文化、目に見える最大の変化は検査工程の顕在化、結果として品質および業績の向上が得られた。こうした水栓の規格化と標準の問題について、戦後に成長した大阪の中堅企業、株式会社タブチの事例を中心に検証してみよう。[121]

タブチの創業は一九四一年。初代社長田渕昌喜は水道事業の発展に目をつけ、水道関係の金具なら都市の人口増に伴って必ず需要も増えていくであろうと考えて給水栓の製造を始めたという。といっても、創業時の製造能力は機械加工のみで、鋳物吹きもメッキも別の工場に頼んでまわった。戦後も引き続き町工場で水栓を作り続けた。一九五四年、大阪市水道局指定業者となり、一九六〇年に本社工場がＪＩＳ表示許可取得。その頃の従業員数は三〇名足らずであった。[122]同年、サドル分水栓[123]の特許を取得し、この製品開発により、以後事業を拡大した。現在、水栓金具類、なかでもサドル分水栓専門として知られている。

さて、戦後の水栓の規格だが、すでに述べたように、ＪＩＳ制定以前、水栓の寸法には水道協会による緩やかな規定しかなかった。メーカーでは継手を準備して、それにちょうどはまるようなものをこしらえていた。たとえば大阪市の発注品の場合、「もとネジ」を大阪市が検査用に保管し、工場ではそれに合いそうなネジを適当に切っていたことになる。[124]工場で作った製品を大阪市に納入すると、市（水道事業体）側が検査を行い、その検査に不合格となった品は戻された。歩留まりはきわめて悪く、ときには返品が山となって戻ってきた。検査方法も品質レベルも、それが当たり前だと当時は考えられていたのであった。その後、リミットゲージシステムの導入によりこの種の問題は解決に向かった。

もとよりＪＩＳ発進時の製品規格はそれほど厳密なものでもなかったが[125]、実際の製造よりはるかに困難だったのはＪＩＳ表示許可を得るためにクリアせねばならない数々の基準である。たとえば、規定材料の入手。それまでは適当に集めた材料を溶かして使用していたために、市場でインゴットを入手できるようになるまではかなりの混乱をきたした。材料屋も規定どおりの品を持っていなかったからである。その整備が表示許可の要件である社内標準化については、社内規格の「成文化」に苦心惨憺した[126]。日々の生産活動のありかたを「書き記す」という発想がまずなかった。規格を作ってそれに合わせた製品を作るという順序とは逆に、まず製品の品質をある程度まで持ち上げていって、作れるようになった製品を規格とし、その仕様を成文化した。作業標準にしても当然考えられていなかった。個人の能力に依存するのではなく、誰がやっても同じようなモノづくりが遂行されねばならないということは、考え方として理解されたあともむずかしいことであった。検査については、そもそも自工場で行うことではないと考えられていた場合もあったし、するとしても耐圧試験、あるいは継手にはまるかどうかといった程度であった。最初ＪＩＳでは最終工程での製品検査のみが義務づけられていたが、後年中間検査も必要になり、作業量が増大した。しかしまた、こうした作業を通じて、不良の仕掛品を作らないようにすることこそが重要だという意識が職場内に強化されていった。

この時期、中小の工場では講習会への参加、指導者の招請、連日連夜の勉強会で統計的手法を学ぶなど、とにかく職場ぐるみで苦労の連続という経験が多く、それだけにＪＩＳ表示許可を得たときには社を挙げての大祝事で喜びに沸いたという。タブチでも職員皆がＪＩＳ取得を名刺に刷り込んで広報した。当時日本の製造業界の縮図でもあったろう。戦後の町工場レベルは水栓金具業界全般にあてはまる状況だが、一九五〇年代末から六〇年代前半にかけてＪＩＳ表示許可を取得し、その後高度成長の波に乗って急成長した企業が多い。結果として、小経営主体という水栓金具業界は、大手および中堅企業主体へと変貌していくのである。参考までに掲げたのが図4-18〜図4-21で、一九六七年から七二年にかけてのバルブ製造事業所の変化を示している。これ以前の『工業統計表』では

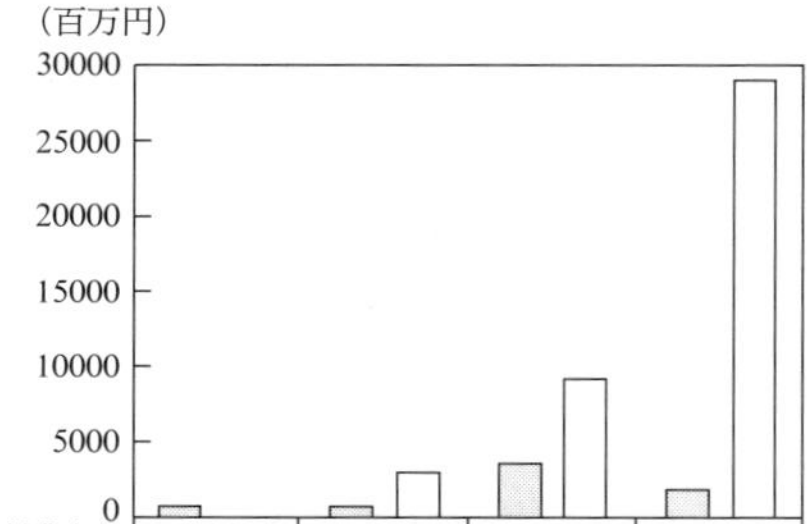

従業者数	9人以下	10〜19人	20〜99人	100人以上
□1967年	722	720	3574	1844
□1972年	0	2965	9153	29002

図 4-19　水栓金具製造事業所の規模別出荷金額（1967/72 年比較）

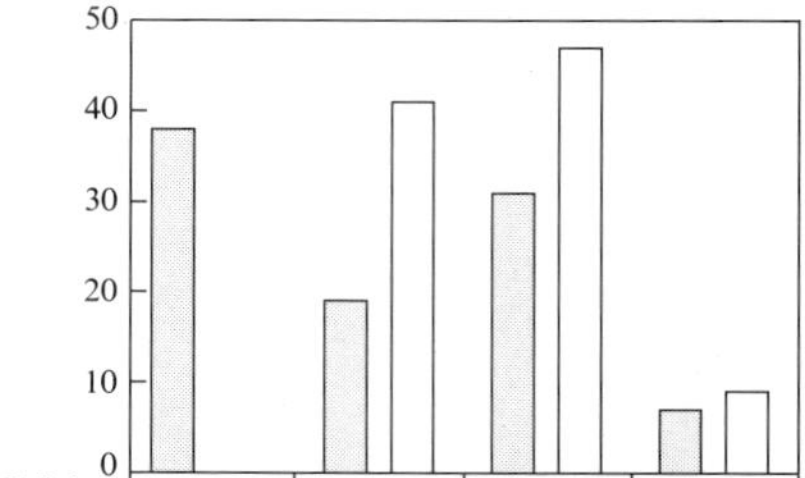

従業者数	9人以下	10〜19人	20〜99人	100人以上
□1967年	38	19	31	7
□1972年	0	41	47	9

図 4-18　水栓金具製造事業所の規模別数（1967/72 年比較）

出所）通商産業大臣官房調査統計部編『工業統計表』（品目編）各年の「給排水用バルブコック」項目より作成。「給排水用バルブコック」の項目が作られたのは 1967 年だが，この年の数字に東陶は含まれていない。

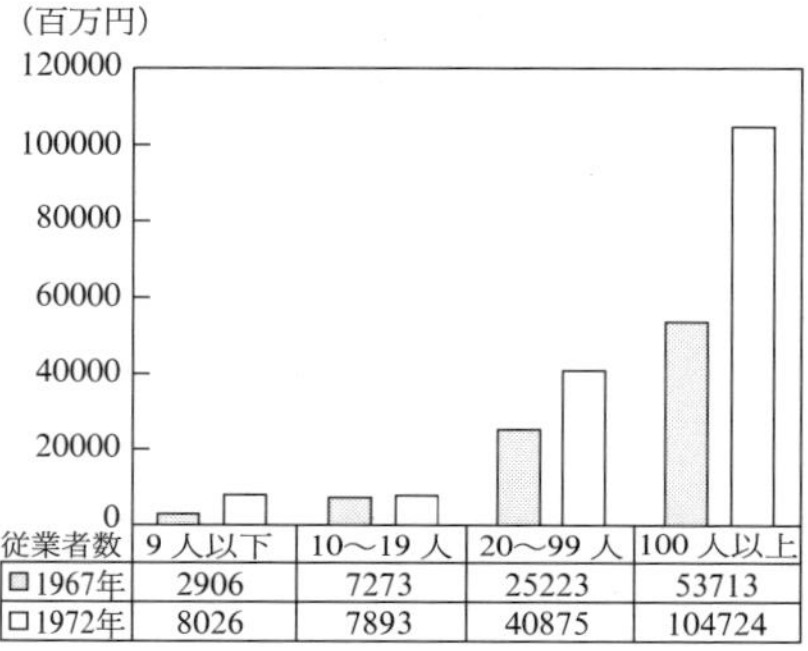

従業者数	9人以下	10〜19人	20〜99人	100人以上
□1967年	2906	7273	25223	53713
□1972年	8026	7893	40875	104724

図 4-21　一般用バルブ製造事業所の規模別出荷金額（1967/72 年比較）

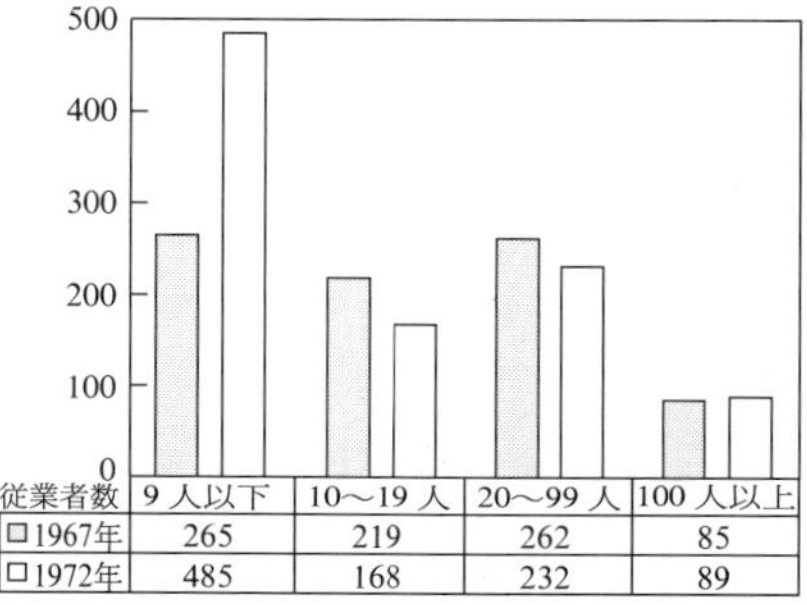

従業者数	9人以下	10〜19人	20〜99人	100人以上
□1967年	265	219	262	85
□1972年	485	168	232	89

図 4-20　一般用バルブ製造事業所の規模別数（1967/72 年比較）

出所）同上資料の「一般用バルブコック，同付属品」項目より作成。1966 年以前の統計では，この「一般用バルブコック」項目の中に「給排水用バルブコック」も含まれていた。

「一般用バルブ」項目のなかに「給排水栓」その他が含まれており、また一九六七年の数字には東陶が含まれていない。[127] 限られた情報ではあるが、バルブ関連の工場のなかで、数としては少ない水栓金具工場が規模を大きくし、また生産効率を上げていった様子を読み取ることができよう。

東陶では、(自動車にたとえれば)「陶器はボディ、金具はエンジン」という表現が使われてきた。言い始めたのは杉原。実際、杉原は車体のみならず船体や航空機体とエンジンの関係を含めてこうした表現を好んだ。だが、器としての陶器はともかく、「動的な機能を受け持つ金具」という考えは素人には馴染みにくく、また経営陣は別として、陶器製造に携わる人々が初めからこのような意識を持っていたとは思われない。これは金具の製作者の発想であり、彼らにとって違和感のないアナロジーなのである。金具生産の揺籃期、杉原は、材料の違いによる先入観から全く別物と考えられやすい両者の統合の上にこそ衛生陶器製品、すなわち衛生設備機器が成立することを強調し、社内における金具生産の重要性への認識を高めようとした。[128] 幾星霜を経て、「陶器と金具の接点」は企業内でさまざまな新製品や機能的向上を生み出すようになる。こうした新しい設備機器活躍の場は、企業の営業努力のみならず、都市建築の発達によって提供された。ホテルをはじめとする大型建築についてはこれまでにも述べてきたが、次章で述べる住宅産業の発進が設備機器の成長に拍車をかけた。

第5章　戦後住宅産業の発展と衛生設備機器メーカーの誕生

「日本の近代化において、住宅はメインのテーマにならなかったし、近代の表現を導く立場にも立たなかった」[1]——鈴木博之は、ヨーロッパと比較した日本の近代化の特徴のひとつをこう述べた。大倉父子が脳裏に描いた近代陶磁器業の青写真には、少なくとも衛生設備面における住宅の近代化が想定されていたはずだが、そこには少々誤算が生じた。[2] 水洗トイレは住宅近代化のメインテーマにならなかったし、近代住宅の表現を導く立場にも立たなかったのである。第3章で見た衛生陶器、第4章で見た水栓金具——それぞれの工業化の接点から作られた水洗トイレ——その活躍の場所は当初、ホテル、商業ビル、オフィスビル、また省庁、学校、病院などの大型建築物にほぼ限られ、一般住宅への普及は、近代化の時代ではなく、高度成長期、それも一九六〇年代末から七〇年代初頭にかけて勢いがついたといってよい。この時代の変化については下水道整備の進展の影響も大きいが、より直接的な誘引こそが住宅産業の発展、すなわち、住宅の量的増加と質的変化であった。東陶の設立からおよそ半世紀たって、ようやく大倉父子の予見した排泄のスタイルが日本人の日常生活のなかに浸透し始めたのである。この点を逆に考えれば、大倉父子の先進性には、多くの日本の近代化のリーダーたちが見過ごしがちであった「個人の生活の場」が含まれていたことになる。

ところで、再三触れてきたように、水洗トイレは給排水のシステムとつながっている。つまり、モノづくり面から考えたとき、水洗トイレはたとえば「おまる」のような単体の工業製品とは違って設備工事を伴う。[3] その工事機会は、住宅あるいは都市ビルといった建築物において、また一方、上下水道（より大きく捉えれば、都市）との間において生じる。本書をプラマーの世界から書き起こしたのは、まさにこの「設備工事」をめぐる問題が水洗トイレという工業製品の技術に深く、根本的に関わっているからだ。トイレの本体＝便器のみならず、便器を取り囲むパイプやバルブのあり方までをも含めて、当初から意識し、仕事をしていたのは、そうした工事に携わる人々だった。近代以降、工事の世界と工場の世界が分化した後も、双方の技術、そして技術者はつながりを持ち続け、そのインタラクションから数々のイノベーションが生まれ、積み重ねられてきた。小さな金具ひとつにしても、その品質や機能は、消費者（使用者）のみならず、工事に携わる人々によって評価されるべきものでもあった。

1　戦後から高度成長へ

（1）占領軍政策と水洗トイレ

話としては重複するが、衛生設備の戦後は占領軍特需から始まった。

敗戦国日本占領のため、連合国軍最高司令官マッカーサーが厚木に降り立ったのが一九四五年八月三〇日。先遣隊は二八日に到着した。それに先立ち、日本の軍使がマニラに派遣されて、占領軍の進駐に関する要求事項を受け取っている。日本側が便宜を与えるべき、連合国軍からの最初の要求のひとつは司令部および士官の宿舎であった。要求書には「提供せらるる一切の建築物および施設はその目的に適するごとく完全なる家具および設備を有し、適当なる照明および衛生設備を備うべし」と明記され、細目にも「六〇〇名の士官のため浴室および便所の施設を有するホテルまたは宿舎等」[4]とあるように、水回り設備に対する占領軍の多大な関心と懸念が示されていた。つまり、占領軍最初の「マッカーサー司令」には、おそらく日本人の誰も予想する余裕のなかった、接収ビルの衛生その他の設備工事が含まれていたのである。[5] トイレは腰掛水洗式でなければならなかった。秋に入ると暖房工事も緊急に要請された。

一九四五年に始まった占領軍の発注は、当初直接もしくは公益営団を通じていたが、一九四七年九月に至り特別調達庁が設置され、受注、発注、納品を統括した。この特別調達庁からの発注は〝丸進〟事業と呼ばれ、東陶がこの丸進特需衛生陶器の九割を受注したことはすでに述べた。[6] 特に洋風便器の需要については、東陶以外に質・量ともに対応できる工場がなかったはずで、占領軍にとっても貴重な供給源であったろう。またこの際、便器に金具をセットして納入するのが当然とされた。むろん便器以外の洗面器、浴槽などの衛生陶器や、給排水・給湯設備、暖房、ガスなど設備工事関係の末端にはすべて水栓やバルブが必要となった。これは、戦時期に軍需一辺倒の生産をしいられ、戦後突如としてその需要を失ったバルブ業界にも再建と民生品復興の恩恵をもたらした。[7] このとき、特需を獲得したメーカーは、従前金物問屋が扱っていた量産品の分野に進出、特需はいったん減じたものの朝鮮戦争により再び急増したため、これらメーカーの業績も急上昇した。こうして水栓金具製造業界に大手のメーカーが生まれ、戦前から続く問屋に従属した中小メーカーとの対立構造が形成された。[8] 同時期に進展したＪＩＳの制定と普及は大手メーカーに有利に働いた。[9]

ところで当初、現実問題として、占領軍関連で要求されたとおりにトイレをすべて水洗式にするのは無理だった。ときに、接収住宅のトイレの汲み取り用便池を空にして砂を敷きつめた砂便所なども設置されたという。[10] 同様に、すべてが混乱していた占領初期の改修に関わる衛生工事は、日本側の人材、資材不足もあって、全般に規準が甘かった。しかし、事態が落ち着きを取り戻して新設工事が行われるようになると、米軍のマニュアルどおりの厳しい規準が要求された。たとえば管工事のネジ接合は、日本では麻を巻くのが通例だったが、メタリックコンタクトでなければならなかった。[11] つまり、施工技術とともに金具の精密さや品質向上も要求された。戦時期のブランクで技術的に停滞していた衛生工事業界は、こうした経験を通してアメリカの最新の衛生思想に触れたという。[12]

〈占領軍家族住宅（ディペンデントハウス）〉

住宅に関していえば、ディペンデントハウス（DH）が戦後日本住宅に与えた影響も見逃せない。ディペンデントハウスとは占領軍の家族用宿舎であり、接収住宅の改築も含めて一万三千戸余の住宅が一九四六年から五〇年の間に建設された。これらの住宅はアメリカの生活様式を基本的部分において日本に持ち込んだが、「単にアメリカ人の住まいとしてだけではなく、日本人の目指すべき新しい住居の姿や生活様式を示すという意味合いを同時に備えていた[13]」。この事業のために、「極めて少数のアメリカの軍・民建築家とエンジニアの下に日本の建築家、エンジニア、ドラフトマンを集め、その結集された力によりデザインブランチが構成された[14]」。ただし、資材、設備、施工等、すべて日本側の負担であったため、日本の施工技術を用い、日本の規則や慣習に合わせる必要も生じた。その衛生工事部門においてはこれまで再三言及した西原脩三がデザインブランチのスタッフに加わり、汚水処分装置を担当した[15]。衛生設備に関していえば、一家族に対し、寝室のトイレ、シャワー、化粧台各一個が標準仕様であった[16]。トイレから浄化槽までのパイプの太さ、未浄化排泄物を排水溝に流し込まぬことなど、詳細な基準が示された[17]。

ところでこの、浴室やトイレが寝室に付随する設備、すなわち住宅が夫婦単位の〃ねぐら〃だという文化は、当時の日本人には驚きであったろうし、現在もなお普及していない[18]。しかし、衛生設備をはじめ、キッチン、照明等を含めたこれら住宅の設備のコンパクトな充実感は当時の日本人にとって画期的かつひとつの理想となった。――「家の活用は設備に依って左右される。……吾々がこの無駄のない設備をした時、新時代に即した今後の生活態勢に一新紀元を画し得るものと思料する[19]」。

こうして、日本住宅に新しいモデルがもたらされた。そして、ディペンデントハウスについてもまた、新築はもちろん、接収住宅の改築の場合にも、日本で経験の浅い衛生設備関連の工事は手探りの状況で行われ、ここで経験が蓄積された[20]。

図 5-1　非水洗式の和風両用トイレ

(2) 戦後住宅政策の変遷と住宅産業の発進

だが、一般国民のおかれた現実はディペンデントハウスとは別物だった。焼け野原となった日本の諸都市においては、家族のねぐらの供給自体がまさに喫緊の課題であった。終戦直後の住宅不足数四二〇万戸、その後三年間で二百万戸が建設されたが、これらの多くは現在の感覚でいえばバラックか仮設住宅の類であった。[21] さらに一九四八年以降は、インフレによる資材調達困難から住宅建設そのものが難航した。政府は本格的な住宅政策の策定を迫られ、一九五〇年には住宅金融公庫が発足し、良質の住宅供給を目標に厳しい規準を設けて貸付を行った。その規準には延床面積、室数、建蔽率、日照時間などのほか、トイレを設置することも要求されていた。[22] むろん占領軍関係施設とは違い、水洗トイレである必要はなかった。狭い居住空間に設置するため、段差のある和風両用タイプの便器も使われた（図5-1）。朝鮮戦争特需の後、高度経済成長が始まると人口の都市集中はさらに緊迫し、需要増に対応できなくなった。当時の住宅は大工の棟梁が設計やコーディネータを兼ねる、現場一品生産を基礎としていた。

〈日本住宅公団の集合住宅とトイレ〉

人口の都市集中に伴う住宅需要の増加に対応して一九五五年、日本住宅公団（現都市再生機構）が設立された。一九六八年までに総戸数五〇万戸、うち賃貸三〇万戸を建設。単一企業体の継続的発注という点から見ると、世界にもあまり例を見ない膨大な数量をこなした（図5-2参照）。この時点では住宅の数と質の両方を満たし、さらに安価に供給することが求められており、そのために住宅部品の規格化、標準化が進められ、標準設計と設計施工面の統一も課題であった。在来工法に替わる新しい工法が開発されるにつれ、その工法に適合する内装材、たとえば水回りのユニット化や設備部品の開発に力が注がれ、その生産方法が従来の手工業的手法から工場生産手法に移行した[23]。給排水の配管方式にも合理性が追求された。公団住宅は当初から水洗トイレが標準仕様で、初めは和風両用タイプのものであった。限られたスペースのなかに組み込むという制約条件のもとで、臭気が少なく、男女両用であることがまず必要とされたのである。が、スペースおよび臭気の面のみならず、排泄の姿勢に関わる足腰への負担、汚れにくいこと、据え付けの手間や給配水管の接続といった施工面[24]においても洋風腰掛式が和風両用タイプに勝っている。東陶は洋風腰掛式水洗便器を標準仕様にする指定運動を繰り返し、価格の据えおき、ユーザーから踏み台を要求された場合の無償提供などを提案して成果を上げた。住宅公団は一九五八年に最初の洋式（洋風腰掛式）プランを採用、翌年に全国採用を決定し、一九六〇年より洋式が標準仕様とされるに至った[25]。これが追い風となり、衛生陶器業界はしばしば品不足をきたす安定と繁栄の時代を謳歌した。ちなみに、和風両用はウォッシュアウト式、洋風腰掛式はウォッシュダウン式でいずれも衛生陶器としては低価格であった[26]。

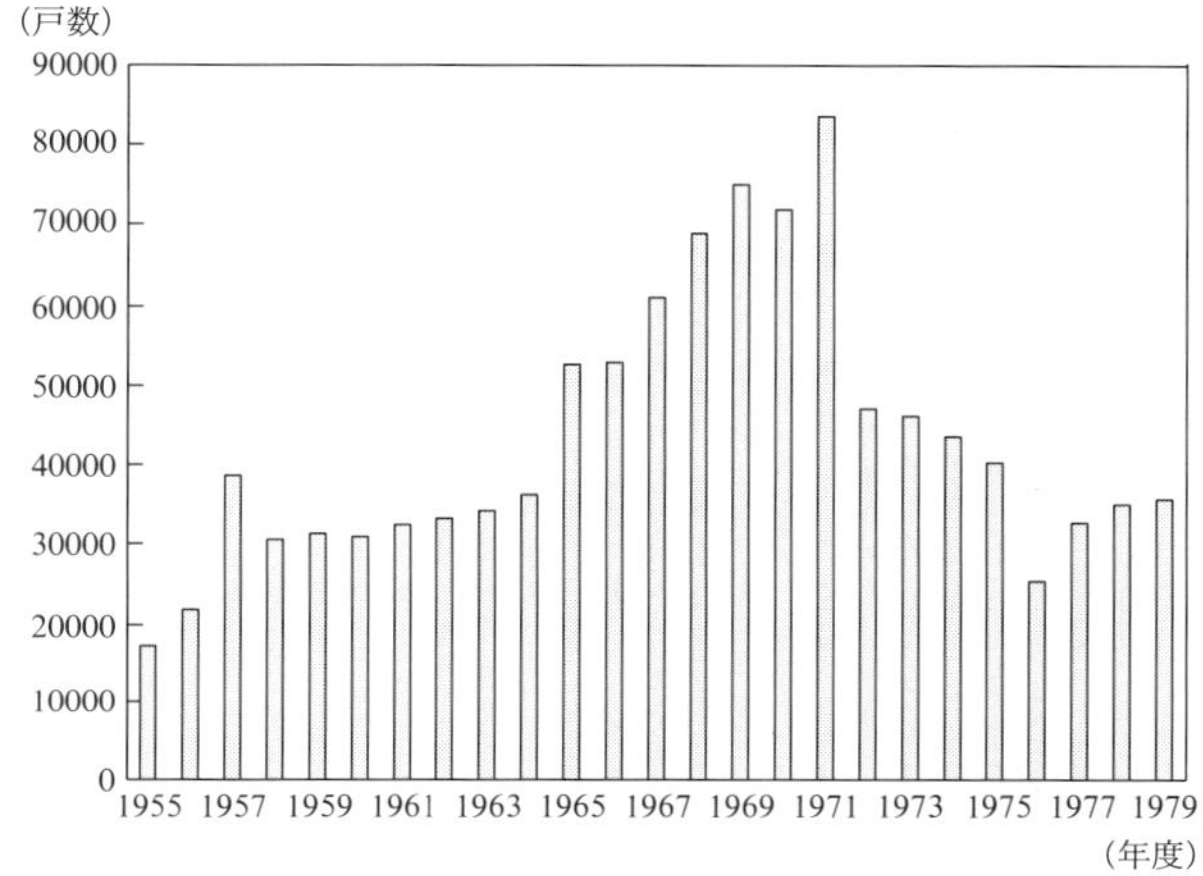

図 5-2　日本住宅公団新規建設戸数の推移（1955-79 年）

出所）日本住宅公団 20 年史刊行委員会編『日本住宅公団史』日本住宅公団，1981 年，巻末資料より作成。

　水洗トイレの普及率は、とりわけ人口集中地区の公団、公社で高くなった。表5-1は総理府（総務庁）の住宅統計調査報告から抽出したデータを用いた。都市人口集中地区、また住宅所有関係では借家、そのうちの公団、公社の建築物に

表 5-1　住宅統計調査によるトイレの水洗化率

調　査　年	1963	1973	1983	1993	2003
全国	9.2	31.4	58.2	75.6	88.4
持家	5.0	21.8	51.4	70.9	88.1
公団・公社（借家）	32.2	60.5	100.0	100.0	100.0
市部	12.8	38.5	66.6	82.0	
人口集中地区	16.9	46.2	73.5	86.5	95.4*
東京都	30.9	67.8	89.7	92.2	94.4

注）各々，水洗トイレのある住宅数/住宅総数（%）。＊は 14 大都市。
出所）総理府/総務庁統計局編『住宅統計調査報告』；総務庁/総務省統計局編『住宅・土地統計調査報告』各年より作成。

おいて水洗化率が圧倒的に高いことが読み取れる。

〈住宅産業〉

住宅本体の工場生産、いわゆるプレファブ[27]は、一九五九年に販売された大和ハウス工業の「ミゼットハウス」を嚆矢とする。工業技術を応用して低価格住宅の量産、供給を目指したもので、この動向を受けて「住宅建設が産業として認知され」始めたのであった。[28]プレファブ住宅は一九六二年に住宅金融公庫の対象となったのを受けて順調に発展し、次第に高級化するが、戸建住宅の大部分はなお一品注文生産であった。とはいえ、土地付き戸建住宅は高価であり、庶民にはなかなか手が出ない。そこで開発されたのが集合住宅で、都営、県営、公団等の「アパート」が都心部を離れた地域に建設された。エレベータ設置義務が生じない限度の四階建てが多かった。こうした住宅の（職場から）遠い・狭い・高い、の不評に対抗するように都心部に建設されたのがいわゆる高層マンションである。第一次住宅ブームといわれた一九六三年、この年日本で最初に建設された西欧型鉄筋コンクリート集合住宅は、利便性の高い都心型で高所得者をターゲットにしていた。[29]この頃から住宅に使われる材料が多様化し、住宅建設投資が他の多くの産業へ波及効果をもたらすことが認識されるようになった。[30]そして、東京オリンピック景気（開催は一九六四年）の影響で、特に首都圏の高層建築、ホテルの新築ラッシュが起こった。遅れていた下水道事業もようやく本格化の兆しを見せ、[31]水洗トイレの需要も急増し始めた。その後、再び人口の大都市集中による住宅不足問題が顕在化する。図5-3、図5-4に、戦後の住宅投資額および新設住宅着工戸数の推移を示した。

第二次住宅ブームは一九六八年。この年が「住宅産業元年」ともいわれるのは、同年に発表された内田元亨の論文[32]で「住宅産業」という言葉が初めて使われ、住宅業界が「産業」として認知されるきっかけになったからだという[33]。「認知」のレベルが一〇年前と変わらないところに、住宅の工業化が自動車等と違って遅々としていた状況が

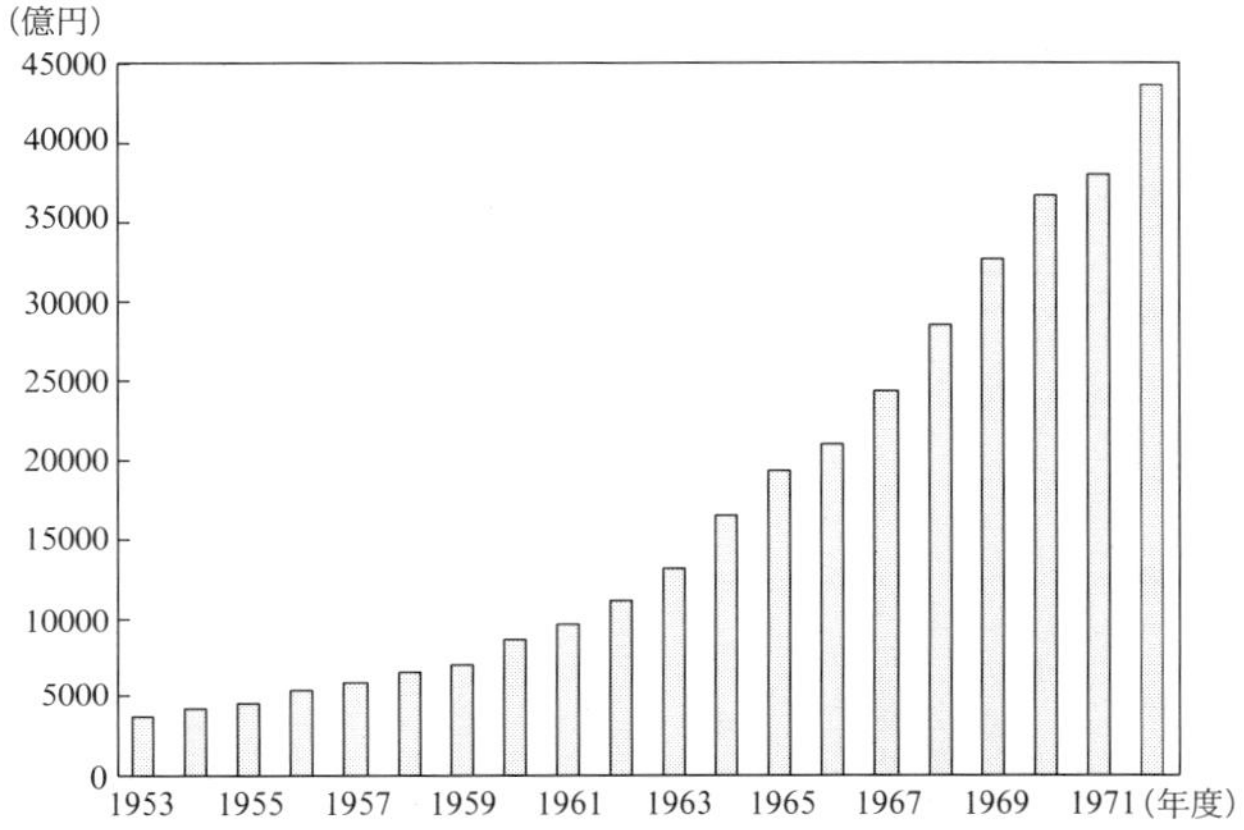

図 5-3 国内住宅投資額の推移（1953–72 年）

注）民間住宅＋政府住宅。1965 年価格による実質値。
出所）経済企画庁編『国民所得統計年報』各年より作成。

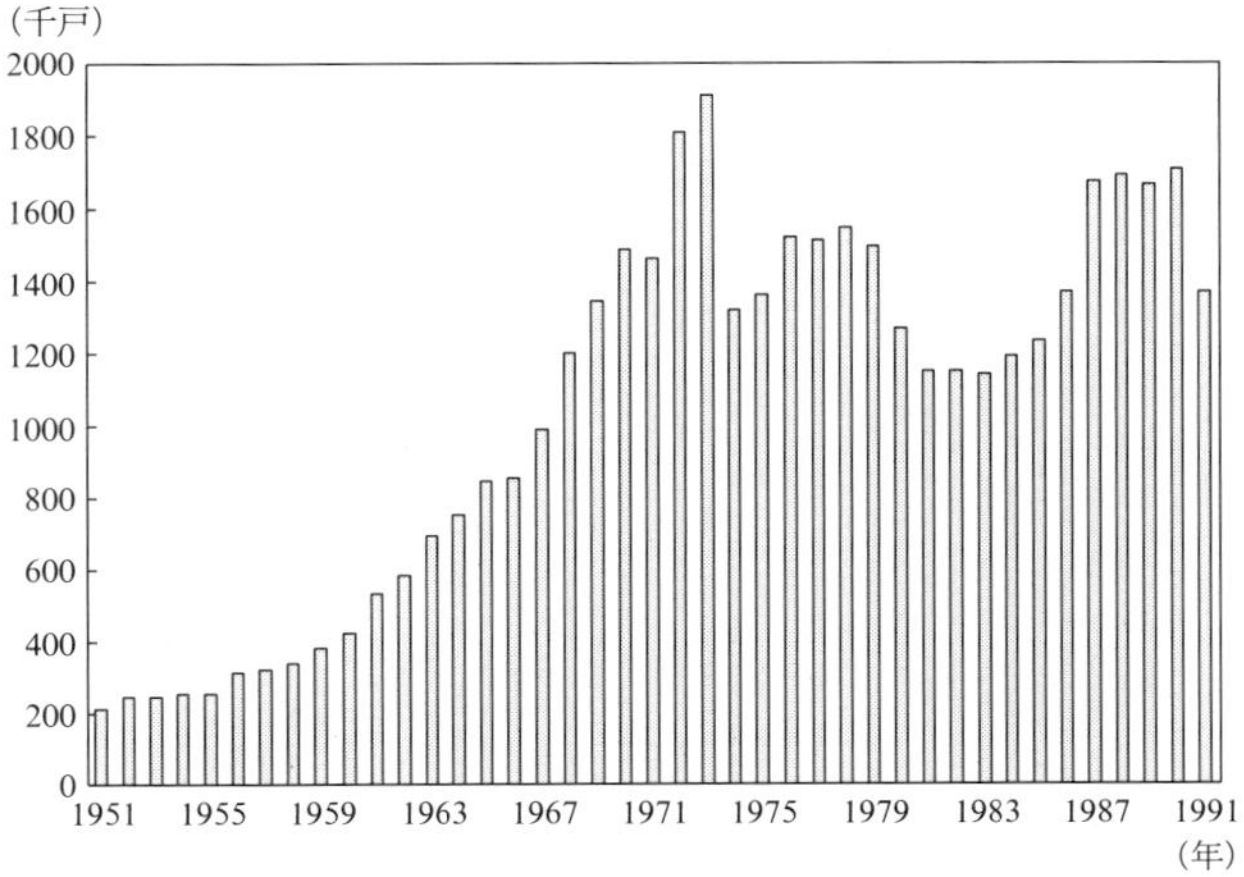

図 5-4 新設住宅着工戸数の推移（1951–91 年）

出所）建設省計画局編『建築統計年報』各年より作成。

うかがわれる。工業化が容易に進展しない最大の理由は、住宅が人間の生活基盤を支えるものであるため高次な内容を要求され、それが従来の工業化手段では達成されないからだと、池辺陽が指摘している。[34] 日本の住宅は社会全体の発展に比して、とりわけその内部の近代化が立ち後れた。[35] 換言すれば、エネルギー系統や配管設備機器関連の局面で後れが目立った。

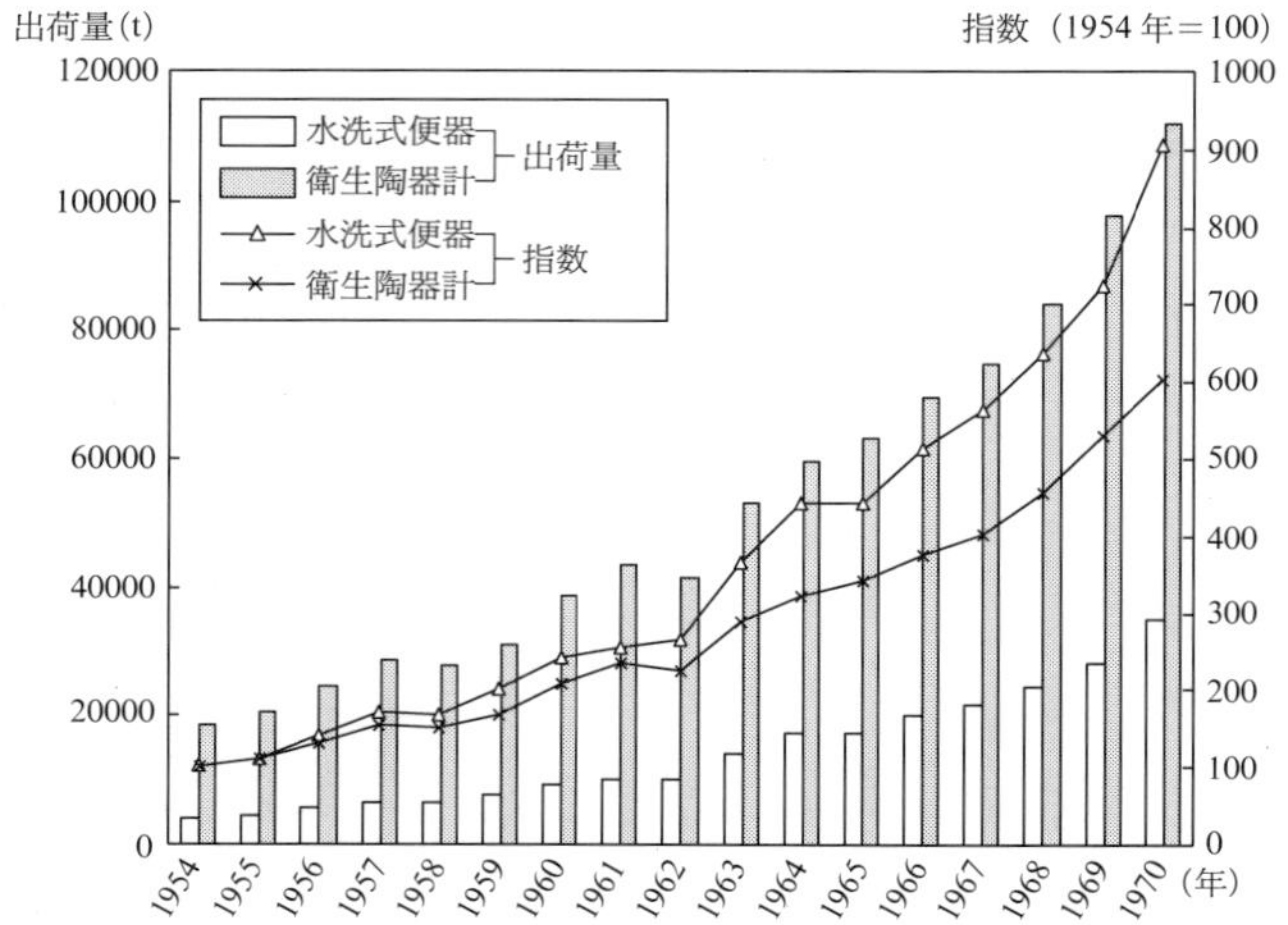

図 5-5　衛生陶器・水洗式便器出荷量の推移（1954–70 年）

注）「衛生陶器」は，原資料においては陶磁器の内訳の「衛生用品」。
出所）通商産業大臣官房調査統計部編『雑貨統計年報』各年より作成。

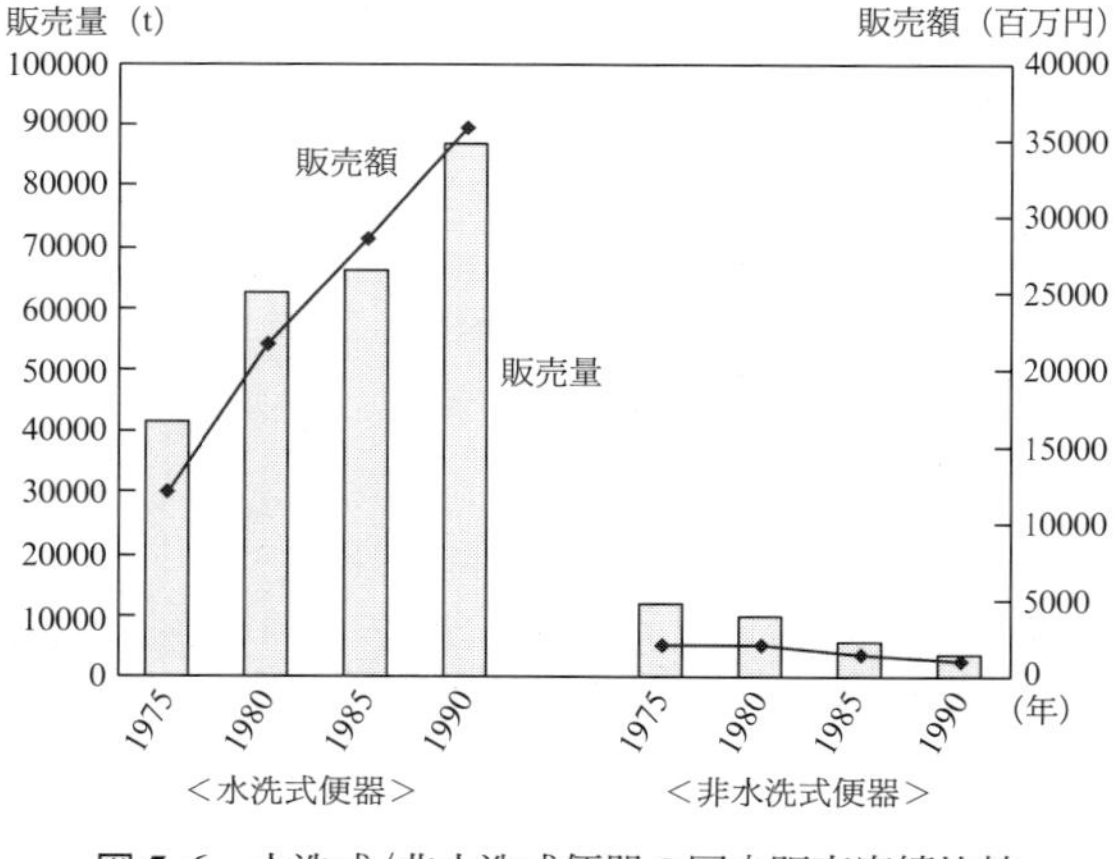

図 5-6　水洗式/非水洗式便器の国内販売実績比較

出所）同上。

ところで、さきの内田論文の主旨は「住宅は工業的に大量生産される必要があり、今後は新たなリーディング産業になる」というものであったが、すでにその年、新設住宅着工戸数は百万戸を超えて住宅ストック数が世帯数を上回り、単純計算上「一世帯一住宅」が実現した。現在活躍中のプレファブメーカーもこの時期にほぼ出揃った。[36]総じてこの「住宅産業元年」は、住宅の「量から質」へ転換の年でもあった。国民の住宅への関心が、単なる箱物としての必要性から住宅部品や内部システムの充実へと変化し始めたといわれる。

そして第三次ブームは一九七二年。新設住宅着工戸数一八六万戸。バブル期を含めて現在に至るまで、これほど多くの新設住宅が着工された記録はなく、当時でも異常といわれたほどである。翌一九七三年の石油危機の到来でこのブームは沈静化した。しかし、この時点で水洗トイレの普及率が約三割。なおかつ国内出荷額において水洗式便器が非水洗式便器をはるかに凌駕していたことを考えれば、たとえ景気が悪化しても水洗式の潜在需要は大きく、将来成長が十分に見込まれたはずである（図5-5、図5-6）。

（3）住宅設備機器と衛生設備工事

〈住宅設備機器産業〉

戦後日本の住宅政策は、まず雨露を防ぐシェルターの量的確保、次いで都市部における低廉な住宅の量的確保、そして都市部における良好な住環境を伴う住宅確保へと内容の変化を遂げつつ進展した。一九六六年には住宅建設の総合的長期計画を策定した「住宅建設計画法」が施行され、第一期住宅建設五ヵ年計画が発進した。当初の主要目標は「一世帯一住宅」におかれていたが、量から質へと転換した第三期計画（一九七六年）では「最低居住水準」を定め、一〇年以内にすべての住宅がその水準をクリアすることを目標に掲げた。この最低居住水準には専用便所を設けるという一項も含まれていた。ちなみに一九七三年の統計で、専用便所を持たない住宅は全体の五・九パーセントであった。[37]一方で、住宅ブームは繰り返し起こった。この変化のなかで一九六〇年代末にようやく芽生えてくるのが「住宅産業」に続く「住宅設備機器産業」という捉え方である。給排水、電気、ガス、といったエネルギーが住生活を快適化するさまざまな用途に使われ始めたことで、後れていた住宅〝内部〟近代化の必要性がようやく認識され、新たな産業カテゴリーが生まれつつあった。

その一九六〇年代末、日本のＧＮＰは西ドイツを抜いて自由世界第二位となった。国民の消費水準が高まり、住宅投資も急伸したが、なにせ「元年」を迎えたばかりの日本の住宅水準は欧米先進国と比べてまだまだ劣っていた。住宅設備はさらに後れ、なかでも後れていたのが衛生設備であった。この分野での先進国、イギリス、アメリカにおけるトイレの水洗化率は百パーセントに近づいていたが、日本では二〇パーセントに満たず、また、インフラストラクチュアとなるべき下水道の普及率については、欧米主要都市で八〇〜九〇パーセントを超えていたのに比べ、首都東京の都区部でさえ四〇パーセント程度であった（一九九四年にほぼ百％達成）。営利目的の無計画な建売り住宅などでは、せいぜい台所とトイレの手洗い用の配管および水栓二個で水回りは終わり、という程度のものが圧倒的に多かったという[38]。

さて、住宅と経済発展との関係を見ると、国民の所得水準が低ければとりあえず居住空間（住宅本体）が必要とされ、住宅機能（設備）は二次的に考えられる。が、所得水準の向上につれて機能面が重視されるようになる。工業化の観点からは、小規模な工務店による現場一品生産が払拭されない住宅本体よりも、設備機器のほうがユニット化されやすい。ここでの「ユニット」とは、特定の機能を持つ設備を独立して製品化することで、住宅は本体の各部にいくつかのユニットを設置することで完成する。言うまでもなく、住宅本体が「プレファブ」でなくともユニットは使える。設備をユニット化することによって品質の安定、価格低下、施工の簡便化、工期短縮などが見込まれると、これら設備に合わせて住居が設計される一面も生じる。建設業から離れて住宅設備機器産業自体の発展への期待が高まるのである。

従来、住宅部品の工業化においてはまず施工業者のメリットが優先され、部品の採用自体も施工業者にゆだねられていた[39]。建設省は一九六〇年以降、衛生陶器や水栓金具を含む公共住宅部品の品質安定および低価格化をはかるため、躯体工事から分離しやすい部品に独自の規格（KJ：公共住宅用規格）を制定した。この動きは建設企業から独立した設備メーカーの成長につながったが、逆にメーカー側の創意工夫を抑制する傾向も見られ、一九七四年からは一定のスペックに対してメーカーが自主開発製品を応募する制度（BL：優良住宅部品）に受け継がれた。こうした流れのなかで、設備をとりまく状況は次第に変化する。一九六〇年代、住宅一戸あたり価格の土地、建物、設備の構成比を日米で比較すると、総額百に対し、アメリカは土地二〇、建物三〇、設備五〇。かたや日本は土地五〇、建物四〇、設備一〇、の比率といわれた[40]。建物と設備のコスト比は次第に接近傾向を示し、一九七〇年には住宅産業といわれる分野において、その半分近くを設備機器生産が占めるようになった[41]。とはいえ、住宅設備機器を主要生産品目に掲げる企業も設備機器の協会団体もまだ現れていなかった。

高度成長期、所得水準が向上しているにもかかわらず住宅設備に関心が向けられてこなかったとすれば、その市場は未開拓であって将来的成長を期待できるということでもあった。設備機器はまた、工業化によって躯体よりコストを下げやすいという意味でも注目され始めた。「本来、『住宅』は、設備の集積された居住空間であるべきはずのものですが、ようやく、日本においても設備優先の思想が生まれようとしているかに見えます[42]」と、一九七〇年に刊行された『住宅設備機器産業の展望』の編集委員会が総括をしている。

一九七〇年代の量から質への転換の時代において、しかし、トイレは他の水回り設備の改善変化に後れをとり、ユーザーの関心度も低く、マイナーなスペースに甘んじることになったという[43]。限られた居住面積のなかで、むしろ場所をとらないことこそがトイレに求められた資質であった。逆に、他の水回り機器の新提案やモデルチェンジ、また技術革新は、水栓金具業界の発展と強い結びつきを持ち、新しい市場が開拓されていった。

〈設備規準問題〉

衛生面から見た設備工事の水準もまた低位で推移していた。呼び名こそ「鉛管工」、そして「配管工」へと変わったものの、明治の鉛工＝水道屋の仕事は、さまざまな配管材料ができて分業が進んだ後も存続した。一九六〇年代までは、道具箱ひとつを担いで日本全国どこに行っても仕事ができるのがこの職種だった。逆にいえば、それだけの技能と熟練を要し、設備の整った工場ならぬぶっつけ本番の衛生工事現場で、臨機応変に鉛板や鉛管を加工して施工する特殊な工程が存続し続けた。(44) 時代が進むにつれて、たとえば便利な継手が各種考案され、市場化されていくわけだが、それでもなお作業現場での現物すりあわせ工程が完全に消えることはない。

遅行現象をもたらした理由のひとつは、給排水設備規準の不備であった。この意味で、熟練の健在と基本的水準の低位とは背中合わせである。第3章で述べたようにアメリカの〝ブーヴァー・コード〟を参考にして以来、それをバイブルのように奉ってきた業界であったが、やはり日本独自の給排水設備規準が必要ということになり、衛生工業協会を中心に制定活動が活発化した。同協会は一九六二年に空気調和・衛生工学会に改組され、一九六七年、日本における最初の本格的設備規格となる「給排水設備規準　HASS二〇六―一九六七」を発表した。しかし、個々の細かい数値の決定には膨大な実験、研究を要するため、とりあえずこの規準は精神規定的なものにならざるを得なかった。規準制定の研究は引き続き進められて、東陶や西原衛生工業所をはじめとする多くの業界関係者がこの活動に関わった。(45) いずれにせよ、この規準は一民間団体である学会制定になるもので何ら法的規制を持たない。(46) 国家レベルでの規格づくりが遅れたということは、大局的に見れば、国の公衆衛生への取り組みがそれだけおろそかだったことをも意味するだろう。明治初期の衛生行政への国家的熱意は、その後長期にわたり国防や経済成長の陰に低迷してきたといえるかもしれない。

今日、設備機器には次々と電気技術が取り入れられていくため、それにつれて工事のあり方も変化していく。しかし、衛生設備工事の規準は、変化の大きい電気設備工事と比較すれば、はるかに緩やかである。逆にいえば作業のマニュアル化が困難で、工事の「質」は、衛生工事会社あるいは配管技能者の力量に左右される部分が大きい[47]。「配線」と「配管」の工事技術には大きな違いが存在する。

表 5-2　20世紀中頃の消化器系感染症による死亡率：国際比較

（対人口10万）

国　　名	（調査年）	赤　痢	胃腸炎	新生児感染症
アメリカ	(1949)	1.0	6.7	3.0
カナダ	(1950)	0.4	9.6	5.4
イギリス	(1950)	0.1	6.7	2.3
フランス	(1951)	0.1	5.5	2.6
ニュージーランド	(1950)	0.3	4.8	1.4
日本	(1950)	14.4	79.5	10.9

注）イギリス：イングランドとウェールズ。「新生児感染症」には呼吸器系の病気を含む。「胃腸炎」には新生児の下痢を含まない。
出所）総理府統計局編『国勢統計要覧』1954年より作成。

（4）高度成長期の屎尿処理・下水道問題

戦後復興期においては、住宅問題とともに屎尿処理問題も深刻化した。一九五五年頃になると、農村還元屎尿の大部分は化学肥料に置き換わっていた[48]。資源的価値のなくなった屎尿がもたらす問題は、むろん悪臭や見た目の不潔さだけではない。一九五五年の鉱工業生産指数を百とすれば、戦前のピークである一九三五年のそれは六〇・六。屎尿処理の不衛生に起因する水系伝染病、赤痢の患者数は、同じく一九五五年を百として一九三五年は六〇・七。この局面に関する限り、日本の衛生問題は経済成長に「比例して悪化」した[49]。表5-2に見るように、一九五〇年頃の日本では、赤痢に代表される消化器系感染症の死亡率が欧米先進国とは桁違いに高かった[50]。さらに図5-7に見るように、一九五二年以降減少傾向に見えた赤痢の罹患率は一九六〇年および六一年に再び急増する。医療の進歩により死亡率は下がっていくが（図5-8）、抗生物質が十分に利用できる時代になってさえ大発生の危険は去らなかった。一九五八年、東京都区部の水洗化人口は総人口の三〇・七パーセント。大阪市は一五・九パーセント[51]。経済活動の盛んな大都市においてはとりわけ水道の普及や屎尿の衛生的処理が急務と考えられた[52]。もっとも、一九五〇年の出生時平均余命は戦前のピークを上回っており、また水系

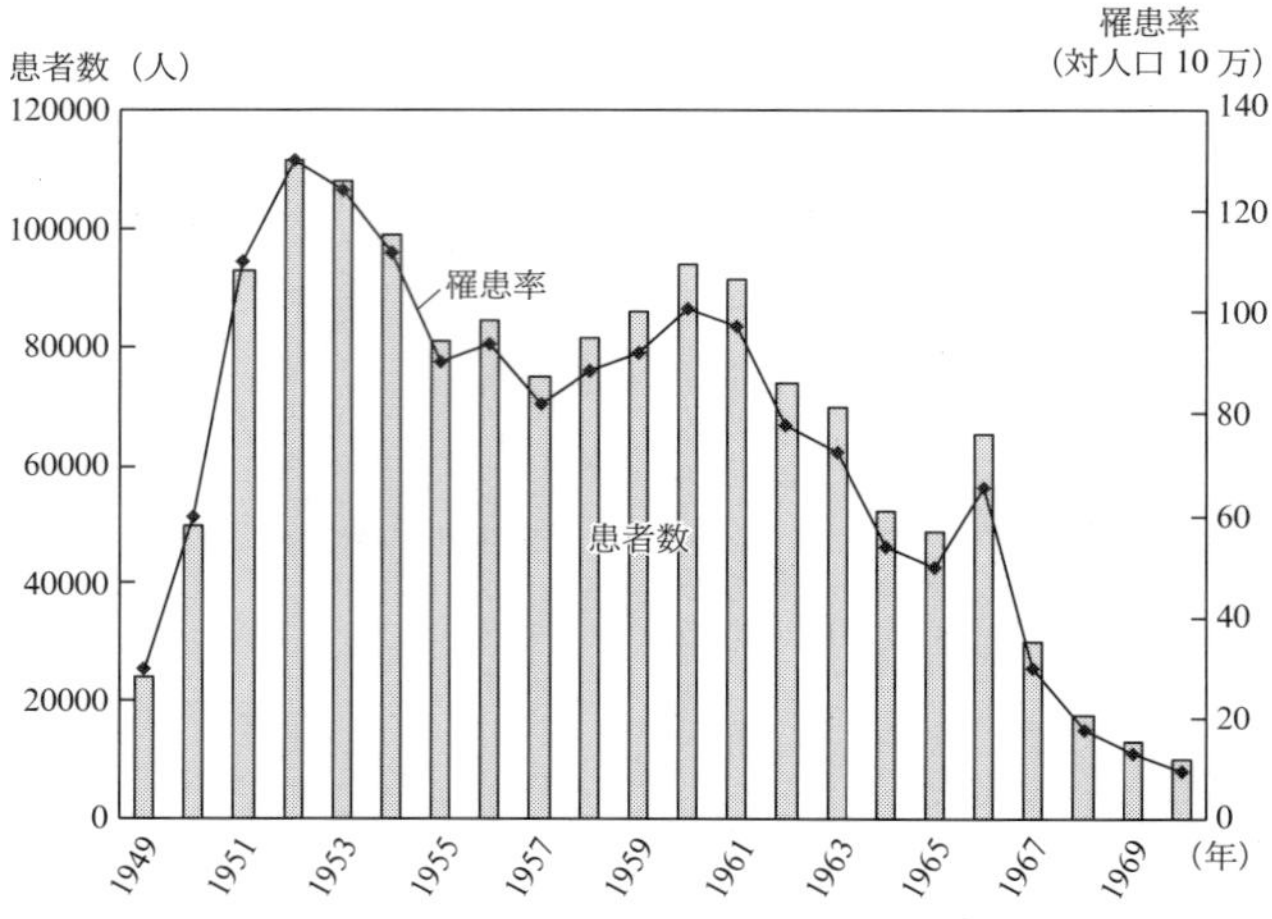

図 5-7　赤痢の届出患者数と罹患率の推移（1949–70 年）

出所）厚生統計協会編刊『厚生の指標』15 巻 13 号，1968 年，232 頁；厚生省編『厚生白書』昭和 45 年版；昭和 46 年版より作成。

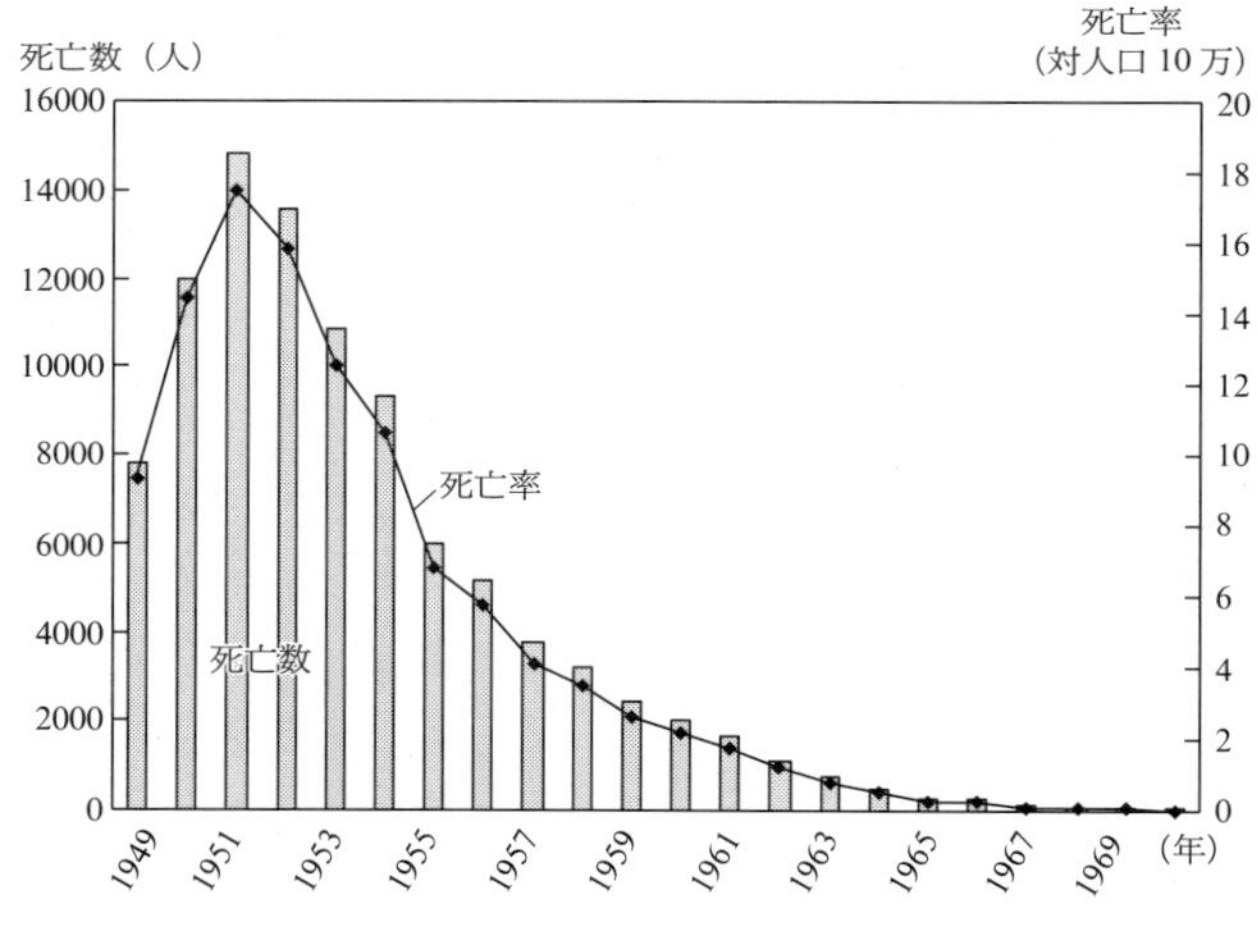

図 5-8　赤痢による死亡数と死亡率の推移（1949–70 年）

出所）同上。

疾患の死亡率もはるかに減少していることを考えれば、所得および医療水準の向上その他の要因が屎尿処理対策の後れを相殺していた一面も認められよう。

清潔好きを自認する日本人だが、当時、より良い生活を求める人々の感覚のなかで、衛生・清潔問題は後回しにされた。一九五七年、公衆衛生学の権威である戸田正三（当時、金沢大学長）は「どこの文明国でも台所の経常費の数パーセント〜十パーセントを汚物の処理費に使っているが、一パーセント以下という文明国は日本だけだ[53]」と嘆いていたという。同じ年、財政難と都市計画の貧困に起因する下水道建設の著しい立ち後れに危機感を抱いた東京都は、ようやく「下水道拡張一〇ヵ年計画」を開始した[54]。一九六〇年代初頭、つまりすでに神武景気を経験し、岩戸景気のさなか、首都東京の消費意欲は旺盛で電化製品が飛ぶように売れ、レジャー産業が隆盛し、街は昼も夜も賑わっていたが、人口の集中する二三区内約一五七万戸、その三分の二はまだ汲取式のトイレを使っていた。汲み取られた屎尿の四四パーセントは海洋投棄、三七パーセントは消化槽、農村還元その他一六パーセント、二パーセントは下水道に投げこまれていた。海洋投棄船、通称〝黄金艦隊〟が出港できないような「荒天が三日以上続くと、屎尿貯溜槽はたちまちあふれ、各区の清掃現場からそこへ搬入できなくなり、ひいては都民の便所も汲み取れなくなってしまう[55]」有様だった。屎尿の投棄や埋め立ては、いつでもどこでも行われていたことであろうが、戦後の都市人口集中によって一大事業となった。ちなみに、東京都では一九七〇年頃まで投棄船が新規建造されていた。その後投棄は減少に向かうが、東京都がこの事業に終止符を打ったのは、実に一九九七年である[56]。

高度成長期、進行する都市の水質汚濁防止のため、とりあえず屎尿問題についてはトイレ水洗化および下水道整備が根本解決策だと考えられ、二次的に浄化槽、応急措置として屎尿処理施設が構想された。一九六一年を初年度とする池田勇人内閣の「所得倍増計画」には「屎尿処理一〇ヵ年計画」も含まれ、一九七〇年末の特別清掃地域[57]（計画処理区域）の排出量を下水道終末処理場（三九パーセント）、屎尿浄化槽（一二パーセント）、屎尿処理施設（四九パーセント）ですべて処理するという青写真を掲げたが、情勢は悪化し、計画は改訂に次ぐ大改訂を迫られた[58]。計画はともあれ、その実績は表5-3のとおりで、下水道建設の到達度の低さがきわだつ。国民所得の倍増が名目値で翌一九六二年に、実質値で一九六七年に達成されたことと引き比べれば、著しい遅行現象といえよう[59]。

トイレの水洗化は下水道建設と関連するから、衛生問題を後回しにしたのはもっぱら行政の責任だったといえるかもしれない。しかし、公共下水道が敷設された地域では、計画処理区域内のトイレ水洗化促進が行政の課題に

表 5-3　1960 年度（特別清掃地域）/1970 年度（計画処理区域）の屎尿処理実績比較

(%)

処理方法	1960 年度	1970 年度
公共下水道	6.3	12.9
浄化槽	10.4	12.3
屎尿処理施設	5.8	49.4
農村還元（等）	24.3	3.7
海洋投棄	17.7	11.2
下水道投入	6.8	3.4
不衛生処分	15.2	—
自家処分	13.5	7.1
合　計	100.0	100.0

注）1970 年度について，公共下水道および浄化槽は人口比。その他の部分は排出量比だが，非水洗化人口比で加重計算をしている。「不衛生処分」の項目はなくなっている。
出所）『厚生白書』昭和 38 年版，8 頁；昭和 47 年版，227 頁より作成。

なった。公衆衛生上の問題および下水道経営と屎尿収集の二重投資による不効率を減らすのが目的である。[60] 処理区域内にトイレを新設する場合に水洗式でなければならないことは、すでに一九五〇年公布の建築基準法で定められていた（第三一条一項）が、一九七〇年の改正下水道法により、処理区域設定後は、すでに設置されている非水洗式トイレも水洗式に改造することが義務づけられた（第一一条の三）。各市町村は貸付金や補助金交付により域内の水洗化を進め、[61] 国はその市町村に対する必要資金の融通に努めるべきとされた。同年度の水洗トイレ設置に関する貸付総額は一〇億円を計上、一九七四年には八六億円に達した。[62]

一九七二年には各自治体に周知徹底されるべき「水洗便所普及促進要領」が定められ、[63] 一九七三年には生活保護世帯の水洗トイレ設置に資金助成を行う自治体に対して国が補助金を交付する制度も確立された。行政主導でようやく水洗化が進んでいた一面もあるのだ。ちなみに、自治体による補助金交付や貸付は現在も行われている。

なお、「水洗化率」という用語はデータにより定義が異なるので注意を要する。屎尿処理関連（現厚生労働省、環境省管掌）では、水洗化人口＝公共下水道処理人口＋浄化槽処理人口と定義し、これを計画処理区域内人口[64]で除したものを水洗化率とする。計画処理区域は一九六〇年には総人口の六割弱をカバーするのみであったが、徐々に拡大されて、一九七〇年代半ばには総人口をほぼカバーする領域となった。処理区域外でトイレが水洗化されているケースはきわめて稀だと考えられるから、本書の図5-9においては、総人口に対する水洗化人口／非水洗化人口を比較することで、水洗トイレの普及を大雑把に把握することを試みた。これとは別に住宅統計調査（現総務省管掌）の数字があり、水洗トイレを設備している住宅数の対総住宅数比を摑むことができる。「水洗トイレの普及率」を見るには、むしろこのほうが適切かもしれない。図5-10においては、そのデータを取り入れた比較を行っている。

参考までに、一九六五年および二〇〇〇年の屎尿処理状況を図5-11に掲げた。水洗化人口、非水洗化人口は処理区域内人口を母数とする比率（処理区域が年々拡大していることに留意）、水洗化人口の内訳は人口比、計画処理（汲み取り）については排出量比である。

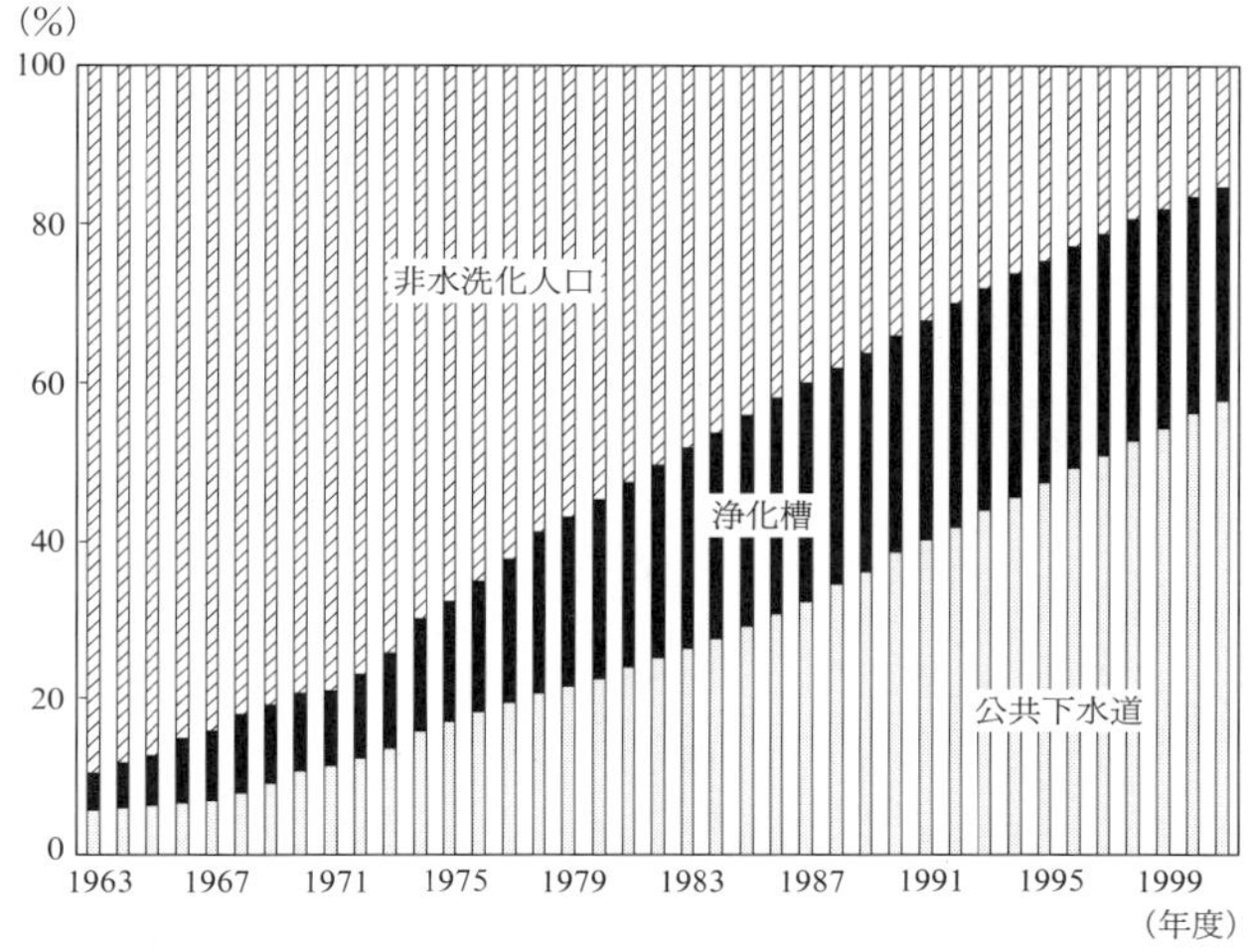

図5-9　水洗化および非水洗化人口比率の推移（1963-2001年）

注）総人口（100%）＝水洗化人口（公共下水道の処理人口＋浄化槽の処理人口）＋非水洗化人口

出所）『厚生白書』各年；環境省総合環境政策局編『環境統計集』各年より作成。

また、日本の公共下水道普及率は現在でも先進国のなかできわだって低く、処理人口普及率で見ると、二〇〇〇年でも約六〇パーセント（政令指定都市は約九八パーセント）、二〇〇五年は六七パーセントと、その伸びは遅々としている。図5-10は戦後の統計だが、戦前期の水洗トイレや下水道の普及率が低いのは推して知るべしであろう。他方、水道の普及はきわめて順調に進行したように見えるが、水道建設と衛生設備機器利用の給水面での環境整備確立とは、必ずしも同義ではない。一定以上の水圧や水量が保障されない貧弱な水道では、水洗トイレの利用に支障をきたす。

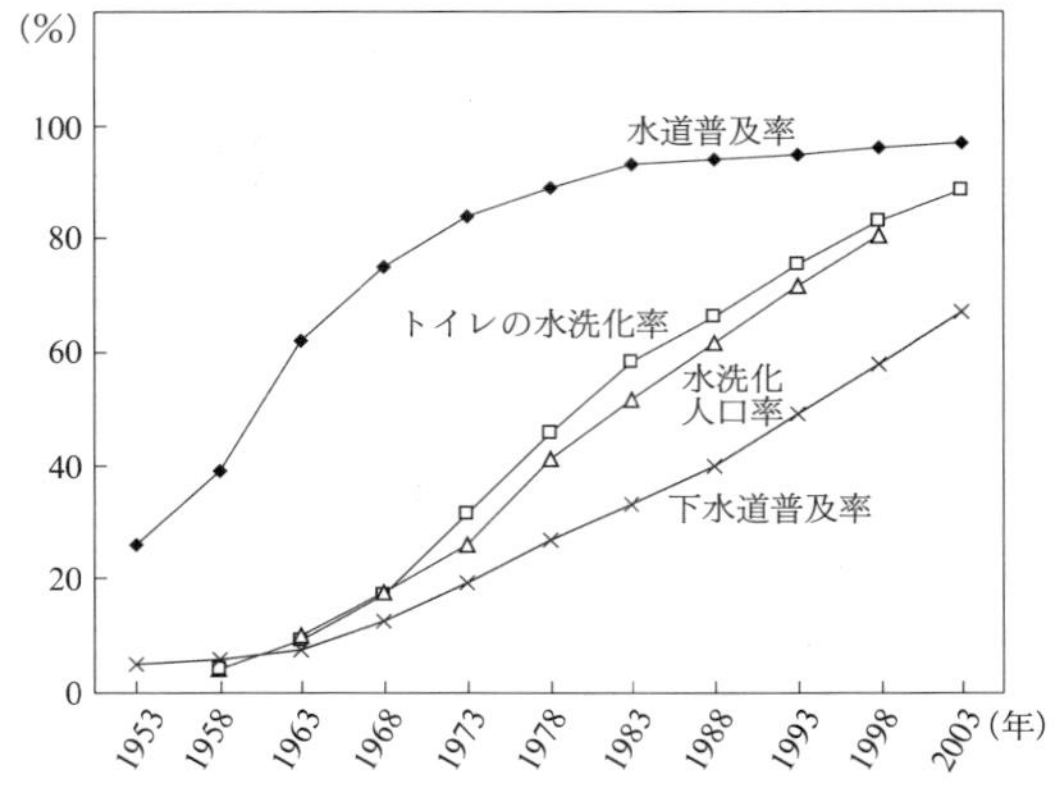

図 5-10　上下水道普及率とトイレ水洗化率の推移（1953-2003年）

注）『厚生白書』および『環境統計集』のデータは「年度」でとられているが，大勢に影響はないと見て同一の図に収めた。

出所）水道普及率（簡易水道等を含む給水人口/総人口）：日本水道協会『日本水道史　総論編』1967年，17頁；『水道統計』各年より作成。下水道普及率（公共下水道の処理人口/総人口）：日本下水道協会『日本下水道史　総集編』1987年，巻末資料；『環境統計集』各年より作成。水洗化人口率（[公共下水道処理人口＋浄化槽処理人口]/総人口）：『厚生白書』各年；『環境統計集』各年より作成。トイレの水洗化率（水洗トイレ設備のある住宅数/総住宅数）：総理府統計局/総務庁統計局編『住宅統計調査報告』；総務庁統計局/総務省統計局編『住宅・土地統計調査報告』各年より作成。

戦後日本が「経済大国」になった後も、下水道建設が進まなかったのはなぜか。そもそも都市計画において、水の制御が最優先課題として論じられてこなかったことに見られるように、認識自体が後れていた。[65]が、政府も自治体も下水道建設に予算を回してこなかったのではない。今日でも年々数兆円に上る莫大な予算（総事業費）が下水道事業につぎ込まれている。事業難航の原因は日本の下水道の経済効率がはなはだ低いためであり、その原因はそもそもの下水道計画（特に流域下水道）[66]が過大であるためだと、中西準子が指摘している。[67]すなわち、できる限り多くの下水を集めて処理すれば経済効率が高い、という誤った考え方のうえに計画が立案されたため、建設費用が異常に高く不必要に過大で、環境負荷の大きな施設になってしまっている。下水は人口密度にあわせて適切に処理すべきであり、そのこととトイレの水洗化は背反するものではない。

〈浄化槽〉

さて、前掲図5-9で水洗化人口の内訳の推移を見ると、一九八〇年代前半までは下水道人口と浄化槽人口がほぼ同じカーブで伸び、その後ようやく下水道人口が浄化槽人口を上回るようになる。つまり、全国的に見るなら

1965年度				(%)
水洗化人口 (19.2%)		公共下水道	48.8	
		屎尿浄化槽	51.2	
		（合計）	(100.0)	
非水洗化人口 (80.8%)	計画処理	下水道投入	7.8	汲み取り屎尿総量
		屎尿処理施設	39.5	
		農村還元等	19	
		海洋投棄	19.9	
	自家処理		13.8	
		（合計）	(100.0)	

1965年度

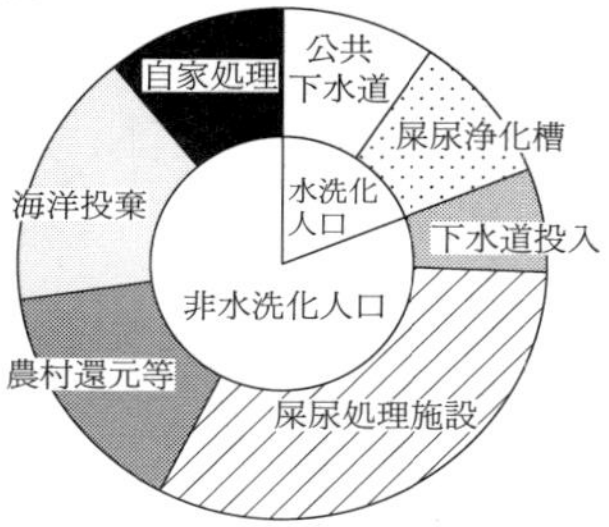

2000年度				(%)
水洗化人口 (83.4%)		公共下水道	67.4	
		屎尿浄化槽	32.6	
		（合計）	(100.0)	
非水洗化人口 (16.6%)	計画処理	下水道投入	4.9	汲み取り屎尿総量
		屎尿処理施設	88.6	
		農村還元等	0.4	
		海洋投棄	4.8	
	自家処理		1.3	
		（合計）	(100.0)	

2000年度

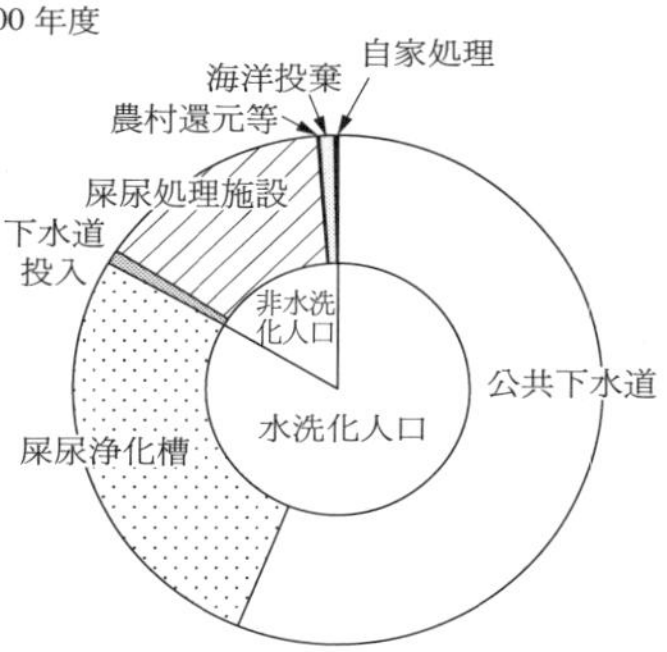

図5-11　計画処理区域内の屎尿処理状況（1965/2000年度の比較：内訳［%］）

注）計画処理区域とは，法律に基づき，市町村等が廃棄物の収集および処分を行う地域を指す。計画処理区域内人口の対総人口比は，1965年度65.4%，2000年度100.0%。

出所）『厚生白書』昭和47年版；『環境統計集』平成17年版より作成。

ば、水洗トイレの普及に浄化槽が果たしてきた役割は決定的だった。地方都市や大都市の近郊などにおいても、下水道敷設までのつなぎということで浄化槽が使われてきた場合が多く、今日に至るまでそのままの地域もある。また、今日でも、人口密度の希薄な地域においては流域下水道を建設することがあまりに不経済、不効率であるため、個別浄化槽、もしくは一定地域での処理施設（コミュニティプラント）を設けることになる。

　経済的問題のみならず、生態系への負荷という観点からも下水処理は小規模に分散して行われるほど望ましいはずで、いずれにしても浄化槽の存在意義は大きい。ただし、浄化槽には単独処理と合併処理の二方式があり、単独処理浄化槽の設置については、トイレの水洗化を早急に要望する住民に対し、いわば間に合わせで認めたという経緯を反映して水質基準が甘い[68]。また屎尿のみを処理対象にしているため、それ以外の生活雑排水が垂れ流しになり、地域水系への環境負荷は屎尿汲み取り方式よりもかえって大きい[69]。高度成長期に設置された浄化槽は大部分が単独浄化槽であり、トイレは水洗化されるが環境負荷面では悪化を招くという事態を引き起こしていたのである。一九八九年の統計でさえ、水洗化人口の二〇パーセントが単独処理浄化槽を使用していることを示す[70]。浄化槽法改正により単独浄化槽の新設が禁止されるのは、ようやく二〇〇〇年のことである。

なお、近年では公共下水道の完備した都市部のオフィスビルや団地などでも、あえて大規模な合併処理浄化槽を設置し、生活雑排水を浄化殺菌して水洗トイレの洗浄水に再利用するといった動きが出てきている。このような形で再利用される水を、上水、下水に対して「中水」と呼び、飲料水としては不適でも、洗浄水としては十分利用できる（図序-1参照）。水道費の節約や渇水時のリスク回避のみならず、水資源の節約と環境負荷の低減や大規模下水道と比較したコスト削減につながる方法として期待が高まっている。

2　衛生設備機器産業の発進

（1）衛生陶器業界の動向と東陶

戦後住宅産業の発展に伴って住宅設備機器がようやく脚光を浴びるようになり、かたや都市部での下水道建設によりトイレの水洗化がようやく促進されてきた時代、水洗トイレの本体を製造する衛生陶器産業にはどのような変化が起こったであろうか。戦後日本の衛生設備機器・工事のモデルとされたのはアメリカであった。第1章で述べたように、アメリカの衛生陶器産業は二〇世紀初頭にトンネル窯および泥漿流し込み成型技術を導入して技術的に発展したが、機械・金属加工産業と比べれば合理化を進めにくく、企業規模の拡大も困難であった。衛生陶器メーカーのなかでは大手であった企業も、さらに圧倒的大手の設備機器メーカーに吸収されていったのである。

日本ではしかし、衛生陶器に確たる需要が見え始めたとき、大手設備機器メーカーがまだ育っていなかった。すでに都市ビルの水洗トイレが一般化しつつあったとしても、水回り設備全体の需要は小さかったからである。住宅産業が興り、それに伴って設備機器産業がようやく立ち上がる気配を見せる時期にやや先立って、衛生陶器業界は盛んに設備投資を行い、新工場を建設し、新鋭の窯業機械を投入した。欧米人と比べて小柄な日本人の体型、和風(両用)便器など日本独自の製品の普及、輸送コスト等を考えれば、少なくとも輸入品に対する国産品優位を見越すことができたであろう。もっとも、東陶以外のメーカーにおける生産の近代化は、まず単独窯からトンネル窯への切り替えを意味した。

一九五五年時点でトンネル窯を採用していたのは、東陶(設置一九二〇年)、伊奈製陶(同一九五二年、ただしタイル焼成用は一九三七年)、西浦製陶(現ジャニス工業、同一九五四年)、丹司製陶(現アサヒ衛陶、同一九五四年)の四社。結局、この四社が衛生陶器の主要メーカーとして現在まで続いている。また、一九五〇〜六〇年代には全国に散在する陶磁器産地に非水洗式便器を製造する小規模な工場があり、その数は六〇〜七〇社であった[71]。一九六五年には衛生陶器メーカー二〇社のうち一七社がトンネル窯による生産を行い[72]、トンネル窯の総数は三〇基に達した[73]。すなわち、日本の陶磁器産業のなかで見た衛生陶器産業は、企業数は少ないが、近代設備を整えた比較的大手のメーカーが多かった。

参考までに、陶磁器業の企業規模に関する以下のデータを挙げておく。一九五八年十二月に実施された都道府県別の全国事業所統計調査によれば、陶磁器製造に携わる事業所[74]数は全国で三〇三六。これを従業員数規模別に見ると、事業常雇三〇名以上が約一六パーセント、百名以上は約四パーセントにすぎない。さらに千人以上の事業所を擁する大企業となると、日本碍子、日陶、東陶、伊奈製陶の四社のみであった。同じく、資本金が一億円を越える一〇社のうち、日立製作所と松下電工を除く窯業企業八社のなかには、前述の四社に加えて日本特殊陶業も含まれている。この一事を見ても、大倉父子の事業構想がいかに「在来」の常識に対する大きな挑戦であったかがうなずけよう。また、衛生用品を製造（複数回答）している事業所は六一と、全体のわずか二パーセントである。ただし、事業所規模では比較的大きなところが多く、事業常雇三〇名以上が約五四パーセント、百名以上が約三五パーセントとなっている。[75]

〈東陶衛生陶器部門の生産改革〉

東陶はそのなかでも最大かつ最も時代を先取りしたメーカーだった。前章でも触れたように、東陶では朝鮮戦争を機に業績が急伸した後、一九六〇年代初めに生産方式を大きく転換させた。日本住宅公団標準仕様の水洗式トイレ（便器と金具のセット）、全国の主要都市水道事業の指定獲得、東京オリンピック関連施設新築や下水道工事の進展、より基本的には日本経済全体が高度成長期で市場が拡大したことなどが複合的に影響して受注・生産ともに急上昇、さらに品不足が生じていたのである。

前述のとおり、水洗トイレの普及率がまだ低くとも、将来的には特に洋風腰掛式便器の成長が見込まれた。ただし、和風水洗式便器への需要も、公共性の強い場所や建物において根強く残った。洋風便器の販売数が和風便器を上回ったのは一九七七年というが、[76]和風便器に対する条件つき選好は現在も消えてはいない。参考までに、図5-12に洋風／和風便器出荷比率の推移を示した。また、すでに述べたように、便器は貿易商品としての性格が薄い。輸出量は生産量の数パーセント程度、輸入は輸出よりもはるかに低い水準で推移していたと見られる。[77]

東陶の衛生陶器部門は他社に先駆けて積極的な大型設備投資を行った。一九五五年に新設された茅ヶ崎第二工場はケラー式トンネル窯を導入（一九六〇年）、運搬を車両のタクト方式にして自動化、またエアコンディショナーを採用するなど合理化、効率化に務めた。[78]この茅ヶ崎第二工場に関しては、神谷高枝が以下の記録を残している。

――「各扉は自動式となっており、各種原料は連続式自動原石粉砕機によって、投入、粉砕、篩分けが自動的／連続的に行われた後、貯蔵層に格納。貯蔵槽の各原料は機械的に秤量調合の上、泥漿温度調節器によって、一定温度にされた泥漿がモノイ・ポンプにより、成形場に送られる。成形場は、温湿度調節装置および空気洗浄装置によって作業中は常に一定の温度と湿度が保たれるとともに少量の塵埃も直ちに除去されることになっている。成形場の温度は、作業終了後、上昇し、そのまま乾燥室となり、乾燥品はトンネル窯に近接したタンテイブル式自動施釉ならびに乾燥装置によって、くすりがけと、これの乾燥が行われ、半直火式トンネル窯で裸焼き焼成が行われる。トンネル窯には、電子管式自動制御装置が付設され、窯内各部の温度、圧力、炭酸ガス量等が自動的にコントロールされることになっている。その他各種の斬新なる生産設備および試験設備が施され、品質向上とこれの安定化、コスト切下げのため、至れり尽せりの手段が講ぜられている[79]」――神谷は、この「陶磁工業というよりは化学工業の工場のような」茅ヶ崎第二工場が日本の陶業界の近代化意欲を刺激し、特に衛生陶器工業においては、近代化促進の契機となったと評している[80]。

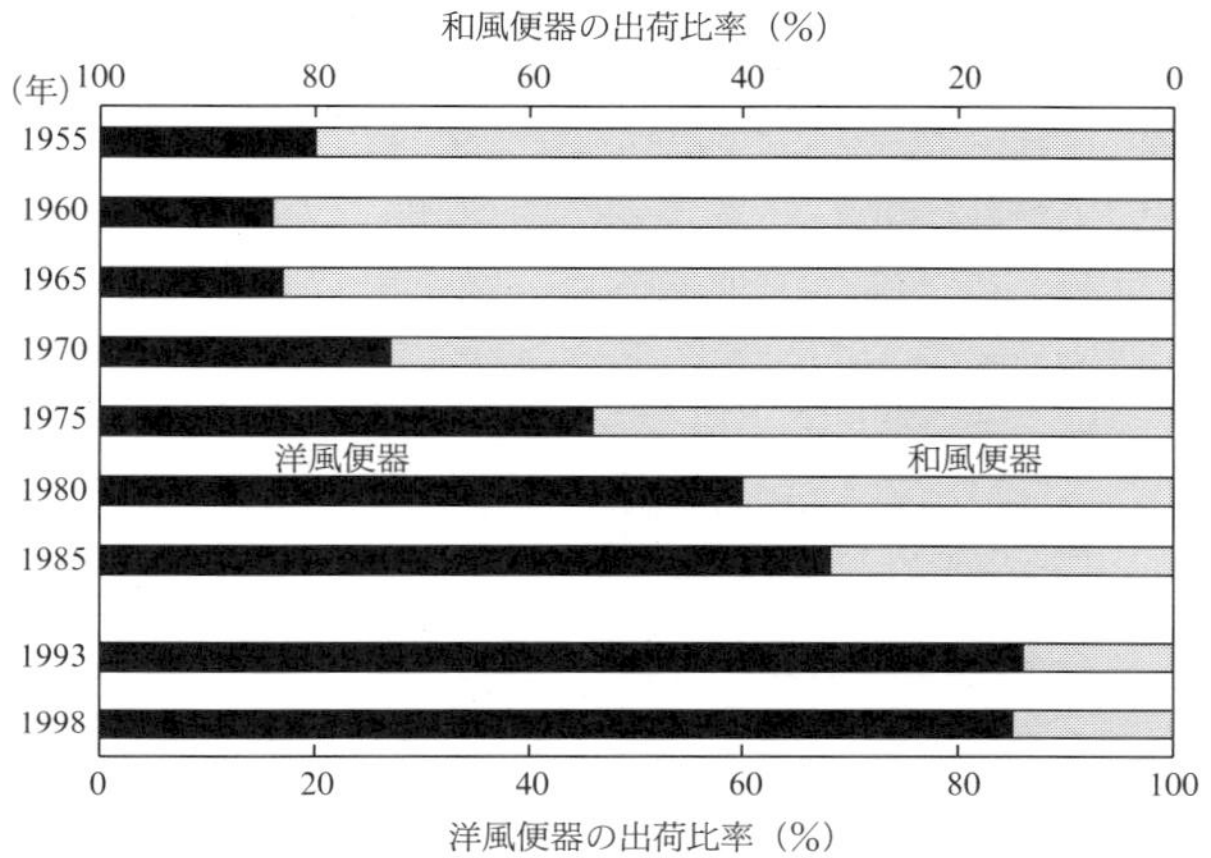

図 5-12　洋風便器と和風便器の出荷数比率の推移（1955-98 年）

注）いずれも水洗式。和風便器は大便器と両用便器の合計である。1993，98 年については個数ベース，それ以前は重量ベースの比較である。

出所）1955-85 年：山崎雄司「トイレ産業の実態と課題」日本トイレ協会編『トイレの研究――快適環境を求めて総合的に科学する』地域交流センター，1987 年所収，84 頁。1993，98 年：『雑貨統計年報』各年より作成。

　工場の増設はその後も続き、むろん、茅ヶ崎工場以外でも量産技術が追求された。熔化素地の一度焼は一九五四年から研究が続けられ、一九六二年には浴槽以外すべて可能になった。[81]

（2）東陶金具部門の発展と協力工場

他方、住宅の工業化、また住宅設備産業の新たな発展は、とりわけ金具部門に大きな影響を及ぼした。金具生産には後発の東陶が水栓金具メーカーとして大きく成長し、かつ次世代に向けての基盤づくりに成功した理由の第一は、おそらく「品質重視」の戦略だった。高品質の量産品の全国的な流通は、日本の水栓金具の水準を一変させた。

水洗トイレという設備機器を念頭において産業史の流れを考えれば、日本ではまず衛生陶器部分の工業化に成功、そこに取り付けられた金具のレベルは陶器よりも劣っているのが普通であった。充分な品質の金具を製造できるメーカーは数少なく、生産量も限られていたからである。戦後、東陶が金具生産に参入し、数年の後に技術向上を遂げて日本で初めての近代的大工場での水栓金具の生産が始まった。需要増加に伴い、一九六七年には北九州市朽網《くさみ》に新設された金具工場が稼働を始め、一九七一年には自動化体制を整備した量産金具専用の工場が大分市に完成した。[82]金具生産は分業化が容易であったため、自社工場建設と並行し、地元の多くの中小企業を巻き込んで生産計画が立てられた。

その中小企業、すなわち協力工場に対して、東陶は技術指導を行い、生産設備の導入を推奨し、それに必要な資金を貸し付けるという方法をとった。品質管理法、生産管理法などについては東陶で講習会を開き、協力工場の参加を募った。協力工場は連合組織を形成し、東陶のＱＣ活動に参加して〝カイゼン〟の報告も行った。生産計画は東陶が立案し、協力工場にとってきわめてリスクの少ない経営が成り立つような制度設計がなされていた。たとえば機械加工の場合、仕掛品を東陶から預かるという形で、加工不良が出ればその不良品は東陶に返品すればよかった。[83]昨今の感覚からすれば、当時の東陶はきわめて鷹揚で家族的な抱え込みを行っていたことになる。

東陶金具部門の発展に伴い、小倉から杉原周一の郷里でもある大分に向かって延びる幹線道路に沿って次々に金具協力工場が増えていった。前章で触れた標準化の問題、高品質量産品の実現、そして中小メーカーを育てたという意味でも、東陶の水栓金具は産業全体のレベルを上げた一面を持つ。そしてこの時期の東陶においては、金具における生産技術革新が逆に陶器の生産技術を刺激する形となった。陶器と金具を比較すれば、金具のほうが合理的な生産形態をとりやすくなっており、生産技術革新が早く進んだからである。時代の流れ、産業全体の技術の流れがこの逆転をもたらした。この時代背景は図5-13からも推定できよう。金具は一時期、本体の陶器よりも華やかな発展を見せた。

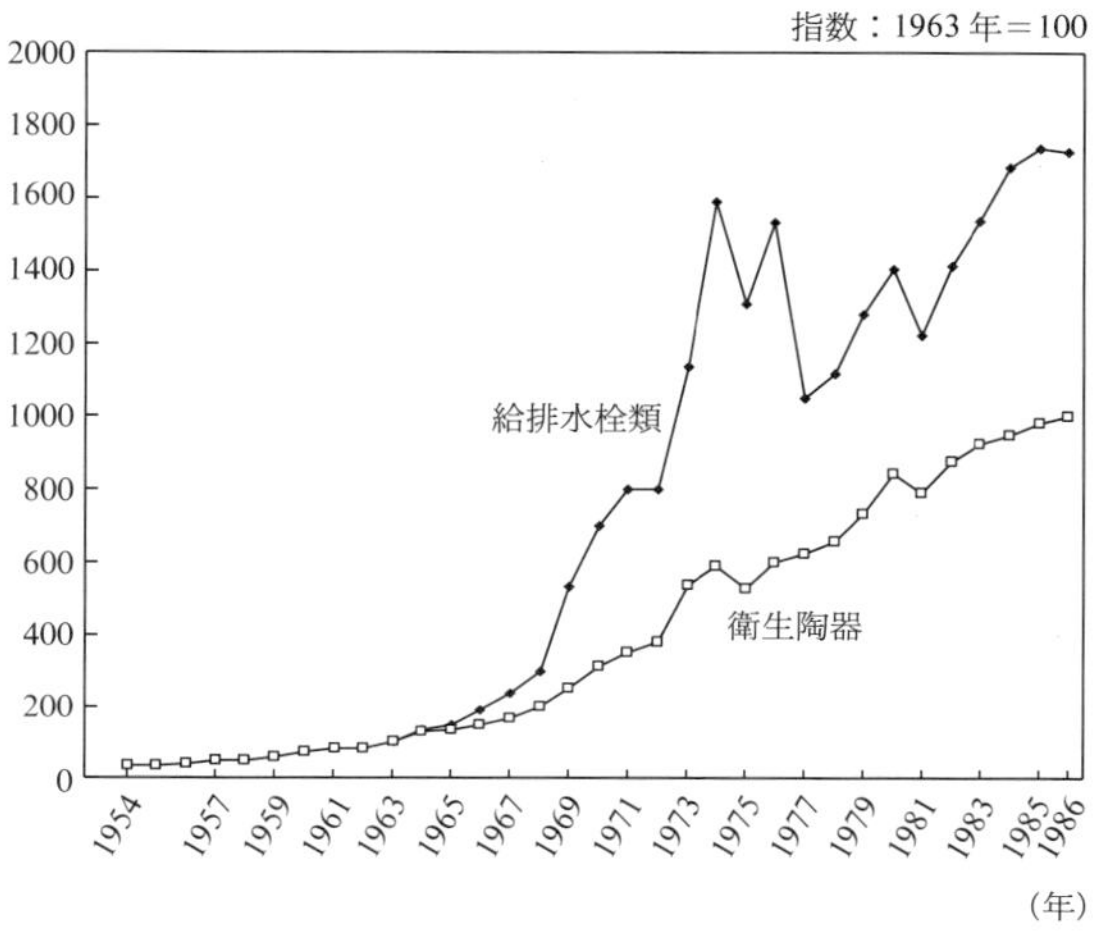

図5-13　給排水栓類生産額および衛生陶器出荷額の推移（1954-86年：指数）

注）「衛生陶器」は，原資料においては陶磁器の内訳の「衛生用品」。

出所）通商産業大臣官房調査統計部編『機械統計年報』;『雑貨統計年報』各年より作成。

この時代から今日に至るまで、TOTO金具の生産改革の大きな部分は品質管理を学んだ協力工場およびそのネットワークによって支えられてきている。住宅産業が飛躍した時代は特に、優秀な協力工場の存在が不可欠であり、また杉原はそのような協力工場の開拓に腐心したのであった。協力工場は鋳物、鍍金（メッキ）、研磨等、工程別に生産を請け負った。その実例をふたつ挙げておく。

〈東洋合金[84]（鋳造）〉

杉原時代から東陶に鋳物を供給してきた工場のひとつ、東洋合金株式会社は、近江商人の先々代が九州にきて質屋を営んだところにルーツを持つ。九人兄弟の長男であった先代の萩豊が一九五八年に金属加工業を創業。銅合金鋳物および機械加工の専門メーカーとして成長した。創業時から東陶とつながりを持っており、五年後に専属工場となった。高度成長期には人手が足りなくなり、量産品は東陶で技術指導を受け自動機械を入れて生産を伸ばした。大手の東陶は自社の設備に従って、ときに量産品、ときには少量の高級品の生産を協力工場に依頼するという、協力工場を含めた形でのフレクシブルな生産を行ってきた。そのため、基礎型材を製造する鋳物の協力工場の存在は特に重要であった。鋳造工程を自動化すると、それまでまる一日かかっていた作業時間が一時間足らずに短縮するほど生産性が向上する。しかし、生産量や製品特性は多様であるから、すべての製品をこのラインに乗せるのはむろん不合理であり、場合によっては手作業のほうが適切かつ経済的にも合理的となる。したがって、自動機械を導入した後も、坩堝を使ってひとつひとつ手で流し込む工程と技術を温存することが求められ、実際にその技術を持っているのが、規模は小さくとも高度な技術・技能を備えた工場の強みであった。今日、東洋合金では鋳造とともに精密機械加工も行っている。黄銅のシームレス管引出式機械のような最新鋭の設備を備えつつ、一方でなお鋳造の手作業工程を残している。

社長の萩正博によれば、東陶の協力工場となることで導入された技術は、設備機械のみではなく、たとえば〝どんぶり勘定〟を止め、試行錯誤をしては生産条件を細かく決め、データを取って次の生産に利用するなど、品質向上を図る方法が有用だったという。一方で大手とは別の苦労が尽きない。たとえば、量産用自動機械を入れても後工程のノコ、バリ取り、研磨には人手がかかる。品質向上には砂と温度管理が重要だとわかっていても、コスト面を考えると砂をリサイクルせざるを得ない。工場の鋳物砂に東陶の廃却砂を混ぜると砂質が向上するほど、資力の差は大きかった。

〈石川金属工業(85)（鍍金）〉

歴史的に見て、東陶の金具と最も縁の深い協力工場は、金具進出の当初から鍍金を受け持っていた石川金属工業株式会社であろう。創業者石川丈太は大分県出身。宇佐中学卒業後、一八歳の一九二八年、兄の指南を得て小倉で小さな電気メッキ工場を始めた。鍍金技術は独学で学び、最初は病院を回って医療用メスを磨いたり、リヤカーを引いて鍋釜の修繕を引き受けたりといったことが商いの中身であった。創業当初は家族、親戚縁者の集まりで個人のスキルが頼りだったが、熟練の渡り職人を引き入れることで技術・技能を蓄積、自らも職人かたぎで技術ひとすじを貫いた。一九三五年頃には早々とクロムメッキ技術を導入するなど、積極的に技術向上を図り、戦時期に軍関係の仕事を多く受注。一九四二年、合併により九州鍍金工業株式会社となる。戦後はいち早く鍍金工場の拡充と羽布研磨工場新設を行い、民生品の受注増加に備えた。東陶が金具生産に乗り出した当初から外注でメッキを引き受けている。

一九五〇年、石川金属工業株式会社と社名を変更。東陶の金具製造が伸長するにつれ、一九五三年に九州鍍金工業所、一九五六年には小倉鍍金工業所をそれぞれ東陶との共同出資で設立。東陶専属の水栓金具研磨および鍍金工場とした。その間、一九五五年に「石川式光沢ニッケル浴」[86]を開発。この方式がそのまま東陶でも採用された。現在では高度な研磨、鍍金技術を誇る中堅企業となり、もっぱら自動車関係の事業を展開しているが、東陶との関係も続いている。また、水回りの住宅設備リフォーム工事も手がけている。

こうした協力工場の技術および生産能力は東陶にとって貴重なものであったが、協力工場の側からすると東陶から移転された技術は、一言でいえば「大量生産技術」、すなわち、均質なものを大量に作るための方法であった。反復作業や細かい生産管理によって、確かに「ばらつき」はなくなり、ある程度均質なスキル向上も見られた[87]が、これに徹してしまうと、個々人に高い技能が蓄積されることは期待できない。協力工場となった中小の企業では、むしろ工場独自の技術・技能が後退することを懸念した。こうした問題を内包しつつ、多くの協力工場にとって、高度成長期の東陶からの大量受注と経営バックアップは魅力に満ち満ちていたのである。

(3) 衛生設備機器総合メーカーの誕生

〈東陶における生産品目の多様化〉

さて、衛生陶器と水栓金具とは、材料的にも生産方法も相容れないものであるが、東陶はこの双方を内製することによって、便器をはじめとする衛生設備機器の品質と性能を向上させた。それは陶器製造に特化した企業ではできないことだった。そしてこの時代、東陶の製品はすでに衛生陶器と水栓金具のみではなくなっていた。むろん、木製もしくはプラスチック製の便座等は以前から作られていたが、より多様な商品が開発されるようになった。社史から主な新製品情報を拾ってみると、FRP(ガラス繊維強化プラスチック)浴槽(一九五七年)、化粧キャビネット(一九六〇年)、ステンレス流し台(一九六四年)、ガス湯沸器(一九六四年)、鋳物琺瑯バス(一九六六年)、暖房便座(一九六六年)など、材料的にも機能的にも新たな分野に進出していった様子を見ることができる。[88] この種の多角的展開もまた陶磁器専門メーカーから直接に期待できるものではなく、水回り金具によって発展が誘発される。もとはといえば便器(陶器)からその回りの金具へと展開したモノづくりが、さまざまな金具製造へと発展し、次はさまざまな金具を回りに備えた別の設備へと拡大していく。また、たとえば暖房便座の開発はトイレ空間にコンセントを出現させ、電気技術の関わる分野が広がる契機となる。さらに、「水」という資源をめぐり、節水・省資源が課題となって、これまた電気の活用につながる。「水と電気」もまた「陶器と金属」のごとく、互いに相性の悪い要素だが、この相克を超えた未来に温水洗浄便座や自動水栓、食器洗乾燥機の開発も控えている。金具関連技術開発力の向上が多様な可能性を引き出す基盤になったといえよう。[89]

東陶が生産品目の変化をどのように認識していたかということは「有価証券報告書」からも読み取れる。戦後は「衛生陶器」、「付属金具(一九六三年より水栓金具)」、「食器」の三主要品目から始まって、一九五八年に「合成樹脂(プラスチック製品)」を追加。一九六四年には「ユニットバスルーム」が追加されている。そして一九六八年を最後に「食器」項目が消え、一九六九年には生産品目を「建築用設備機器」として一本化した。[90] 図5-14は、東陶の社史にあるデータから算出した品目別売上高シェアの変遷を示している。

ちなみに、衛生設備ユニットは東京オリンピックを契機に施工実績が伸びた。初めはホテル、その後マンションやアパートなど集合住宅に広がった[91]。東陶も東京オリンピックを控えた一九六三年、ユニットバスルーム、すなわちプレファブ浴室の最初の大量受注をホテルニューオータニから獲得、翌年に納入している。後年、ＦＲＰ浴槽やユニットバスは全国に広まって多くの家庭に普及し、水洗トイレと同じく日本の一般住宅の標準的設備となった[92]。

販売網にも変化が現れた。すでに述べたように、衛生陶器や金具の直接の顧客および製品納入先は工事業者である場合が多かった。しかし、工事量も増大するなかで、流通をよりスムーズにし、また、たとえば陶器と金具のアセンブリーをより適切に行う機能が求められ、特約店という形で卸売を仲介するようになった[93]。また、建築設計・施工業者に陶器と金具を含めた取り付け詳細図や部品リストを提供するサービスも功を奏した[94]。

東陶が一般消費者、つまり最終ユーザー向けのショールームを次々に開設するのは一九七〇年代に入ってからである[95]。トイレについては、前述の

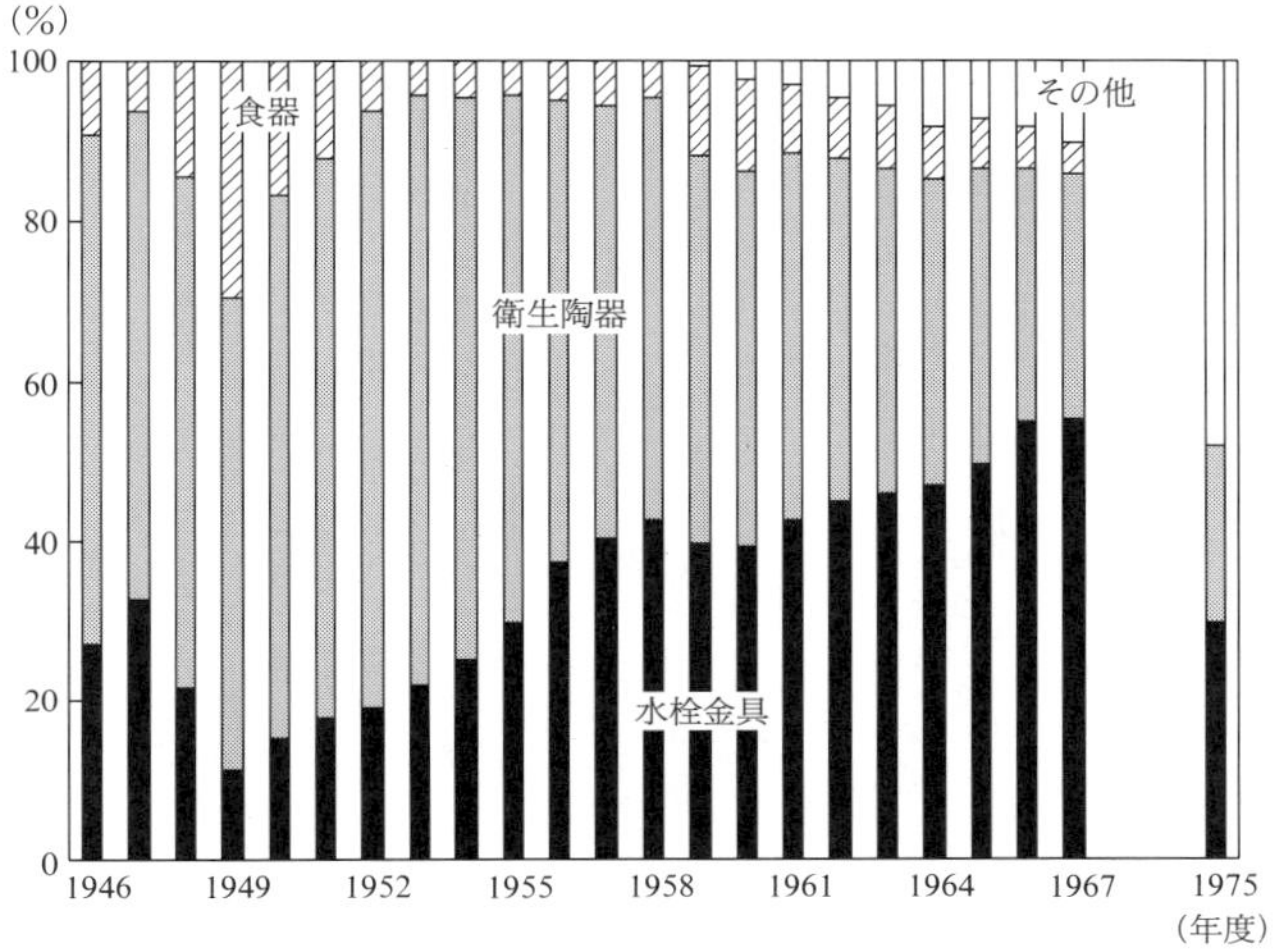

図 5-14　東陶の生産品目別売上高シェアの推移（1946–75 年）

注）「その他」には住宅設備機器，衛生設備付属品等が含まれる。新商品の出現や品目分類法の変更があることに留意。

出所）東陶機器株式会社編刊『東陶機器七十年史』1988 年，253，400 頁；「社内資料・50 年史」より作成。1965 年に関しては本文と巻末資料のデータ区分が異なるが，本文の数字。

図 5-15　ユニットバスルーム

スペースマイナー化時代の巻き返し戦略開始でもあろう。ショールームに展示されるのはむろん便器だけではないが、少なくとも一般消費者が便器を選ぶ時代の演出が始まった。それはメーカー側が消費者の関心を惹くさまざまな付加価値を持った商品を開発したことを意味する。同時にまた、トイレそのものが単に生理・衛生上必要な設備から、それ以上の意味や価値を持つと主張し始めたことをも意味する。暖房便座や、時代は少し下るが温水洗浄便座（ウォシュレット、一九八〇年）などは、まさに排泄行為の感覚を刷新（イノベート）するものだった。便器の使用感が快適になるにしたがって人々はその〝とき〟を過ごす「トイレ空間」にも快適さを求めるようになり、このインタラクションが住宅におけるトイレスペースの改善を伴いつつ「水洗トイレ」の新たなイメージをつくりあげていった。そして一九七六年、サイフォンジェット式便器の洗浄水使用量をそれまでの二〇リットルから一三リットルに、一九七八年にはフラッシュバルブの一回当たり吐水量を一五リットルから一三リットルに低減させた[96]。なお、近年はこの節水化傾向が強まり、一九九四年一〇リットル、一九九九年八リットル、二〇〇六年には六リットル、二〇〇七年には五・五リットル型の便器を商品化している[97]。水洗トイレは、環境負荷軽減を志向しつつ快適さを提供する設備へと変身していく。

　時代が戻るが、東陶の経営はこの間、一九六三年に鮎川武雄が第六代社長に就任。東京オリンピックの時代に社業を躍進させた。鮎川の後を継いで一九六七年から七二年にかけて第七代社長を務めたのが、水栓金具の杉原周一である。グループとは無関係の企業経歴で途中入社した杉原の社長就任は、驚きとともに東陶という企業の柔軟さと改革精神を示すものとして社の内外で受けとめられた。杉原の時代、東陶は売上高を飛躍的に伸ばしたのみならず、企業としての質的変化を明確にし、経営方針や労務条件の変革も進めた。事業本部制を伴う組織大改革、QCサークル導入（一九六八年）、五ヵ年計画の実施（一九六九年〜）、食器生産中止（一九七〇年）と矢継ぎ早に改革を断行、工場を新設し、新規部門を立ち上げた。創業時からのひとつの伝統、食器部門の切捨ては、業界にさらなる衝撃を与えると同時に企業の自己変革への決意を存分に示した。[98]

〈時代と経営の変化〉

金具の小さな町工場から近代的大工場へ、そして多くの協力工場の抱え込みから統合的な生産体制へ。この成長過程の只中で、杉原の脳裏にかつて経験した航空エンジンの工場のあり方が重ならなかったといえば嘘になるだろう。その問題は措くとしても、杉原が金具部門のマネジメントからさらに全社的マネジメントを担当し、技術者から経営者へと転進していったことは重要である。そうでなければ、技術者としての杉原が、東陶の金具生産が成功し軌道に乗った後までも、社内では傍系だった水栓金具の製品もしくは生産技術開発に興味を持ち続けたとは考えにくい。その意味で、杉原の社内昇進は実に適切な時期に進められていったと評価できよう。[99]

杉原は経営者としても筋を通した。経営の基本構想は、まさしく、科学的・合理的な管理法を知らない町工場を近代的な工場に転化させていったのと同様な経路で立ち上げられていった。それまで、たとえば営業や製造がそれぞれの部門で成績向上を図っていた状況を変え、全社的に、まず会社のあるべき姿を掲げて方向性を明確化し、その実現に必要な手段を講じた。[100] 自己資本比率を高めて安定成長を図るために、シンプルな数式モデルに凝縮された経営プログラム（企業経営基本式）を考案、企業経営の科学的近代化法則として明示し、公開もしている。[101] 一方、住宅設備を重視し始めた社会のニーズに対応して、商品に夢を与えた。商品の変化や多様化を受けてマーケティング戦略も大きく変わった。いわば業界相手から広く消費者へ、また社会に向けて広告販売活動を展開し、新鮮な企

図 5-16　ファッショナブルになった衛生陶器

業イメージを発信した。この分野において、杉原は過去を彩った重厚長大産業の需要感覚を完膚なきまでに断ち切り、未来を先取りした経営者へと飛躍した。機械技術者とはまた別の、経営者としての新たな生き甲斐を、企業内部の変革とともに外向けのマーケティング戦略に見出したはずである。華やかなパビリオン、洒落たテレビコマーシャル、衛生陶器の七色カラー化を進めるとなれば販売員も同色のカラーシャツにカラー名刺、それでも足りず、工場まで含めて制服をすべて七色に替え、世間の注目を集めた[102]。この過程でトイレや衛生設備機器メーカーに対する「清潔」かつファッショナブルなイメージもまた形成されていったのである。

杉原の昇進と金具部門の成長は併行的な現象だが、もともと金具を「付属物」と認識していた企業のなかで、この状況が何らかの軋轢を生んだことは想像に難くない。その軋轢を乗り越える力が杉原の率いた金具部門には横溢していた。一方、企業としての東陶にもその勢いを受け入れる懐の深さがあり、新興の金具を巻き込んで次のステップへと向かう強力なエネルギーが充満していたと考えるべきだろう。そして、次のステップに飛躍したとき、過去の軋轢は消えて両部門を統合する新たな地平が拓かれたといえよう。

すでに一九六二年、東陶は出荷額からいえば、陶器メーカーというよりむしろ金具メーカーになっていた。加えて、さまざまな関連機器の製造に乗り出した。住宅設備機器のなかでも水回り専門、すなわち衛生設備機器メーカーへの脱皮であった。一九七〇年代に入り高度成長期最終局面の航路は順風満帆、日本の多くの企業と同様、戦後東陶もここに黄金時代を迎えた。だが、いわゆる時代の所産としての成功と、東陶が経験した質的変化とは別に考えるべきである。特に大きな失策がなければどのメーカーも事業の拡大が可能であった時代、それが高度成長期だった。その横並びの成長から抜け出て鮮やかに開花した企業の数は必ずしも多くはなく、技術の厚みを蓄積しつつ時代の流れを見越した企業が経済成長を追い風として独自の舵を切り、次の世代にも業界のトップを走り続ける力をつけた。東陶の質的変化はその良き事例であろう。一九六七年に窯業技術者出身の鮎川から機械技術者出身の杉原へバトンタッチされたリーダーシップ、一九六九年、商標を〝toyotoki〟から〝TOTO〟へ変更して布石を打ち、翌一九七〇年、社名を東洋陶器から東陶機器[103]に変更したことに、この質的変化は象徴されている。陶器（衛生陶器）部門と金属（金具）部門という二極構造で出荷額のみを問題にすれば、もともと陶器メーカーであった企業が後発の金具に取り込まれた形になる。しかし、金属部門に端を発するアメリカの設備機器メーカーのあり方を考えれば、もともと陶器メーカーであった企業が設備機器メーカーとして成功したという、非アメリカ型、すなわち陶器先導型設備機器大企業が生まれたことになる。[104]将来の姿はまた別として、この陶器先導型のメーカーは設備機器のなかでも衛生（水回り関連機器）部門に特化し、アメリカのように空調や照明部門を擁していない。ともあれ、繰り返しになるが、一九六〇年代末には実質的に、一九七〇年の東陶機器への社名変更で名実ともに、日本初の、大企業としての衛生設備機器総合メーカーが誕生したのであった。[105]再三述べ

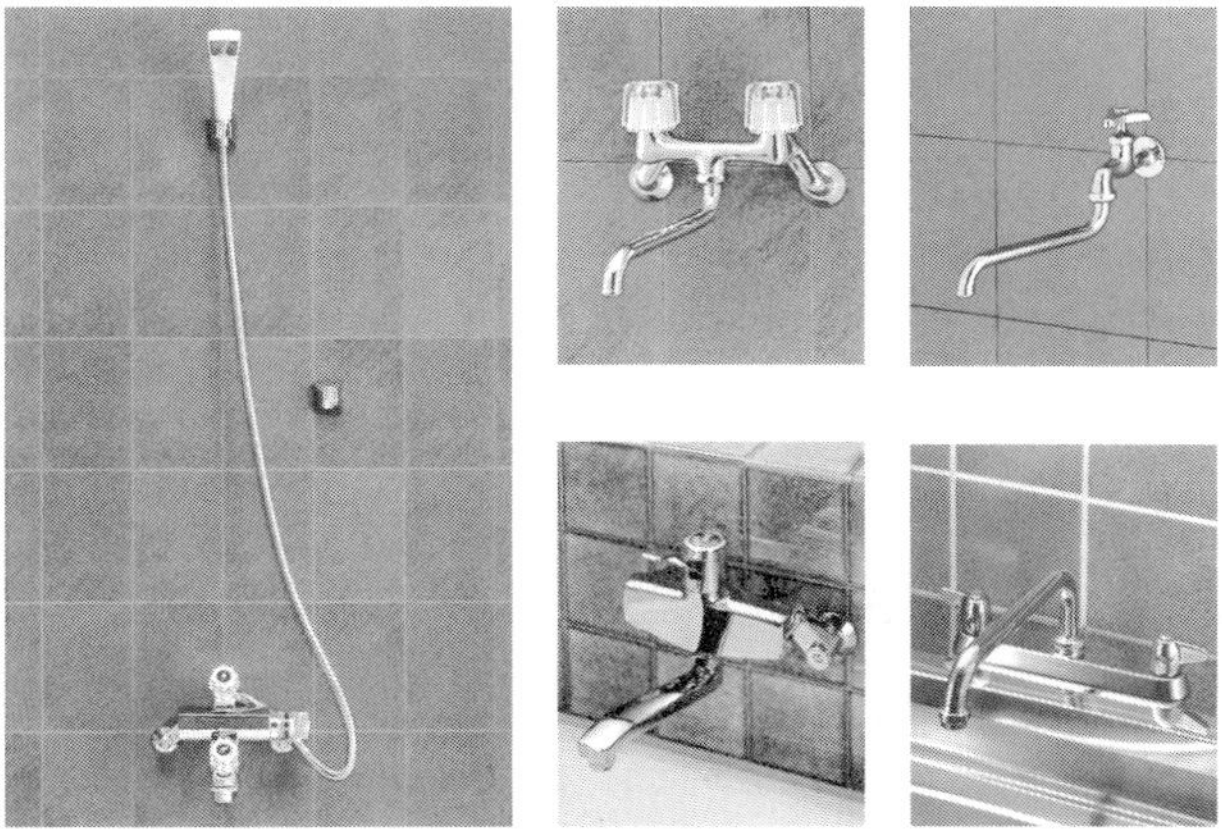

図 5-17　ファッショナブルになった水栓金具

てきた、水洗トイレの一般住宅への普及がこの時期から本格化するのは、偶然の符合ではない。
東陶の企業発展はきわめてドラマティックな展開を遂げた。ことの始まりはひとつの便器であったのだ。大倉孫兵衛、そして和親の情熱による創業以来、衛生陶器という新分野で国内市場の先陣を切ってきた企業は、再び衛生設備機器という新分野を創造しつつ、その先陣を切ることになる。時代に先駆けて、この変身を可能にしたのが杉原周一の企業家としての功績だった。そして、和親と杉原を結ぶ要の位置には江副孫右衛門が存在したが、この江副の位置取りもまた偶然ではない。近代化、工業化、合理性、標準、品質――これらの概念を貫くモノづくりの本質は、江副を経由してこそ和親から杉原へと伝播されたというべきだろう。

(4) 衛生陶器メーカーと金具製造

東陶の水栓金具製造への参入、そして成功が明らかになったとき、他の衛生陶器メーカーもこの分野への参入をはかり、そしてまた金具自製のむずかしさを経験している。

〈伊奈製陶の動向〉

まず、INAXの前身である伊奈製陶株式会社である。伊奈製陶は主力商品として国内トップシェアのタイルを生産しながら戦後新たに始めた衛生陶器のメーカーとしても急伸し、さらに一九六四年、金具部門に進出した。それまで高橋工場(東京)や祖父江工場(愛知)など専門工場へ外注していた付属金具を、やはり衛生陶器の品質向上の立場から自社製造に踏み切ったのである。「衛生陶器をつくっても金具を製造しなければ、体ができても手足がないようなもの」と以前から言われてもいた。[106] 初代工場長伊奈正夫によれば、「まったく異質のものに取り組んで、手さぐりの状態からスタート。反面、素人ぞろいだったため、かえって思い切ったことがやれた。最初から熟練工を必要としない自動化工場を目指し、機械加工機、メッキ機を導入。しかし、鋳造機械には良いものがなく、担当員を下請けの専門工場へ派遣して技術を習得させた」[107]——すなわち、軌道に乗せるまでの苦労は大きかったが、熱心な研究開発、工程の機械化・自動化で、品質の安定と量産にこぎつけるのは早かったという。金具工場のＪＩＳ表示許可取得は一九六六年。この過程に、衛生陶器でライバルである東陶の後を追って自製に踏み切らざるを得なかった製陶会社の立場と、しかし後発性の利益を得て比較的短期間で量産化に成功したいきさつを読み取ることができる。現在、水栓金具部門でもＴＯＴＯに次いで業界第二位のシェアを占めている。[108]

ところでこの間、伊奈製陶における衛生陶器技術の向上は、さすがに早かった。一九六四年、スイスのクロス・オ・マット社製温水洗浄一体型便器を輸入販売したのを機会にその改良型を自社開発し、一九六七年に商品化（シャワートイレ：サニタリーナ）している。[109]この便器は金具工場ではなく衛生陶器工場において開発されたという。その後、一九七六年には温水洗浄便座の商品化にこぎつけた。かたや東陶は同じ一九六四年に温水洗浄便座の輸入販売を開始し、これをモデルに金具事業部門で開発した自社製品（ウォシュレット）の商品化は一九八〇年であった。伊奈製陶は製品開発で東陶に先んじること実に一三年だったが、販売競争では後れを取った。商品の価格、社会の受容性などのタイミングとともに、マーケティング戦略の差がこの逆転現象を生んだと考えられる。伊奈製陶はまた、スウェーデンのイフォー社との技術提携により節水消音型便器を開発、一九七四年から販売を開始しており、ここでも東陶を一歩リードした。

〈アサヒ衛陶、ジャニス工業〉

次に、二〇〇五年現在、衛生陶器業界第四位、大阪のアサヒ衛陶株式会社である。創業は江戸時代、享保年間のいぶし瓦製造で「摂州瓦屋庄兵衛」を称した。一九二一年、丹司窯業所と商号を変え、赤煉瓦や土管を製造。その後青磁釉の開発に成功したのをきっかけに一九二六年、青地便器（非水洗式）の製造を始めて業績を上げ、同年、丹司製陶所と改称した。ところが、次第に白地便器の注文を受けるようになり、その増加が見込まれたことから、一九三五年に窯を新設して衛生陶器（白地、非水洗式）の製造にも手を広げた[110]。一九五〇年には株式会社を設立し、一九六四年、現社名に変更。水洗式便器の製造に乗り出したのは一九六〇年だが、金具の販売はそれよりも早く、一九五二年から行っていた。東陶、伊奈製陶が次々と金具生産に乗り出して業績を上げていくことから自製を決意。一九六七年に金具工場を建設して翌年から生産を開始した。金具については商品として扱ってきた長年の経験があり、かなりの知識を得ていたので「陶器の製造に比べて金具は簡単だろうと軽く見た面があ[111]」ったといい、機械金属に関してはほとんど素人の集まりで新工場を始めた。陶器が専門の工場長は外部の鋳物工場で二ヵ月間の研修を受けての鋳造開始だったが、砂が安定せず型が崩れ、注湯技術が未熟で湯廻り不良を起こし、コンクリートの床に落とした坩堝が割れて従業員が負傷する事態を招いた。機械加工にかけると鋳物の形状が不揃いで、いちいち治具を改良して削ってもネジの切削が部品と合わず、また見かけ上良品の鋳物も加工すると空洞が見つかった。羽布加工は外注したがコストは高くつく。鋳物に鬆が多いため、羽布研磨による肉厚寸法の不足も起こった。メッキも薬品の配合、温度管理ともに困難で、剝離による不良や鋳物のピンホールなど苦労の連続だったという[112]。それでも努力を重ね、三年後の一九七一年にはＪＩＳ表示許可を取得した。近年では量産から撤退し、必要最小限に生産縮小するに至っている[113]。

いまひとつの衛生陶器メーカー、ジャニス工業株式会社は二〇〇四年に業界第四位から三位に浮上した。もと西浦製陶所といい、一九三五年に株式会社を設立して戦前期から非水洗式便器や陶管を製造してきた常滑の企業である。設立には伊奈長三郎が深く関わっているが、経営に携わることはなかった。一九七九年、愛知陶管株式会社（創業、一九四七年）および常盤西浦製陶株式会社（同、一九七一年）を吸収合併して現社名に変更した。もともと伊奈製陶と関係が深かったが、一九九六年以降ＩＮＡＸと資本および業務提携を行い、同時にライバル企業的な存在にもなっている。水洗式便器製造に参入したのは一九六二年。やはり金具自製の必要性が高まり、一九七八年、自製は一部工程ながら水栓金具部門を立ち上げるに至った。

今日、国内の衛生陶器といえばＴＯＴＯを筆頭にＩＮＡＸ、ジャニス工業、アサヒ衛陶の四社で九八パーセントの市場シェアを持つ（図５-18）。終戦後、十数社を数えた衛生陶器メーカーだが次々に業界から撤退、残った四社は程度の差はあれすべて金具部門に参入し、そして衛生設備機器メーカーとして現在に至っている。特に二〇〇一年、ＩＮＡＸが建材メーカーのトステムと合併した一件は、設備機器メーカーのあり方を如実に示しているといってよい。さらに、この合併によって、ＩＮＡＸは森村グループから離れ、衛生設備機器メーカーとしてＴＯＴＯと正面切って競争激突することになった。これによりトイレをはじめとする衛生設備機器の開発競争もまた熾烈化してきている。もとより、寡占二社間の競争は激しく、たとえば、温水洗浄便座や節水型の便器においては、ＩＮＡＸがより早い提案を行い、ＴＯＴＯが追随する一面も見られたのは前述のとおりである。また、衛生陶器、温水洗浄便座（図５-19）、また水栓金具においてＴＯＴＯとＩＮＡＸ両社で決定的ともいえる市場シェアを保ち続けているという事実が示すのは、他社にとって、技術、設備、開発力、流通等を総合して考えた場合に、この市場にあえて参入するメリットが見出しにくいということでもあろう。市場構造を大きく変える可能性は、新たな便器材料の開発や水洗という排泄物処理システムそのものの転換に潜んでいるともいえよう。

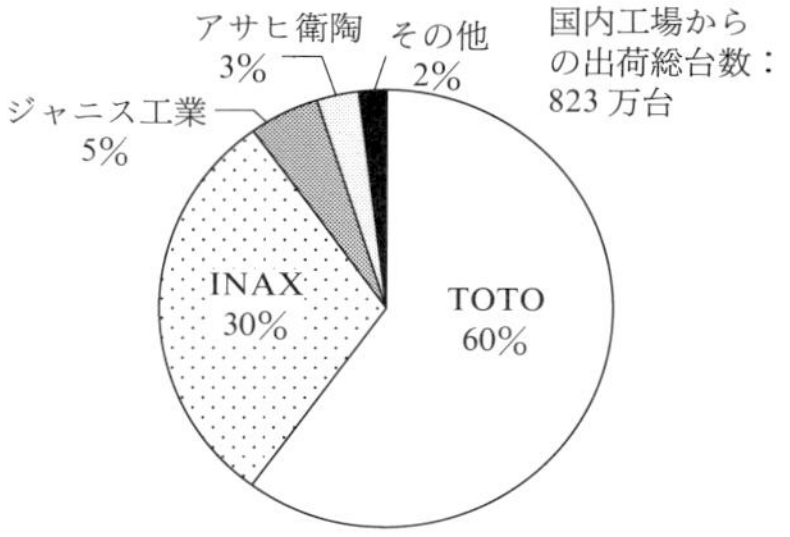

図 5-18　衛生陶器の市場シェア（2005 年）

出所）『日経市場占有率』2007 年版，日本経済新聞社，2006 年より作成（経済産業省「窯業・建材統計」のデータより日経推定）。

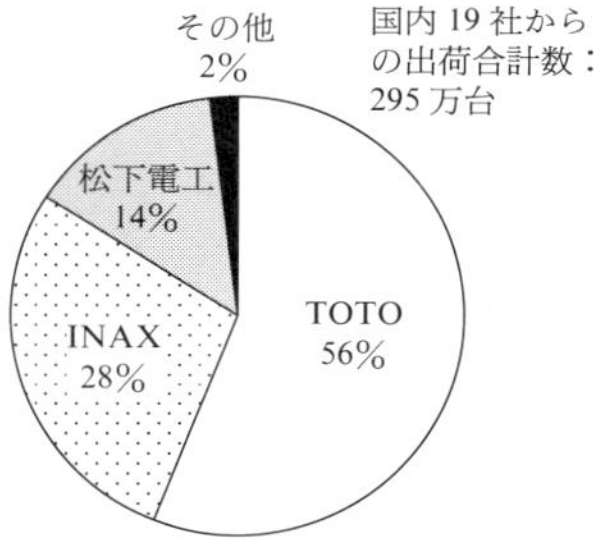

図 5-19　温水洗浄便座の市場シェア（2004 年度）

出所）矢野経済研究所『日本マーケットシェア事典』2006 年版，CD-ROM 版，1403-04 より作成。

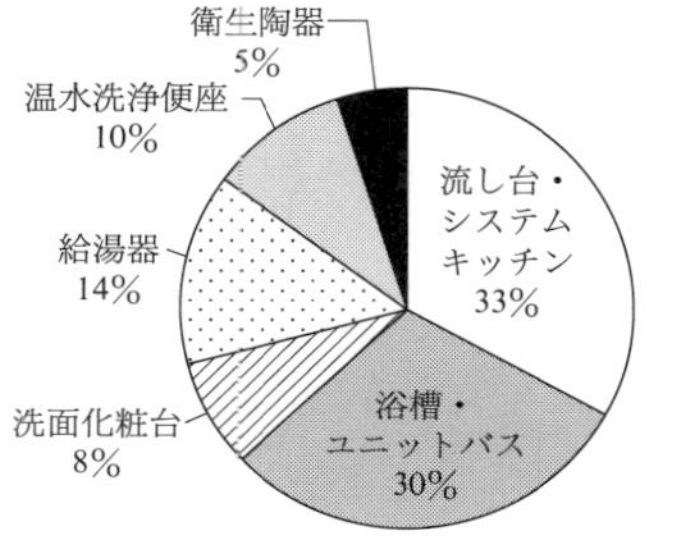

図 5-20　主要メーカーによる衛生設備機器製品分野別市場構成比（2002 年度）

出所）十名直喜「住宅設備機器メーカーの経営革新と国際展開」坂本清編著『日本企業の生産システム革新』ミネルヴァ書房，2004 年所収，169 頁より作成（原典：矢野経済研究所『住機市場の展望と戦略』2003 年，4 頁）。

さきに「住宅設備機器産業」の発進について述べたが、メーカー側から見れば、住宅のみならず建築物全般の設備機器を製造する場合が多く、かたや設備機器のなかでも水回り関連機器に特化するメーカーが多いことを考えれば、これを「衛生設備機器」という産業カテゴリーとして考えてよいだろう。衛生設備機器にむろん多様化し、包括的な市場規模は拡大していく。図5-20は主要メーカーの市場シェアから構成した衛生設備機器の構成比であり、現況を大雑把に捉えるには有効だろう。衛生陶器や温水洗浄便座のシェアは衛生設備機器のなかで決して高くはないが、製品の重要性を考慮すれば、その中心に存在し続けているといってよい。そして日本の衛生設備機器産業の中核には、ほかならぬ〝水洗トイレ〟とゆかりの深いＴＯＴＯ、そしてＩＮＡＸが各々の地位を占め続けている。

（5）「衛生の設備」から「快適空間」へ

日本における水洗トイレの普及時期を他の耐久消費財と比較してみよう。図5-21は内閣府の消費動向調査のデータを利用したものである。普及の進展した時期を見やすくするために、それぞれ五パーセント未満、および九五パーセント以上の領域を切り、さらにトイレ水洗化率のデータを加えた。水洗トイレは乗用車と比較的似通ったカーブを示しつつ、近未来的にはより百パーセントに近づくはずだ。図の左下から右上に向かう対角線に最も近いカーブを描くのが水洗トイレの普及率である。世紀前半についてのデータはないが、限りなくゼロに近いところから始まり、トレンドとしてはわずかずつ伸びて一九五〇年代に至っているはずである。すなわち、二〇世紀初頭か

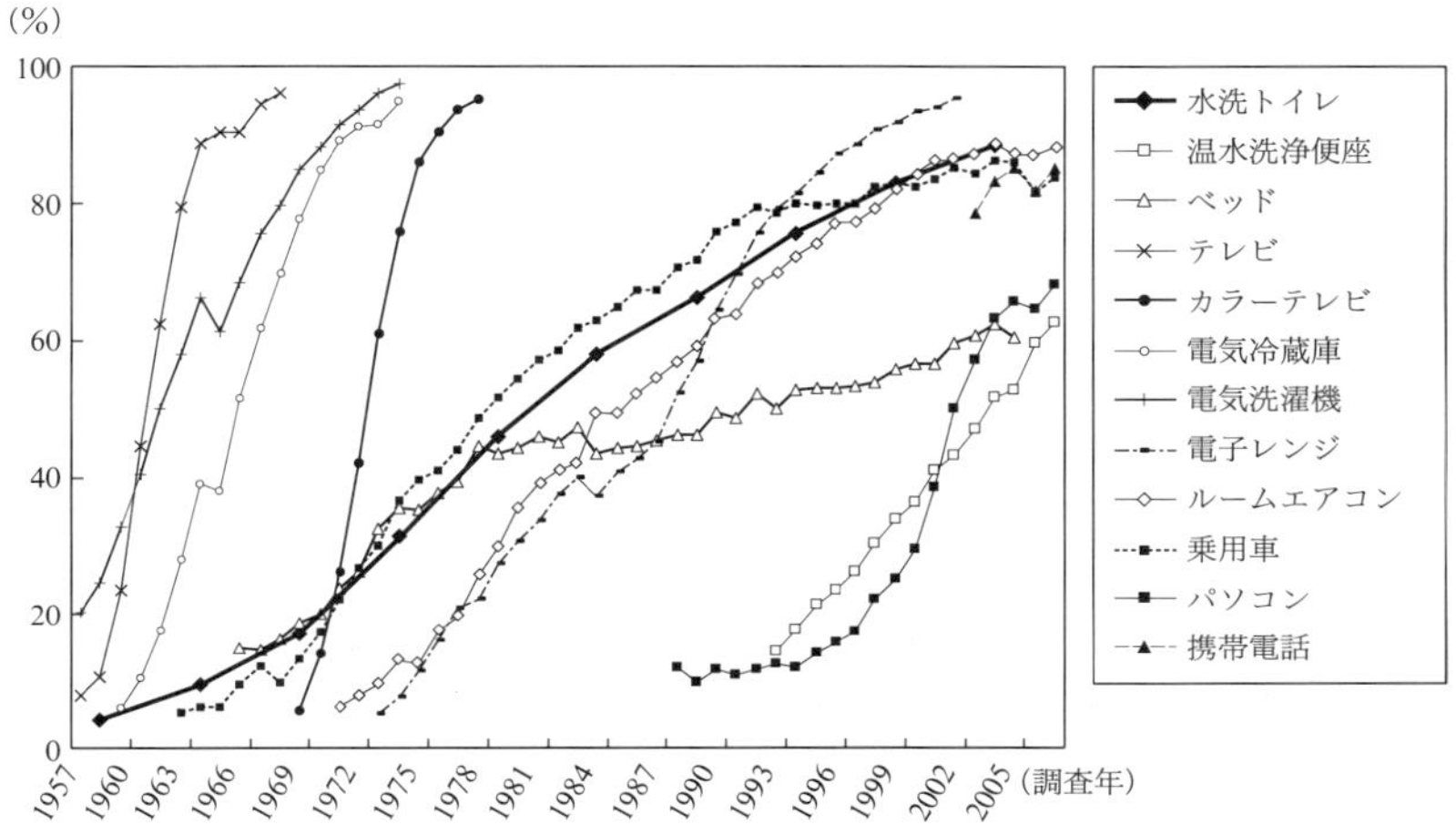

図 5-21 主要耐久消費財の普及率の推移（1957–2006 年）

出所）内閣府，消費動向調査による世帯普及率。内閣府ホームページ http://www.esri.cao.go.jp/（2007 年 2 月現在）公表のデータより作成，5%未満および 95%以上の部分を省略。水洗トイレ普及率のみ，住宅統計調査による対総住宅数普及率（表 5-1 参照）。

ら中頃まで、きわめて低率であったトイレの水洗化はその後もことさら長い時間をかけ、それでも着実に伸びて全世帯普及に近づいていく。速度は緩やかだが確実に日本人の生活を変えたイノベーションといえよう。ここに、一九九〇年代から急カーブを描いて普及している温水洗浄便座を重ね合わせれば、日本人の排泄習慣のさらなる変容が見えてくる。昨今では、「和風便器の使い方」どころか〝お尻の拭きかた〟を知らない小学生が出現しているのだという[114]。

近代的な水洗トイレは衛生を目的とした排泄のための設備であった。当初作られた金属製便器はほどなくより衛生的、機能的、美的な陶器製に置き換わっていった。都市の生活が発展してさまざまな設備機器が暮らしを彩るようになると、人々の「衛生」や「清潔」への希求はますます強まり、水洗トイレは都市住民に不可欠な設備になった。だが、それは単体で機能する工業製品ではなく、給排水システムのなかに位置づけられるものだった。屎尿の農村還元を実現させていた日本における近代化のさまざまな波長のなかで、都市の発展速度に比して下水道のそれはきわめて緩慢であり、社会経済の発展に比して住宅の、とりわけ内部システムのそれは立ち後れた。住宅設備や下水道建設の水準の停滞は水洗トイレ普及の障害となった。日本において、トイレの水洗化は二〇世紀の百年、とりわけ後半の五〇年をかけてようやく達成されたイノベーションだった。序章では公衆衛生、清潔、心理という三つのイノベーションの枠組を提示したが、日本の経験を反芻すれば、便器が洋風腰掛式に変わることによってトイレ空間の変化や健康面など多彩な局面でイノベーションが生まれ、これまた、快適さの追求へと人々をいざなってきたことに気づかされる。

水洗トイレが普及することによって――より正確にいうなら、社会の構成員の大多数が水洗トイレを使用することが当然だという環境が作られることによって、われわれの感覚や心理は、それ以前の時代とは大きく異なってきたはずだ。屎尿に対する感覚や心理のみではない。衛生に対して、清潔に対して、人体に対して、資源に対して、社会に対して、労働に対して、経済効率に関して、――つまり、われわれの生活をとりまくあらゆるコト、モノに対して変化した可能性がある。この変化が、さらにそうしたコト、モノとのインタラクションを通じて、われわれの生活や社会や文化をゆっくりと静かに、しかし根底から揺り動かす。その結果を総じて「現代文明」と呼ぶのであれば、序章で引用した金塚貞文の「水洗便所の現代文明原点論」にもまた妥当性がある。ここに生まれた「イノベーション」の歴史的功罪については、後の時代でさえさまざまに評価が分かれることになろう。

本書の内容に戻り、話を絞ってまとめてみれば、水洗トイレという工業製品もまたさまざまなイノベーションを経て作られ、今も新たな開発の試みが続けられている。その過程を本論各所で跡づけてきたつもりである。工業化過程におけるイノベーションは、純粋に科学技術的な分野で起こる本来的な（上位の）イノベーション[115]を基盤にしているとしても、新しい機能やデザイン、生産方法や組織形成、広報や販売法など、多面的な活動を統合してこそ実を結ぶ。追求されているのは品質、価格、環境負荷、デザインや機能面での優位であり、ここでも「快適さ」がキーワードになっている。快適さを求めるユーザーには、排泄行為者のみならず、直接のメンテナンス、すなわち清掃をする人々、さらに据付工事を行う人々もまた含まれていることを忘れてはならない。メーカーは寡占化しているが、大手のTOTO、INAXの開発競争は盛んで製品のレベルも高い。また、便器は輸出商品としての成功はなかったが、海外に生産拠点を設けることによりアメリカや中国、東南アジアでシェアを伸ばしつつある[116]。そしてなにより、「水洗トイレ（water closet）」の概念が「便器」から「空間」に拡大されていったように、衛生設備機器はさまざまな材料を用いたさまざまな製品として姿を現し、戦後日本の新たな産業としての地位を与えられてさらなる発展を期待されている。トイレは、産業として見れば、衛生設備機器の一部として捉えられるべきものになったが、衛生設備の根幹はやはりトイレに収斂されているといってよいだろう。トイレの快適度が上がることによって人々の清潔感覚が変わり、あるいは環境問題に対する人々の認識に変化が生じることで、新たな潜在需要が呼び起こされ、それに対応する新しいトイレの提案につながる。二〇世紀後半以降を考えれば、日本の水洗トイレのイノベーションは、世界のなかでもきわだった展開を示してきているといえよう。

創意無くして起業は無く、研究を欠いては其の業は進まず、失敗を恐れて真の成功は望めない。畢竟産業の盛衰はこの精神の強弱に依りて支配さるゝものと思ふ。

大倉和親（題詞『面影』[117]）

和親六六歳の言葉である。脳裏に描かれる図は「産業の盛衰」であって「一企業の盛衰」ではない。思い起こせば、大倉孫兵衛、和親父子の衛生陶器製造への挑戦は、あまりに時代を先取りした時期尚早な試みだった。事業の「多角化」や「明日のため」の研究開発等、ピーター・ドラッカーに言わせれば、「イノベーションを成功させるためになすべきでないこと[118]」にまであえて挑戦し、けれどもその失敗を失敗に終わらせず、たとえ犠牲を払ってでも事業の存続や発展に固執して〝将来の成功〟への道筋をつけた。TOTOが現在なお衛生陶器において突出したトップメーカーであり、日本で最初の衛生設備機器大手メーカーに成長したことを考えれば、そして、タイルのトップメーカーINAXが衛生設備機器においてもTOTOに次ぐ大手に育ったこと、また日本の水洗トイレが世界に先駆けて狭いながらも快適な空間を創造し、節水型をはじめとする製品開発をリードしていることからすれば——すなわち、失敗の後の展開を総じて判断すれば、時代に先駆けた開発と創業こそが肝要だったといえるかもしれない。大倉父子は——彼ら自身がその思想をどのような言葉で表現したかは別として——明らかに日本の都市生活のイノベーションを目指して衛生陶器の国産化に挑戦し始めたのだった。和親の逝去は一九五五年。TOTOはじめ自らが種を蒔いた窯業企業群の大成長を見るには早すぎた死であったが、その将来的発展を見越すには充分に生きた。結果としての事業の成功は、しかし、その過程に携わった多くの技術者や技能者、またあらゆる場面で生産活動を支えた人々の汗と熱意と努力の賜物というべきだろう。己の強固な意思に従って近代陶磁器産業を多角的に展開させた類稀な経営者の後を追ってその苗木を育てる営みは、播種よりさらに過酷で厳しいものであり、さまざまな犠牲も伴ったはずである。それを最もよく理解していたのが大倉和親本人ではなかったか。仕事への一途さや大胆さと並存する和親の徹底した謙虚さは、創業者の抱いたイノベーションの夢を超えてゆく事業の成長過程を、あくまでも誠実に見守った証だと考えれば腑に落ちる。その境地を、ひとは〝無私〟と呼ぶ。

大倉父子のみならず、本書に登場した企業家や技術者——江副孫右衛門、杉原周一、伊奈父子、また須賀豊治郎や西原脩三などは、みなそれぞれの立場で、モノづくりにおける偉大なチャレンジャーだった。彼らは短期的に事業利益を上げることよりも新しい技術や事業に挑戦すること自体にプライオリティをおいた——むしろ、そうしないではいられない性《さが》を持ち、その針路に共感する後続の力を喚起した。トイレの視座から述べるなら、そうした幾多の人々の営みがあってこそ、都市生活に最も重要でありながら長年にわたって見過ごされ、等閑視され続けてきた設備が市民権を得、正当な評価の対象として花開いたのである。

あとがき

きっかけは一束の手紙であった。偶然目にした故杉原周一氏の書簡は、東洋陶器入社の仲介役を務めたかつての上司に宛てたもので、そこには戦時期の軍需産業に貢献し、戦後は民生産業の経営者として日本経済をリードした技術者の、きわめて現実的な思いが率直に語られていた。ひとは自分の生きる時代を選べない。労せずして高度成長の果実を手にした世代の一人として、杉原世代の技術者の思想と体験に一度は正面から向き合う必要があるのではないか――杉原氏の手紙がその機会を与えてくれているような気がした。その杉原氏の職場が衛生設備機器メーカーであったことにも、単なる偶然以上の縁を感じた。以前から途上国（後発国）の開発に関心を持っていた筆者にとって、「安全な水」と「適切なトイレ」こそ、脳裏に棲みついた二〇年越しのテーマだったからである。

というわけで、北九州は小倉の東陶機器（現ＴＯＴＯ）本社にお伺いして以来、すでに六年余が経ってしまった。それなりの仮説は立てていたのだけれど、研究を始めてみると次々に新しい世界が展開し、研究の方向も当初漠然と思い描いていたものから次第に離れていった。トイレという、小さくて身近な設備を題材に選ぶことにより、逆にモノづくりのさまざまな局面に光を当てやすいことに気づき、これが目標のひとつになった。それでもなお、検討の対象とし得たのは工業化の諸側面のほんの一端にすぎない。トイレの概念を変えたともいえる〝快適技術〟（主としてエレクトロニクス）には、本書の対象時期とずれていることもあって、ほとんど触れなかった。国際的諸問題――輸送コスト、各国の工業規格や関税制度、銅価格その他――は、工業化の視角からは重要だが、本書の基本的主題を「日本のトイレ」に絞っているため、あえて踏み込むのを避けた。近年とみに衆目を集めている環境――水洗トイレの関係では水資源問題――は特に気にかかった。しかし、水を使わぬ理想的トイレを夢想するのは容易でも、問題の本質は素人が軽々に論じられることではなく、結局、節水努力の指摘程度にとどめた。また、経営史的側面からいえば、限られた人材に焦点を当てすぎたきらいもあるが、これは筆者なりのスタイルで「産業史」を描くチャレンジでもあることをお断りする次第である。

かたや、もっぱら単体に限られていた筆者自身のモノづくり感覚が工事面にも広がったことは大きな収穫だった。トイレの工業化を論ずるならば、話をハード面に限ってさえ、衛生陶器や水栓金具といった部材とともに設備工事、その設備を含む建物の建築工事、また上下水道という土木工事まで視野に入れる必要がある。工業製品はその使用環境（インフラストラクチュア）との技術・機能的インタラクションを経験しつつ進化するからだ。その進化の過程には、当然さまざまなソフト面の要素が絡みあい、その社会、もしくはその国が背負っている歴史的・文化的特質も見え隠れする。それらをトータルに捉えたときに、近代化や工業化のダイナミズムははるかに輝きを増す。一九世紀半ば以降の日本における〝トイレ産業史〟は、まさしくこの華麗なダイナミズムの波形を映しだす鏡であったといえよう。

それにつけても、資料の山と格闘するなかで大倉和親という実業家を知ったこと、そして生産の現場で多くの素晴らしい方々にめぐりあえたことなど、予期せぬ収穫に溢れた六年余は、過ぎ去ってみれば充実したあっという間の時間であった。なかでも――便宜上、ご年齢順に挙げさせていただくと――株式会社ノリタケカンパニーリミテド顧問の佐伯進氏、TOTO株式会社特別顧問の江副茂氏、株式会社INAX名誉会長の伊奈輝三氏、株式会社大倉陶園監査役の大倉淳氏より直接お話をお伺いできたことは、望外の幸せというべきだろう。単なるファクトファインディング以上の、人々の〝思い〟にまで踏み込みたいと考えたとき、これらの方々からお伺いしたお話がどれほど執筆の援けとなったか、はかりしれない。いまひとつ特筆すべきは、出版するに際して、日本における「トイレ学」の第一人者である平田純一氏から直接ご指導をいただけたことである。同氏のご助力を得て、本書もようやく旅立ちの準備を整えることができたと思う。

筆者にとってはあっという間でも、時間の経過としては長い六年余。この間、前記諸氏をはじめとしてほんとうに多くの機関、また関係者の方々にお世話になり、ご迷惑もおかけした。自らの非力を反省しつつ、こうしたご助力を得られたこと自体にひそやかな誇りを抱き、記して心より感謝し、厚く御礼を申し上げる（順不同）。

・ご協力を得た機関

ＴＯＴＯ株式会社、株式会社ＩＮＡＸ、株式会社ノリタケカンパニーリミテド、株式会社大倉陶園、石川金属工業株式会社、東洋合金株式会社、株式会社喜多村合金製作所、株式会社ＫＶＫ、株式会社タブチ、株式会社建工舎、有限会社増原工業、株式会社日本陶業新聞社、株式会社ミツワ製作所、須賀工業株式会社、ジャニス工業株式会社、アサヒ衛陶株式会社、財団法人大倉精神文化研究所、社団法人日本バルブ工業会、ＴＯＴＯ歴史資料館、ＩＮＡＸライブミュージアム、いするの家西原脩三記念館、東京都水道歴史館、蔵前水の館、大阪市下水道科学館、愛知県陶磁資料館、瀬戸市歴史民俗資料館、横浜開港資料館、旧岩崎邸庭園、新居浜市広瀬歴史記念館、美山民俗資料館、大倉記念公園（大府市役所）、門司港レトロ倶楽部、朝日新聞社、鹿島出版会、神戸大学附属図書館、東京大学附属図書館、京都工芸繊維大学附属図書館。

・特にお世話になった関係者の方々

ＴＯＴＯ株式会社およびＯＢの方々：もと社長、会長としてのパースペクティブ、また江副孫右衛門や杉原周一の思い出を語ってくださった、ウォシュレットの生みの親、江副茂氏。研究の端緒を準備してくださった羽田野隆士氏。現在は「トイレ博士」として全国的に著名な平田純一氏、長年にわたり多くの調査のコーディネートをしてくださった佐竹信也氏、ＴＯＴＯ歴史資料館を立ち上げられた山谷幹夫氏――このお三方にはひとかたならぬお世話になった。平田氏、山谷氏とともに商品開発に携わられた吉村大巳氏からは「トイレの哲学」を学んだ。往時の窯技術者魂を語ってくださった丸山貞雄氏、同じく衛生陶器の調合や成形技術について語ってくださった橋口功氏

（橋口氏は二〇〇六年に急逝された。ご冥福をお祈り申し上げる）、超熟練技能者の風格あふれた津上義博氏、食器と衛生陶器とのつながりをご教示くださった肥田正實氏、金具関係で調査のコーディネートをしてくださった北島弘美氏、金具工場の技術、生産技術について教えてくださった加藤正行氏。歴史資料館で資料の利用にご助力くださった松﨑理都子氏にもお手数をおかけした。

株式会社ＩＮＡＸおよびＯＢの方々：もと社長、会長で創業者の直系、また常滑の〝町の顔〟でもいらっしゃる伊奈輝三氏、調査のコーディネートおよび見学案内を通じて企業の文化活動をご教示くださった藤田邦高氏、岡本嘉久一氏、浜島稔氏。

株式会社ノリタケカンパニーリミテドおよびＯＢの方々：もと社長、会長で大倉和親のエピソードも語ってくださった佐伯進氏、社史編纂室で資料面のご助力のみならず陶磁器のことをたくさん教えてくださった立松孜氏と鈴木啓志氏。

株式会社大倉陶園の方々：創業者の思想についてご教示くださった当時社長の柴田貞明氏、「大倉父子」直系のご遺族で良品への思いも語ってくださった大倉淳氏。

その他、以下の企業の方々に、それぞれ往時の社業や業界についての貴重なご教示をいただき、また工場や工事現場の見学等の便宜を図っていただいた。――石川金属工業株式会社：今仁勝彦氏。東洋合金株式会社：萩正博氏。株式会社ミツワ製作所：渡辺浩氏。株式会社喜多村合金製作所：北村義明氏。株式会社ＫＶＫ：北村治弘氏。株式会社タブチ：阿部和行氏、大谷泰昌氏。大手ゼネコン設備の立場から株式会社竹中工務店の松島建治氏。施工の実際について株式会社建工舎の谷義人氏。配管工事のプロフェッショナル、有限会社増原工業の増原喜代志氏。輸出陶磁器業華やかなりし頃の名古屋業界事情に精通した日本陶業新聞社の青山武央氏。

また、大倉孫兵衛にゆかりのある財団法人大倉精神文化研究所の平井誠二氏、愛知県陶磁資料館の田村哲氏、愛知県立明和高等学校教諭で橦木町（名古屋）界隈の歴史建造物保存運動に関わっている中山正秋氏からも多大なご助言やご協力をいただいた。

大学関係では、神戸大学大学院経済学研究科の重富公生教授からロンドン万博について有益なご教示をいただき資料のお世話にもなった。また、大阪産業大学経済学部の大津定美教授、早稲田大学大学院公共経営研究科の岸本哲也教授、神戸大学大学院経済学研究科の加藤弘之教授からは折に触れて貴重なコメントをいただいた。

上記の他にも、お仕事の時間を割いて見学の案内や調査のコーディネートなどしてくださったり、稚拙な質問にも快く応じてくださった多くの方々がいらっしゃる。心より厚く御礼申し上げる。なお、今回は建築デザイナーである夫、前田政男からも助言を得ることが多く感謝している。

最後になったが、本書の出版は神戸大学経済学叢書刊行会、財団法人神戸大学六甲台後援会（神戸大学社会科学系三学部の同窓会である凌霜会からの基金により運営されている）の助成を受けている。また、財団法人名古屋大学出版会の橘宗吾氏には本書のドラフト段階から目を通していただき、数々のご助言やご助力をいただいた。同じく、長畑節子氏には校正作業でお世話になり、たいへんなご面倒をおかけした。かさねて、心より御礼申し上げる。

奇しくも、今年は国際連合が提唱する「国際衛生年」にあたる。今日、世界中で二〇億を超える人々が基本的な衛生サービスを受けられず、途上国では下水の九割がそのまま水路に排出され、週に四万二千人が水質汚染と適切な衛生設備の欠如に関わる疾病により生命を失っているという（国際衛生年のスタートに寄せる潘基文国連事務総長メッセージ［国連広報センタープレスリリース、二〇〇七年十一月三〇日］より）。あらためて、水洗トイレの来し方と現在、そして未来に思いを馳せつつ筆をおく。

二〇〇八年四月

著　者

和田一夫／由井常彦著
豊田喜一郎伝
A5・420頁
本体2,800円

橘川武郎著
日本電力業発展のダイナミズム
A5・612頁
本体5,800円

橘川武郎／粕谷誠編
日本不動産業史
—産業形成からポストバブル期まで—
A5・410頁
本体5,500円

粕谷　誠著
豪商の明治
—三井家の家業再編過程の分析—
A5・304頁
本体5,500円

末廣　昭著
ファミリービジネス論
—後発工業化の担い手—
A5・378頁
本体4,600円

D・A・ハウンシェル著　和田一夫他訳
アメリカン・システムから大量生産へ
—1800〜1932—
A5・546頁
本体6,500円

黒田光太郎／戸田山和久／伊勢田哲治編
誇り高い技術者になろう
—工学倫理ノススメ—
A5・276頁
本体2,800円

《著者略歴》

前《まえ》田《だ》裕《ひろ》子《こ》

愛知県に生まれる
一橋大学大学院社会学研究科修士課程修了
民間研究所，NGO，NPO勤務を経て
神戸大学大学院国際協力研究科博士課程修了，博士（学術）
現　在　神戸大学大学院経済学研究科講師
著　書　『戦時期航空機工業と生産技術形成――三菱航空エンジンと深尾淳二』東京大学出版会，2001年

水洗トイレの産業史

2008 年 5 月 15 日　初版第 1 刷発行
2008 年 10 月 15 日　初版第 2 刷発行

定価はカバーに
表示しています

著　者　前　田　裕　子

発行者　金　井　雄　一

発行所　財団法人　名古屋大学出版会
〒464-0814　名古屋市千種区不老町 1 名古屋大学構内
電話(052)781-5027/FAX(052)781-0697

© Hiroko Maeda, 2008　Printed in Japan

印刷・製本 ㈱クイックス　ISBN978-4-8158-0592-0
乱丁・落丁はお取替えいたします。

Ⓡ〈日本複写権センター委託出版物〉
本書の全部または一部を無断で複写複製（コピー）することは，著作権法上の例外を除き，禁じられています。本書からの複写を希望される場合は，必ず事前に日本複写権センター(03-3401-2382)の許諾を受けてください。

索　引

あ　行

か　行

さ　行

た 行

な　行

は　行

ま　行

や　行

ら・わ行

図表一覧

図序-1 トイレを中心においた水システムの概要（日本建築学会編『衛生器具設備とレイアウト』[新訂版]，彰国社，1986年，5頁を参考に作成）…… 14

図序-2 給水のシステム（空気調和・衛生工学会編刊『空気調和・衛生工学便覧』1987年，81頁；紀谷文樹総合監修，鎌田元康編『給排水衛生設備学　初級編——水まわり入門』TOTO出版，1999年，126頁）…… 15

図序-3 排水のシステム（紀谷総合監修，鎌田編『給排水衛生設備学』148頁）…… 15

図序-4 水利用形態の区分（岡田誠之編著『新・水とごみの環境問題——環境工学入門編』[第2版]，TOTO出版，2000年，17頁）…… 16

図序-5 排水処理体系（同上書，156頁。一部省略）…… 17

図序-6 江戸時代末期の農家のトイレ（復元）（美山民俗資料館，筆者撮影）…… 20

図序-7 モースのスケッチ（エドワード・S・モース，上田篤/加藤晃規/柳美代子訳『日本のすまい——内と外』鹿島出版会，1979年，223，225頁）…… 23

図序-8 木製便器を置いたトイレのたたずまい（INAXライブミュージアムの展示。筆者撮影）…… 23

図1-1 流水式公衆トイレ（アテネ：ローマ時代のアゴラ）（*Waterworks in the Athenian Agora*, American School of Classical Studies at Athens, Princeton, 1968, fig. 41）…… 27

図1-2 ローマ時代の鉛管製造法（今井宏『パイプづくりの歴史』アグネ技術センター，1998年，12頁）…… 27

図1-3 カミングズの便器（特許：1775年）（S. Stevens Hellyer, *Lectures on the Science and Art of Sanitary Plumbing*, B.T. Batsford, London, 1882, p. 195）…… 31

図1-4 ブラマーの便器（特許：1778年）（同上書，p. 198）…… 31

図1-5 19世紀の水洗トイレを代表するバルブ式便器（右図は断面）（同上書，pp. 203-204）…… 32

図1-6 まさに“汚水管の入口”としての便器（海野弘/新見隆/リシュカ・フリッツ，伊奈英次［撮影］『ヨーロッパ・トイレ博物誌』株式会社INAX，1990年，68頁）…… 33

図1-7 リッジウェイの便器（ロンドン万博公式カタログより）（*Official Descriptive and Illustrated Catalogue*, Authority of the Royal Commission, Spicer Bros., London, 1851, Vol. II, p. 717）…… 33

図1-8 左：ジェニングズのラバーチューブ便器。右：グリーンのサイフォン式便器（ロンドン万博出品趣意書より）（*The Great Exhibition of 1851; Prospectuses of Exhibitors*, U.M.I., Ann Arbor, MI, 1991, Vol. XIV, Class XXII）…… 34

図1-9 ウォーナーの水栓金具（ロンドン万博出品趣意書より）（同上）…… 35

図 1-10 ホッパー式便器（ロンドン万博出品趣意書より）（同上） …………………………… 36
図 1-11 ホッパースタイル（ウォッシュダウン式）の便器実物。左：陶器製。右：金属製（TOTO 歴史資料館提供） ……………………………………………………………… 37
図 1-12 グレンフィールド・アンド・ケネディ社（スコットランド）の工場図およびカタログ（同社 1904 年のカタログより）（東京都水道歴史館所蔵資料） ……… 37
図 1-13 上：鉛の圧延工場。下：溶融鉛押出鉛管製造工場（20 世紀初頭，イギリス）（G. Lister Sutcliffe ed., *The Modern Plumber and Sanitary Engineer*, The Gresham Publishing Company, London, 1914, Vol. I, plate II-2, III-1） …… 38
図 1-14 19 世紀後半を代表する装飾性豊かな便器（海野/新見/フリッツ，伊奈［撮影］『ヨーロッパ・トイレ博物誌』49 頁） …………………………………………… 40
図 1-15 サトクリフの給水系統図：配管・水栓・設備機器（20 世紀初頭）（Sutcliffe, ed., *The Modern Plumber and Sanitary Engineer*, Vol. II, plate XIV） ……… 42
図 1-16 水洗トイレの給排水。左：サイフォン式。右：バルブ式（同上書，Vol. IV, pp. 212, 214） ………………………………………………………………………… 43
図 1-17 陶器製ボウルのバルブ式便器（大熊喜邦監修『近世便所考』建築知識社，1937 年，249 頁） ……………………………………………………………………… 43
図 1-18 水洗式大便器の構造。断面および溜水面（平田純一『トイレットのなぜ？日本の常識は世界の非常識』講談社，1996 年，120 頁；泉忠之編著『住まいの水まわり学入門』TOTO 出版，1995 年，104-105 頁より作成） ……………… 44
図 1-19 主要死因別に見た死亡率の推移（人口 10 万対）（『人口動態統計 100 年の歩み』厚生省大臣官房統計情報部，2000 年，184 頁） ………………………………… 56
図 1-20 居留地の腰掛式非水洗便器（大熊監修『近世便所考』248 頁） ………………… 59
図 1-21 東京（市部）の人口の推移（1889-1935 年）（新保博『近代日本経済史』創文社，1995 年，229 頁より作成） ………………………………………………………… 65
図 1-22 全国都市人口比の推移（1888-1990 年）（南亮進『日本の経済発展』東洋経済新報社，1981 年，216 頁；大友篤『日本都市人口分布論』大明堂，1979 年，国勢調査結果［各年］より作成） ………………………………………………… 66
図 1-23 旧岩崎邸（重要文化財）のトイレ（筆者撮影） ………………………………… 69
図 1-24 旧門司三井倶楽部（重要文化財）のトイレ（筆者撮影） ……………………… 69
図 1-25 須賀豊治郎（1876-1925）（須賀工業株式会社社史編纂室編『須賀工業 90 年史』須賀工業株式会社，1996 年，8 頁） ……………………………………………… 71
図 1-26 須賀商会店舗（同上書，9 頁） …………………………………………………… 71
図 1-27 西原脩三（1883-1965）（「いするの家西原脩三記念館」案内パンフレット）…… 73
図 2-1 ホワイトシティ（*The World's Fair Album: Containing Photographic View of Buildings, Statuary, Grounds, Interiors, Midway Plaisance Scenes, and Other Objects of Interest at the World's Columbian Exposition, Chicago, 1893*, Rand, McNully & Co., Chicago, 1893. 東京大学附属総合図書館所蔵資料） ……………………………………………………………………………… 88
図 2-2 橦木町の森村組専属絵付工場（株式会社ノリタケカンパニーリミテド提供）… 89
図 2-3 森村組絵付工場の製品（明治中期の輸出品）（株式会社ノリタケカンパニーリミテド提供） ………………………………………………………………………… 90
図 2-4 創業時の日本陶器本社工場（株式会社ノリタケカンパニーリミテド提供） …… 93

図 2-5　森村組の大幹部たち（株式会社ノリタケカンパニーリミテド提供）……………　99
図 2-6　森村組組織イメージ図（1909 年）（大倉和親遺品のメモ。ノリタケ社史編纂室所蔵より複写的に作成）……………　99
図 2-7　白素地の美しさがきわだつ日本陶器のディナーセット（製造期間：1914–26 年）（ノリタケカンパニーリミテド監修『ノリタケデザイン 100 年の歴史』朝日新聞社，2007 年［展覧会図録］，96 頁。写真原版は株式会社ノリタケカンパニーリミテド所蔵。なお，展覧会「ノリタケデザイン 100 年の歴史」は，本書刊行時には巡回開催期間中であり，写真掲載は版権者である朝日新聞社のご厚意による）……………　101
図 2-8　日陶の食器輸出額および対全国シェアの推移（1904–26 年）（ノリタケ 100 年史編集委員会編『ノリタケ 100 年史』株式会社ノリタケカンパニーリミテド，2005 年，454 頁より作成）……………　107
図 2-9　森村・大倉企業グループの系統図（筆者作成）……………　109
図 2-10　大倉孫兵衛（1843–1921），第 1 号丸窯の模型とともに（株式会社ノリタケカンパニーリミテド提供）……………　113
図 2-11　大倉和親（1875–1955）（TOTO 歴史資料館提供）……………　113
図 3-1　百木三郎（1880–1940）（TOTO 歴史資料館提供）……………　119
図 3-2　東洋陶器パンフレット『衛生陶器とは何か？』挿絵（1918 年）（TOTO 歴史資料館提供）……………　120
図 3-3　陶製便器。上：朝顔型（明治後期～大正）。中：染付角型（明治中期）。下：染付小判型（明治後期）。いずれも瀬戸（TOTO 歴史資料館提供）……………　121
図 3-4　須賀商会が利用したひょうたん型便器（1902 年頃）（大熊監修『近世便所考』244 頁）……………　124
図 3-5　パシフィック社製の須賀式大便器（1913 年）（同上書，246 頁）……………　124
図 3-6　和風水洗式便器の構造進化（坪井礼三/西川弘三/桜川貞雄著，百木三郎校閲『衛生陶器』常盤書房，1936 年，10 頁）……………　125
図 3-7　製陶研究所の成形作業場（TOTO 歴史資料館提供）……………　129
図 3-8　左：製陶研究所で作られた最初期の洋風便器。右：製品置き場（TOTO 歴史資料館提供）……………　131
図 3-9　日本初，東洋陶器のドレスラー式トンネル窯築造（1919 年）（TOTO 歴史資料館提供）……………　141
図 3-10　衛生陶器の製造工程（TOTO，INAX のパンフレット等を参考に作成）……………　146
図 3-11　国産初のサイフォンジェット式高級洋風腰掛式便器（東洋陶器，1927–56 年製造）（TOTO 歴史資料館提供）……………　147
図 3-12　流し込み成形作業場（東洋陶器，昭和初期）（TOTO 歴史資料館提供）……………　148
図 3-13　東洋陶器小倉工場全景図（1934 年頃）（TOTO 歴史資料館提供）……………　151
図 3-14　伊奈初之烝（1862–1926）（伊奈製陶株式会社 30 年史編集委員会編刊『伊奈製陶株式会社 30 年史』1956 年，口絵）……………　154
図 3-15　伊奈長三郎（1890–1980）（同上）……………　154
図 3-16　伊奈製陶の陶管（愛知県陶磁資料館編刊『土と炎の世紀——ノリタケチャイナと製陶王国の 100 年史』［展覧会図録］，2003 年，46 頁）……………　155
図 4-1　トイレ回りの金具（1939 年東洋陶器カタログより）（『東陶機器七十年史』

1988年，グラビア，154頁）…… 163
図 4-2　フラッシュバルブ構造図（戸崎重弘/片小田節男/加藤平二郎『衛生設備』［改訂第2版］，彰国社，1989年，140頁）…… 163
図 4-3　ロータンク構造図（同上）…… 163
図 4-4　排水金具取付構造図（同上書，149頁）…… 163
図 4-5　横水栓構造図（同上書，146頁）…… 163
図 4-6　昭和初期頃までの水栓類（横水栓）（TOTO歴史資料館展示資料。筆者撮影）…… 169
図 4-7　大阪博労町，吉川商会の店舗およびカタログ（同社カタログ「水道機具井戸用ポンプ其他材料品定価表」1925年改正版）…… 171
図 4-8　西原衛生工業所の記念カタログより（いするの家西原脩三記念館提供）…… 176
図 4-9　江副孫右衛門（1885-1964）（TOTO歴史資料館提供）…… 179
図 4-10　杉原周一（1907-1972）（TOTO歴史資料館提供）…… 181
図 4-11　水栓金具の製造工程（TOTOのパンフレット等を参考に作成）…… 186
図 4-12　初期の東洋陶器・金具機械工場（1951年）（TOTO歴史資料館提供）…… 187
図 4-13　初期の東洋陶器・金具鍍金工場（1951年）（TOTO歴史資料館提供）…… 188
図 4-14　東洋陶器・金具工場の目視検査（1953年）（TOTO歴史資料館提供）…… 189
図 4-15　東陶水栓金具および衛生陶器売上高の推移（1946-67年）（『東陶機器七十年史』45，57，89，103，253頁および巻末資料；「社内資料・50年史」巻末資料より作成）…… 191
図 4-16　合理化後の東洋陶器・金具機械工場（1964年）（東陶機器金具工場50年史編集室編『東陶機器金具工場50年史』東陶機器株式会社，1996年，62頁）…… 192
図 4-17　給排水栓類の生産量および生産額の推移（1963-86年）（通商産業大臣官房調査統計部編『機械統計年報』各年より作成）…… 193
図 4-18　水栓金具製造事業所の規模別数（1967/72年比較）（通商産業大臣官房調査統計部編『工業統計表』［品目編］各年より作成）…… 198
図 4-19　水栓金具製造事業所の規模別出荷金額（1967/72年比較）（同上）…… 198
図 4-20　一般用バルブ製造事業所の規模別数（1967/72年比較）（同上）…… 198
図 4-21　一般用バルブ製造事業所の規模別出荷金額（1967/72年比較）（同上）…… 198
図 5-1　非水洗式の和風両用トイレ（『東陶通信』No. 157，1971年8月）…… 204
図 5-2　日本住宅公団新規建設戸数の推移（1955-79年）（日本住宅公団20年史刊行委員会編『日本住宅公団史』日本住宅公団，1981年，巻末資料より作成）…… 205
図 5-3　国内住宅投資額の推移（1953-72年）（経済企画庁編『国民所得統計年報』各年より作成）…… 207
図 5-4　新設住宅着工戸数の推移（1951-91年）（建設省計画局編『建築統計年報』各年より作成）…… 207
図 5-5　衛生陶器・水洗式便器出荷量の推移（1954-70年）（通商産業大臣官房調査統計部編『雑貨統計年報』各年より作成）…… 208
図 5-6　水洗式/非水洗式便器の国内販売実績比較（同上）…… 208
図 5-7　赤痢の届出患者数と罹患率の推移（1949-70年）（厚生統計協会編刊『厚生の指標』15巻13号，1968年，232頁；厚生省編『厚生白書』昭和45年版；昭和46年版より作成）…… 214

図 5-8　赤痢による死亡数と死亡率の推移（1949-70 年）（同上）……………………… 214
図 5-9　水洗化および非水洗化人口比率の推移（1963-2001 年）（『厚生白書』各年；環境省総合環境政策局編『環境統計集』各年より作成）……………………… 217
図 5-10　上下水道普及率とトイレ水洗化率の推移（1953-2003 年）（日本水道協会『日本水道史　総論編』1967 年，17 頁；『水道統計』各年；日本下水道協会『日本下水道史　総集編』1987 年，巻末資料；『環境統計集』各年；『厚生白書』各年；総理府統計局/総務庁統計局編『住宅統計調査報告』；総務庁統計局/総務省統計局編『住宅・土地統計調査報告』各年より作成）……………… 218
図 5-11　計画処理区域内の屎尿処理状況（1965/2000 年度の比較：内訳［%］）（『厚生白書』昭和 47 年版；『環境統計集』平成 17 年版より作成）……………… 219
図 5-12　洋風便器と和風便器の出荷数比率の推移（1955-98 年）（山崎雄司「トイレ産業の実態と課題」日本トイレ協会編『トイレの研究——快適環境を求めて総合的に科学する』地域交流センター，1987 年所収，84 頁；通商産業大臣官房調査統計部編『雑貨統計年報』各年より作成）……………………… 223
図 5-13　給排水栓類生産額および衛生陶器出荷額の推移（1954-86 年：指数）（『機械統計年報』；『雑貨統計年報』各年より作成）……………………… 225
図 5-14　東陶の生産品目別売上高シェアの推移（1946-75 年）（『東陶機器七十年史』253，400 頁；「社史資料・50 年史」より作成）……………………… 229
図 5-15　ユニットバスルーム（「マンションの水まわり」東陶機器株式会社カタログ，1979 年 7 月）……………………… 230
図 5-16　ファッショナブルになった衛生陶器（『東陶通信』No. 143，1970 年 6 月）…… 232
図 5-17　ファッショナブルになった水栓金具（「マンションの水まわり」東陶機器株式会社カタログ，1979 年 7 月）……………………… 233
図 5-18　衛生陶器の市場シェア（2005 年）（『日経市場占有率』2007 年版，日本経済新聞社，2006 年より作成。経済産業省「窯業・建材統計」のデータより日経推定）……………………… 237
図 5-19　温水洗浄便座の市場シェア（2004 年度）（矢野経済研究所『日本マーケットシェア事典』2006 年版，CD-ROM 版，1403-04 より作成）……………… 237
図 5-20　主要メーカーによる衛生設備機器製品分野別市場構成比（2002 年度）（十名直喜「住宅設備機器メーカーの経営革新と国際展開」坂本清編著『日本企業の生産システム革新』ミネルヴァ書房，2004 年所収，169 頁より作成［原典：矢野経済研究所『住機市場の展望と戦略』2003 年，4 頁］）……………… 238
図 5-21　主要耐久消費財の普及率の推移（1957-2006 年）（内閣府ホームページ http://www.esri.cao.go.jp/［2007 年 2 月現在］公表のデータより作成）…… 239

表序-1　水洗トイレの普及率：国際比較（United Nations, *World Statistics*, 1961-84 より作成）……………………… 19
表 1-1　陶磁器の種類と性質（筆者作成）……………………… 41
表 2-1　森村と大倉：いわゆる「長者番付」による資産比較（「日本全国五万円以上資産家一覧全」中央書房，1902 年，渋谷隆一編『明治期日本全国資産家地主資料集成』IV，柏書房，1984 年所収，64 頁；「全国五十萬圓以上資産家表」時事新報社，1916 年；帝国興信所調査「全国金満家大番附」1930 年；

参考文献

TOTO および森村グループ企業（人物伝を含む）関係資料

愛知県陶磁資料館編刊『土と炎の世紀――ノリタケチャイナと製陶王国の 100 年史』2003 年（展覧会図録）。

伊勢本一郎『近代日本陶業発展秘史』技報堂，1950 年。

伊勢本一郎『陶業振興の核心』技報堂，1957 年。

伊勢本一郎「回顧録」（年不詳）。

伊勢本一郎「追想録」（年不詳）。

上田實「森村市左衛門の企業者活動と経営理念」『名古屋文理短期大学紀要』19 号，1994 年。

「営業報告書」（各年），日本陶器株式会社。

江副茂『江副勝太郎伝』（非売品），1978 年。

大倉和親翁伝編集委員会編刊『大倉和親翁』1959 年。

「大倉和親翁の偉業，遺訓，遺芳，偲ぶ，翁の経歴と翁に関わる主な事業年譜及び事業に対する信念」株式会社ノリタケカンパニーリミテド。

大倉紙パルプ商事 100 年史編纂委員会編『百年史』大倉紙パルプ商事株式会社，1989 年。

『大倉陶園二十五年譜記』大倉陶園，1944 年。

大倉孫兵衛「日本陶器を世界に知らしめし余の苦心」『実業之世界』12 巻 9 号，1915 年 5 月。

大森一宏「明治後期日本の対米陶磁器輸出と森村市左衛門の経営理念」『渋沢研究』6 号，1993 年。

大森一宏「海外技術の導入と情報行動――日本陶器合名会社」佐々木聡/藤井信幸編著『情報と経営革新――近代日本の軌跡』同文舘，1997 年所収。

「お宅のトイレを水洗式になさるには」1959 年（東洋陶器株式会社宣伝用パンフレット）。

「業務報告書」（各年），日本陶器合名会社。

小出種彦『飯野逸平』飯野逸平伝記編纂会，1960 年。

小出種彦『江副孫右衛門――近代陶業史上の一人間像』江副孫右衛門伝記纂集会，1961 年。

小出種彦「輸出陶磁器物語――森村市左衛門の周辺をめぐりて」日本陶器株式会社社史編集室によるリプリント版，1965 年（原典：『貿易之日本』1958 年 4 月～1959 年 12 月，連載全 19 回）。

佐伯進「大倉和親翁について」（日米経済交流史研究会，1998 年 2 月 4 日）。

『さきがけ』（日本陶器合名会社/日本陶器株式会社の社内報）1905 年～。

島谷泰彦『TOTO のヒューマン経営――快適生活空間のクリエーター』TBS ブリタニカ，1990 年。

「社史資料・ 50 年史」（東洋陶器株式会社社史資料）。

社史編纂委員会編『日本特殊陶業株式会社五十年史』日本特殊陶業株式会社，1987 年。

杉原周一『不況に打勝つ成長経営』毎日新聞社，1971 年。

砂川幸雄『森村市左衛門の無欲の生涯』草思社，1998 年。

砂川幸雄『製陶王国をきずいた父と子——大倉孫兵衛と大倉和親』晶文社，2000 年。

砂川幸雄『大倉陶園創成ものがたり——初代支配人日野厚のこと』晶文社，2005 年。

ダイヤモンド社編『森村百年史』森村商事株式会社，1986 年。

丁渓生「大倉孫兵衛翁の事蹟」『大日本窯業協会雑誌』30 集 355 号，1922 年 3 月。

電通名古屋支社編『佐伯卯四郎追想録』日本陶器株式会社，1973 年。

東陶機器金具工場 50 年史編集室編『東陶機器金具工場 50 年史』東陶機器株式会社，1996 年。

東陶機器株式会社編刊『東陶機器七十年史』1988 年。

東陶機器株式会社人事本部編『TOTO 炎と情熱の軌跡』東陶機器株式会社，1994 年。

『東陶通信』（東洋陶器株式会社/東陶機器株式会社 PR 誌）。

『陶友』（東洋陶器株式会社/東陶機器株式会社社内報）1946 年〜。

東洋陶器株式会社編刊「衛生陶器とは何か？」1918 年。

東洋陶器株式会社編刊『面影』1942 年。

日本碍子株式会社編刊『日本碍子株式会社三十年史』1949 年。

日本碍子株式会社編刊『大倉翁追憶』1955 年（「日碍：特集号」）。

日本碍子株式会社社史編纂委員会「五十年史資料」1970 年。

日本経営史研究所編『日本ガイシ 75 年史』日本ガイシ株式会社，1995 年。

日本陶器 70 年史編集委員会編『日本陶器七十年史』日本陶器株式会社，1974 年。

ノリタケカンパニーリミテド監修『ノリタケデザイン 100 年の歴史』朝日新聞社，2007 年（展覧会図録）。

ノリタケカンパニーリミテド資料室編纂「大倉孫兵衛翁の遺訓——日本陶器社内誌『さきがけ』より」1998 年。

ノリタケ 100 年史編集委員会編『ノリタケ 100』株式会社ノリタケカンパニーリミテド，2004 年。

ノリタケ 100 年史編集委員会編『ノリタケ 100 年史』株式会社ノリタケカンパニーリミテド，2005 年。

松村介石編『大翁訓話』道会本部，1923 年（原典：『道話』[道会機関誌]）。

『㊍之礎』啓文社，1906 年。

道田国雄『東陶機器　快適さの演出』東陶機器株式会社，1972 年。

宮地英敏「近代日本陶磁器業と森村組」『企業家研究』2 号，2005 年 7 月。

森村市左衛門述，井上泰岳編『独立自営』実業之日本社，1912 年。

「森村組創業六十五年史草稿」全 8 巻，日本陶器株式会社（1943 年頃）。

「森村組の事業及其経営の首脳者」『実業之日本』9 巻 7 号，1906 年 4 月。

森村商事株式会社編刊『森村商事株式会社創業 100 年』1976 年。

「有価証券報告書」（各年），東洋陶器株式会社/東陶機器株式会社。
60 年史編集委員会編『日本特殊陶業株式会社 60 年史』日本特殊陶業株式会社，1997 年。
若宮卯之助『森村翁言行録』ダイヤモンド社，1929 年。

「わたしの道・江副茂」『読売新聞』2002 年 1 月 21，28 日；2 月 4，11，18，25 日（6 回連載）。

その他，関係者（大倉和親，江副孫右衛門，伊勢本一郎，杉原周一，他）の私信，業務通信，手帳等；カタログ，パンフレット類多数。

その他関係企業，人物に関わる資料

池田文次編『松陶　松村八次郎伝』松村八次郎翁追悼記念会，1939 年。

石川金属工業株式会社編刊『石川金属工業株式会社七十年史』1998 年。

石田高子執筆『巧と業の協奏——INAX と常滑焼のあゆみ』株式会社 INAX，1986 年。

伊奈製陶株式会社 30 年史編集委員会編刊『伊奈製陶株式会社 30 年史』1956 年。

伊奈輝三『陶業の家に生まれて』株式会社 INAX，1994 年。

今泉嘉一郎著刊『日本鋼管株式会社創業二十年回顧録』1933 年。

岡田貴『パイプと共に五十年』石橋鋼産株式会社，1964 年。

株式会社 INAX 経営企画部アーカイブス Pj. 編『INAX 20th Anniversary Digital Archives』株式会社 INAX，2005 年（DVD 版）。

株式会社喜多村合金製作所製作「感謝　この道ひとすじ六十年」1984 年。

小出種彦『茶わんや水保』水野保一伝記編纂委員会，1964 年。

小林昭一『伊奈長三郎』伊奈製陶株式会社，1983 年。

故藤江永孝君功績表彰会編刊『藤江永孝傳』1932 年。

崎山宇一郎『水道生活五十年を顧みて』須賀保，1992 年。

社史編纂委員会編『アサヒ衛陶 50 年史』アサヒ衛陶株式会社，2001 年。

社史編纂委員会編『大気社 80 年史——環境づくりの記録』株式会社大気社，1994 年。

「水道衛生具水栓型録」合名会社北村製作所，1932 年（複製）。

「水道機具井戸用・ポンプ其他材料品定価表」吉川商会，1925 年。

須賀工業株式会社社史編纂室編『須賀工業 90 年史』須賀工業株式会社，1996 年。

「須賀豊治郎渡米記録」須賀保，1979 年。

『戸畑鋳物株式会社要覧』（創立二十五周年記念），1935 年。

長与専斎『松香私志』（小川鼎三/酒井シヅ校注『松本順自伝・長与専斎自伝』平凡社，1980 年所収）。

西原脩三「西原衛生工業所創業満 42 年に際して——私の御願い」（西原衛生工業所創業満 42 年祝賀会講演記録）1959 年 11 月。

新田純子『その男，はかりしれず——日本の近代をつくった男：浅野総一郎伝』サンマーク出版，2000 年。

「パイロット衛生器具記念カタログ」。

「パイロット組立式住宅衛生装置説明書」1933 年。

樋口次郎『祖父パーマー——横浜・近代水道の創設者』有隣堂，1998 年。

平野耕輔『布袋荘小誌』平野耕輔，1940 年。

「深尾淳二技術回想七十年」刊行会編刊『深尾淳二技術回想七十年』1979 年。

御厨貴編『時代の先覚者・後藤新平 1857-1929』藤原書店，2004 年。

山路茂則執筆『炎と生きる——アサヒ衛陶株式会社前史』『炎と生きる』編纂委員会，1996 年。

大和設備工事株式会社編刊『大和設備工事 50 年史』1997 年。

山本一郎編『河原徳立翁小伝』（復刻版，原本：河原五郎編）広瀬つぎ子，1994 年。

吉田弘『常滑焼の開拓者　鯉江方寿の生涯』愛知県郷土資料刊行会，1987 年。

渡辺栄造「先人の軌跡を綴る」（追想録「伊奈長三郎」収集資料）。

その他，カタログ，パンフレット類多数。

産業/技術（窯業/金属/建設）

荒岡孟子責任編集『わが国住宅産業の全貌』経済市場調査研究所，1969年。

荒岡孟子責任編集『住宅設備機器産業の展望――情報化社会における居住環境』インダストリーランドセンター，1970年。

池上博史『よくわかる住宅業界』日本実業出版社，2002年。

池辺陽監修『住宅産業の製品開発』鹿島出版会，1971年。

今井宏『パイプづくりの歴史』アグネ技術センター，1998年。

小倉栄一郎『彦根バルブ七十年史』滋賀県バルブ事業協同組合連合会，1965年。

加藤悦三『陶器の思想』日本陶業新聞社，2000年。

加藤唐九郎編『原色陶器大辞典』淡交社，1972年。

株式会社INAX編刊『日本のタイル工業史』1991年。

神谷高枝『衛生陶器五十五年――日本衛生陶器工業の歩み』日本衛生陶器工業組合（非売品），1967年。

神谷高枝「衛生陶器五十年史メモ」（執筆のための草稿）。

桜川貞雄『トイレ考現』TOTO出版，1966年。

産業学会編『戦後日本産業史』東洋経済新報社，1995年。

塩田力蔵『日本の陶磁器と窯業』大阪屋号書店，1929年。

滋賀県バルブ事業協同組合連合会編刊『彦根バルブの歩み』1980年。

シンガー，チャールズ/ホームヤード，E・J/ホール，A・R/ウィリアムズ，T・I共編，田辺振太郎訳編『技術の歴史』第7巻，産業革命（上），筑摩書房，1979年。

シンガー，チャールズ/ホームヤード，E・J/ホール，A・R/ウィリアムズ，T・I共編，田辺振太郎訳編『技術の歴史』第8巻，産業革命（下），筑摩書房，1979年。

シンガー，チャールズ/ホームヤード，E・J/ホール，A・R/ウィリアムズ，T・I共編，高木純一訳編『技術の歴史』第10巻，鋼鉄の時代（下），筑摩書房，1979年。

瀬戸市制70周年記念誌編集委員会編『瀬戸市70年のあゆみ』瀬戸市，1999年。

大日本窯業協会編刊『日本窯業大観』（創立満四十周年記念出版）1933年。

大日本窯業協会編『日本窯業大観』（創立満50周年記念出版）共立出版，1944年。

田賀井秀夫『無機材料』理工図書，1956年。

坪井礼三/西川弘三/桜川貞雄著，百木三郎校閲『衛生陶器』常盤書房，1936年。

とこなめ焼協同組合編刊『常滑の陶業百年』2000年。

十名直喜「住宅設備機器メーカーの経営革新と国際展開」坂本清編著『日本企業の生産システム革新』ミネルヴァ書房，2004年所収。

中岡哲郎『日本近代技術の形成――〈伝統〉と〈近代〉のダイナミクス』朝日新聞社，2006年。

永井彰一郎編『窯業製品の実際知識』東洋経済新報社，1966年。

名古屋陶磁器会館編『名古屋陶業の百年』日本陶業新聞社，1987年。

奈良本辰也『近代陶磁器業の成立』伊藤書店，1943年。

日本バルブ工業会編刊『バルブ工業の歩み』1974年。

日本バルブ工業会編刊『バルブ工業の歩み・その2』1987年。

日本バルブ工業会近畿支部編刊『近畿バルブ工業史』1984年。

日本貿易振興会編刊『米国の衛生陶器市場調査』1966年。

日本輸出陶磁器史編纂委員会編『日本輸出陶磁器史』名古屋陶磁器会館，1967年。

前田裕子『戦時期航空機工業と生産技術形成——三菱航空エンジンと深尾淳二』東京大学出版会，2001年。

松井一郎『地域経済と地場産業——川口鋳物工業の研究』公人の友社，1993年。

松本源次著刊『炎の里有田の歴史物語』1996年。

三井弘三『概説　近代陶業史』日本陶業連盟，1979年。

三井弘三『昭和陶業史余聞』中部経済新聞社，1980年。

美山町編刊『美山町史』通史・資料編，1973年。

素木洋一『セラミックスの技術史』技報堂出版，1983年。

八十島義之助編著『日本土木史』技報堂出版，1994年。

窯業協会編『窯業大観』(創立60年記念出版)，技報堂，1951年。

上下水道/設備
阿部和行『水と神話の国ぐに』水道産業新聞社，1985年。

石井勲/山田國廣『浄化槽革命——生活廃水の再生システムをめざして』合同出版，1994年。

石橋多聞/西脇仁一編『公害・衛生工学大系』I，日本評論社，1966年。

泉忠之編著『住まいの水まわり学入門』TOTO出版，1995年。

稲場紀久雄『下水道と環境——汚濁物文化を考える』朝日新聞社，1986年。

今村奈良臣/八木宏典/水谷正一/坪井伸広『水資源の枯渇と配分——開発から管理へ』農山漁村文化協会，1996年。

岡並木『舗装と下水道の文化』論創社，1985年。

岡田誠之編著『新・水とごみの環境問題——環境工学入門編』(第2版)，TOTO出版，2000年。

小野芳朗『水の環境史——「京の名水」はなぜ失われたか』PHP新書，2001年。

神原吾市『図解Q&A給排水設備』(改訂版)，井上書院，1998年。

紀谷文樹総合監修，鎌田元康編『給排水衛生設備学　初級編——水まわり入門』TOTO出版，1999年。

紀谷文樹/中村良夫/石川忠晴編著『都市をめぐる水の話』井上書院，1992年。

協会史編纂委員会編『日本空衛協会40年史』社団法人日本空調衛生工事業協会，1978年。

近代水道百年の歩み編集委員会『近代水道百年の歩み』日本水道新聞社，1987年。

空気調和・衛生工学会編刊『空気調和・衛生工学便覧』1987年。

空気調和・衛生工学会編刊『空気調和・衛生設備技術史』(丸善)，1991年。

空気調和・衛生工学会編『図解空調・給排水の大百科』オーム社，1999年。

下水道法令研究会編著『逐条解説　下水道法』(改訂版)，ぎょうせい，2001年。

坂誥智美『江戸城下町における「水」支配』専修大学出版局，1999年。

鯖田豊之『水道の文化——西欧と日本』新潮選書，1983年。

篠原隆政『給排水衛生・暖房設備の変遷』水曜会，1990年。

庄司光/山本剛夫『環境衛生工学』朝倉書店，1967年。

高寄昇三『近代日本公営水道成立史』日本経済評論社，2003 年。

戸崎重弘/片小田節男/加藤平二郎『衛生設備』（改訂第 2 版），彰国社，1989 年。

都政調査会編刊『東京の下水道とその将来』1960 年。

中島工学博士記念事業会編刊『中島工学博士記念　日本水道史』1927 年。

中西準子『水の環境戦略』岩波新書，1994 年。

日本下水道協会編刊『日本下水道史』総集編，1989 年。

日本水道協会編刊『日本水道史』総論編，1967 年。

バーティキング，ヒュー文，エンジェル，ヒーザー写真，斎藤博康訳『英国上下水道物語——人間と都市を救い育てた苦闘の歴史』日本水道新聞社，1995 年。

樋口次郎編訳『横浜水道関係資料集　一八六二〜九七』横浜開港資料館，1987 年。

湯浅赳男『文明の中の水——人類最大の資源をめぐる一万年史』新評論，2004 年。

トイレ/衛生

NPO 日本下水文化研究会屎尿研究分科会編『トイレ考・屎尿考』技報堂出版，2003 年。

阿木香/荒俣宏/遠州敦子/谷直樹/林丈二/舟形真理子/本間都/伊奈英次（撮影）『日本・トイレ博物誌』株式会社 INAX，1990 年。

海野弘/新見隆/リシュカ・フリッツ，伊奈英次（撮影）『ヨーロッパ・トイレ博物誌』株式会社 INAX，1990 年。

遠州敦子/谷直樹，山田幸一監修『便所のはなし』鹿島出版会，1986 年。

大熊喜邦監修『近世便所考』建築知識社，1937 年。

大野盛雄/小島麗逸編著『アジア厠考』勁草書房，1994 年。

大場修，山田幸一監修『風呂のはなし』鹿島出版会，1986 年。

小野芳朗『〈清潔〉の近代——「衛生唱歌」から「抗菌グッズ」へ』講談社，1997 年。

金塚貞文『人工身体論——あるいは糞をひらない身体の考察』青弓社，1990 年。

キラ，アレクサンダー，紀谷文樹訳『The Bathroom——バス・トイレ空間の人間科学』TOTO 出版，1989 年。

ゲラン，ロジェ=アンリ，大矢タカヤス訳『トイレの文化史』筑摩書房，1987 年。

小林丈広『近代日本と公衆衛生——都市社会史の試み』雄山閣出版，2001 年。

柴田徳衛『日本の清掃問題——ゴミと便所の経済学』東京大学出版会，1961 年。

下川耿史編『環境史年表』明治・大正編，河出書房新社，2003 年。

下川耿史編『環境史年表』昭和・平成編，河出書房新社，2004 年。

高橋英一『肥料の来た道帰る道——環境・人口問題を考える』研成社，1991 年。

日本トイレ協会編『トイレの研究——快適環境を求めて総合的に科学する』地域交流センター，1987 年。

平田純一『トイレの窓から』扶桑社，1989 年。

平田純一『トイレットのなぜ？　日本の常識は世界の非常識』講談社，1996 年。

ヘンリ，スチュアート『はばかりながら「トイレと文化」考』文藝春秋，1993 年。

ホイ，スーエレン，椎名美智訳『清潔文化の誕生』紀伊國屋書店，1999 年。

松井章『環境考古学への招待——発掘からわかる食・トイレ・戦争』岩波新書，2005 年。

村瀬春樹『おまるから始まる道具学——モノが語るヒトの歴史』平凡社新書，2005 年。

村野まさよし『バキュームカーはえらかった！——黄金機械化部隊の戦後史』文藝春秋，1996 年。

ライト，ローレンス，高島平吾訳『風呂トイレ讃歌』晶文社，1989 年。

李家正文監修『図説　厠まんだら』INAX 出版，1997 年。

リン，ヴァン・デァ，西村肇/小川彰訳『トイレットからの発想——人と自然をよみがえらせる法』講談社，1980 年。

リンチ，ケヴィン，有岡孝/駒川義隆訳『廃棄の文化誌——ゴミと資源のあいだ』工作舎，1994 年。

レイバーン，ウォレス，ウサミナオキ訳『トイレになった男——衛生技師トーマス・クラッパー物語』論創社，2005 年。

ローゼン，ジョージ，小栗史朗訳『公衆衛生の歴史』第一出版，1974 年。

都市/建築/住宅

石田頼房『日本近現代都市計画の展開 1868-2003』自治体研究社，2004 年。

石塚裕道『東京の都市スラムと公衆衛生問題』国際連合大学，1981 年。

石塚裕道『日本近代都市論——東京 1868-1923』東京大学出版会，1991 年。

石原舜介/伊藤滋/熊田禎宣編『都市の制御』日本放送出版協会，1971 年。

上田次郎『進駐軍家族住宅図譜』技報堂，1950 年。

ウォーカー，レスター，小野木重勝訳『図説アメリカの住宅——丸太小屋からポストモダンまで』三省堂，1988 年。

内田青蔵『日本の近代住宅』鹿島出版会，1992 年。

奥出直人『アメリカンホームの文化史——生活・私有・消費のメカニズム』住まいの図書館出版局，1988 年。

旧広瀬邸文化財調査委員会編『別子銅山の近代化を見守った広瀬邸——旧広瀬邸建造物調査報告書』新居浜市教育委員会，2002 年。

小泉和子編『占領軍住宅の記録』上，住まいの図書館出版局，1999 年。

小島勝衛/永野征男編『都市化の現状と将来』大明堂，1995 年。

澤護『横浜外国人居留地ホテル史』白桃書房，2001 年。

柴田徳衛『東京——その経済と社会』岩波新書，1959 年。

柴田徳衛/伊藤滋編『都市の回復』NHK 市民大学叢書，日本放送出版協会，1971 年。

庄司光『住居と環境の衛生学』光生館，1962 年。

鈴木博之/石山修武/伊藤毅/山岸常人編『近代とは何か』東京大学出版会，2005 年。

鈴木博之/石山修武/伊藤毅/山岸常人編『材料・生産の近代』東京大学出版会，2005 年。

東建記念誌編纂委員会編『東京をつくった話』日本経済評論社，1998 年。

中邨章『東京市政と都市計画——明治大正期・東京の政治と行政』敬文堂，1993 年。

西山卯三『すまい考今学——現代日本住宅史』彰国社，1989 年。

日本建築学会編『衛生器具設備とレイアウト』(新訂版)，彰国社，1986 年。

日本住宅公団 20 年史刊行委員会編『日本住宅公団史』日本住宅公団，1981 年。

原克『モノの都市論——二〇世紀をつくったテクノロジーの文化史』大修館書店，2000 年。

平田純一『住宅三備心得帳』学芸出版社，1982 年。

ビーアド博士（チャールズ・A・ビーアド）『東京市政論』東京市政調査会，[1923 年 12 月序文]。

『ビーアド博士講演集』東京市政調査会，1923 年。

ベネヴォロ，レオナルド，武藤章訳『近代建築の歴史』鹿島出版会，2004 年。

松浦茂樹『明治の国土開発史――近代土木技術の礎』鹿島出版会，1992 年。

松村秀一『「住宅」という考え方――20 世紀的住宅の系譜』東京大学出版会，1999 年。

松村昌家『水晶宮物語』ちくま学芸文庫，2000 年。

源川真希『東京市政――首都の近現代史』日本経済評論社，2007 年。

村松貞次郎『お雇い外国人――建築・土木』鹿島出版会，1976 年。

渡辺俊一『「都市計画」の誕生――国際比較からみた日本近代都市計画』柏書房，1993 年。

歴史/文化/その他

石田瑞麿『日本人と地獄』春秋社，1998 年。

大井浩二『ホワイト・シティの幻影――シカゴ万国博覧会とアメリカ的想像力』研究社出版，1993 年。

大杉栄「日本脱出記」『近代日本思想体系 20　大杉栄集』筑摩書房，1974 年所収。

神庭信幸/小林忠雄/村上隆/吉田憲司監修『色彩から歴史を読む――モノに潜む表現・技術・認識』ダイヤモンド社，1999 年。

ギーディオン，S，GK 研究所/榮久庵祥二訳『機械化の文化史――ものいわぬものの歴史』鹿島出版会，1977 年。

久米邦武編著，水澤周訳注，米欧亜回覧の会企画『現代語訳　特命全権大使米欧回覧実記』全 5 巻，慶應義塾大学出版会，2005 年。

工業技術院標準部編『わが国の工業標準化――20 年のあゆみ』日本規格協会，1969 年。

佐々木隆/大井浩二編，亀井俊介/鈴木健次監修『都市産業社会の到来　1860 年代〜1910 年代』東京大学出版会，2006 年。

渋谷隆一編『明治期日本全国資産家地主資料集成』IV，柏書房，1984 年。

渋谷隆一編『大正昭和日本全国資産家地主資料集成』I，柏書房，1985 年。

新保博『近代日本経済史――パックス・ブリタニカのなかの日本的市場経済』創文社，1995 年。

スクラントン，フィリップ，廣田義人/森杲/沢井実/植田浩史訳『エンドレス・ノヴェルティ――アメリカの第 2 次産業革命と専門生産』有斐閣，2004 年。

スパーク，ペニー，白石和也/飯岡正麻訳『近代デザイン史――二十世紀のデザインと文化』ダヴィッド社，1993 年。

占領軍調達史編さん委員会（調達庁内）編著『占領軍調達史――占領軍調達の基調』調達庁総務部調査課，1956 年。

占領軍調達史編さん委員会（事務局）編著『占領軍調達史――部門編 III』調達庁総務部総務課，1959 年。

竹前栄治/中村隆英監修『GHQ 日本占領史』第 3 巻，物資と労務の調達，日本図書センター，1996 年。

竹前栄治/中村隆英監修『GHQ 日本占領史』第 22 巻，公衆衛生，日本図書センター，1996 年。

谷口明丈『巨大企業の世紀――20 世紀アメリカ資本主義の形成と企業合同』有斐閣，2002 年。

谷崎潤一郎『陰翳礼讃』中公文庫，1975 年。

ダワー，ジョン，三浦陽一/高杉忠明/田代泰子訳『敗北を抱きしめて』上・下，岩波書店，

2001年。

チェックランド，オリーヴ，杉山忠平/玉置紀夫訳『明治日本とイギリス』法政大学出版局，1996年。

チャンドラーJr，A・D，鳥羽欽一郎/小林袈裟治訳『経営者の時代――アメリカ産業における近代企業の成立』上・下，東洋経済新報社，1979年。

角山栄/川北稔編『路地裏の大英帝国――イギリス都市生活史』平凡社，1982年。

東京工業大学編刊『東京工業大学百年史　通史』1985年。

富田昭次『ホテルと日本近代』青弓社，2003年。

ドラッカー，P・F，上田惇生訳『イノベーションと起業家精神――その原理と方法』（新訳），上，ダイヤモンド社，1997年。

野村兼太郎『探史余瀝』ダイヤモンド社，1943年。

芳賀徹編『岩倉使節団の比較文化史的研究』思文閣出版，2003年。

橋本毅彦『〈標準〉の哲学――スタンダード・テクノロジーの三〇〇年』講談社，2002年。

林富平『欧米視察案内』米国事業視察団刊，1920年（『近代欧米渡航案内記集成』第7巻，ゆまに書房，2000年，復刻版所収）。

樋口清之『こめと日本人――歴史を動かした米の魔力』家の光協会，1978年。

蛭川久康/櫻庭信之/定松精/松村昌家/Paul Snowden編『ロンドン事典』大修館書店，2002年。

フォーティ，アドリアン，高島平吾訳『欲望のオブジェ――デザインと社会1750-1980』鹿島出版会，1992年。

藤原泰『満州国統制経済論――満州国に於ける統制経済の採用・変革・成果』日本評論社，1942年。

ブランデイジ，アンソニー，廣重準四郎/藤井透訳『エドウィン・チャドウィック――福祉国家の開拓者』ナカニシヤ出版，2002年。

ベットマン，オットー・L，山越邦夫/斎藤美加他訳『目で見る金ぴか時代の民衆生活――古き良き時代の悲惨な事情』草風館，1999年。

マクファーレン，アラン，船曳建夫監訳，北川文美/工藤正子/山下淑美訳『イギリスと日本――マルサスの罠から近代への跳躍』新曜社，2001年。

モース，E・S，斉藤正二/藤本周一訳『日本人の住まい』八坂書房，2000年。

モース，イー・エス，石川欣一訳『日本その日その日』1・2，科学知識普及会，1929年。

モース，エドワード・S，上田篤/加藤晃規/柳美代子訳『日本のすまい――内と外』鹿島出版会，1979年。

藪亨『近代デザイン史――ヴィクトリア朝初期からバウハウスまで』丸善，2002年。

山崎正和『装飾とデザイン』中央公論新社，2007年。

山田眞實『デザインの国イギリス〈用と美〉の「モノ」づくり――ウェッジウッドとモリスの系譜』創元社，1997年。

山本有造『「満洲国」経済史研究』名古屋大学出版会，2003年。

ラーキン，ジャック，杉野目康子訳『アメリカがまだ貧しかった頃』青土社，2000年。

ラーソン，エリック，野中邦子訳『悪魔と博覧会』文藝春秋，2006年。

雑誌論文

井上静夫「水道用鋳鉄管の変遷」『水道協会雑誌』69巻1号（第784号），2000年1月。

上西圭治「終戦までの建材社での私の日々」『空気調和・衛生工学』60巻1号，1986年1月。

内田元亨「住宅産業――経済成長の新しい主役」『中央公論』1968年3月。

「衛生工事に関する新『フーバー，コード』」『衛生工業協会誌』3巻7号，1933年7月。

「衛生工事に関する回顧座談会」『衛生工業協会誌』31巻7号，1957年7月。

「衛生設備界に関する座談会」『衛生工業協会誌』25巻2号，1951年2月。

「衛生陶器規格制定委員会報告」『衛生工業協会誌』13巻2号，1939年2月。

「衛生陶器規格について」『衛生工業協会誌』14巻7号，1940年7月。

「選ばれる理由」『日経アーキテクチュア』839号，2007年1月。

大阪市水道部水道課「大阪市水道用鋳鉄管の今昔」『水道協会雑誌』第13号，1934年6月。

大田黒重五郎「我が工業界の缺點」『東京経済雑誌』59巻1485号，1909年。

大森一宏「明治後期における陶磁器業の発展と同業組合活動」『経営史学』30巻2号，1995年7月。

岡田愿二「水道用バルブの変遷」『水道協会雑誌』69巻7号（第790号），2000年7月。

片山一憲「トイレの変遷」『空気調和・衛生工学』78巻8号，2004年8月。

金田康二「管種の選定」『水道協会雑誌』第512号，1977年5月。

紀谷文樹「国内外の衛生機器の節水化」『空気調和・衛生工学』78巻8号，2004年8月。

清沢洋「衛生器具」『空気調和・衛生工学』39巻1号，1965年1月。

「『巨大市場』中国に挑む日系建材企業の挑戦――中国市場における東陶機器の躍進と市場制覇の秘訣」『ヤノ・レポート』1148号，2003年10月。

熊沢治郎吉「わが陶磁器の一生」『窯業協会誌』65巻735号，1956年3月。

「建築用陶磁器座談会」『窯業協会誌』64巻722号，1956年。

後藤時政/井上博進「グループ企業の製品開発競争とその要因について――森村グループ内，TOTOとINAXについて」『愛知工業大学研究報告』39号B，2005年3月。

桜井光和「衛生設備入門（8）衛生陶器と附属金具（上）」『建築設備と配管工事』10巻1号，1972年1月。

桜井光和「衛生設備入門（9）衛生陶器と附属金具（下）」『建築設備と配管工事』10巻2号，1972年2月。

篠原隆政「給排水衛生設備通史（19）」『建築設備と配管工事』17巻5号，1979年5月。

「上下水道事業と長与専斎氏」『水道協会雑誌』第39号，1936年8月。

須賀栄一「高橋志馬市氏に聞く」（設備回顧談）『空気調和・衛生工学』63巻8号，1989年8月。

杉戸清「水洗便所の普及に就て」『水道協会雑誌』第81号，1940年2月。

「先達に聞く――私と空調・衛生とのかかわり」『空気調和・衛生工学』59巻11号，1985年11月。

高野功「アメリカ・シビルエンジニアのルーツ」『土木学会誌』75巻1号，1990年1月。

高橋眞一「明治前期の地域人口動態と人口移動」『国民経済雑誌』194巻5号，2006年11月。

高橋武治「給排水設備機器の最近の動向」『空気調和・衛生工学』51巻10号，1977年10月。

舘稔「人口と近代公衆衛生との基本的関係」『人口問題研究』7巻4号，1952年3月。

寺島重雄「衛生工学の意義と歴史」『土木学会誌』55 巻 2 号，1970 年 2 月。

「TOTO vs INAX トステム」『ヤノ・レポート』1149 号，2003 年 10 月。

西川弘三「米国に於ける最近の衛生工事及衛生陶器に就て」『衛生工業協会誌』6 巻 2 号，1932 年 2 月。

西川弘三「既設衛生設備中の欠陥に就て」『衛生工業協会誌』7 巻 6 号，1933 年 6 月。

西原脩三「我が国の環境衛生の現況とその将来性について」『衛生工業協会誌』8 巻 11 号，1934 年 11 月。

「日本硬質陶器七十五年の道程」『貿易の日本』ニッコー特集号，1984 年 3 月。

野島直子「近代衛生政策の起源――E・チャドウィックの『衛生思想』をめぐって」『医学史研究』74 号，1998 年。

野知啓子「し尿の科学」『空気調和・衛生工学』78 巻 8 号，2004 年 8 月。

服部文孝「明治時代前期輸出陶磁器生産の様相――瀬戸を中心とする生産関係について」『瀬戸市歴史民族資料館　研究紀要 XV』1998 年 3 月。

平田純一「トイレの文化人類学的考察」『空気調和・衛生工学』78 巻 8 号，2004 年 8 月。

平野耕輔「陶磁器焼成用の隧道式窯に就て」『大日本窯業協会雑誌』188-189 号，1908 年4-5 月。

「復興建築の衛生設備」『衛生工業協会誌』20 巻 11/12 号，1946 年 11/12 月。

藤原正弘「水道制度 100 年の変遷」『水道協会雑誌』59 巻 2 号（第 665 号），1994 年 2 月。

星加雅男「衛生設備雑考」『衛生工業協会誌』14 巻 9 号，1940 年 9 月。

前島健「給排水衛生設備に関する反省と展望」『建築設備と配管工事』12 巻 1 号，1974 年 1 月。

前田裕子「日本における衛生陶器の工業化――水洗トイレの産業史」『国民経済雑誌』188 巻 2 号，2003 年 8 月。

前田裕子「日本における水栓金具の工業化」『神戸大学経済学研究年報』50 号，2003 年。

前田裕子「日本における近代陶磁器業多角的展開の一側面――大倉孫兵衛・和親の経営行動と日本陶器」『国民経済雑誌』195 巻 5 号，2007 年 5 月。

三島康雄「陶磁器業の産業革命――瀬戸と名古屋」『経済論叢』75 巻 1 号，1955 年 1 月。

宮地英敏「近代日本陶磁器業における技術導入――石炭窯の事例」『東京大学経済学研究』45 号，2003 年 3 月。

宮地英敏「近代日本陶磁器業と専業小経営」『社会経済史学』69 巻 1 号，2003 年 5 月。

宮地英敏「近代日本陶磁器業と中小企業――瀬戸陶磁器業を事例として」『経営史学』39 巻 2 号，2004 年 9 月。

宮地英敏「近代日本陶磁器業における機械制大工業の成立――名古屋陶磁器業を事例として」『東京大学経済学論集』71 巻 2 号，2005 年 7 月。

武藤清「給排水衛生設備の特集にあたり」『建築設備と配管工事』8 巻 8 号，1970 年 8 月。

村手英明「給水せんの構造改良について」『水道協会雑誌』第 338 号，1962 年 11 月。

森村武雄「衛生設備の基礎知識」『建築設備と配管工事』3 巻 9 号，1965 年 9 月。

森村武雄「給排水設備規準の必要性」『建築設備と配管工事』13 巻 10 号，1975 年 8 月。

森村武雄「建築設備とともに歩んだ半生」『空気調和・衛生工学』71 巻 2 号，1997 年 2 月。

八巻信雄「林嘉夫氏に聞く」（設備回顧談）『空気調和・衛生工学』63 巻 8 号，1989 年 8 月。

山谷幹夫「衛生器具の変遷」『空気調和・衛生工学』66 巻 8 号，1992 年 8 月。

山谷幹夫「蛇口の変遷」『水道協会雑誌』66巻8号（第763号），1997年8月。

横井弘美「瀬戸陶磁器産業の構造的特質と問題点」『瀬戸陶磁器産業研究選集』名古屋学院大学産業科学研究所，1985年。

和田大五郎「鉛管・鉛板について」『衛生工業協会誌』31巻7号，1957年7月。

統計/年報/新聞等

JIS-A5203；A5204；A5205；A5207；A5211；A5514。

JIS-B0020；B0030；B2061（JIS：いずれも日本規格協会発行）。

大蔵省編『日本貿易月表』日本関税協会，各年・月。

『会員名簿』（昭和39年・40年用），蔵前工業会，1963年。

環境省総合環境政策局編『環境統計集』各年。

経済企画庁編『国民生活白書』日本経済新聞社，各年。

経済企画庁調査局編『国際経済要覧』1978年。

『下水道年鑑』水道産業新聞社，2004年版。

『建築土木資料集覧』建築土木資料集覧刊行会，昭和4年版；昭和6年用。

厚生省大臣官房企画室/厚生省編『厚生白書』各年。

国民生活研究所編『国民生活統計年報』至誠堂，各年。

国民生活センター編『くらしの統計』（国民生活統計年報），各年。

財団法人厚生統計協会編刊『厚生の指標』（国民衛生の動向）15巻13号，1968年；20巻9号，1973年。

『人口動態統計100年の歩み』厚生省大臣官房統計情報部，2000年。

総務庁統計局/総務省統計局編『住宅・土地統計調査報告』全国編，各年。

総理府統計局編『国際統計要覧』各年。

総理府統計局/総務庁統計局編『住宅統計調査報告』全国編，各年。

通商産業大臣官房調査統計部編『機械統計年報』各年。

通商産業大臣官房調査統計部編『工業統計表』品目編，各年。

通商産業大臣官房調査統計部編『雑貨統計年報』各年。

通商産業大臣官房調査統計部編『窯業・建材統計年報』各年。

通商産業大臣官房調査統計部編『窯業統計年報』各年。

日経産業新聞編『日経市場占有率』2007年版，日本経済新聞社，2006年。

『バルブ工業概況調査報告書』日本バルブ工業会，各年。

『明治前期産業発達史資料——勧業博覧会資料57』明治文献資料刊行会，1973年。

矢野経済研究所『住宅産業白書』各年版。

矢野経済研究所『日本マーケットシェア事典』2006年版（CD-ROM版）。

「朝日新聞」
「大阪朝日新聞」
「商経管材新聞」
「西日本新聞」
「日経産業新聞」
「日本衛生新聞」（大阪）
「日本経済新聞」

「毎日新聞」
「満州日日新聞」
「読売新聞」

英文資料

Berryman, John B., *An Old Man Looks Back : Reminiscences of Forty-seven Years 1895–1942 in the General Offices of Crane Co.,* (Private Printed by Crane Co.), Chicago, 1943.

Blair, Munroe, *Ceramic Water Closets*, Shire Publications Ltd., Buckinghamshire, 2000.

Bolotin, Norman & Laing, Christine, *The World's Columbian Exposition : The Chicago World's Fair of 1893*, University of Illinois Press, Urbana and Chicago, 2002.

Brown, Glenn, *Water-Closets : A Historical, Mechanical, and Sanitary Treatise*, The Industrial Publication Co., London, 1884.

Commercial and Financial Chronicle.

Denley, James, "A History of Twyfords : 1680–1982," 1982 (Twyford Bathroom 社のホームページ：http://www.twyfordbathrooms.com よりダウンロード［2007 年 11 月現在］).

Goubert, Jean-Pierre, translated by Wilson, Andrew, *The Conquest of Water : The Advent of Health in the Industrial Age,* Polity Press, Cambridge, 1989 (the original version was published in 1986).

Hellyer, S. Stevens, *Lectures on the Science and Art of Sanitary Plumbing*, B. T. Batsford, London, 1882.

Hoy, Suellen, *Chasing Dirt : The American Pursuit of Cleanliness*, Oxford University Press, New York, 1995.

Illustrated, Descriptive, and Priced Catalogue of Kennedy's Patent Water Meters, Glenfield & Kennedy Limited Iron Founders and Hydraulic & Sanitary Engineers, Kilmarnock, 1904.

Johnson, Rossiter ed., *A History of the World's Columbian Exposition, held in Chicago in 1893*, Authority of the Board of Directors, New York, 1897, Vol. 1.

Kira, Alexander, *The Bathroom*, Viking Press, New York, 1976.

Leapman, Michael, *The World for a Shilling : How the Great Exhibition of 1851 Shaped a Nation*, Headline, London, 2001.

Macfarlane, Alan, *The Savage Wars of Peace : England, Japan and the Malthusian Trap*, Blackwell Publishers Ltd., London, 1997.

Minton, R. H., "Sanitary Ware Manufacture in America", *Journal of American Ceramic Society*, Vol. 6, Issue 1, January, 1923.

Muckeown, Thomas and Record, R. G., "Reasons for the Decline of Mortality in England and Wales during the Nineteenth Century", *Population Studies*, Vol. 16, 1963.

Murphy, Kevin C., *The American Merchant Experience in 19th Century Japan*, RoutledgeCurzon, London & New York, 2003.

Nielsen, Louis S., *Standard Plumbing Engineering Design*, 2nd ed., McGraw-Hill, New York, 1982.

Official Descriptive and Illustrated Catalogue, Authority of the Royal Commission, London,

Spicer Bros., 1851, 3 vols.
President's Report to the Shareholders of the Standard Sanitary Mfg. Co. for the Year 1925.

Scranton, Philip, *Endless Novelty : Specialty Production and American Industrialization, 1865–1925*, Princeton University Press, Princeton, 1997.

Smith, F. B., *The People's Health 1830–1910*, Gregg Revivals, Aldershot, 1990 (First published in Australia in 1979 by the Australian National University Press, Canberra).

Statistical Yearbook, United Nations, New York, 1961, 1965, 1975.

Stern, Marc, "Organization on the Periphery ? : Market Restrictions and Workplace Control in Trenton, New Jersey's Sanitary Pottery Industry, 1900–1929", in Cameron, Rondo and Schnore Leo F. eds., *Cities and Markets : Studies in the Organization of Human Space*, University Press of America, Inc., Lanham, 1997.

Sutcliffe, G. Lister ed., *The Modern Plumber and Sanitary Engineer*, 6 Vols., The Gresham Publishing Company, London, 1914.

The Great Exhibition of 1851 : Prospectuses of Exhibitors, U. M. I., 1991 (マイクロフィルム).

The Illustrated London News 刊行会編, *The Illustrated London News*（復刻版），柏書房，1997–99 年。

The Victorian Catalogue of Household Goods : a Complete Compendium of over Five Thousand Items to Furnish and Decorate the Victorian Home, Studio Editions, London, 1991 (千毯館，1993 年).

The World's Fair Album : Containing Photographic View of Buildings, Statuary, Grounds, Interilrs, Midway Plaisance Scenes, and Other Objects of Interest at the World's Columbian Exposition, Chicago, 1893, Rand, McNully & Co., Chicago, 1893.

Tranter, N. L., *Population and Society 1750–1940 : Contrasts in Population Growth*, Longman, London and New York, 1985.

Waterworks in the Athenian Agora, American School of Classical Studies at Athens, Princeton, 1968.

White, Trumbull and Igleheart, WM., *The World's Columbian Exposition, Chicago, 1893*, Moore, Philadelphia, 1893.

Williamson, Jefferson, *The American Hotel : An Anecdotal History*, Alfred A. Knopf, New York & London, 1930.

本書の各章主要部分の初出論文

第 2 章：「日本における近代陶磁器業多角的展開の一側面――大倉孫兵衛・和親の経営行動と日本陶器」『国民経済雑誌』195 巻 5 号，2007 年 5 月。

第 3 章：「日本における衛生陶器の工業化――水洗トイレの産業史」『国民経済雑誌』188 巻 2 号，2003 年 8 月。

第 4 章：「日本における水栓金具の工業化」『神戸大学経済学研究年報』50 号，2003 年。

注

序 章 トイレ「水洗化」の意味するもの

（1） 本書においては「都市」の厳密な定義をしていない。あえて言うならば，「かなり広範囲にわたって人間が集住し，個人や世帯単位では日常生活が成り立たない地域」が本書の問題とする「都市」である。

（2） 十名直喜によれば，2002年度の住宅設備機器の全体市場は約6兆2千億円。主要34品目で約2兆2千億円。トイレに関する衛生陶器と温水洗浄便座を合わせて，その8%弱にすぎない（「住宅設備機器メーカーの経営革新と国際展開」坂本清編著『日本企業の生産システム革新』ミネルヴァ書房，2004年所収，168–169頁参照）。

（3） 川の上に排泄場所を設ける「川屋」も水洗トイレだが，この川を人工的に設置する工夫もある。便器下方に人工の流水路（パイプ）を設けて流し去る方式で，水洗式便器を備えない水洗トイレといえよう。本書はこの種のトイレを研究対象とするものではない。

（4） 念のため，ヒトの排泄物に出現する可能性のある病原体には以下のようなものがある。細菌：コレラ，赤痢，腸チフス，パラチフス，病原性大腸菌など。ウィルス：ポリオ，伝染性肝炎など。原虫：赤痢アメーバなど。寄生虫：回虫，ぎょう虫など。排泄後の状態によって，これらの病原体が増殖し，また媒介生物等によって拡散され，さまざまな経路を通って経口感染する可能性がある。

（5） 19世紀前半の記録で，幼児7人のうち4人は死ぬといわれていた（ロジェ＝アンリ・ゲラン，大矢タカヤス訳『トイレの文化史』筑摩書房，1987年，68，94–95頁）。ちなみに，同書はパリおよびフランス諸都市の排泄物処理をめぐる歴史の教科書ともいうべき一冊である。

（6） 下水道建設を担当したのは，ウージェーヌ・ベルグラン。ただし，この下水道建設によって，貧困地区の問題が解決されたわけではない。1880年代になってさえ，貧困地区ではトイレそのものが希少で，水系伝染病による乳幼児死亡率がきわめて高かった。

（7） 岡並木『舗装と下水道の文化』論創社，1985年，8–24頁。

（8） 『下水道年鑑』(2004年版)，水道産業新聞社，212，226頁。

（9） 産業革命が革命的といえるほど急激な変化であったかどうかは議論の分かれるところだが，本書においてはさしあたり，工業化と都市化の進展，それに重なる都市への人口集中が重要なファクターであり，その歴史現象を「産業革命」，「産業革命の結果」，「産業革命後の社会」といった表現で示している。ちなみに，大都市ロンドンの人口は18世紀中葉を基点として19世紀初頭には約1.4倍，19世紀半ばには約3.5倍，20世紀初頭には約6.7倍に増大した（蛭川久康／櫻庭信之／定松精／松村昌家／Paul Snowden編『ロンドン事典』大修館書店，2002年，891頁参照）。もともと人口の少なかった地方の工業都市が経験した人口増はこれよりはるかに急激だった。

（10） もっとも，給排水やトイレのシステムが死亡率の大幅な低下に直結したと断言するの

は短絡にすぎる。イギリス（イングランドとウェールズ）では19世紀中葉以降120年間における死亡率低下の5分の1は水や食物からの経口感染症の撃退に原因づけられるという（N. L. Tranter, *Population and Society 1750–1940 : Contrasts in Population Growth*, Longman, London and New York, 1985, p. 64）。この成果の背景には，給排水の問題に加えて，都市の過密居住を軽減し，住居や職場の環境を改善し，個々人が清潔や安全な飲食物の摂取に配慮するようになったこと，一方で安全な飲食物を供給する技術が向上し，廃棄物を適切に処分するようになったこと等の要素が重なっていると考えられている。その後の細菌学の発達は，死亡率低下により大きな貢献をしたはずだ。イギリスにおける乳幼児死亡率が顕著な減少傾向を見せるのが20世紀に入ってからであることからしても（同上書, pp. 47, 81），トイレが水洗化されたというだけの理由で寿命が延びるとは言いにくい。

(11) 小野芳朗『〈清潔〉の近代――「衛生唱歌」から「抗菌グッズ」へ』講談社，1997年，243頁。

(12) Jean-Pierre Goubert, translated by Andrew Wilson, *The Conquest of Water : The Advent of Health in the Industrial Age*, Polity Press, Cambridge, 1989, pp. 51–52.

(13) ケヴィン・リンチ，有岡孝/駒川義隆訳『廃棄の文化誌――ゴミと資源のあいだ』工作舎，1994年，77頁。

(14) 同上書，58, 77頁。

(15) 同上書，23頁。

(16) 金塚貞文『人工身体論――あるいは糞をひらない身体の考察』青弓社，1990年，65–66頁。

(17) 同上書，66–67頁。

(18) アレクサンダー・キラ，紀谷文樹訳『The Bathroom――バス・トイレ空間の人間科学』TOTO出版，1989年，131頁。

(19) TOTOが開発し1988年に売り出したトイレ用擬音装置（音姫）は，今日公共の女子用トイレでかなり普及している。本来の目的は節水効果で，たとえばある女子高等学校で校内のトイレすべてにこれを取り付けたところ，年間の水道料金が半減したという。

(20) 林富平『欧米視察案内』米国事業視察団，1920年，89頁。同書は海外渡航者への手引書で「便所を使用する際は水流紐を引き其水の流れる間に用を達すべきである」と，デリケートなマナーに注意をうながしている。

(21) 小野芳朗，前掲書，244頁。

(22) たとえば，自分自身の身体の一部である限りにおいて愛おしい存在である髪の毛や爪でさえ，身体から離れた途端に厭うべき存在に感じられることはよく指摘される。屎尿は，感覚的にいえば，初めから厭うべき存在として体外に捨て去られるものともいえよう。

(23) むろん，アカデミーや行政も無関心ではない。日本では「社団法人空気調和・衛生工学会」という学術団体が中心になって活動している。同会は1917年「暖房冷蔵協会」として設立され，1927年「社団法人衛生工業協会」となり，1962年現行組織に改組された。各種規格の検討や設備士の資格検定等についても管掌している。

(24) 貴重な水資源をトイレに使うことをどう考えるか，あるいは資源制約から考えて将来的にどのようなトイレが適切か――これはトイレの問題というより，地球環境や人間

の活動すべてのバランスの上に論議されるべきことであるから，本書では立ち入らない。実際にどのようなバランス（そして，トイレ）が“地球にも人間にも優しい”のか判断するのは困難である。ただし，新しいスタイルの非水洗式トイレも各種開発されている。航空機や鉄道車輛に使われている真空吸引式トイレや堆肥を製造するコンポスト式のバイオトイレはその代表的な事例であろう。とりあえず，水資源に比較的恵まれ，すでに下水道が完成している地域では，今後とも相当長期間にわたって水洗式のトイレに総合的見地からの優位があると思われる。

(25) ゲラン，前掲書，238 頁。

(26) 言葉に対する感覚はむろん時代によって異なる。いわゆる差別用語と同じで，たとえ対象が同じであっても新しい言葉を充てることによって旧来の言葉にしみこんだ感覚を払拭できる。トイレという言葉の使用には便所という言葉にしみついた感覚を避ける心理も作用する。同様に，われわれが排泄するために座る物体は，正確には「便器」なのだけれど，会話表現としては「便器に座る」よりも「トイレに座る」ほうが好まれる。なお，欧米における感覚や言葉遣いの変遷については，キラ，前掲書，131-141 頁参照。

(27) 紀谷文樹/中村良夫/石川忠晴編著『都市をめぐる水の話』井上書院，1992 年，38-39 頁。

(28) 戸崎重弘/片小田節男/加藤平二郎『衛生設備』(第 2 版)，彰国社，1989 年，1 頁。

(29) 数字は同省推計による取水量。国土交通省ホームページ：http://www.mlit.go.jp/tochimizushigen/mizsei/（2007 年 5 月現在)。

(30) 今村奈良臣/八木宏典/水谷正一/坪井伸広『水資源の枯渇と配分――開発から管理へ』農山漁村文化協会，1996 年，25 頁。

(31) ちなみに，1985 年韓国の水洗化率は都市部 54%，農村部 7%。ソウルの水洗化は 1960 年代から進み，1990 年代になると市の中心部で非水洗式のトイレはほぼ見られなくなったという（新納豊「韓国便所事情」大野盛雄/小島麗逸編著『アジア厠考』勁草書房，1994 年所収，52 頁)。

(32) 樋口清之『こめと日本人――歴史を動かした米の魔力』家の光協会，1978 年，84-85 頁；坂誥智美『江戸城下町における「水」支配』専修大学出版局，1999 年，304 頁。

(33) 石田瑞麿『日本人と地獄』春秋社，1998 年を参考。

(34) 坂誥智美，前掲書，307-313 頁参照。

(35) つまり，屎尿は実質的に金肥であった。「金肥」とは，堆肥や草木灰と違って金のかかる肥料を指して使われた言葉だが，江戸時代の下肥は，ときにその争奪戦が行われるほど金銭的価値を生むもので，等級や価格がつき，流通や取引も組織化され，汲取権まで確立されていた（高橋英一『肥料の来た道帰る道――環境・人口問題を考える』研成社，1991 年，45-55 頁；野村兼太郎「江戸の下肥取引」『探史余瀝』ダイヤモンド社，1943 年，110-122 頁参照)。屎尿の肥料価値が高かったのは明治時代も同じである。借家人の大便は家主にとって貴重な収入源であったし，農家ではさらに「外で食べても，出すものは自分の家で」という思考法が身についていたというのもうなずける。

(36) 澤護『横浜外国人居留地ホテル史』白桃書房，2001 年，120 頁。

(37) エドワード・S・モース，上田篤/加藤晃規/柳美代子共訳『日本のすまい――内と外』鹿島出版会，1979 年，226 頁。

(38) E・S・モース，斉藤正二/藤本周一訳『日本人の住まい』八坂書房，2000年，243頁。

(39) イー・エス・モース，石川欣一訳『日本その日その日』一，科学知識普及会，1929年，28-29頁。当時アメリカでは，下水道が建設された場合も未処理の汚水を海や湖に放流する方法をとっていた。ちなみに，モースは特に貝類研究を専門としていた。

(40) イー・エス・モース，石川欣一訳『日本その日その日』二，科学知識普及会，1929年，217頁。

(41) モース『日本のすまい——内と外』223頁。

(42) 同上書，225頁。

(43) 谷崎潤一郎『陰翳礼讃』中公文庫，1975年，11-12頁。

(44) 同上書，162頁。

(45) 西山卯三『すまい考今学——現代日本住宅史』彰国社，1989年，72頁。

(46) 大倉孫兵衛「日本陶器を世界に知らしめし余の苦心」『実業之世界』12巻9号，1915年5月，57頁。

第1章　前　史

(1) 鉛は融点が低く，柔軟性・展性があって加工しやすく，さらに錆びにくいといった特長があり，古くから鉛管として利用されてきた。が，熱膨張/収縮を繰り返すことで亀裂が生じたり有毒成分が溶け出すといった欠点もある。日本でも公設水道から各戸への引き込み給水管や，特に水道メータの前後といった工事機会の多い場所に使用されていたが，1970-80年代にかけて各自治体で新設使用を禁止した。

(2) 上下水道や衛生設備および使用された管材の歴史については，今井宏『パイプづくりの歴史』アグネ技術センター，1998年；大熊喜邦監修『近世便所考』建築知識社，1937年；篠原隆政『給排水衛生・暖房設備の変遷』水曜会，1990年；湯浅赳男『文明の中の水——人類最大の資源をめぐる一万年史』新評論，2004年等が大いに参考になった。

(3) 今井宏，同上書，69-76頁参照。

(4) ジョージ・ローゼン，小栗史朗訳『公衆衛生の歴史』第一出版，1974年，107-108頁。

(5) 今井宏，前掲書，29-30，68-69頁。

(6) Jean-Pierre Goubert, translated by Andrew Wilson, *The Conquest of Water : The Advent of Health in the Industrial Age*, Polity Press, Cambridge, 1989, p. 57.

(7) 篠原隆政，前掲書，258頁参照。

(8) ローゼン，前掲書，108-109頁。

(9) 同上書，109頁。

(10) Goubert, 前掲書, p. 56.

(11) 佐藤彰「初期工業化のもとでのイギリス建築——もたらされた『虚偽』をめぐって」鈴木博之/石山修武/伊藤毅/山岸常人編『材料・生産の近代』東京大学出版会，2005年所収，183頁参照。

(12) 今井宏，前掲書，95-96，99-101，132-135頁；チャールズ・シンガー/E・J・ホームヤード/A・R・ホール/T・I・ウィリアムズ共編，高木純一訳編『技術の歴史』第10巻，鋼鉄の時代（下），筑摩書房，1979年，514-517頁。

(13) G. Lister Sutcliffe ed., *The Modern Plumber and Sanitary Engineer*, The Gresham Publishing Company, London, 1914, Vol. I, pp. 4–6.

(14) たとえば，リスター・サトクリフ編の大部な教科書“*The Modern Plumber and Sanitary Engineer*”(1914, 6 vols.) は，ありとあらゆる設備工事から機器の製作まで扱っている。

(15) 今日，暖房は空気調和の一場面と捉えられる。電気技術を多用した空調（温度，湿度，気流，空気の清浄化のコントロール）技術は，原初的な暖房技術とは異なっている。

(16) 手近なところで，ローレンス・ライト，高島平吾訳『風呂トイレ讃歌』晶文社，1989 年；海野弘/新見隆/リシュカ・フリッツ，伊奈英次（撮影）『ヨーロッパ・トイレ博物誌』株式会社 INAX，1990 年参照。

(17) ライト，同上書，103–108 頁；ヒュー・バーティキング（文），ヒーザー・エンジェル（写真），斎藤博康訳『英国上下水道物語——人間と都市を救い育てた苦闘の歴史』日本水道新聞社，1995 年，118–120 頁参照。

(18) 岡並木『舗装と下水道の文化』論創社，1985 年，211–212 頁。同書によれば，このトイレ設置当時の国王ルイ 15 世のインテリア・デザイナーがその詳細図を残しているという。グベールやゲランもヴェルサイユ宮殿のイギリス式バスルームに言及している（Goubert, 前掲書, p. 212；ロジェ=アンリ・ゲラン，大矢タカヤス訳『トイレの文化史』筑摩書房，1987 年，70–71 頁）。なお，当時フランスで使われていた排泄設備（器具）といえば，おまるやトルコ式便器である。ここでいうトルコ式便器は非水洗・しゃがみ式（汚水溜に通じる穴をまたぐスタイル）だが，本家のトルコにおいては汲み置きの水を使って排泄処置をするタイプの「水洗」式であった。今日では便器に給水機能が組み込まれている場合や，給水ホースが設置されている場合もある。

(19) S. Stevens Hellyer, *Lectures on the Science and Art of Sanitary Plumbing*, B. T. Batsford, London, 1882, pp. 190–191. 適切な便器がなければ，そのようなトイレを屋内に設けること自体が不潔かつ非衛生的であったと考えられる。

(20) Munroe Blair, *Ceramic Water Closets*, Shire Publications Ltd., Buckinghamshire, 2000, p. 7. ちなみに，わずか 40 頁だが図版満載の同書は，水洗トイレ史（特に衛生陶器）に関わる最良のテキストのひとつである。

(21) 本体は鋳鉄か銅，バルブは真鍮を使用していた（同上）。

(22) 同上書, pp. 4–9 参照。

(23) 正式名称 “Great Exhibition of the Works of Industry of All Nations, 1851”. 会場のクリスタルパレスはガラスと鉄のプレファブリケーション建築として有名だが，鋳鉄の柱や梁はパイプ状で縦横に連結し，巧妙な角度で組み合わされた屋根ガラスの桟は樋の機能を果たした。つまり，軀体そのものが雨水と結露水を集め流す排水システムとなっており，集められた水は地下を通って外部の下水道本管まで導かれていた（*Official Descriptive and Illustrated Catalogue*, Authority of the Royal Commission, London, Spicer Bros., 1851, Vol. 1, pp. 52–54；レオナルド・ベネヴォロ，武藤章訳『近代建築の歴史』上，鹿島出版会，2004 年，130–137 頁参照）。なお，*The Illustrated London News* の 1850–51 年分には，クリスタルパレスに関する数多くの図版が収録され，その「排水システム」の構築過程を確認できる。

(24) ちなみに，この万博の主催・運営にあたった王立委員会の総裁であったアルバート公

は，水洗トイレの推進者でもあった（岡並木，前掲書，27-31 頁参照）。公は皮肉にも 1861 年に腸チフスで死亡したが，これによってイギリス国民の衛生問題への関心がさらに高まったという。

(25) *Official Descriptive and Illustrated Catalogue*, Vol. 1, pp. 111-112. 労働者階級の住生活改善の指針として，アルバート公の肝煎りで設営された。一階平面図に WC と記入されたスペースがあり，“water-closet” がすでに「便器」と「便所」双方の意味を持ち得たことを示している。便器の説明で付属材料に木材を一切使っていないことが強調されているほか，洗浄水として雨水を利用したことが記録されている。

(26) 同上書, Vol. 1 ; Vol. 2. ; Blair, 前掲書, pp.13-14.

(27) Blair, 前掲書, p. 14. ; Michael Leapman, *The World for a Shilling : How the Great Exhibition of 1851 Shaped a Nation*, Headline, London, 2001, pp. 94-95. 公衆トイレの設置箇所は男性用 22，女子用 47，計 69 であったという（松村昌家『水晶宮物語』ちくま学芸文庫，2000 年，195 頁）。カークウッドの便器が公衆トイレとして使われたのかどうかは不明。

(28) Leapman, 前掲書, pp. 93-95 参照。

(29) ジェニングズの 1852 年製品は “side-outlet hopper” と名づけられた便器。いわゆるウォッシュアウト式でボウルとトラップが一体化された陶器製であった。1876 年にはその改良型で，水流が渦巻く工夫を凝らして特許を得た（Glenn Brown, *Water-Closets : A Historical, Mechanical, and Sanitary Treatise*, The Industrial Publication Co., London, 1884, pp. 111-112)。ブレアによれば，このウォッシュアウト式便器が公衆トイレで使われたという（Blair, 前掲書, p. 14)。とすれば，図 1-8（左図）の便器は，また別の考案ということになる。

(30) Hellyer, 前掲書.

(31) Brown, 前掲書.

(32) 同書では「近代的」な水洗トイレ機構を，Valve closet ; Pan Closet ; Plunger Closet ; Hopper Closet ; その他，の 5 種類に大別して提示している。

(33) 同上書, p. 52. なお，ブラウンの同書には，当時最新のサイフォンジェット式便器もすでに紹介されている。

(34) クラッパーについては，ウォレス・レイバーン，ウサミナオキ訳『トイレになった男——衛生技師トーマス・クラッパー物語』論創社，2005 年；Thomas Crapper 社ホームページ：http://www.thomas-crapper.com（2007 年 3 月現在）参照。

(35) ちなみに，イギリスにおける水道事業の公営化は 19 世紀末に急速に進んだ（バーティキング，前掲書，187 頁)。

(36) レイバーン，前掲書，19 頁。

(37) 同上書，45 頁。

(38) クラッパーは衛生設備機器のショールームを発案したことでも知られる。当時，便器を話題にするのは恥ずべきことで，実際に据え付ける際も業者がミニチュアのセットを持参してごく控えめに事前説明を行っていた。クラッパーは便器その他の衛生器具の実物を表通りに面したガラス張りのショールームに飾って示したが，それを見て卒倒する婦人もいたという（同社ホームページ［同前］参照)。なお，営業用のミニチュア・セットについては，TOTO 歴史資料館（北九州市）が実物を所蔵している。

(39) ハイタンクは落差を利用するため，パイプが細くても必要な水量と水勢を得ることができる。ロータンクではパイプがより太いことが望ましい。フラッシュバルブは貯水槽を欠くため特に太いパイプが必要になる。したがって，住宅用トイレでフラッシュバルブが使用されることは稀である。

(40) Hellyer, 前掲書, p. 188. エディンバラはスコットランドの首都。

(41) バーティキング，前掲書，150 頁。

(42) F. B. Smith, *The People's Health 1830–1910*, Gregg Revivals, Aldershot, 1990, pp. 221–223.

(43) ヘルヤーは，下水管の材料としては鉛もしくは鋳鉄管にすべきで，陶管は安価で耐久性があるが継手部分が脆いという欠陥をあげている（Hellyer, 前掲書, pp. 210–211)。ちなみにドールトンは後年サー，続いてロイヤルの称号を得る。

(44) 現在，著名な陶磁器メーカーの集積地として知られるストークオントレントを含むスタフォードシャー一帯は，陶磁器原料，燃料産地であり，伝統産業として製陶業が発展し，技術も蓄積されていた。

(45) それ以前の水洗式便器はボウル部分と下部トラップ部分が一体（ワンピース）になっていなかった。当時，一体型便器の製造は，構造的にも重量的にも困難だったのである。ちなみに今日，一体型便器といえば給水タンクと便器が一体化されたタイプを指す。

(46) James Denley, "A History of Twyfords : 1680–1982", 1982, p. 40 (Twyford Bathrooms 社のホームページ：http://www.twyfordbathrooms.com［2007 年 11 月現在］より).トワィフォード父子はジェニングズやクラッパーといった当代きっての設備技術者と緊密に協力しあいながら製品を開発していった（同上論文, pp. 17, 36）が，このスタンスが金具部品自製にも影響したと思われる。

(47) 以上，Blair, 前掲書, pp. 12–19 参照。

(48) 19 世紀後半のイギリスを代表する建築や家具の様式であるが，その時代の独創的スタイルというよりは過去のさまざまな様式の復古調が主流。それまで時間と労力をかけて人手で作られたモノを機械使用によって労働節約的に製造できることを顕示する傾向が生じたのが一因で，結果として様式の混乱と過剰装飾を招いた。かたや，新たな“工業デザイン”が模索され始めたのも，またこの時代である（藪亨『近代デザイン史――ヴィクトリア朝初期からバウハウスまで』丸善，2002 年，4–29 頁；ペニー・スパーク，白石和也/飯岡正麻訳『近代デザイン史――二十世紀のデザインと文化』ダヴィッド社，1993 年，20–33 頁参照)。とりあえず，ここでは凹凸が多く装飾性の高い家具や什器を指す。

(49) Goubert, 前掲書, p. 88.

(50) Sutcliffe, 前掲書, Vol. IV, pp. 31–32 参照。

(51) 素木洋一『セラミックスの技術史』技報堂出版，1983 年，48–51 頁。

(52) Blair, 前掲書, p. 20. また，トワィフォードは耐火粘土（fire-clay）に施釉した衛生陶器を製造している（Denley, 前掲論文, pp. 29–31)。

(53) 当時，炻器質の便器が多かったとすれば，華やかな装飾の理由のひとつは，素地の色を隠すためでもあったと推測される。次章で見る食器の発展史から考えても合理性がある。

(54) Blair, 前掲書, pp. 23–26 参照。ブレアによれば，シンプルなスタイルに落ち着いて以

降，高級品をカラー便器とすることで商品の差別化が図られた。イギリスでは黒や赤，ヨーロッパ大陸や北米ではパステルカラーが好まれたという。

(55) このパラグラフについては，Sutcliffe, 前掲書, Vol. IV, pp. 205–206, 211–214 参照。

(56) Goubert, 前掲書, p. 96.

(57) ゲラン，前掲書，158–160, 193–164 頁。トルコ式については，本章注(18)を参照。

(58) Goubert, 前掲書, pp. 95–96 参照。

(59) スーエレン・ホイ，椎名美智訳『清潔文化の誕生』紀伊國屋書店，1999 年，10–11 頁。当時の排泄習慣については，たとえばジャック・ラーキン，杉野目康子訳『アメリカがまだ貧しかった頃』青土社，2000 年，196–205 頁参照。

(60) Louis S. Nielsen, *Standard Plumbing Engineering Design*, 2nd ed., McGraw-Hill, New York, 1982, p. 7.

(61) 同上書, pp. 6, 10.

(62) ラーキン，前掲書，199–200 頁。なお，屋内ではおまるが使われていた。「1820 年までには，イギリス製の陶器のおまるの価格が下がり，購入可能な地域に住む人たちはその気になれば手に入れることができた」(同上書，200 頁)。

(63) ホイ，前掲書，119–123 頁参照。

(64) 屋内配管を実現するのに最も貢献した衛生技術改革のひとつが通気管の設定である。それまではトラップの封水が切れる事態が頻繁に起こり，臭気や非衛生的なガスが屋内に逆流していたが，通気技術によって汚水管内のガスを逃がせるようになった(Nielsen, 前掲書, pp. 7, 9)。また，ホイ，前掲書，125–129 頁参照。

(65) 1872 年に当地を訪れた岩倉使節団は，外部へ膨張していくこの都市の土木工事を目撃して以下のような記録を残した。——「すべての町，すべての家に送るべきガス管，上水道，下水道の管を敷設し，その枝管を屋内に引く。そうすれば各室にガス灯を点ずることができ，水を汲まないでも澄んだ水を使うことができる」(久米邦武編著，水澤周訳注，米欧亜回覧の会企画『現代語訳　特命全権大使米欧回覧実記』第 1 巻，アメリカ編，慶應義塾大学出版会，2005 年，97 頁)。

(66) 篠原隆政，前掲書，208 頁。

(67) 同上書，122 頁。

(68) アメリカで住宅内部に初めて水洗トイレが設置されたのは，1850 年，建築家オーソン・スクワイア・フォーラーが設計した近代設備を整えた自宅という説もある（レスター・ウォーカー，小野木重勝訳『図説アメリカの住宅——丸太小屋からポストモダンまで』三省堂，1988 年，140 頁)。

(69) 奥出直人『アメリカンホームの文化史——生活・私有・消費のメカニズム』住まいの図書館出版局，1988 年，161–162 頁。また，アドリアン・フォーティは「シームレスの外装と曲線的な角，目もさめるように白い仕上げ，そして，ほこりのたまりやすいくぼみや鋳型がない」冷蔵庫が衛生と清潔さを物理的に体現するように意図してデザインされたことに触れている（高島平吾訳『欲望のオブジェ——デザインと社会 1750–1980』鹿島出版会，1992 年，197 頁)。白い衛生陶器はこのイメージそのままだった。ちなみに，現代日本において，ビルのトイレ空間におかれる製品には「消すデザイン」（目立たせるデザインの対極）が求められるという（「選ばれる理由」『日経アーキテクチュア』839 号，2007 年 1 月，103 頁)。時代や文化によってモノのデザインへの欲求も変遷する。

(70)　奥出直人，同上書，162 頁。

(71)　篠原隆政「給排水衛生設備通史（19）」『建築設備と配管工事』17 巻 5 号，1979 年 5 月，116 頁。

(72)　『ビーアド博士講演集』東京市政調査会，1923 年，34 頁。ちなみに，1923 年にパリに滞在した大杉栄は，宿泊した労働者街のホテルのトイレについてこう述べている。――「……西洋便所ぢゃない。ただ，タタキが傾斜になって，その底に小さな穴があるだけなのだ。そしてその傾斜の始まるところで跨ぐのだ。が，そのきたなさはとても日本の辻便所の比ぢゃない」。大杉はそのトイレで用を足すことができず，結局室内でバケツに放尿したという。そして，パリの街にはこうしたトイレが珍しくなく，安ホテルにはトイレがない場合も多いことを書き留めている（「日本脱出記」『近代日本思想体系 20　大杉栄集』筑摩書房，1974 年所収，320-321 頁）。

(73)　『ビーアド博士講演集』41-44，47-48 頁参照。

(74)　Nielsen, 前掲書, p. 11.

(75)　“Cleanliness is next to Godliness.” 18 世紀イギリスの牧師でメソジスト派の開祖，ジョン・ウェズリーの言葉。

(76)　ホイ，前掲書，14-15，212-221 頁；篠原隆政，前掲論文，118 頁；Nielsen, 前掲書, pp. 13-14 参照。

(77)　フォーティ，前掲書，228 頁参照。

(78)　ホイ，前掲書，256 頁。

(79)　このパラグラフおよびアメリカにおけるホテルの始まりと設備機器との関係については，以下を参照。Jefferson Williamson, *The American Hotel : An Anecdotal History*, Alfred A. Knopf, New York & London, 1930, pp. 24, 55-62.

(80)　Goubert, 前掲書, p. 242 参照。

(81)　細菌学者の志賀潔は 1924 年の米国視察後，その衛生状態を 20 世紀初頭の見聞と比較した一文を残している。――「20 年前に見た米国は危険な所であった。……ホテルの食堂に入ってみるとテーブルの上に出《(ママ)》てある水入の底面には真黒い沈殿があった。……ニューヨークの中央公園に行ったとき……長い腰掛様の板に 5，6 人の労働者風の男がゾロリと並んで大便をして居るのを見て……大いに驚いた。……今は到る処の都市にはクロール消毒を施した水道で安全な飲料水が供給せられ，ホテルの便所及び浴室の設備は世界第一と誇って居り，……衛生思想が進歩して居るのを見て流石は米国人……と感心した」（中島工学博士記念事業会編刊『中島工学博士記念　日本水道史』1927 年，893-894 頁［原典：『旅の提燈』］）。

(82)　シカゴは 19 世紀半ばに水陸交通の要衝となった後，劇的な都市化を経験した。そのさなかの 1871 年に起こった大火を機に都心部では木造建築が禁止され，いち早く高層ビルの立ち並ぶ近代都市に生まれ変わった。1893 年に開催されたシカゴ万博（後述）は，その会場の外側においても当時世界の最先端であった都市高層ビルの景観を国の内外に印象づけた。そしてこの万博を成功させようと努力した人々によって，シカゴの衛生状況は画期的に改善され，その気運はニューヨークをはじめとする他の大都市に広がっていった（ホイ，前掲書，135-139 頁；大井浩二『ホワイト・シティの幻影――シカゴ万国博覧会とアメリカ的想像力』研究社出版，1993 年参照）。

(83)　このパラグラフは以下を参照。森村武雄「給排水設備規準の必要性」『建築設備と配管工事』13 巻 10 号，1975 年 8 月，69 頁；同「衛生設備の基礎知識」『建築設備と配

管工事』3巻9号，1965年9月，82-84頁。

(84) 谷口明丈『巨大企業の世紀——20世紀アメリカ資本主義の形成と企業合同』有斐閣，2002年，75頁。

(85) 同上書，359頁。

(86) 同社ホームページ：http://www.americanstandard.com（2006年4月現在）

(87) 奥出直人，前掲書，162-163頁。

(88) アメリカン・スタンダード社という社名の採用は1967年（前掲ホームページ）。スタンダード・サニタリー・マニュファクチャリングが9社，アメリカン・ラジエータが5社の企業合同によって設立されたのはいずれも1899年だった。この時期はまさにアメリカの最初の企業合同時代にあたる（谷口明丈，前掲書，359-360頁；A・D・チャンドラーJr., 鳥羽欽一郎/小林袈裟治訳『経営者の時代——アメリカ産業における近代企業の成立』下，東洋経済新報社，1979年，552-648頁参照)。また，1995年に合併した空調の大手，トレーン社（Trane Company）は，1885年にウィスコンシンで創業した配管屋に起源を持つ（同社ホームページ：http://www.trane.com［2006年7月現在］)。2007年11月に至り，アメリカン・スタンダード社は社名をトレーン社に変更した。ブランドとしての社名には，アメリカン・スタンダード，トレーン双方を使用している（同社ホームページ：http://ir.trane.com［2008年1月現在］)。

(89) ホイ，前掲書，235-236頁。

(90) 同社ホームページ：http://www.craneco.com（2003年6月現在）

(91) John B. Berryman, *An Old Man Looks Back : Reminiscences of Forty-seven Years 1895-1942 in the General Offices of Crane Co*., Chicago, 1943, pp. 6-7.

(92) *Commercial and Financial Chronicle*, January 3, 1903, p. 50（資料は谷口明丈氏［東北大学大学院経済学研究科教授］のご厚意による).

(93) Berryman, 前掲書, pp. 58-59.

(94) 同上書, pp. 63, 68-69.

(95) 谷口明丈，前掲書，117頁参照。

(96) 創業者のスローンはミズーリ州リバティ出身。パイプの取り付け見習いから仕事を始め，シカゴに進出した後，独自のバルブを開発して1906年にSloan Valve Companyを創業した（同社ホームページ：http://www.sloanvalve.com［2007年7月現在］)。現在でも衛生設備総合メーカーというよりはバルブ，水栓金具類に特化している。

(97) チャンドラー，前掲書，620頁参照。

(98) Marc Stern, "Organization on the Periphery? : Market Restrictions and Workplace Control in Trenton, New Jersey's Sanitary Pottery Industry, 1900-1929", in Rondo Cameron, and Leo F. Schnore eds., *Cities and Markets, Studies in the Organization of Human Space*, University Press of America, Inc., Lanham, 1997参照。

(99) 1847年にイギリスから移住して，1859年にトマス・マドック社を創立。同社は1929年にスタンダード・サニタリー・マニュファクチャリング社に合併された。

(100) Brown, 前掲書, p. 100 ; R. H. Minton, "Sanitary Ware Manufacture in America", *Journal of American Ceramic Society*, Vol. 6, Issue 1, January, 1923, p. 319 ; Denley, 前掲論文, p. 18.

(101) Stern, 前掲論文, p. 54.

(102) Nielsen, 前掲書, p. 18.

(103) 石膏型に流し込む方法で現在も使われている。技法自体が開発されたのは18世紀後半というが，小型の製品はともかく便器のような大型のものへの応用は困難だったはずである。衛生陶器製造についてはドイツで1905年に始まり，1907年にイギリス，翌1908年アメリカに移転されたという（Stern, 前掲論文, p. 61)。

(104) Stern, 同上論文, p. 61.

(105) Minton, 前掲論文, pp. 319-320.

(106) Stern, 前掲論文, pp. 51-55.

(107) 同上論文, pp. 51, 65, 68.

(108) Eljer Manufacturing Co.; Rheem Manufacturing Co.; Borg-Warner Co. 日本貿易振興会編刊『米国の衛生陶器市場調査』1966年，12，62頁。

(109) 同社ホームページ：http://www.eljer.com（2008年2月現在）

(110) 同社ホームページ：http://rheemac.com（2008年2月現在）

(111)『米国の衛生陶器市場調査』12-13，16頁。

(112) チャンドラー，前掲書，541頁。

(113) 同上書，620頁。

(114) 日本も含め，世界的に見て，設備機器産業における企業の合従連衡は，近年特に激しいものがある。本書に登場する企業名が出版時点ですでに使われていない状況も考えられるが，ご容赦願いたい。

(115) 日本の古代にも「人間の排泄物を水で洗い流すシステム」は存在した。一例として以下を参照。松井章『環境考古学への招待——発掘からわかる食・トイレ・戦争』岩波新書，2005年，44-72頁。

(116) 近代化以前の日本に，それも銃や大砲が作られていたにもかかわらず，汎用性のある金属製のパイプやバルブ——本書の関心からいえば，通水/止水に使用する金属製の管や栓——がなかったというのは，技術史の問題として興味深い。およそ多くの機械類，たとえば産業革命の契機となった蒸気機関にしても，まず金属のパイプやバルブが存在しなければ，発想すること自体が困難だったろう。むろん，給排水のシステムに利用するには量産化（コストの低下）が前提となろうが，もし，近代化以前の日本における水事情と肥料事情が通水（排水）管の必要性を認識させず，それが日本の産業史に影響を及ぼしたとすれば，その意味するところはきわめて大きいことになる。

(117) 坂詰智美『江戸城下町における「水」支配』専修大学出版局，1999年，53-54頁参照。

(118) アラン・マクファーレン，船曳建夫監訳，北川文美/工藤正子/山下淑美訳『イギリスと日本——マルサスの罠から近代への跳躍』新曜社，2001年，163頁。

(119) 同上書，177頁。

(120) 日本水道協会編刊『日本水道史』総論編，1967年，39-42頁より算出。なお，日本初のコレラ禍は1822年。最初の世界的大流行（パンデミック）の余波を受けたが，江戸には達しなかった。

(121) 近代水道百年の歩み編集委員会『近代水道百年の歩み』日本水道新聞社，1987年，12頁。特に，江戸市民は飲料水を買うことに慣れていた。逆に，捨てる水，まして資源価値のある排泄物を流して料金を払うという感覚はなかったであろう。

(122) 小野芳朗『水の環境史——「京の名水」はなぜ失われたか』PHP新書，2001年，

134-136 頁参照。

(123) より具体的には翻訳語を『荘子』から選んだという。「衛生」という言葉自体は日本では 13 世紀から「養生」と同じ意味で使われていた（小野芳朗『〈清潔〉の近代——「衛生唱歌」から「抗菌グッズ」へ』講談社，1997 年，97-98，102-103 頁）。なお，長与の三男，又郎（医学者，東京帝国大学総長）は 6 代目森村市左衛門の姪（森村豊の娘）と結婚している。

(124)『松香私志』上，小川鼎三/酒井シヅ校注『松本順自伝・長与専斎自伝』平凡社，1980 年所収，133-134 頁参照。

(125) 日本下水道協会編刊『日本下水道史』総集編，1989 年，93 頁。また，たとえば，1895 年に京都で開催された第 4 回内国勧業博覧会の準備，特にコレラ予防対策として市街の衛生設備の向上が叫ばれ，便所の改良が進んだが，こういったところでも長与の関与は大きかったという（小林丈広『近代日本と公衆衛生——都市社会史の試み』雄山閣出版，2001 年，121-123 頁）。

(126) 小野芳朗，前掲書，90 頁。衛生と明治の国家行政の関係については同書を参照。

(127) 高橋眞一「明治前期の地域人口動態と人口移動」『国民経済雑誌』194 巻 5 号，2006 年 11 月，41-42 頁。

(128)『明治前期産業発達史資料——勧業博覧会資料』57 巻，明治文献資料刊行会，1973 年，266 頁。同書によれば，下水処理施設の模型も展示された。

(129) 須賀商会（後述）が，モット社の洋風水洗式便器および小便器それぞれ数十個の施工をした（須賀工業株式会社社史編纂室編『須賀工業 90 年史』須賀工業株式会社，1996 年，14 頁）。

(130) 樋口次郎編訳『横浜水道関係資料集 1862-97』横浜開港資料館，1987 年，1-6 頁参照。

(131) 伊東孝「近代都市のインフラ施設——文明開化三都市の比較」鈴木博之/石山修武/伊藤毅/山岸常人編『近代とは何か』東京大学出版会，2005 年所収，164 頁。

(132) 下水道というより「地域一帯の排水設備」という程度のものであったという。

(133) 1841-1901。専門は灯台建設。日本政府の雇い技師として 1868 年に来日。滞在中の 8 年間に全国の主要灯台の他，電信，鉄道，下水道等いずれも日本初の建設工事に関わった。

(134)『横浜水道関係資料集 1862-97』619 頁参照。

(135) これを日本最初の近代的下水道とする説もある。なお，居留地の下水道建設は神戸も早かった。開港の 1868 年，イギリス人土木技師 J・W・ハートの設計監督による居留地建設の一環として煉瓦造りの下水道建設が始められ，5 年後に完成。その一部は今日なお雨水排水に利用されている。ちなみに，日本各地の外国人居留地は，条約改正を経て 1899 年に廃止された。

(136) 1884 年に野毛山貯水池から横浜市街へ鉄管で配水された（澤護『横浜外国人居留地ホテル史』白桃書房，2001 年，192 頁）。

(137)『日本水道史』総論編，168 頁；『近代水道百年の歩み』14-17 頁。

(138) ちなみに，ほどなく行われた改良工事もイギリスから鋳鉄管を輸入。1898 年から施工された拡張工事には一部異形管の他，1 万 6 千トンのベルギー製鋳鉄管を輸入したという（金田康二「管種の選定」『水道協会雑誌』512 号，1977 年 5 月，2 頁）。

(139) 産業革命を終えたヨーロッパ，特にイギリスは鉄材の日本への輸出を歓迎していた。

一方，オランダの土木技術者は現地の経済性を重視し，地元の材料や技術を活かす計画を立てたという。当時，土木工事関係の「お雇技術者」はオランダ人が多かったが，イギリス人パーマーが工事を担当したことの裏には，鉄材をめぐる問題が垣間見られる（上林好之『日本の川を甦らせた技師デ・レイケ』草思社，1999 年，261-266 頁参照）。

(140) 澤護，前掲書，86 頁。

(141) 須賀藤五郎「本邦衛生工業の発達」大熊喜邦監修『近世便所考』建築知識社，1937 年所収，247-248 頁。

(142) 李家正文監修『図説　厠まんだら』INAX 出版，1990 年，52 頁；新田純子『その男，はかりしれず——日本の近代をつくった男：浅野総一郎伝』サンマーク出版，2000 年，65-67 頁。

(143) 造船所などで金属加工工事を行っていた職人のこと。

(144)「衛生工事に関する回顧座談会」『衛生工業協会誌』31 巻 7 号，1957 年 7 月，18-19 頁。

(145) 日本で最初に設置された水洗トイレは清水組施工の築地ホテル館（竣工，1868 年），個人住宅ではジョサイア・コンドル設計の有栖川宮邸（同，1884 年）という説がある。いずれも輸入の洋風便器であった（「衛生工事に関する回顧座談会」16 頁参照）。同じくコンドル設計の岩崎久弥邸（同，1896 年）に据え付けられたドールトン社の衛生陶器は現存し，公開されている（重要文化財：旧岩崎邸庭園［図 1-23］）。また，新居浜市の旧広瀬宰平邸（1877 年竣工）には 1887 年の移転改築時に設置されたトワィフォード社の便器が現存している。この洋風便器は母屋 2 階に取り付けられたが，給水の設備はなく，排泄物は手桶に汲んだ水で流し，後工程で収集して肥料に用いたと考えられている（新居浜市広瀬歴史記念館へのヒアリング；旧広瀬邸文化財調査委員会編『別子銅山の近代化を見守った広瀬邸——旧広瀬邸建造物調査報告書』新居浜市教育委員会，2002 年，7-17，38-42 頁参照）。

(146)「衛生工事に関する回顧座談会」18-19 頁；須賀藤五郎，前掲論文，225-228 頁参照。

(147) 金田康二，前掲論文，2 頁。

(148) 後年，US スチール社に吸収合併された。

(149) 岡田貴『パイプと共に五十年』石橋鋼産株式会社，1964 年，26-27 頁；「先達に聞く——私と空調・衛生とのかかわり」『空気調和・衛生工学』59 巻 11 号，1985 年 11 月，10 頁。

(150) 今井宏『パイプづくりの歴史』アグネ技術センター，1998 年，294 頁。

(151) 今泉嘉一郎著刊『日本鋼管株式会社創業二十年回顧録』1933 年，517 頁。

(152)『戸畑鋳物株式会社要覧』1935 年，12-13 頁。

(153) 海軍大技監を務めた若山鉉吉が 1894 年に東京芝で創業した後，1899 年に郷誠之助が事業を引き継ぎ発展した。水道事業の拡張に伴い，1896 年頃水道用鉛管の製造販売開始。イギリスのジョンストン社より鉛管機 1 台を購入。1911 年，都市ガス事業の発達に伴ってガス用鉛管製造開始。近代建築の増加に伴い，1915 年に排水用鉛管の製造市販。昭和初期には三井物産を通じて海外販売も行っていた（和田大五郎「鉛管・鉛板について」『衛生工業協会誌』31 巻 7 号，1957 年 7 月，333 頁；『建築土木資料集覧』昭和 4 年版，232 頁）。

(154) 空気調和・衛生工学会編刊『空気調和・衛生設備技術史』1991 年，189-190，265，

271頁。

(155)「衛生工事に関する回顧座談会」318頁。

(156)『空気調和・衛生設備技術史』262–265頁。

(157)「先達に聞く——私と空調・衛生とのかかわり」10, 12頁。継手はジョージ・フィッシャー社（イギリス）の可鍛鋳鉄製品が良く，戸畑鋳物の継手は日本鋼管のパイプと同様に割れやすかった。こうしたパイプやバルブの利用形態については，暖房工事も同じであった。

(158) 岡田貴，前掲書，34頁；「先達に聞く——私と空調・衛生とのかかわり」10, 12頁。

(159) 大阪市水道部水道課「大阪市水道用鋳鉄管の今昔」『水道協会雑誌』第13号，1934年6月，9–10頁。

(160)「水道疑獄」事件については，石塚裕道『日本近代都市論——東京：1868–1923』東京大学出版会，1991年，72–79頁参照。

(161) 松井一郎『地域経済と地場産業——川口鋳物工業の研究』公人の友社，1993年，69–70頁。

(162) 小規模な水道では陶管も使われた。横浜の3年後（1888年）に着工した神奈川県曽屋村（現秦野市）の改良水道は陶管を敷設したが，関東大震災で全壊，翌年，鉄管で再建された（秦野市役所公式ホームページ：http://www.city.hadano.kanagawa.jp［2007年5月現在］による）。

(163)『日本下水道史』総集編，162頁。なお，当初試用された陶管は焼きが甘く，盛土して土ならしをしたところ割れるものが続出したという（伊東孝，前掲論文，167頁）。また，製品が不揃いだったために不採用になったという説もあり（吉田弘『常滑焼の開拓者鯉江方寿の生涯』愛知県郷土資料刊行会，1987年，138–139頁），ともかくも製造やり直しとなった。

(164) 吉田弘，同上書，138–141頁参照。

(165)『日本下水道史』総集編，105頁参照。ちなみに，汚水，雨水を受け入れる下水道法においても設置・管理義務者は住民であった。

(166) 岡並木，前掲書，48頁。

(167) 日本近代水道の父ともいわれる中島鋭治（1858–1925）は，東京大学で土木工学を修め工科大学で教え始めた後，1887年から1890年にかけアメリカ，次いでイギリスに留学して衛生工学を学んだ。日本にはまだ存在しなかった学問分野の，まさに開拓者であった（『中島工学博士記念　日本水道史』867–868, 888頁参照）。ちなみに，日本において「衛生工学」が学問領域として確立するのは1950年代末で，この頃から大学に衛生工学科が設置され始めた。

(168) 同上書，115–116頁。

(169)『大阪朝日新聞』1915年5月28日付。

(170) ちなみに，第二は交通機関，第三は道路掃除，第四は舗装政策，第五は街路及び交通取締，……と続く。

(171) ビーアド博士（チャールズ・A・ビーアド）『東京市政論』東京市政調査会［1923年12月序文］，181–182頁。

(172) 同上書，187–188頁。

(173) 後藤は震災直後に再びビアドを招請，ビアドは再来日して震災復興調査を行ったが，日本側関係者の協力を得られず，2ヵ月で帰国した（中邨章『東京市政と都市計画

——明治大正期・東京の政治と行政』敬文堂，1993 年，270–271 頁）。ところで，ビアドによる『東京市政論』の原稿執筆は 1923 年 6 月，関東大震災は 9 月，同書刊行は 12 月以降である。後藤による序文のなかに「灰燼の上に再生すべき新東京は，日本帝国復興の目標たり，博士論ずるところ，震災前の東京にありと雖，その闡明するところの原理は，移して新都復興の指針と為すべし」とある（5–6 頁）。後藤は大震災直後，内務大臣兼帝都復興院総裁として震災復興計画を立案・推進する要職にあったが，その計画は主として資金面から反対にあい，大幅に縮小された。ちなみに，後藤は 1892–93 年に内務省衛生局長を務めた経験もある。

(174) 新保博『近代日本経済史——パックス・ブリタニカのなかの日本的市場経済』創文社，1995 年，149–150，214，229，281 頁参照。

(175) 下川耿史編『環境史年表』明治・大正編，河出書房新社，2003 年，328–358 頁参照。

(176)「薬で屎尿を処分する方法を研究する大阪市」『日本衛生新聞』（大阪），1922 年 4 月 5 日参照。

(177) 帝国ホテル（1890 年竣工）においてさえ，屎尿をひそかに内堀に流し込んでいたという（「衛生工事に関する回顧座談会」17 頁；『環境史年表』明治・大正編，312 頁参照）。

(178) 一般に 70–80 円かかった（『日本下水道史』総集編，119，148–149 頁）。

(179) 杉戸清「水洗便所の普及に就て」『水道協会雑誌』81 号，1940 年 2 月，35–36 頁。

(180) 同上論文，33–34 頁。

(181)「パイロット組立式住宅衛生装置説明書」合資会社ヤンソン製作所販売部，1933 年，2–3 頁。

(182)『建築土木資料集覧』昭和 6 年用，建築土木資料集覧刊行会，403 頁。

(183)「パイロット組立式住宅衛生装置説明書」2–3 頁。

(184)『建築土木資料集覧』昭和 4 年版参照。

(185) いわゆる改良汲取式便所については以下を参照。石橋多聞/西脇仁一編『公害・衛生工学大系』I，日本評論社，1966 年，141–149 頁。

(186) 総務庁統計局編『昭和 58 年住宅統計調査報告（全国）』による（国民生活センター編『くらしの統計』'88，140 頁の数字より算出）。下水道以外，すなわち浄化槽等に接続するものが 50.2%。

(187) 汲取式だが，細菌を死滅させ，臭気も軽減させる工夫である。類似の考案がいく種類かあり，後の厚生省式多槽便所（もとは内務省衛生局が 1924 年から 32 年にかけて研究開発を重ねた内務省式改良便所）また，現代の浄化槽につながる。城口権三による発明だが，その正式名称は，城口式汚水浄化装置，特許 1920 年（同社ホームページ：http://www.shiroguchi.co.jp［2008 年 2 月現在］参照）。城口研究所「特許城口式大正便所」のパンフレットには「清潔無比　衛生第一」のキャッチコピーが見られる（同ホームページ）。

(188) 城口研究所（1917 年設立，東京）の創業者。細菌学研究のかたわら，船医となって世界各国をめぐるうちに汚物下水処理問題に開眼する。城口研究所は 1926 年に株式会社化され，現在も同名のビル給排水・空調暖房設備工事会社が存続している。

(189) 前島健「給排水衛生設備に関する反省と展望」『建築設備と配管工事』12 巻 1 号，1974 年 1 月，49 頁参照。なお，土木・建築関係から衛生設備に深く関わった初期の有力な技術者として，斉藤省三，斉藤久孝，米元晋一などの名が挙げられる。

(190)『須賀工業 90 年史』10 頁。
(191) 父親は須賀藤七といい，大阪で水屋“水藤《みずとう》”を営んでいた（同上書，8 頁)。
(192) 同上書，10-11 頁。
(193) 崎山宇一郎『水道生活五十年を顧みて』須賀保，1992 年，5 頁。
(194)『須賀工業 90 年史』18 頁。
(195) 須賀藤五郎，前掲論文，232 頁。
(196) 外国人技師（当時 2 名）には月給 500 円を支払っていた。本格的な衛生技術者であり，その貢献度，影響力は非常に大きかったという（同上論文，258-259 頁)。
(197)『建築土木資料集覧』昭和 4 年版，582-583 頁；昭和 6 年用，404-405 頁。昭和 6 年用によれば，スタンダード社との契約を止めている。理由として，国産品の品質改善が推察される。
(198)「先達に聞く――私と空調・衛生とのかかわり」9 頁。
(199) 崎山宇一郎，前掲書，17-18 頁。
(200)『須賀工業 90 年史』24 頁。
(201) 須賀藤五郎，前掲論文，253 頁。なお，須賀豊治郎も大正便所の類似品を製作しており，「須賀便所」という商品名で工事を行った。
(202) 崎山宇一郎，前掲書，1-2 頁。
(203) 同上書，14 頁。
(204) 現在は西原グループの一員として同名の株式会社が存続している。創業者の西原脩三は戦後，1958 年に株式会社西原環境衛生研究所を設立。工場廃水処理などを含めた環境衛生や資源再利用へと事業を発展させた。
(205) 西原脩三「西原衛生工業所創業満 42 年に際して――私の御願い」1959 年 11 月，3-4 頁。
(206)『空気調和・衛生設備技術史』221 頁。
(207) 西原脩三，前掲論文，5-8 頁。
(208)『空気調和・衛生設備技術史』225 頁。

第 2 章　もうひとつの前史

(1) 本書は「近代陶磁器業」の成立をめぐる学術的議論には立ち入らないが，さしあたり，奈良本の著作の他，以下の諸業績を参考にした。三井弘三『概説　近代陶業史』日本陶業連盟，1979 年；三島康雄「陶磁器業の産業革命――瀬戸と名古屋」『経済論叢』75 巻 1 号，1955 年 1 月；宮地英敏「近代日本陶磁器業における機械制大工業の成立――名古屋陶磁器業を事例として」『東京大学経済学論集』71 巻 2 号，2005 年 7 月；同「近代日本陶磁器業と中小企業――瀬戸陶磁器業を事例として」『経営史学』39 巻 2 号，2004 年 9 月。
(2) 三井弘三，同上書，2-3 頁。
(3) 明治政府が力を入れたのは特に「上絵磁器」であった（同上)。すなわち，政府の関心はもっぱら美術工芸品や輸出用の雑貨類に向けられ，本書の主題に関わる「便器」製造に対する制度的振興策はほぼ皆無であった。
(4) 横井弘美「瀬戸陶磁器産業の構造的特質と問題点」『瀬戸陶磁器産業研究選集』1985 年，27 頁参照。
(5) 現代では企業の販売促進用グッズ（おまけ等）を指す場合が多いが，ここでは陶磁器

（主として輸出用）の人形や置物を意味し，当時は装飾品として作られていた（なかには，輸出先で販売促進用に使われるケースがあったかもしれない）。瀬戸ノヴェルティは特に有名。

（6）　名古屋の市制施行は 1889 年。当時人口約 15 万 7 千人，面積約 13.3 平方キロメートル。1908 年より東西中南の四区が設置されたが，その東区にあたる地域である。江戸時代には武家屋敷の集中した地区であり，現在の東区南西部に相当する。

（7）　その多くは，瀬戸・東濃から素地製品を仕入れて自社または下請工場で上絵付し，箱詰めしたものを輸出業者に販売していた。大手の問屋は自ら素地生産や直輸出にも進出し，業界全体に大きな勢力をもっていた（三井弘三，前掲書，133–134 頁参照）。

（8）　三井弘三『昭和陶業史余聞』中部経済新聞社，1980 年，12 頁。

（9）　名古屋陶磁器会館編『名古屋陶業の百年』日本陶業新聞社，1987 年，53 頁。同書には名古屋陶磁器産業黎明期の加工問屋の活動が活写されている。なお，宮地英敏も滝藤や松村の動勢に注目している（「近代日本陶磁器業における機械制大工業の成立——名古屋陶磁器業を事例として」60–64 頁）。

(10)　服部文孝「明治時代前期輸出陶磁器生産の様相——瀬戸を中心とする生産関係について」『瀬戸市歴史民族資料館　研究紀要 XV』1998 年 3 月，91–92 頁；『名古屋陶業の百年』64–65 頁。

(11)　『名古屋陶業の百年』21–22 頁。

(12)　同上書，22–25 頁。

(13)　1909 年，名古屋陶磁器貿易商工同業組合として改組された。

(14)　日本輸出陶磁器史編纂委員会編『日本輸出陶磁器史』名古屋陶磁器会館，1967 年，52–53 頁。

(15)　三井弘三『概説　近代陶業史』134 頁。

(16)　ほかに，森村市左衛門述，井上泰岳編『独立自営』（実業之日本社，1912 年）や若宮卯之助『森村翁言行録』（ダイヤモンド社，1929 年）など。なお，砂川幸雄『森村市左衛門の無欲の生涯』（草思社，1998 年）および『製陶王国をきずいた父と子——大倉孫兵衛と大倉和親』（晶文社，2000 年）は幅広い資料を渉猟し，かつ入手しやすい森村，大倉父子の伝記として，2007 年の時点では唯一のものといえよう。本書にとっても，資料その他，参考になる点が多かった。

(17)　ダイヤモンド社編『森村百年史』森村商事株式会社，1986 年，81 頁。

(18)　このパラグラフについては，大倉紙パルプ商事 100 年史編纂委員会編『百年史』大倉紙パルプ商事株式会社，1989 年，28–116 頁参照。

(19)　多色刷りの版画だが，いわゆる「浮世絵」とは違い，時事問題などを扱っている。

(20)　たとえば，「不良品が客人の手に渡ったら，容易ならぬ損害である」（『さきがけ』21 号，1909 年 6 月）。

(21)　大手外国貿易商に対し，無利子 10 万円の資金調達の呼びかけであった。

(22)　「天恩に感謝す」松村介石編『大翁訓話』道会本部，1923 年所収，146–147 頁（原典：『道話』56 号，1915 年 12 月）。

(23)　この頃，孫兵衛は滝藤に一挙数千円にのぼる発注をしたという。資力に欠けていた滝藤の商いはこれを機に隆盛に向かい，1890 年代半ばに絶頂期を迎えた（『名古屋陶業の百年』62–63，66 頁［原典：「名古屋陶磁器貿易小史資料」第 8 号］参照）。

(24)　河原徳立（1844–1914）については，山本一郎編『河原徳立翁小伝』（復刻版。原本：

河原五郎編）広瀬つぎ子，1994年を参照。

(25) 正式名称“World's Columbian Exposition”。コロンブスのアメリカ大陸発見400周年を記念して新興都市シカゴで行われた。会場建築の一部は今もシカゴ美術館本館として残されている。展示はアメリカの工業力を示し，前回パリ万博のエッフェル塔に対抗して世界初の大観覧車が建設された。博覧会については多くの写真が残されており，そのスケールの大きさと華やかさを偲ぶことができる。が，残念ながら筆者の行った調査ではトイレの写真を見つけることができなかった。なお，東京大学附属総合図書館が資料コレクションを所蔵している。

(26) 渡米視察旅行の出立は8月25日，帰国は12月9日（『森村百年史』48頁）。

(27) 日本陶器70年史編集委員会編『日本陶器七十年史』日本陶器株式会社，1974年，185頁。

(28) 伊勢本一郎『陶業振興の核心』技報堂，1957年，8-10頁。

(29) 専属窯は常滑や四日市にも広がった（小出種彦『飯野逸平』飯野逸平伝記編纂会，1960年，29頁）。絵付用素地という意味では，もっぱら瀬戸や東濃の窯の製品が使われた。

(30) シカゴのみならず，モリムラブラザーズのあるニューヨークにもすでに衛生設備の完備されたホテルがあった。いずれにしても，孫兵衛はこの年に近代的衛生設備機器との出会いを果たしたはずである。

(31) Rossiter Johnson ed., *A History of the World's Columbian Exposition, held in Chicago in 1893*, Authority of the Board of Directors, New York, 1897, Vol. 1, p. 391. 有料トイレの利用料金はクロウ・サニタリー社の収益となり，同社はこの収益で無料トイレの保全管理も行った。汚水は特設の処理施設に送られ，化学処理されて固められた後焼却され，最終的にミシガン湖に流された（同上書, pp. 193-194）。

(32) Suellen Hoy, *Chasing Dirt : The American Pursuit of Cleanliness*, Oxford University Press, 1995, p. 78. ちなみに，前回1889年のパリ万博会場に設置された水洗トイレはわずか250個だった（同上）。なお，衛生設備としては他に，男性用小便器2千個，洗面器1500個（Norman Bolotin & Christine Laing, *The World's Columbian Exposition : The Chicago World's Fair of 1893*, University of Illinois Press, Urbana and Chicago, 2002, p. 20）。

(33) エリック・ラーソン，野中邦子訳『悪魔と博覧会』文藝春秋，2006年，256頁。なお，ホワイトシティの外壁塗装は世界初のスプレー・ペイントで行われた（同上書，227-228頁）。建物の外壁を飾る白熱電球9万個，アーク灯5100，噴水のライトアップもされて，会場の消費電力はシカゴ市全域の3倍に達した（同上書，330頁；Trumbull White & W. M. Igleheart, *The World's Columbian Exposition, Chicago, 1893*, Moore, Philadelphia, 1893, pp. 302-303）。

(34) ノリタケ100年史編集委員会編『ノリタケ100年史』株式会社ノリタケカンパニーリミテド，2005年，16頁。

(35) 伊勢本一郎「追想録」（執筆年不祥。株式会社ノリタケカンパニーリミテド総務部社史編纂室［以下，ノリタケ社史編纂室と表記］所蔵）59頁。

(36) 石田佐太郎「京都での絵付修行」『名古屋陶業の百年』所収，93頁（原典：「名古屋陶磁器貿易小史資料」第6号）。

(37) 明治初期，輸出業者に人気があり，一時期生産物の9割を輸出していた。

(38)　水金については，本章注(95)を参照のこと。参考までに，1882年に陶磁器収集目的で京都近郊を訪れたE・S・モースは，大繁盛している輸出向け陶器が「ヨコハマ・ムキ」と軽蔑的に呼ばれ，それらは「繊美にも控えめな」国内用品の装飾と違って「出来るだけ沢山の赤と金を使」ったゴテゴテした粗雑なものであると書き留めている（石川欣一訳『日本その日その日』二，科学知識普及会，1929年，207-210頁）。

(39)　石田佐太郎「専属工場の実情」『名古屋陶業の百年』所収，46頁（原典：「名古屋陶磁器貿易小史資料」第6号）。

(40)　『ノリタケ100年史』12頁。ニューヨーク店で行われる意匠調査の情報が供給されるようになると，瀬戸有力業者との特約については，製品に関する秘密保持を契約事項に挙げた（大森一宏「明治後期における陶磁器業の発展と同業組合活動」『経営史学』30巻2号，1995年7月，12-13頁）。なお，ノリタケの意匠デザインについては以下を参照。ノリタケカンパニーリミテド監修『ノリタケデザイン100年の歴史』朝日新聞社，2007年（展覧会図録）。

(41)　石田佐太郎，前掲論文，47頁。石田は当初，日本陶器内に移った。

(42)　『ノリタケ100年史』17頁。ちなみに錦窯とは絵付窯（画窯）の別名である。

(43)　実用向きの食器等ではなく，花器，鉢，置物，飾り皿等の装飾品を指す。

(44)　同じ頃，芝浦製作所専務取締役の大田黒重五郎が日本の工業界について述べている一文を参考のために引用しておこう。――「我が邦の工業は美術と実用とを混同し，実用的なる工芸品に美術的手加減を為し……故に其製品が海外に輸出せらるるは多く美術品として輸出せらるるものなれば，其需要の範囲甚だ狭く，之を実用的作品として使用すれば品質粗悪にして堅牢ならず，故に其需要を喚起するを能はず……」（「我が工業界の欠点」『東京経済雑誌』59巻1485号，1909年4月，19-20頁）。

(45)　大倉孫兵衛「日本陶器を世界に知らしめし余の苦心」『実業之世界』12巻9号，1915年5月，54-55頁。

(46)　同上。

(47)　最初は西洋風の小型角窯で，その後少し大型の丸窯を築造した。飛鳥井のヨーロッパでの見聞に従い，滝藤や高松の工場で経験を積んだ陶工種田五郎四郎が設計築窯した（「白素地開発を手伝う」『名古屋陶業の百年』48頁［原典：「名古屋陶磁器貿易小史資料」第6号］）。日本で最初期の石炭窯だが，所期の成績をあげることはできなかった。一説に築窯1898年（小出種彦『飯野逸平』飯野逸平伝記編纂会，1960年，29頁参照）。なお，当時の新技術としての石炭窯導入の意義については，宮地英敏の詳細な分析がある（「近代日本陶磁器業における技術導入――石炭窯の事例」『東京大学経済学研究』45号，2003年3月）。

(48)　「日本陶器を世界に知らしめし余の苦心」54-55頁。

(49)　「大倉孫兵衛翁の略歴及事蹟」『大翁訓話』245頁。

(50)　村井は欧州滞在中に喀血し，その後療養生活を余儀なくされた（『森村百年史』74頁）。村井の体調不良をおしての同行は，素地自製への懸念と覚悟の大きさを示すと見てもよいだろう。

(51)　当時オーストリア・ハンガリー帝国版図内の有名な温泉地。現チェコ共和国のカルロヴィヴァリ。

(52)　『ノリタケ100年史』19頁。なお，和親の談話によれば，視察の目的がそもそも機械

購入におかれていたという（大倉和親翁伝編集委員会編刊『大倉和親翁』1959年，143頁）。

(53)　現在名古屋市西区。名古屋駅に近接している。

(54)　伊勢本一郎「追想録」63頁。

(55)　これ以後，名古屋の輸出陶磁器業界では日陶を「西向き」，東区の中小業者を「東向き」と呼んで区別した。

(56)　和親は日陶のトップだが，役職名は「代表社員」であって「社長」ではない。後年株式会社化された後の営業報告書においても，和親の肩書は，広瀬実光，田中幸三郎と3名連記の取締役筆頭にすぎず，ようやく1920年になって取締役社長の肩書が使われるようになる。

(57)　『日本陶器七十年史』193-194頁。

(58)　新たな導入機械の試運転は孫兵衛立ち会いのもと1903年に行われた（『日本陶器七十年史』194頁）。和親の手帳には，三重鉄工所に飛鳥井を派遣した記録も残っている。

(59)　神谷高枝「衛生陶器五十年史メモ」（日本陶業新聞社所蔵）より。

(60)　同上メモ。

(61)　日本陶器合名会社「大正四年度事業報告」（ノリタケ社史編纂室所蔵）参照。

(62)　ディナーセットのいわば中核をなす，直径24-27センチメートルの大皿。当時，日陶では「八寸皿」と呼んでいた（和食器でも八寸皿と呼ばれる定番の大皿がある）。

(63)　立松孜氏（ノリタケ社史編纂室長）へのヒアリング（2006年8月）。特に，同形皿を重ねたときに，わずかな狂いも目立ってしまう。プラターは皿自体が大きくても底板部分が強化され，またフルセット全体で1個しかないため，「均一性」への特別の要求が生じない。

(64)　和食器揃の場合，厳密な均一性を評価する習慣はない。むしろ，全体に統一感がありながら，ひとつひとつが微妙に違うことに風雅を見る傾向が強い。

(65)　1906年1月期，日陶（細工場および素地製造部）は初めてわずかな利益を出した。この年，日陶の利益を折半して森村組と日陶に分配することが決められている（「明治三十九年度業務報告書」［日本陶器70年史資料：ノリタケ社史編纂室所蔵］）。

(66)　『ノリタケ100年史』22-23頁参照。なお，日陶（合名）の経営内容については，宮地英敏が分析している（「近代日本陶磁器業における機械制大工業の成立」68-71頁）。

(67)　素地の自製に対して積極性を示した形跡のない市左衛門だが，輸出商品として期待される白色硬質磁器の「国産化」についてはむろん強烈な関心を持っており，陶磁器雑貨に対する鑑識眼は確かでまた厳しいものだったことが推察される。当時業界の注目を集めた松村八次郎の特許磁器（1896年）についても，大日本窯業協会として河原徳立，平野耕輔等と品質調査を行い，まだ改良の余地有りとの結論を出している（池田文次編『松陶　松村八次郎伝』松村八次郎翁追悼記念会，1939年，46-49頁参照）。この特許磁器については，後年江副孫右衛門が，いわゆる「硬質陶器」に類するものであったことを指摘している（同上書，352頁）。

(68)　『ノリタケ100年史』17，24頁。日陶内部の画工場は1906年に竣工し，絵付用石炭窯を備えて焼成を開始している。この機能が1909年1月にいったん錦窯組に一本化され，1912年，今度は日陶に一本化されたと考えられる（同上書，440，529，555

頁；ノリタケ100年史編集委員会編『ノリタケ100』株式会社ノリタケカンパニーリミテド，2004年，31頁）。

(69) 日本陶器合名会社「明治四十一年度業務報告」（ノリタケ社史編纂室所蔵）。

(70) 「私が日本陶器会社を起した時……同僚の中にも一人の賛成者が無かった」（「道徳と金儲」『大翁訓話』22-23頁［原典：『道話』16号，1912年8月］）。また，孫兵衛が新事業への挑戦を決意した頃，おそらく1890年代末あたりであろうが，「森村さんを始め一人も之を賛成して呉れるものが無い，我が倅はまだ若し又た経験も足らぬから，之を談しても能く分からず」（松村介石「故大倉翁を懐ふて」同上書所収，233頁）と嘆いていたらしい。

(71) 後年，和親は日陶創立30周年祝辞のなかで「顧みますると，あの則武一面の水田の中に四メートルの窯一本がちょんぽりと立ち，僅か七人の工人で始めましたものが」とその感慨を語っている（『さきがけ』246号，1936年3月）。

(72) 『ノリタケ100年史』25頁。なお，森村開作が後年，以下のような談話を残しているという——「大倉さんが華やかなニューヨーク生活を棄てて草深い田舎に引きこもって，毎日窯とにらめっこしているので，気の毒のあまり，関税問題でいざこざを起こしやすい工場の内地販売にも，敢えて大倉さんの希望を叶えた」（小出種彦「輸出陶磁器物語——森村市左衛門の周辺をめぐりて」日本陶器株式会社社史編集室によるリプリント版，1965年［原典：『貿易之日本』1958年4月～1959年12月］21頁）。

(73) 取締役兼支配人，1922-28年。

(74) 伊勢はその一端を『近代日本陶業発展秘史』（技報堂，1950年）および『陶業振興の核心』（前掲）として世に問うた。そこに描かれた日陶社内の問題は，一企業の歴史を超えて産業史全体に重要な意味を持つ。また，伊勢自筆の「追想録」「回顧録」および社史編纂に向けての報告書がノリタケ社史編纂室に所蔵されている。

(75) 「組合契約書」および「内規」はノリタケ社史編纂室が下書（とされる書類）のコピーを所蔵している。また，『森村百年史』82-87頁；伊勢「追想録」71-78頁；「創業六十五年史草稿」第3巻，766-769頁（ノリタケ社史編纂室所蔵）を参照。ただし，この規約改正については多くの資料で確認されるものの，それがいつ頃までどのように機能したかが明らかではない。本書の関心からすれば，この規約改正がなされた，もしくはそれに関わる論議がなされたこと自体がきわめて重要な意味を持つため，あえて紙幅を割いた。

(76) 森村組大幹部の一人，広瀬実栄の嫡子。後年，和親の後を継いで日陶社長を務める。

(77) 父親は有田の有力陶器商，手塚亀之助である。

(78) 『森村百年史』82-83頁。

(79) 伊勢本一郎の報告書（岩田荘一宛，社史編纂資料）1950年9月18日付（ノリタケ社史編纂室所蔵）。

(80) 『ノリタケ100年史』15頁。「米状神聖」は業務通信のみを対象としているのではない。ニューヨークの意匠図案部から送られてくる意匠原画についても，それと寸分違わぬものを製作し描くことが要求された（『ノリタケデザイン100年の歴史』14-16頁；鈴木啓志氏，立松孜氏へのヒアリング，2007年6月12日）。

(81) 伊勢本一郎「追想録」71-78頁；「創業六十五年史草稿」第3巻，766-769頁参照。

(82) 孫兵衛の第2の家業，大倉洋紙店は1906年，天津に出張所を開設。支配人の大倉文二（婿養子でもと貿易商）はその後雑貨貿易で南方へ事業を展開する（『百年史』［大

倉紙パルプ商事]，100頁)。これが孫兵衛の陶磁器業における中国，南方への事業構想に何らかの影響を与えていることは充分に考えられる（平井誠二氏の筆者宛コメント［2007年6月22日］を参考)。

(83) 伊勢本一郎『近代日本陶業発展秘史』37-38頁；また伊勢の前掲報告書によれば，大倉父子は「独仏との競争上不利なるニューヨークの店は止めてでも行くいくは支那四億の人口をアテにし東洋方面に発展する」構想を主張した。孫兵衛は病回復後の1913年，社内報『さきがけ』にも度々東洋への輸出を談じている（第64号，1913年6月；第69号，同年11月参照)。この時点で日陶製品の品質はヨーロッパの高級品にはるかに及ばなかった。

(84) 「知らぬが仏・其一」『大翁訓話』65頁（原典：『道話』30号，1913年10月)。孫兵衛が松村介石主宰の「道会」機関誌に寄稿した一文である。

(85) 『大倉和親翁』295頁。佐伯卯四郎（1891-1972）は戦後の困難期に日陶社長に就任して社業の大躍進を遂げ，陶磁器業界のみならず中部政財界にも影響力を持った実力者だが，戦前期には人事面で不遇な時期があった。主流派の活躍舞台であるアメリカならぬ地への派遣もその現れのひとつである。孫兵衛の佐伯への期待の大きさは，事業へのパースペクティブとともに，「人物」を見抜く慧眼を示してもいよう。

(86) 『さきがけ』(第26号，1909年12月）によれば，脳溢血で一時半身不随とあるが，程度は不明。別荘で療養生活を送り，遅くとも1913年前半には日陶の工場に顔を出している（『さきがけ』第64号参照)。

(87) 日陶の白色硬質磁器素地は，天草陶石：長石：蛙目粘土の配合だが，天草陶石は白色焼成されるが腰が弱く，蛙目は腰を強くするが有色になる。素地開発はこのトレードオフとの闘いであったが，後にカオリンを配合するなどして解決をはかった（小出種彦『江副孫右衛門――近代陶業史上の一人間像』江副孫右衛門伝記纂集会，1961年，30-31頁；『ノリタケ100年史』27頁参照)。

(88) 江副は日陶の直接採用ではなく，森村組の人的関係を経由して採用された（伊勢，前掲報告書)。なお，この時代の陶磁器業近代化を担った人材の中核は，東京高等工業学校をはじめとする工業学校窯業科の卒業生たちであった。彼らの多くは，同時にまた陶磁器産地の窯業関係者の子弟であったと考えられる。古来，秘伝と世襲制（ときに，一子相伝）によって技術の拡散を防いできた世界と，特許制度に護られて科学的合理性を志す世界，この双方に関わる技術者たちが新たな近代的（というより近代化途上の）企業組織において協同作業を営むなかで，さまざまな相克が生まれたことは想像に難くない。異なる伝統産地を背負った技術者がそれぞれの閥を作る場合や，工場の特殊技術を入手して郷里に持ち帰るケースもあり得ただろう。また逆に，同窓生であることがメリットを生んだ側面も見逃せない。日陶でもこうした“つて”を利用したヘッドハンティングを行っている。なお，東京高等工業学校について，森村市左衛門は同校商議委員として，大倉和親は蔵前工業会（同窓会）後援者としてつながりを持っていた（東京工業大学編刊『東京工業大学百年史　通史』1985年，257頁；江副茂『江副勝太郎伝』[非売品]，1978年，37頁)。参考までに，本書に名前が登場する窯業技術者のうち同校卒業生と卒業年を列記しておく。東京職工学校陶器玻璃工科：藤江永孝（1889)。東京工業学校陶器玻璃工科：飛鳥井孝太郎（1890)，平野耕輔；松村八次郎（1891)。東京工業学校窯業科：百木三郎；西山貞（1899)。東京高等工業学校窯業科：江副孫右衛門（1909)，伊奈長三郎；坪井礼三（1912)，鮎川武雄

(1917)，星野勉（1919)，桜川貞雄（1923)，西川弘三（1925)，伊奈辰次郎（1927)。

(89) 1911年に名古屋の陶磁器貿易商，寺沢留四郎が白色磁器を開発した中村弥九郎の弦月工場を買収して設立した。寺沢は日陶から飛鳥井孝太郎他の技術者や職工を受け入れ，伊藤，神野，岡谷など名古屋財界を巻き込んで近代的設備を整えた。1917年，名古屋製陶所と改称した後“メイトーチャイナ”のブランド名で対米輸出の業績を伸ばして1935年頃に最盛期を迎えた。1937年，名古屋製陶株式会社と改組改称し，現在の緑区鳴海町にトンネル窯を含め，ドイツ式新工場を建設。1938年に竣工したが，すでに戦時期に突入しており，軍需品の生産に転向設立。1943年には住友扶桑金属の1工場として吸収された。1950年に陶磁器工場として再生され，鳴海製陶株式会社として現在に至っている。名陶自体は曲折を経て1969年に消滅した（小森忍「名古屋製陶株式会社鳴海工場建設手記」窯業協会編『窯業大観』1951年所収，42-43頁；加藤唐九郎編『原色陶器大辞典』淡交社，1972年，733頁参照)。ちなみに寺沢留四郎は，後述する常滑の輸出向け陶器，竜巻製品の開発にも貢献した人物である。

(90) 日陶側から見た，このトラブルの過程は，伊勢本一郎『近代日本陶業発展秘史』に詳しい。

(91) 当時，名古屋・瀬戸一帯の輸出陶磁器業者のなかで本格的な「白素地」のテーブルウェアを作れるのはこの2社だけであった。その品質は両社の産業スパイ合戦によって向上したともいう。「東向き」業者の製品は白素地に対して「並素地」と呼ばれていた（小出種彦『茶わんや水保』水野保一伝記編纂委員会，1964年，160頁参照)。

(92) 伊勢本一郎，前掲書，16-17頁。

(93) 小出種彦『江副孫右衛門』43-44頁。

(94) 戦前期，日陶の輸出品は生産地ノリタケのブランド名を持つとはいえ，原則的に森村組の商品であった。それは製品の裏印に示されている（愛知県陶磁資料館編刊『土と炎の世紀――ノリタケチャイナと製陶王国の100年史』2003年［展覧会図録］，89頁参照)。

(95) 輸出陶磁器の絵付に欠かせなかった金液（水金）について触れておく。輸出陶磁器業者が本格的に金液を使い始めたのは明治後半，当初はイギリス，ドイツからの輸入であったが，第1次大戦が始まると，もっぱらアメリカのハノビア社からの輸入に切り替わった。しかし，1918年にはアメリカも金輸出を禁止，名古屋での金液相場は一挙に2倍以上にはねあがった。この際，飯野逸平（のち日陶社長）や名古屋の同業組合が積極的に動いて，23万円相当の金塊を政府から払い下げてもらい，これをアメリカに送って引き換えに金液を輸入した（三井弘三『概説　近代陶業史』122-123頁)。金液の金含有率は約11%である。日陶ではこうした状況から急ぎ金液製造研究に取り組み，翌1919年に石川次郎（東京帝国大学応用化学出身，のち日陶技師長）が開発に成功したのが国産金液の最初である。ちなみに，輸入金液価格（無税）に関して，1926年，1ダース10円のコーヒー碗皿のコスト内訳が，素地代1円，画料8円のうち6円50銭が金液代。もっと安価な事例では，同じくコーヒー碗皿1ダース，売価98銭で素地代48銭，画料40銭のうち金液代28銭というのもある。金液の自製が大きなコスト削減につながったことが伺われる。1922年実績で，輸入金液123,350オンスに対し，国産12,300オンス，うち10,000オンスが日陶製であった（『名古屋陶業の百年』33-34頁)。

(96) 『ノリタケ100年史』36-38頁参照。

(97)「特許明細書　第15520号」参照。
(98) 日本陶器合名会社「明治四十二年度業務報告」(ノリタケ社史編纂室所蔵) に示された利益率は,〈利益/原価〉白素地9.2%：碍子150%,〈利益/売上高〉白素地8.5%：碍子58.1%で,利益額も碍子の方が多かった。この件については,宮地英敏が詳細な分析を行なっている (前掲論文,71-72頁)。
(99) 1873-1962。6代目市左衛門の次男で1918年,持株会社となった森村組の社長に就任。1926年7代目森村市左衛門を襲名。前述したが,和親とは血縁ではない従兄弟同士にあたる。開作が2歳上で,ともに幼稚舎から慶應義塾に学び,青年期,アメリカでの修行時期も重なっている。
(100) 日本特殊陶業の初代社長は江副孫右衛門。大倉和親,森村市左衛門 (7代) はともに設立発起人として名を連ねているが,役職には就かなかった。
(101) 設立基金として孫兵衛の賞与5年分が投じられた (『大倉和親翁』144頁)。賞与の出所は不明だが,とりあえず額の大きさにも注目する必要がある。
(102)「大倉孫兵衛手記」(1918年7月18日付)『大倉和親翁』141頁。
(103)「和親の談話」(1964年10月,当時大倉陶園製造部長世良延雄に語る) 同上書,142,145頁参照。法人化されたのは戦後,1950年になってからである。ちなみに,世間一般に知られている大倉の名前は,大倉陶園の高級磁器のイメージと重なっているというのが最も適切ではなかろうか。
(104) 東京高等工業学校付設工業教員養成所工業図案科を1911年に卒業,瀬戸窯業学校,神奈川県立工業学校において教鞭をとった後,大倉陶園支配人 (1919-47年)。
(105) 伊勢本一郎「追想録」214-215頁参照。
(106) 数多くの陶磁器関係者の伝記を残した小出種彦に,次のような一文がある。――「ファンシーものよりもディナー・セットへ,ディナー・セットよりも碍子へ熱情をそそいでいった大倉和親の根底には,個人的な気質や趣味によって評価を異にする商品よりも,客観的機能の高低が評価を左右する確固たる商品を求める欲求が強かったとみなければなるまい」(『江副孫右衛門』57-58頁)。
(107) 日陶構内,製陶研究所跡に工場を充てて株式会社設立。第1次大戦下,アメリカ向け輸出を狙ったビスクドールを製造したが,1921年末に解散した。社長,広瀬実光。
(108) 陶磁器輸出がピークを示したのは1920年。輸出額は1914年の5.3倍を超えた (『日本輸出陶磁器史』66頁参照)。
(109) 満鉄中央試験所窯業課は日本の企業家の大陸進出促進のため事業を民間譲渡することになり,当時嘱託として勤務していた平野耕輔に委託。平野は中国各地で陶磁器業の可能性を調査し工場設立を企画したが財政難で挫折し,和親に懇請。それを受けて奉天に設立企画。一時見送りの後,1921年,大連において匿名組合大華窯業公司を組織し,1940年大華窯業株式会社とする。同社は東陶,日陶,日本碍子の技術指導を受け,軍,官,民の需要に応じて一時期好成績を収めたが,1945年,終戦とともに消滅,設備を残したままソ連軍に接収された (平野耕輔著刊『布袋荘小誌』1940年,63-64,91頁;『大倉和親翁』210-216頁;江副茂,前掲書,53-54,80-87,103-104頁;「窯業譲渡と新会社」『満州日日新聞』1920年2月21日付参照)。
(110) 当時,森村組はアメリカ貿易を続行,森村商事はアメリカ以外の地域への陶磁器,雑貨,その他商品の貿易を行ったが,1928年,日陶に吸収合併された (『ノリタケ100』51-52頁;『ノリタケ100年史』34頁)。なお,和親は森村商事の取締役を務めたが,

日陶の取締役を辞任したのと同じ1924年にこちらも辞任している。

(111) 1897年設立。『森村百年史』108頁の記述からすると森村組の機関銀行と考えられるが，資金の流れが解明されているわけではない。1929年三菱銀行に吸収された。

(112) この財閥型企業群と和親の事業構想がどのような関係を持つのか，興味深い点である。なお，1920年，森村組はモリムラブラザーズを合併してニューヨーク支店と位置づけた。

(113) 日陶は後年参入した研削砥石でも市場占有率日本一。日本碍子と日本特殊陶業は主力製品において現在世界一の市場シェアを誇っている。

(114) 日本経営史研究所編『日本ガイシ75年史』日本ガイシ株式会社，1995年，56-57頁。

(115)「終戦直後，親父は戦後の経営について，森村グループの長老大倉和親さんを訪ね意見を聞いていますが，大倉さんは生涯の信念であられた『一業一社』を強調され，砥石をやめて食器に専念するよう説かれたそうです」(佐伯進「日本陶器の戦後と父卯四郎」『名古屋陶業の百年』524頁)；「元来，一社一業を基本方針として貫いてきた森村系との関連もあり，大倉にその旨を申し出たところ，双手をあげてというわけにはいかぬが，……まあ認めてくれた」(戦後衛生陶器への参入に際しての記述：小林昭一『伊奈長三郎』伊奈製陶株式会社，1983年，336頁)。

(116) 反証として，新設の東洋陶器が磁食器を製造している。また，理念が先行していたなら，まず最初に業績好調の碍子部門を切り離しただろう。むしろ1930年代後半，おりしも満州で経済統制方針として打ち出された「一業一社主義」をキャッチコピーとして借用した可能性が強いと思われる。大華窯業の経営に携わった和親が，満州の開発構想に無関心だったはずはない。また1936年，日本特殊陶業のほかにも，日東石膏（1985年，ノリタケカンパニーリミテドに再吸収），共立原料（現共立マテリアル。ルーツは1921年，日陶社内に設置された三社共同原料配給所）というふたつの株式会社が，日陶，東洋陶器，日本碍子の原材料部門を分離統合して3社共同出資で設立されていることも傍証となろう。残念ながら，「一業一社主義」が経営方針として打ち出された時期を裏づける資料を発掘するには至っていない。

(117) 宮地英敏「近代日本陶磁器業における機械制大工業の成立――名古屋陶磁器業を事例として」72-73頁参照。ただし，同論文で森村組持分として言及されている日陶株式の名義は「株式会社森村組取締役社長　森村開作」である（日本陶器株式会社「第二回営業報告書」参照)。

(118) 宮地英敏，同上論文，73頁。

(119) 日本陶器株式会社「営業報告書」各年参照。

(120) 森村同族や森村産業（1940年，森村同族から改称）に次ぐ。なお，上記注(117)にも示したように，森村や村井の関連では大株主名義が「法人代表個人」になっている場合が多いが，大倉に関してはあくまでも個人名である（株式会社森村組，森村商事株式会社営業報告書各年参照)。本書で個人筆頭株主という場合，法人代表個人を含んでいない。

(121)『森村百年史』27頁。

(122) 1890年代に入ると森村組の売上高の70％は陶磁器で，日本の陶磁器輸出額のおよそ3分の1に相当したという（『森村百年史』44-45頁)。

(123)『森村百年史』60頁。

(124) 同上書，78 頁。

(125) 砂川幸雄『森村市左衛門の無欲の生涯』198 頁。

(126) 「森村組の事業及其経営の首脳者」『実業之日本』9 巻 7 号，1906 年 4 月，29，33 頁。

(127) 内訳：市左衛門 30 万，森村勇（豊の三男で相続人にあたる）20 万，孫兵衛 20 万，村井 20 万，広瀬実栄 10 万円。

(128) 内訳：開作 1.5 万，和親 2.5 万，広瀬実光 2.5 万，田中幸三郎 3 万，手塚国一 3.5 万，田中実 3 万，和気松太郎 2.5 万，地主延之助 1.5 万円。

(129) 『森村百年史』83-84 頁；伊勢「追想録」71-77 頁。準組合員のうち 3 名は本組合員の二世。また純利益から積立金，諸準備金を差し引いた残額の 0.5%を豊の相続者に永久贈呈することが定められた。

(130) 『森村百年史』86-87 頁。

(131) 1899 年に早世した豊に賞与の 1%が永久退功として給与される（受取人は豊の遺児）ことが 1900 年に決定済みである（同上書，60 頁）。これが 1909 年内規でどう扱われたかは不明だが，1909 年の決定が「豊氏への追加金」（同上書，84 頁）と表現されていることからすれば，賞与分の規定も生きていると考えられる。

(132) 参考までに，その前年（1908）の日陶における和親と飛鳥井の月給はそれぞれ 120 円と 150 円，歳暮がそれぞれ 50 円と 30 円（大倉和親の手帳より）。日陶におけるそれぞれの年間給与所得は単純計算で和親が 1,490 円，飛鳥井が 1,830 円となる。これまた参考までに，日陶（合名）の原始定款では純利益の 8 割を賞与および株主配当に充てることになっている。株式会社になった後も似たようなものだが，具体的に 1920 年代前半の日陶における利益金処分を見ると，処分金（＝当期利益金－次年度所得税引当金＋当年度所得税引当金＋前期繰越金）のうち，株主への配当金が 76-78%，役員賞与が 4-5%，残りの 20%弱を（法定積立金＋使用人保護基金＋次期繰越金）が占めている（「日本陶器株式会社営業報告書」各年より算出）。当時の大株主である森村，大倉，村井などは日陶 1 社からだけでも毎年数万円の配当を得ていた計算になる。実際，森村組幹部の多くは，複数の企業から株主配当，役員賞与，場合によっては給与所得を得るようになった。なお，森村組幹部の資産形成については，上田實氏（もと名古屋文理短期大学教授）より貴重なご助言をいただいた。

(133) 前述のように，大倉は出版業者でもあった。長者番付に出てくる孫兵衛の職業は「書籍」，「洋紙」もしくは「書籍兼洋紙商」である。書店は日本でも一，二を争う優良出版社，洋紙店も優良工場と契約して巨富を築いている。しかし，本章前節で述べたように，孫兵衛はこの「本業」には関心が薄く，もっぱら先妻の親族である森村の事業に参画していたことになる。

(134) 渋谷隆一編『大正昭和日本全国資産家地主資料集成』V，柏書房，1985 年所収，148-149 頁。主要持株時価総額は市左衛門：421 万，勇：92 万，和親：82 万円。

(135) これは森村市左衛門についても同じで，たとえば，砂川幸雄による評伝のタイトルはずばり『森村市左衛門の無欲の生涯』である。

(136) 森村市左衛門の社会事業への貢献（フィランスロピー）は，当時の日本では屈指のスケールを持つ。本書の関連では，細菌学者の北里柴三郎を支援して，伝染病研究所や結核療養所の建設，設備に多額の寄付を行ったことが特筆される。また，森村家が輩出した人材は窯業界の外でも活躍してきた。その，製造現場からは見えない営業活動

が森村グループの企業活動を支えてきた一面も重要な遺産といえよう。

(137) 「陶業報国」,「窯業報国」は大倉父子の形容にしばしば使われる言葉である（東陶機器株式会社編刊『東陶機器七十年史』1988 年，35 頁；60 年史編集委員会編『日本特殊陶業株式会社 60 年史』日本特殊陶業株式会社，1997 年，13 頁；伊勢本一郎「追想録」319 頁；『大倉和親翁』217 頁等)。孫兵衛や和親がこの言葉を特に語った記録はなく，戦時期以降，周囲が彼らの事業思想をこの表現に集約した可能性が強いと思われる。

(138) 本書で詳述する余裕はないが，関刃物，坂田種苗（サカタのタネ）など，大倉父子が直接，間接に関わった事業は数多いし，またさまざまな個人的支援も行っている。晩年信仰の世界に傾倒した孫兵衛は，松村介石の「道会」にも多額の寄付を行った。

(139) 『東陶機器七十年史』105 頁参照。

(140) 孫兵衛は道会の機関誌に以下のような一文を寄稿している。——「金持になるよりは，事業持になるがよい……年々事業に働て，利益せし金の内にて，極々節約して生活し，公債，地処，株券の如き，他人が働き利益せし其配当を得る如き，隠居仕事はせず，己の本業の為めに，皆注ぎ込み，其事業を盛大にして，息子も，孫も，他人も皆働きさへすれば食へる，働かねば食へぬ，と云ふ事にして置く方が尊い，之れが人間の本分と考へる。……工業者は新らしき便利な機械に目を付け，是迄人手が十人掛る所を一人で出来る様にし，一人にて十個出来る物を百個も千個も出来る様に工夫し，十銭掛りし物を一銭五厘か二銭で造る様にし，其上にダンダン丈夫な品が出来ると云ふことになれば，之れ工業者の天職を尽したものと思ふ」(「金持になるより事業持になれ」『大翁訓話』157 頁［原典：『道話』23 号，1912 年 3 月］)。一方，和親であるが，——「わたしがそれを建てたとか建てないとか，もっているとかいないとか，そんなことは問題ではない。」(『大倉和親翁』296 頁)。すなわち，優良な製品を供給して社会に貢献する事業そのものが大切であることを常に言外にも語っていたという。

(141) 「和さん」『大倉和親翁』244 頁参照。

(142) 孫兵衛については，美的鑑識眼に優れ，美術陶器を愛し，自ら工夫を重ね，試行錯誤してモノづくりをする経験を得ていたにもかかわらず，作品を残した形跡がない。和親に至っては書画骨董の類には全く興味を示さなかったという（小出種彦『江副孫右衛門』58 頁；『大倉和親翁』301 頁)。ちなみに，カネと社会的地位に恵まれた同時期の森村組の幹部たちにはいろいろな艶聞も取り沙汰されており，当時の社会感覚ではむしろそれが当然という向きがなきにしもあらずだが，大倉父子（ともに相当の美丈夫でもあった）には浮いた噂のひとつとして残されていない。

(143) 『さきがけ』創刊号に寄せた孫兵衛の訓話（ノリタケ社史編纂室が草稿を所蔵）参照。

(144) 実は，和親の没後，その名を冠して現在に続いている事業がひとつある。逝去 15 年後の 1970 年，妻の繁子は亡夫の遺志に従い，その資産をもとに大倉和親記念財団を設立。以後，財団は毎年窯業分野における研究助成や研究者の表彰等を行っている。表彰式の場には和親の遺影 1 枚とて掲げられてはいない。財団の理事長（ノリタケカンパニーリミテド相談役，いずれもヒアリング当時）佐伯進氏によれば，せっかくの機会なので，受賞者に和親の偉業についても知らせたいと思うのだが，故人の遺志および財団の意向で一切の顕彰的行為が排除されているという（佐伯進氏へのヒアリン

グ，2004 年 1 月 27 日）。

第 3 章　衛生陶器の工業化

（1）　神谷高枝『衛生陶器五十五年――日本衛生陶器工業の歩み』日本衛生陶器工業組合，1967 年（非売品）は数少ない研究書で，特に瀬戸窯業について貴重な資料となっている。また，東陶機器株式会社の社史『東陶機器七十年史』（東陶機器株式会社編刊，1988 年）は一企業史の域を超え，衛生陶器工業史としても秀逸なものである。が，いずれにしても業界関係者から発信されるもの以外にまとまった研究がない。

（2）　大雑把にいって，戦後から現在に至る国内生産市場シェアは，TOTO が 7 割から漸減して 6 割，INAX が 1 割から躍進して 3 割。この 2 社で 9 割を占める。

（3）　1993 年。通商産業大臣官房調査統計部編『雑貨統計年報』各年による。

（4）　全国統計としては，工業統計の他，通商産業省/経済産業省の「窯業統計」「雑貨統計」「窯業・建材統計」のいずれかに含まれているが，統計の取り方に一貫性がないのが難点である。たとえば，生産量データの単位が重量になったり生産個数になったり，統計の細目が変わったりする。また，当然のことながら，新製品が開発されていくにつれ，統計項目に含まれる内容も変わる。本書ではこうした統計上の難点を前提に参考にしている。

（5）　伊勢によれば，大倉孫兵衛と百木の合作ということになっている（伊勢本一郎「追想録」［年不詳］123 頁）。

（6）　西山貞「蔵前及び海外実業練習生時代その他」東洋陶器株式会社編刊『面影』1942 年所収。同書には頁番号が付されていない。

（7）「衛生陶器に就て」（1930 年 1 月，鉄道協会における講演記録）『面影』所収。

（8）　和親より村井保固，他（在米幹部）宛通信（1912 年 9 月 27 日，ベルリン付［ノリタケ社史編纂室所蔵］）。ただし，和親は 1915 年の日陶幹部宛通信では「衛生器」という言葉を使用しており，用語自体がまだ揺籃期にあったことを示す。

（9）　神谷高枝，前掲書，25 頁；三井弘三『概説　近代陶業史』日本陶業連盟，1979 年，98-101 頁参照。

（10）　坪井礼三「衛生陶器」『日本窯業大観』共立出版，1944 年所収，51 頁。

（11）　坪井礼三/西川弘三/桜川貞雄著，百木三郎校閲『衛生陶器』常盤書房，1936 年，24 頁。同書が「衛生陶器」一般化の契機になったという一冊である。

（12）　小林忠雄「日本人の根底に潜む色彩感覚」神庭信幸/小林忠雄/村上隆/吉田憲司監修『色彩から歴史を読む――モノに潜む表現・技術・認識』ダイヤモンド社，1999 年所収，224-238 頁参照。

（13）　神谷高枝「衛生陶器五十年史メモ」（日本陶業新聞社所蔵）。

（14）　瀬戸では 19 世紀初頭に加藤民吉が有田から磁器製法の技術を持ち込んで生産を開始した。磁器は丸窯で焼かれ，「新製物」と呼ばれた。それに対して従来の陶器製品を「本業物」と呼ぶようになった。以来，瀬戸では，窯（あるいは窯元）を丸窯と本業窯に区別するようになった（同上資料）。

（15）　貫入とは素地と釉薬との膨張係数の違いにより冷却時に生じる釉薬の「ひび」のことで，工芸品では面白みが出るとして歓迎される場合もあるが，衛生陶器としては致命的な欠陥となる。

（16）　材料の粘土を板状に切り（＝たたら），手で成形する。

(17) 神谷高枝『衛生陶器五十五年』6頁。
(18) 明治期の著名な陶磁器作家，川本桝吉の養子にあたる。
(19) 木製の便器（下箱）は角型で金隠しも板状である。この形を陶磁器で作成すると角が切れたり垂直に立つ板が崩れたりする。そこで丸みを帯びた形状にして製品化に成功した（平田純一「トイレの文化人類学的考察」『空気調和・衛生工学』78巻8号，2004年8月，24頁）。
(20) 石膏で作った原型の上に材料素地を貼り付けて成形する。
(21) 以上，神谷高枝，前掲書，6-8，20頁。
(22) 同上書，11-12頁。
(23) 同上書，20頁。
(24) 汲取口のある便槽に“腰掛式”便器がつき，便器内部に仕掛けた羽根が排泄物の重みで回転して臭気が上がるのを防ぐ仕組みであった。実際に製造されたが，普及はしなかった（吉田弘『常滑焼の開拓者　鯉江方寿の生涯』愛知県郷土資料刊行会，1987年，254-258頁）。
(25) 小林昭一『伊奈長三郎』伊奈製陶株式会社，1983年，30-32頁参照。
(26) とこなめ焼協同組合編刊『常滑の陶業百年』2000年，103頁。
(27) 須賀工業株式会社社史編纂室編『須賀工業90年史』須賀工業株式会社，1996年，18頁。
(28) 崎山宇一郎『水道生活五十年を顧みて』須賀保，1992年，5頁。
(29) 前者は住友男爵の個人住宅，後者は住友生命保険株式会社大阪本店ビル（関野貞設計，竣工1902年。ちなみに当時は株式会社であった），いずれも大理石の金隠しをつけたという（須賀藤五郎「本邦衛生工業の発達」大熊喜邦監修『近世便所考』建築知識社，1937年所収，244頁）。
(30) 同上論文，244-245頁；『常滑の陶業百年』103頁。
(31) 衛生陶器および琺瑯製品を製造。1925年，パシフィック・サニタリー・マニュファクチャリング社として衛生設備機器最大手のスタンダード・サニタリー・マニュファクチャリング（後のアメリカン・スタンダード）社の傘下に入った（*President's Report to the Shareholders of the Standard Sanitary Mfg. Co. for the Year 1925* 参照［資料は谷口明丈氏のご厚意による］）。
(32) 坪井他『衛生陶器』9頁。
(33) 須賀藤五郎，前掲論文，246頁。
(34) 須賀商会に就職したのは1918年，戦後独立して崎山工業所（大阪）を創業した。
(35) 崎山宇一郎，前掲書，13頁。特に小便用ストールは大型で製造が難しく，まだ国産化できていなかった。
(36)『須賀工業90年史』22頁。なお，須賀の渡米中の行動については，「須賀豊治郎渡米記録」須賀保，1979年を参照。
(37) 坪井他『衛生陶器』10頁。たとえば，タイ式水洗トイレは図3-6のAタイプである。
(38)「先達に聞く――私と空調・衛生とのかかわり」『空気調和・衛生工学』59巻11号，1985年11月，9頁。
(39) 精製原料を一定割合で配合する必要があり，また流し込み成形に向く性質があることから機械を使った量産に適している（加藤悦三『陶器の思想』日本陶業新聞社，2000年，101-103，115頁参照）。

(40) これはノリタケ社史編纂室長，立松孜氏へのヒアリングおよび筆者への質問回答（2004 年 3 月 20 日付）からヒントを得た。なお，日本で硬質陶器が作られてこなかった理由として，伝統的な窯を使用する限り，磁器よりもかえって技術的に困難であったことが挙げられている（池田文次編『松陶　松村八次郎傳』松村八次郎翁追悼記念会，1939 年，79 頁）。松村八次郎が石炭窯と硬質陶器をほぼ同時期に完成させたのは，偶然ではない。

(41) 同上書，78 頁。

(42) 北村弥一郎（1868-1926）は硬質陶器の研究により工学博士。藤江永孝（1865-1915）は当時京都市陶磁器試験場長。ともに金沢出身，東京工業学校でワグネルに師事した。

(43) 「日本硬質陶器七十五年の道程」『貿易の日本』（ニッコー特集号）1984 年 3 月，30-31 頁。

(44) 熊沢治郎吉「わが陶磁器の一生」『窯業協会誌』735 号，1956 年 3 月，10-11 頁。

(45) 神谷高枝，前掲書，21 頁；株式会社 INAX 編刊『日本のタイル工業史』1991 年，102-106 頁；「本邦窯業技術の進歩，衛生陶器」『面影』。

(46) 衛生陶器素地としての硬質陶器質についての JIS の定義では，「陶器の素地を充分焼締めたもので多少の吸水性のあるもの」となっている（JIS-A5205，1950 年）。なお，「質」とはその製品の材質で，たとえば，食器には陶器質の食器もあれば，磁器質の食器もある。その定義は JIS に定められている。

(47) 『東陶機器七十年史』18 頁。

(48) 平野耕輔（1871-1947）は 1891 年東京工業学校陶器玻璃工科卒業，ワグネルに師事。農商務省勤務を経て東京高等工業学校窯業科長，商工省陶磁器試験所長などを歴任した。1911 年当時は満鉄中央試験所に嘱託として勤務しており，硝子工業の調査を主目的に満鉄からヨーロッパに派遣された。第 2 章注(109)参照のこと。

(49) 『さきがけ』第 53 号，1912 年 7 月。

(50) ちなみに，省略した部分に，目標とすべき先進的工場の例としてフランスのアビラン(ド)の名が出ている。言うまでもなく，リモージュ磁器を代表するメーカーのひとつだが，創業者はアメリカ人でアメリカ市場の選好を重視したリモージュ磁器製造を目指していた。

(51) 「創業六十五年史草稿」（ノリタケ社史編纂室所蔵）第 5 巻，1383 頁。ちなみに，坪井は伊奈長三郎と東京高工の同期生である。後述する和親と伊奈父子の出会いの際，和親が長三郎について予備知識を得ていたとして不思議はない。

(52) 神谷高枝，前掲書，24 頁。

(53) 石膏型に泥漿を流し込んで乾燥させる方法。第 1 章第 1 節参照。

(54) 日本陶器 70 年史編集委員会編『日本陶器七十年史』日本陶器株式会社，1974 年，20 頁。

(55) 坪井礼三「東洋陶器会社支配人及び常務時代の業績」『面影』所収。

(56) 神谷高枝，前掲書，25 頁。

(57) 須賀藤五郎，前掲論文，246 頁。須賀は 1919 年に渡米した後もさまざまな衛生器具を持ち帰り，東陶の参考に提供したらしい。その効果は非常に大きかったと推察される（「衛生工事に関する回顧座談会」『衛生工業協会誌』31 巻 7 号，1957 年 7 月，320 頁参照）。

(58)　『東陶機器七十年史』21 頁。

(59)　同上書，同上頁。この案内板については実物の写真も掲載されている（グラビア 144 頁）。

(60)　日本陶器株式会社「創業六十五年史草稿」第 5 巻，1382 頁。

(61)　大倉孫兵衛「日本陶器を世界に知らしめし余の苦心」『実業之世界』12 巻 9 号，1915 年 5 月，57 頁。出版時の年齢は 72 歳。

(62)　大倉和親翁伝編集委員会編刊『大倉和親翁』1959 年，174 頁。ただ，この土地の購入については，ゴルフ場や果樹園にも適しているとの算段もあった（和親より孫兵衛宛書簡，1910 年 8 月 25 日付；同 10 月 28 日付［ノリタケ社史編纂室所蔵］参照)。ちなみに，日本最初のゴルフ場は外国人の手により 1901 年六甲山に造られた。日本人によって造られた最初は 1913 年の東京ゴルフ倶楽部で，森村開作（1937 年，日本ゴルフ協会初代会長に就任）が開設に尽力した。これと時期を比較すれば，実現はしなかったものの，和親の先進性がうかがわれる。

(63)　ちょうど東陶設立の 1917 年 5 月には眼を手術（『さきがけ』第 115 号，1917 年 9 月参照)，次第に第一線から引いていったと思われる。

(64)　3 月に出発し，アメリカ経由で渡欧（ノリタケ 100 年史編集委員会編『ノリタケ 100 年史』株式会社ノリタケカンパニーリミテド，2005 年，27 頁)。7 月，江副孫右衛門も急遽合流し，ドイツで既述のディナープレート開発の示唆を得ている。なお，この視察で和親が示した情報収集力が日陶の前進にいかに役立ったかについて，大森一宏が綿密な分析を行っている（「海外技術の導入と情報行動――日本陶器合名会社」佐々木聡/藤井信幸編著『情報と経営革新――近代日本の軌跡』同文舘，1997 年所収)。

(65)　大倉和親から村井保固，他（在米幹部）宛書簡，1912 年 9 月 27 日，ベルリン付（ノリタケ社史編纂室所蔵)。

(66)　平野耕輔「陶磁器焼成用の隧道式窯に就て」（大日本窯業協会第 135 次講談会）『大日本窯業協会雑誌』188-189 号，1908 年 4-5 月，367-371；401-406 頁。平野によれば，陶磁器焼成トンネル窯は 1898 年，フランス，フォージュロン（Faugeron）の発明を嚆矢とし，初めは同国においてファイアンス（マヨリカの流れを汲む錫釉陶器)，次いでドイツにおいて磁器焼成に成功，1905 年アルトワッサーのティルス工場に建設。以後耐火煉瓦の焼成にも成功し，ザーラウの煉瓦工場に建設された。

(67)　坪井礼三「東洋陶器会社支配人及び常務時代の業績」。

(68)　平野耕輔『布袋荘小誌』28-29 頁。

(69)　『ノリタケ 100 年史』47 頁。

(70)　日本陶器合名会社「大正二年度業務報告」（ノリタケ社史編纂室所蔵)。また，伊勢本一郎も日陶が大正の初めにドイツ式小型絵付用トンネル窯を導入したことを記録している（『日本陶業発展秘史』37 頁参照)。

(71)　大倉淳氏（大倉陶園監査役）へのヒアリング（2006 年 12 月 14 日)。

(72)　いくつかの問題につき，書面では誤解を招く恐れがあるので直接話したい，という一文に続けて，引用文がある。

(73)　遺された孫兵衛宛の書簡によれば，和親は 1910 年頃体調を崩し，一時期進退も考えていたようである。推測の域を出ないが，1909 年の規約制定問題以降のトラブルおよび孫兵衛の病によるストレスも大きかったと思われる。

(74) ノリタケ社史編纂室所蔵。この報告書を受け取っている森村組の幹部たちがこういった技術的な問題をどの程度理解していたか，おそらく相当のギャップがあったと推察される。
(75) 森村市左衛門「和さん」(1958年2月1日，於東京懐旧談より)『大倉和親翁』246頁。
(76) 1915年8月1日，サンフランシスコ付（ノリタケ社史編纂室所蔵，以下同)。
(77) 日本陶器合名会社「大正四年度事業報告」参照。
(78) 1912年9月27日，ベルリン付。
(79) 1915年8月13日，コロンバス付。
(80) 1915年9月1日，発信地不明。
(81) 1915年8月25日，ニューカッスル付。
(82) 1920年代初頭，アメリカでは試焼も含め8–10基のトンネル窯が稼働していたが，窯によって成績に大きなばらつきがあり，業界の注目を集めていた（R. H. Minton, "Sanitary Ware Manufacture in America", *Journal of American Ceramic Society*, Vol. 6, Issue 1, January, 1923, p. 320)。
(83) 1915年9月19日，ロンドン付参照。
(84) 同上。
(85) 同上。
(86) 前述注(70)の業務報告からすれば，多少の進歩があったことは確かなのであろう。
(87) 捉え方によれば，適切な現場管理を欠いていたともいえよう。
(88) 1915年9月19日，ロンドン付。
(89) 奈良本辰也『近代陶磁器業の成立』伊藤書店，1943年，100頁。
(90) 『東陶機器七十年史』23頁。「和親が偶々所用で小倉製紙所を訪れた際，気に入って入手した土地」だとされている。「所用」は大倉洋紙店の関わりという。
(91) 『ノリタケ100年史』31頁。
(92) 『東陶機器七十年史』24頁。なお，第2章注(56)でも触れたが，ここでの和親の肩書，「社員総代」にも注目すべきである。
(93) 大倉和親「日本陶器創立三〇周年記念祝賀会祝辞」『さきがけ』246号，1936年3月5日。森村市左衛門の意思を反映しているという。
(94) 伊勢本一郎の報告書（岩田荘一宛，社史編纂資料）1950年9月18日付（ノリタケ社史編纂室所蔵)。
(95) 『東陶機器七十年史』26頁。
(96) 坪井礼三「東洋陶器会社支配人及び常務時代の業績」。
(97) 小出種彦によれば，東陶の食器製造は日陶をあわてさせ，これが工場の大拡張につながった。日陶の技術はそのまま東陶に移転され，かたや原材料や輸送のコスト面では東陶に太刀打ちできそうになかったからである（「輸出陶磁器物語――森村市左衛門の周辺をめぐりて」日本陶器株式会社社史編集室によるリプリント版，1965年（原典：『貿易之日本』1958年4月〜1959年12月）32頁)。
(98) 百木三郎「過去十年間に於ける製陶業の変遷」『面影』所収。
(99) マッフルとは窯内部の囲いで，炎が焼成物に直接当たらないように設けられている。陶磁器は焼成中に灰や金属成分が付着すると変色する。
(100) 『東陶機器七十年史』35頁；『大倉和親翁』93頁。伊勢本一郎によれば，後年，トン

ネル窯築造費が小倉工場の固定費償却として森村組の帳面から支出されたという(「回顧録」38頁)。ことの詳細は不明だが，いずれにしても大倉父子による事業多角化の時期，森村組および関連会社間の資金の動きが明瞭になっているわけではない。前章でも触れたとおり，関係会社群の大株主や役員は共通しており，さらに個人資産も莫大である。第2章第2節で触れた森村開作の回顧談からも推察されるように，森村組もその幹部たちもどこかで，たとえ積極的にではないにせよ，大倉父子の事業を支えていた可能性が大きい。

(101) 『東陶機器七十年史』35頁。換算式は不明だが，とりあえず旧平価（1ポンド＝4.86ドル：1ドル＝2円）で計算しても9万7千円あまりとなる。

(102) 『東陶機器七十年史』35-36頁。

(103) 桜川貞雄「衛陶四十年の歩み」『陶友』第45号，1957年6月。

(104) 伊勢本一郎，前掲報告書，1950年9月18日付；『東陶機器七十年史』73頁参照。

(105) 伊勢本一郎の報告書（岩田荘一宛，社史編纂資料）1957年3月3日付（ノリタケ社史編纂室所蔵）。

(106) 『東陶機器七十年史』52頁参照。

(107) 同上書，45頁参照。

(108) 中村光雄『陶友』第140号，1965年6月；古野次作「昔の衛陶工場」『陶友』第163号，1967年5月。

(109) 明治・大正期の衛生器具輸入先として，本文掲載各社の他，ドールトン（英），モット，トレントンポタリー（以上，米），バムベルゲル，サニタス（以上，独）など(『須賀工業90年史』18頁参照)。

(110) 『東陶機器七十年史』42-43頁。

(111) 大場修，山田幸一監修『風呂のはなし』鹿島出版会，1986年，92-94頁参照。

(112) 『東陶機器七十年史』43頁。

(113) 「社史資料・50年史」(TOTO株式会社本社所蔵) 52頁。

(114) 『帝国工芸』への寄稿，1929年1月，『面影』所収。

(115) 『東陶機器七十年史』82頁参照。

(116) 同上書，47頁。

(117) 東建記念誌編纂委員会編『東京をつくった話』日本経済評論社，1998年，167頁。水洗トイレが贅沢だと反対する教育局と対立してその方針を貫いたのは，再建のための組織，臨時建築局局長の佐野利器であった。

(118) 「社史資料・50年史」52頁。ちなみに，食器は63万4千円から84万4千円に増加した。

(119) JIS-A5204，1950年制定。

(120) JIS-A5203，1950年制定。

(121) Munroe Blair, *Ceramic Water Closets*, Shire Publications Ltd, Buckinghamshire, 2000, p. 22.

(122) 『東陶機器七十年史』41頁。

(123) 同上書，52頁。

(124) 同上書，51頁。

(125) 清沢洋「衛生器具」『空気調和・衛生工学』39巻1号，1965年1月，3頁参照。

(126) 大日本窯業協会編『日本窯業大観』共立出版，1944年，51頁。

(127) 材質基準においては，①耐吸水性（インキ浸透度，3ミリメートル未満），②耐急冷性（摂氏110度の温度差でひびが入らない，③耐貫入性（内圧10気圧で貫入なし），の3点で，素地の原料組成などには一切言及がない。「ひび」は陶器本体表面の亀裂。「貫入」については，本章注(15)参照。

(128) 工業標準化法に基づき，許可を受けた工場が許可を受けた品目の自社製品に自主的にマークをつける品質証明制度。製造業者の製造設備，検査設備，検査方法，品質管理方法，その他品質保持に必要な技術的生産条件およびそれを裏づける社内標準化の実態について調査し，許可後の製品について，一品ずつ政府が検査しなくても将来にわたって十分な品質保証ができる体制であることを確認して許可される。品質管理によりJISに規定している品質水準の製品が自主的に作られることが基本であり，検査により合格品にだけ合格証をつける「検査制度」とは理念を異にする（工業技術院標準部編『わが国の工業標準化――20年のあゆみ』日本規格協会，1969年，283-284頁）。

(129) 最初に規格制定作業に参加した企業は東陶，名古屋製陶所および高島製陶所。なお，東陶は1949年から，伊奈製陶所は1951年から統計的品質管理（SQC）を導入した。

(130)『東陶機器七十年史』41頁。

(131) 百木三郎「衛生陶器に就て」『面影』所収。

(132) 現在では量産製品は樹脂型を使用し，型製作もCAD/CAM方式で自動化されている。また石膏型を使う場合も型の片数ははるかに少なくなっている。

(133) 橋口功氏，津上義博氏（東陶OB）へのヒアリング（2003年3月4日）を参考。なお，津上氏は原型づくりの熟練技術者で，北九州市が主宰するモノづくり高度熟練技能者表彰制度，「北九州マイスター」の第1回認定表彰者（2001年）のひとりである。

(134) 丸山貞雄氏（東陶OB）へのヒアリング（2002年9月26日）。

(135) 工業製品を製造する窯は，規模の経済を追求するために大型化する。

(136) 坪井他『衛生陶器』20頁。

(137)『東陶機器七十年史』76頁。

(138) 大きなもので，たとえばストール小便器は約100キログラム。

(139) 事故処理は，おそらく数百度はある過酷な環境下でなされ，最短でも3日を要した。加えて，焼成品が窯を通るのに時間がかかるため，次の製品ができるまでの間に半月から下手をすれば1ヵ月のロスが生じることさえあった。しかしまた，窯事故をうまく処理したときの喜びは他に替えがたいものであるともいう。なお，戦後改良した窯では事故の数も減り，また窯の下に別の隧道（＝gangway）を設けてそこから事故処理ができるように改善されている（丸山貞雄氏へのヒアリング，同前）。

(140) 名陶については第2章注(89)参照。名陶の衛生陶器についての詳細（特に1度焼製品の品質）は不明だが，1930年代半ばまでは東陶と拮抗する力を持っていたと考えられる。1921年竣工の第一生命保険相互会社京橋ビルには名陶の衛生陶器（硬質陶器質）が使用されている。

(141)『建築土木資料集覧』昭和6年用，56-58頁。

(142)『東陶機器七十年史』52頁。

(143) 百木三郎「衛生陶器に就て」。この後，素地の改良が進み，1953年に東陶の衛生陶器

製品は大物の化粧素地を除きすべて熔化素地質となったが，この時点でもまだ高級品は２度焼をしていた（「社史資料・50年史」16，41頁）。1度焼の研究は戦後本格的に開始され，1962年，それまで化粧素地を使用していた大物を含め，浴槽以外は全面的に熔化素地の1度焼となった（『東陶機器七十年史』238頁）。

(144) 『東陶機器七十年史』77-79頁；丸山貞雄氏へのヒアリング（同前）参照。

(145) 百木三郎，前掲論文。

(146) 空気調和・衛生工学会編刊『空気調和・衛生設備技術史』1991年，259頁。製品の納入は1931-32年。

(147) 従来の衛生陶器では不衛生だということで，アメリカの設備規準を参照し，東陶の献身的な協力によって開発されたという（「衛生工事に関する回顧座談会」『衛生工業協会誌』31巻7号，1957年7月，326頁）。

(148) それまで，船舶用品としては主としてシャンクス（英）の製品が使われていたが，初めて二・三等船室に一括納入された（『東陶機器七十年史』93-94頁；東陶機器金具工場50年史編集室編『東陶機器金具工場50年史』東陶機器株式会社，1996年，21-22頁）。

(149) 『東陶機器七十年史』52，94頁。

(150) 同上書，55頁。ただし，日本国内で生産される衛生陶器の圧倒的大部分は国内向けである。

(151) 神谷高枝，前掲書，30頁；百木三郎「本邦窯業技術の進歩，衛生陶器」『面影』所収。

(152) 神谷高枝，同上書，28-29頁。

(153) 同上書，31頁。

(154) 小物や花器に雲竜の模様付をした製品で，常滑の特産品として知られる。

(155) 小林昭一『伊奈長三郎』32-33頁参照。

(156) 同上書，45-49頁。

(157) 石田高子執筆『巧と業の協奏――INAXと常滑焼のあゆみ』株式会社INAX，1986年，142頁。初之烝は1910年に開催された関西府県連合共進会に国産（公式）初のモザイクタイルを出品した（同上書，143頁）。

(158) 戦後，陶管産業は一時期下火になったが，オイルショックを機に見なおされ，需要が漸増した。1980年代には日本クレイパイプ株式会社（1972年設立）という日陶の子会社が日本のトップメーカーになった。

(159) 渡辺栄造「先人の軌跡を綴る」（追想録伊奈長三郎収集資料）1984年2月，20-22頁参照。

(160) 小林昭一，前掲書，86-90頁。

(161) 『大倉和親翁』177頁参照。

(162) 『巧と業の協奏』165-168頁。

(163) 伊奈製陶株式会社30年史編集委員会編刊『伊奈製陶株式会社30年史』1956年，26頁。

(164) 同上書，同上頁；小林昭一，前掲書，155-158頁。当時は，色が濃くて分厚い陶管こそが丈夫だという思い込みが強かったのである。

(165) 大倉和親への伊奈長三郎の弔辞（1955年7月4日）および談話「大倉翁をしのぶ座談会」（1958年5月10日）『大倉和親翁』277，297頁。

(166) 伊奈輝三「陶業の家に生まれて」株式会社 INAX，1994 年，28 頁。
(167) 硬質陶器は 2 回目の焼成温度を初回より下げるが，これをより高温で焼き締めることによって開発した。吸水率の低さは熔化素地に迫る。
(168)『東陶機器七十年史』103 頁。
(169)『東陶機器七十年史』94 頁。
(170) ちなみに，1942 年の衛生陶器生産割当は，東陶約 42%で圧倒的に 1 位。2 位小松製陶所（約 12%），3 位名陶（約 9%），以下東邦サニタリー，豊橋製陶所，加藤製陶所，丹司製陶所，村万製陶所，高島製陶所，日本陶業，山庄製陶所と，全部で 11 社であった。その後，これらの企業は 6 社に統合された。東陶は割当以外にも多量の軍需品を受注した（『東陶機器七十年史』114，126，130–131 頁参照）。
(171) 三井弘三『概説　近代陶業史』283–284 頁。
(172)『東陶機器七十年史』127 頁。
(173) 岡並木『舗装と下水道の文化』論創社，1985 年，113–116 頁参照。
(174)『巧と業の協奏』315 頁。
(175) ちなみに，東陶も戦後の材料不足のなかで国産服部陶石による熔化素地調合に成功し，戦前期並みの生産に復帰することができたという（『東陶機器七十年史』175 頁）。
(176) 小林昭一，前掲書，335–336，351–352 頁。
(177) 同上書，336 頁；『巧と業の協奏』315 頁。
(178) 大倉淳氏へのヒアリング（同前）を参考。
(179) 丸山貞雄氏，橋口功氏へのヒアリング（同前）。
(180) 小林昭一，前掲書，344 頁。
(181) 同上書，353 頁。
(182)『大倉和親翁』188 頁。なお，和親は 1949 年になって日陶顧問に就任している。
(183)『大倉和親翁』285 頁。この問題には第 2 章でも触れた。
(184) 神谷高枝，前掲書，17 頁。
(185) 伊奈長三郎の四男，伊奈五助により 1917 年に常滑で創業。タイルやテラコッタを製造していたが，1937 年より軍需（特に列車）向けの衛生陶器に参入。常滑で本格的な衛生陶器を製造したのは同社が最初であった（窯業協会編『窯業大観』技報堂，1951 年，473 頁）。
(186) 西浦製陶は 1935 年，伊奈長三郎を主力メンバーとして設立された。伊奈製陶と関係が深く，非水洗式便器を生産していた。戦後は衛生陶器に転じた。なお，第 5 章第 2 節参照。
(187) 神谷高枝，前掲書，38 頁。
(188)『窯業大観』（1951 年）93 頁参照。

第 4 章　水栓金具の工業化

(1) 水回りの金属部品にどのような用語を充てるのが適切なのか，これはむずかしい問題である。水栓といえば水道の蛇口を連想する人も多く，それはある意味で正しい。かといって，より正確さを期すために「水回り配管・衛生設備用金具類」などというのは，本書で繰り返し使う言葉としてはいかにもまどろっこしい。おまけに，時代の進行に伴って材料も多様化し，特に，1970 年代以降，塩化ビニール製品など金属でな

い部品も増えてきている。悩んだ末に，やはり業界用語として確立され，本書の対象とする時代においては材料的にもほぼ適切な「水栓金具」という言葉を使用することにした。英語では，設備機器を指すときは“fixture”，付設されている金具一般を指すときには“fittings”，特に蛇口類を指すときには“faucets”を使用することが多い。

(2) 具体的にはバルブ，パイプ，継手，ハンドル，コマなどの組合せで製品化されるが，統計的に最も適合的と思われるのは，通商産業省の「機械統計」(2002年以降は，経済産業省の「鉄鋼・非鉄金属・金属製品統計」）において「弁及び管継手」に分類されている「給排水栓類」(1963-69年については「バルブコックおよび鉄管継手」に分類されている「給排水用バルブコック」）という細目であり，ここには給水栓の他，水道用の止水栓・分水栓や排水用金具（トラップ等）が含まれている。ただし，1962年以前の統計はない。同じく「工業統計表」では1967年以降「給排水用バルブコック」という項目が設定されるが，1971年以前の集計法は本書の関心からいえば適合性に欠ける。分類法や項目がしばしば変わることもあり，全国統計はあくまでも目安として利用する。また，業界団体として社団法人日本バルブ工業会（1954年設立）があり，そのなかの水栓部会登録会員（2003年現在37社）が自社ブランドで水栓金具を製造している主要なメーカーである。

(3) 東陶機器金具工場50年史編集室編『東陶機器金具工場50年史』東陶機器株式会社，1996年，60頁。

(4) 「社史資料・50年史」(TOTO株式会社本社所蔵）4頁。

(5) 清沢洋「衛生器具」『空気調和・衛生工学』39巻1号，1965年1月，10頁。

(6) 百年以上にわたる期間を対象としている本書においては，言葉の“揺れ”をめぐる問題に直面せざるを得ない。たとえば，「バルブ製造業（者)」だが，「金物屋」のほうが当時の感覚に合うような気もするし「バルブメーカー」のほうが現代では通用しやすい言葉にも思える。問題は，たとえ連続性のある企業であっても，その内実が時代とともに徐々に（一気にではなく）変わっていくことである。最初はカランを作り，それを一般消費者にも販売し，さらには取り付けまで行っていたような業者が，次第に専業化して，たとえば製造専門になる。本書では，揺籃期のよろず屋的なイメージを「〜屋」，製造専門企業のイメージを「メーカー」，総合的に表現したほうがよい場合には「製造業（者)」というように用語を変えている。その基準がきわめて感覚的かつ曖昧であることを自認しつつ，今日の言語感覚で理解しやすい方法を試みた。

(7) 日本バルブ工業会近畿支部編刊『近畿バルブ工業史』1984年，54頁。グレンフィールド・アンド・ケネディについては第1章（図1-12）を参照のこと。

(8) 詳細は不明。明治初期に各地の製糸場などで使われたカランも輸入か国産かは不明だという（日本バルブ工業会編刊『バルブ工業の歩み』1974年，105，108頁)。なお，伏水製作所は1881年，同所の活動の中心人物であった明石博高に払い下げられた。

(9) 銅合金。いわゆる青銅で，大砲の鋳造に使用されたことからこの名がある。本章注(87)参照のこと。

(10) 小倉栄一郎『彦根バルブ七十年史』滋賀県バルブ事業協同組合連合会，1965年，9-25頁；『バルブ工業の歩み』112-117頁参照。彦根では現在も地場産業として上下水道用，各種産業用，舶用の鋳鉄弁が生産されている。

(11) 『バルブ工業の歩み』91-92，99-114頁。

(12)　同上書，293 頁。
(13)　日本水道協会編刊『日本水道史』総論編，1967 年，676 頁。
(14)　『バルブ工業の歩み』119–126 頁。
(15)　小倉栄一郎，前掲書，17 頁；空気調和・衛生工学会編刊『空気調和・衛生設備技術史』1991 年，273 頁。
(16)　『バルブ工業の歩み』141–145 頁。
(17)　同上書，175 頁。
(18)　石塚裕道『日本近代都市論——東京：1868–1923』東京大学出版会，1991 年，15 頁。
(19)　『バルブ工業の歩み』295–303 頁。
(20)　「衛生工事に関する回顧座談会」『衛生工業協会誌』31 巻 7 号，1957 年 7 月，2 頁。
(21)　『バルブ工業の歩み』175 頁；崎山宇一郎『水道生活五十年を顧みて』須賀保，1992 年，11 頁。
(22)　『空気調和・衛生設備技術史』353 頁。
(23)　須賀工業株式会社社史編纂室編『須賀工業 90 年史』須賀工業株式会社，1996 年，24–25 頁；「須賀豊治郎渡米記録」須賀保，1979 年，17 頁。
(24)　『建築土木資料集覧』昭和 6 年用，建築土木資料集覧刊行会，569 頁。
(25)　『バルブ工業の歩み』160 頁。
(26)　上水協議会はもともと水道水の水質試験法統一のために設立されたが，その後活動範囲を広げ，1914 年には最初の水道用資機材統一規格を制定した。1932 年，社団法人水道協会となり，1956 年，社団法人日本水道協会と改称して現在に至っている。
(27)　工学会は 1879 年に設立された日本で最初の学術団体。後年，工学系学協会の連合組織として発展。1930 年，日本工学会と名称を変えて現在に至っている。
(28)　『日本水道史』総論編，676–677 頁。
(29)　阿部和行氏（株式会社タブチ）へのヒアリング（2003 年 8 月 22 日）。
(30)　ネジの標準化の進展には欧米でも長い時間を要した（橋本毅彦『〈標準〉の哲学——スタンダード・テクノロジーの三〇〇年』講談社，2002 年，113–122 頁参照）。
(31)　『バルブ工業の歩み』211–213 頁。
(32)　山谷幹夫「蛇口の変遷」『水道協会雑誌』66 巻 8 号，1997 年 8 月，4 頁。
(33)　吉川商会のカタログには「自分の店より多数の機具を置いている店の情報を教えてくれれば謝礼を出す」という内容の広告文が掲載されている（「水道機具井戸用ポンプ其他材料品定価表」1925 年改正版）。なお，このカタログの商品には衛生陶器（洗水便器，給排水洗面器/手洗器，という名称が使われている）も掲載されている。吉川商会は戦後，株式会社昭栄水栓工業株式会社として改組，1984 年より株式会社昭栄の商号で管工機材専門商社として存続している（同社ホームページ：http://www.sho-a.co.jp［2007 年 8 月現在］参照）。
(34)　ドイツ系機械輸入商社，エル・レイボルド商館を母体として 1913 年に設立。暖房工事を中心とする設備工事，および特殊建材の輸入販売を行っていた。1949 年，国内資本による株式会社に改組。1973 年に社名変更して株式会社大気社となる（同社ホームページ：http://www.taikisha.co.jp［2007 年 9 月現在］；上西圭治「終戦までの建材社での私の日々」『空気調和・衛生工学』60 巻 1 号，1986 年 1 月，87–95 頁参照）。
(35)　西原脩三「西原衛生工業所創業満 42 年に際して——私の御願い」1959 年 11 月，1–3

頁。テーテンスについては，社史編纂委員会編『大気社80年史——環境づくりの記録』株式会社大気社，1994年，24-26頁参照。なお，建材社は西原が客員として参加した（同上書によれば，1914年）のを機に，本格的な衛生工事に参入した（同上書，39頁）。

(36) 西原脩三「衛生陶器附属金具類」大熊喜邦監修『近世便所考』建築知識社，1937年所収，292-293頁。

(37) 「衛生設備界に関する座談会」『衛生工業協会誌』25巻2号，1951年2月，29頁（発言者西原脩三）。

(38) 須賀栄一「高橋志馬市氏に聞く」『空気調和・衛生工学』63巻8号，1989年8月，63頁；八巻信雄「林嘉夫氏に聞く」同上誌，69頁。

(39) 『建築土木資料集覧』昭和4年版，539頁；昭和6年用，426頁参照。

(40) ヤンソンは戦後復帰したが体調を崩して逝去，横浜のヤンソン工場時代から継続して仕事をしてきた松原貞幸に，西原が全面譲渡して新製作所を立ち上げた（西原脩三，前掲論文，15頁）。

(41) ここのふたつのパラグラフは，西原脩三，同上論文；「いするの家西原脩三記念館」のホームページ：http://www.d4.dion.ne.jp/isr.k/memorial.html（2006年6月現在）参照。なお，ヤンソンについての詳細は判明しなかった。

(42) 『建築土木資料集覧』昭和6年用，408頁。

(43) 東陶機器株式会社編刊『東陶機器七十年史』1988年，55頁。

(44) 参考までに，1955年，最晩年の和親を見舞った伊奈辰次郎は，「衛生陶器の問題は……付属金具が重要な役割をするものであるから，金具の研究も怠ってはならない」と注意を受けたという（大倉和親翁伝編集委員会編刊『大倉和親翁』1959年，317頁）。

(45) 陶器と金具双方の技術者が協力しあって製品開発にあたることができれば，当然よりよい結果を生むことになる（吉村大巳氏［東陶OB］へのヒアリング［2002年3月28日］参考）。

(46) 百木三郎「衛生陶器に就て」（1930年1月，鉄道協会における講演記録）東洋陶器株式会社編刊『面影』1942年所収。

(47) 1925年，東京高等工業学校窯業科を卒業後，東陶に入社。

(48) アメリカにおいて，すべての商品がそのような発想に立って作られているわけではないだろう。しかし，大手の設備機器製造業者は，すでにシステムというコンセプトを持って市場の拡大を狙っていたといえよう。たとえば，スタンダード・サニタリー・マニュファクチャリング社（第1章第1節参照）の1925年の企業報告書によると，同社は配管設備機器（plumbing fixture）を主要製品と位置づけ，そのなかに琺瑯，衛生陶器，真鍮金具の3事業を同等に配置している（*President's Report to the Shareholders of the Standard Sanitary Mfg. Co. for the Year 1925* 参照［資料は谷口明丈氏のご厚意による］）。

(49) 『建築土木資料集覧』昭和4年版，86頁。

(50) 『東陶機器七十年史』84-86頁。

(51) 同上書，132-133頁。

(52) 同上書，86，132頁。

(53) 東陶機器株式会社人事本部編『TOTO炎と情熱の軌跡』東陶機器株式会社，1994年，

160–161 頁。

(54) 『東陶機器七十年史』177 頁。

(55) 野上孟「成長期の思い出」『東陶機器金具工場 50 年史』所収，129 頁。

(56) たとえば，現在，大手の総合設備工業/工事会社である株式会社ヤマト（旧大和設備工事）などがその事例である。同社の前身は戦後の 1945 年，理研工業株式会社の解散に伴い，前橋製作所から分離した新会社，大和光機製作所を経て 1946 年に設立された大和工業株式会社である（ちなみに，さまざまな分野の技術者を擁していた理研工業からは同時期，40 社以上の小企業が独立した）。当初は機械器具の修理や設備工事の請負を社業として掲げ，戦災復興の水道・電気工事や占領軍住宅の給排水/電気/暖房工事の施工などを行い，次第に設備機器の製作等にも参入した。1950 年代に至り，簡易水道工事を受注する機会に恵まれて成功をおさめ，「水道の大和」ともいわれる設備工事会社に成長し，1963 年，社名も大和設備工事株式会社に変更。これに伴って，さまざまな水道/井戸関連の機器や浄化槽など，衛生設備の設計製作，工事を行うようになる。同社は設立当初から各種工作機械を備え付け，機械製作能力も持っていた。受注工事に伴い，必要になる機械加工を行っていたが，金具製造を営業項目にあげることはなかった（大和設備工事株式会社編刊『大和設備工事 50 年史』1997 年，4–19 頁参照）。

(57) 『東陶機器七十年史』202 頁。

(58) この石炭窯導入について，実は孫右衛門や弟の勝太郎が，当時のいわば最新技術の導入を積極的に主張したのだという（江副茂『江副勝太郎伝』非売品，1978 年，18，37 頁）。

(59) 和親も江副と同時に日本碍子の取締役会長を辞した。また，戦前期，江副は伊奈製陶についても関わりを持ち続けていた。なお，日陶，日本碍子，日本特殊陶業はともに 1944 年 4 月，軍需会社指定（第 2 次）を受けた。

(60) 小出種彦『江副孫右衛門――近代陶業史上の一人間像』江副孫右衛門伝記纂集会，1961 年，71 頁。

(61) 同上書，70 頁。

(62) 同上書，63–78 頁参照。

(63) 杉原の経歴や東陶入社にいたる経緯について，特に断りのないものは，杉原周一『不況に打勝つ成長経営』毎日新聞社，1971 年，180–189 頁；道田国雄『東陶機器　快適さの演出』東陶機器株式会社，1972 年，100–107 頁；「深尾淳二技術回想七十年」刊行会編刊『深尾淳二技術回想七十年』1979 年，161–163 頁；また深尾淳二が遺した書簡（杉原，永瀬善一，桜川貞雄からの深尾宛書簡ならびに深尾からの往信＝下書，計三十余通等（資料は深尾泰子氏［ご遺族］のご厚意による）によっている。深尾は自ら発信した重要な書簡について，その写し（下書）を保存する習慣を持っていた。

(64) この背景には農地改革の問題も絡んでいた。すなわち実家に農地があり，年老いた両親が農業を営めない状況で，誰かが後継者とならねば農地を失う立場におかれていたという（深尾のメモ，1948 年 1 月 23 日付）。

(65) とりあえず航空機産業は禁止されたし，三菱重工は分割縮小された。実際，三菱は多くの技術者を温存する方法をとったが，退職者の数も少なくなかった。

(66) 深尾より永瀬善一宛書簡（1948 年 1 月 24 日付，下書）。

(67) 「この人この道」『西日本新聞』1968 年 7 月 18 日参照。

(68) 杉原は入社前の書簡でこの問題に触れている。たとえば，「生産技術の真の向上のため，機械技術者を（自分の他にも——引用者注）主流に入れてもらいたい」（杉原より深尾宛書簡，1948 年 1 月 24 日付）；道田国雄，前掲，90 頁。
(69) 杉原より深尾宛書簡（1949 年 10 月 5 日付）参照。
(70) 1950 年代前半まで，社外的にはむろんのこと，社内的にも金具は全くマイナーな存在だった。かたや製陶部門はメジャーであったが生産技術的に改善を要するところが，機械技術者から見ればいくらでもあったという。機械技術者とすれば，後者のほうにやりがいを感じて当然だった（江副茂氏［もと東陶社長・会長］へのヒアリング，2007 年 3 月 15 日）。
(71) 戦時期，軍需品に関わる要請から標準化が急がれ，臨時日本標準規格（臨 JES）の制定が進むが，とりわけ緊急性の高かった航空機については別体系で航格が次々と制定された。
(72) 特に注記のないものは以下を参照。『東陶機器七十年史』209-210 頁；『東陶機器金具工場 50 年史』34-43 頁。
(73) 杉原より深尾宛書簡（同前）。
(74) 花村敬造「金具工場の思い出」『東陶機器金具工場 50 年史』所収，130 頁。
(75) 青銅鋳物の砲金（本章注(87)参照）を使用していた。
(76) 吉村大巳氏（東陶 OB）へのヒアリング（2002 年 3 月 28 日）。
(77) 鳥居田九十九「鍍金工場の思い出」『東陶機器金具工場 50 年史』所収，145 頁。
(78) 『東陶機器金具工場 50 年史』31 頁。
(79) 花村敬造，前掲論文，130 頁；桑井雅之「鍍金の思い出」同上書所収，146 頁。
(80) 『東陶機器金具工場 50 年史』30 頁；鳥井田九十九，前掲論文，145 頁；桑井雅之，同上論文，146 頁。
(81) 牛島通志輔「金具工場の草分け期，巣漏れの検査は口で吹いていた」同上書所収，149 頁。
(82) 「社史資料・50 年史」18 頁参照。
(83) 航空エンジン工場で試みられてきた生産改革については，拙著『戦時期航空機工業と生産技術形成——三菱航空エンジンと深尾淳二』東京大学出版会，2001 年参照。
(84) 杉原周一「会社発展のために共に努力を」『陶友』157 号，1966 年 11 月。
(85) 江副茂氏へのヒアリング（同前）。
(86) 杉義勝「杉原会議は即杉原塾」『東陶機器金具工場 50 年史』所収，138 頁参照。
(87) 当初，給水栓 JIS は水道協会形（水道直結型：A 形）と衛生工業協会形（建築設備用：B 形）併記であった。水道事業は自治体の運営になるため，JIS 制定までは自治体ごとに水栓も異なっていた。これを統一するために水道協会が尽力して規格ができた。これが A 型水栓で，水道配水管の末端で使用されるものとして共用栓の性格を残し，吐水量が多くなるように設計されていた。一方，建築設備用として，水道の配水管とは切り離された給水設備で使われ，統一性よりもむしろデザインが重視される水栓が B 型で，こちらは衛生工業協会が独自の規格制定に動いた。材料基準については A 型も B 型も同じで，「耐圧部分は青銅鋳物」とされていただけであった。当時，材料事情が悪く，故銅の使用が一般化していた状況を反映した緩い規定であったが，1953 年に改定され，JIS-H5111（青銅鋳物の第 6 種：BC6-Bronze Casting 第 6 種：銅 85，亜鉛 5，鉛 5，錫 5 の組成で鋳造に適し，腐食に強い。砲金と同じ）と具

体的に規定された。後年，これが非関税障壁であるとして貿易摩擦の一因となり，現在では性能品質基準のみが記されている。また，1979年の改正でA形は廃止された(JIS-B2061：1950年および1979年参照)。ちなみに，東陶はB形のみを製造した(『東陶機器金具工場50年史』41頁)。

(88) JIS表示許可については，第3章注(128)を参照のこと。なお，東陶は表示許可第2号。第1号は戦前からの専門メーカーであった東京の友工社（1952年)。

(89) 「建築用陶磁器座談会」『窯業協会誌』64巻722号，1956年，15頁。

(90) 衛生陶器の付属金具はJIS：A-5514としてまとめられていたが，2000年に衛生陶器のJIS：A-5207に「参考」として統合された。JISの局面においても，金具ではなく，陶器主導で便器の工業化が進展したといえよう。ちなみに，JIS：Aの5000番台は，土木・建築部門の材料・部品を示している。

(91) 杉義勝，前掲論文，138頁。

(92) ちなみに，1950年のJIS制定当時は，蛇口の“こま”に「こま皮」が組み付けられ，塩素や高温の湯による損傷で頻繁に取り替える必要があった。後年，ゴムパッキンが使用されるようになるが，パッキンの硬化や止水時の締めつけすぎなどによる弁座損傷で給水栓そのものを取り替えねばならないケースも多く生じた。こうした問題の解決にも時間を要した（山谷幹夫，前掲論文，5-6頁；村手英明「給水せんの構造改良について」『水道協会雑誌』第338号，1962年11月，49頁)。

(93) 鍍金，すなわちメッキは，一般的にも外注することの多い工程だが，東陶の場合，石川金属工業など高度な専門技術をもった工場と長期にわたり協力関係を結んでいる。

(94) 『東陶機器金具工場50年史』45頁。

(95) 「……工場管理が全くお話にならずこのままでは今後の立直りは困難で仮に好況時になっても儲けることは出来ません。……私の意図する科学的管理機械化等は殆ど理解して貰えず淋しい気持で居ります」(杉原より深尾宛書簡，1950年3月22日付)。

(96) 道田国雄，前掲書，94-95頁参照。

(97) 野上孟，前掲論文，129頁。

(98) 平田純一氏（東陶OB，2003年6月4日)；吉村大巳氏（同前）へのヒアリング。

(99) 杉原より深尾宛書簡（1955年10月17日付)。

(100) 大崎博「フラッシュバルブの思い出」『東陶機器金具工場50年史』所収，135頁。

(101) 公団住宅標準仕様のトイレは水洗式。設立当初の1955年は和風両用，1960年より洋風腰掛式。

(102) ただし，陶器と金具の生産を同レベルで考えることはできない。衛生陶器は一度据え付けたら長くもち，改装は期待できても次々に数や種類を増やすものではない。金具はそれと比べると種類や使用場所が増え，機能的にも発展性がある（平田純一氏へのヒアリング［同前］参照)。

(103) 同年から給排水栓類の全国統計（本章注(2)参照）がとられるようになったのは，この名称変更により東陶の金具が給排水栓として認識され，統計的に有意になったためと考えられる。

(104) 『東陶機器金具工場50年史』56，93-94頁。

(105) 同上書，62頁。羽布は研磨用具（後述)。

(106) 『東陶機器七十年史』215頁；「わたしの道・江副茂」③『読売新聞』2002年2月4日。

(107) JIS，カナダのCSA規格，各地水道事業体の指定認可，建設省の指定獲得等。

(108) 『東陶機器七十年史』400頁の数字を使用して『機械統計年報』（通商産業省）の数字と比較。ただし，「機械統計」の調査対象事業所は1971年まで常用従業者20名以上，1972年以降30名以上，となっている。小企業が市場に参入している可能性からして実際の東陶のシェアはこれほど大きくはないだろう。だが一方，東陶は「機械統計」に含まれる止水栓・分水栓を製造していないから，給水栓・排水金具の分野ではガリバー型のシェアを誇っていたことになる。

(109) 『東陶機器金具工場50年史』36頁。

(110) 同上書，39-40頁。平田純一氏（同前）；吉村大巳氏（同前）；橋口功氏（東陶OB，2002年9月26日）へのヒアリング参照。

(111) 日本水道協会（本章注(26)参照）は1958年よりJWSAの略号を用いていたが，1964年に同協会から日本下水道協会が分離独立したのに伴ってJWWAを用いるようになった。

(112) JWWAは法的な基準ではなく，日本水道協会の会員に対して拘束力を持つ程度である。しかし，戦前期には内務省，戦後は厚生省および建設省において規格品を使用するよう行政指導がなされてきた。また，JISが製造工場に対してJIS表示を認可する制度であるのに対し，JWWAは具体的な検査基準を定め，個々の製品について検査を行い合否判定をする制度である（『日本水道史』総論編，691-692頁）。

(113) 北村義明氏（株式会社喜多村合金製作所会長）へのヒアリング（2003年9月11日）；株式会社喜多村合金製作所製作「感謝　この道ひとすじ六十年」1984年参照。

(114) 北村治弘氏（株式会社KVK専務取締役）へのヒアリング（2003年9月11日）。

(115) 同上ヒアリング。

(116) 株式会社喜多村合金製作所は，2008年2月に至り，株式会社KVKに事業を全面譲渡して廃業した。

(117) 美山町編刊『美山町史』通史・資料編，1973年，747頁。なお，同資料によれば，1970年頃の美山町における水栓関連の事業所数は200近く，従業者数は1,100名余りにのぼった。

(118) 中小企業にとって大手東陶との競合は厳しかったが，逆に闘志も湧き，品質管理や製品多角化を進めたという（北村義明氏へのヒアリング，同前）。

(119) 同上ヒアリング。

(120) 北村治弘氏へのヒアリング（同前）。なお本社工場JIS表示許可取得は，KVKが1958年，喜多村合金製作所が1962年（同社ホームページ：http://www.mym-net.co.jp；http://www.kvk.co.jp［いずれも2007年8月現在］による）。

(121) タブチの経験については，阿部和行氏，大谷泰昌氏へのヒアリング（2003年8月22日）による。

(122) 同社ホームページ（http://www.tabuchi.co.jp［2008年2月現在］）によれば，2008年現在の従業員数（連結）は375名。

(123) 水道幹線から分支線を取る場合，従来は水道を止めて穴あけ工事をしていたものを，通水したまま工事を行うことを可能にした特殊バルブ。

(124) ちなみに，岐阜では京都用，名古屋用，大阪用，と地域ごとに別々の継手を準備し，製造出荷していた。少々のことはネジ周りにシール用の麻を巻くことで調節可能であったという（北村治弘氏へのヒアリング，同前）。

(125) 吉村大巳氏（同前）；阿部和行氏（同前）へのヒアリング。
(126) 社内規格とは，一定の品質を持つ完成品のみが必然的に作り出されるような生産条件を具体的に決め，その条件を間違いなく守るための規準である。企業の構成員全員によって守るべきものなので成文化する必要がある（『わが国の工業標準化』133頁）。
(127) 1971年まで，東陶や伊奈製陶の製造する金具は別項目（金属製衛生器具）として集計されていたと考えられる。1971年から72年にかけて，統計数値にそれぞれ大きな変動がある。
(128) 杉原周一「衛陶と金具との関係に就いて」『陶友』第10号，1954年6月。

第5章　戦後住宅産業の発展と衛生設備機器メーカーの誕生

(1) 鈴木博之「近代とは何か」鈴木博之/石山修武/伊藤毅/山岸常人編『近代とは何か』東京大学出版会，2005年所収，14頁。
(2) 特に明治期，近代化を主導した日本の建築家，すなわち「建築家となるために高等教育を受けた人々は，官公庁や銀行・工場といった『国家』の見えかくれする建築に携わるのが常で，自分自身の生活の場である住宅は視線には入っていなかった」（内田青蔵『日本の近代住宅』鹿島出版会，1992年，28頁）。
(3) 参考までに，総務省による現行（2002年改訂）の日本標準産業分類によれば，建設業＞設備工事業＞管工事業＞給排水・衛生設備工事業，となっている。
(4) 要求書第3号「連合軍最高司令官およびその随行部隊の進駐に関する要求事項」占領軍調達史編さん委員会（調達庁内）編著『占領軍調達史——占領軍調達の基調』調達庁総務部調査課，1956年所収，719頁。軍使は降伏文書，一般命令第1号～第4号他を受け取って8月21日に帰国した。
(5) 敗戦後1ヵ月のことで，政府，東京都，業界関係者などたいへんな混乱を経験した。当時の興味深い経緯については以下を参照。協会史編纂委員会編『日本空衛協会40年史』社団法人日本空調衛生工事業協会，1978年，81-90頁。ちなみに，ジョン・ダワーは，アメリカによる占領が偶然にも建設産業や陶器産業の再生を助けたことに触れている。——「SCAPが占領軍の維持費として日本政府からとりたてた巨額の『戦争終結費用』のおよそ半分が，建設（便器，流し台，タイルといったものを含めた）費用にあてられ，大勢の下請業者に仕事を供給した」（三浦陽一/高杉忠明/田代泰子訳『敗北を抱きしめて』下，岩波書店，2001年，382頁）。
(6) 1950年には衛生陶器の国内販売実績が月産3万個に達した（「社史資料・50年史」25頁参照）。
(7) 1945年末，占領軍施設用バルブが日本弁製造統制組合に一括発注され，1947年には特別調達庁により入札調達されることになった。日本バルブ工業会編刊『バルブ工業の歩み・その2』1987年，10-12頁。
(8) ただし，戦時期の企業整備により，全国のバルブ業者数は5分の1に圧縮されていた。日本バルブ工業会編刊『バルブ工業の歩み』1974年，236-237頁。
(9) 『バルブ工業の歩み・その2』12-13頁。
(10) 空気調和・衛生工学会編刊『空気調和・衛生設備技術史』1991年，209頁。
(11) 須賀工業株式会社社史編纂室編『須賀工業90年史』須賀工業株式会社，1996年，58頁。暖房配管の管接合はネジ継手を避けて溶接を用いた（占領軍調達史編さん委員会［事務局］編著『占領軍調達史——部門編III』調達庁総務部総務課，1959年，344

頁)。
(12) 『須賀工業 90 年史』58 頁。
(13) 小泉和子編『占領軍住宅の記録』上，住まいの図書館出版局，1999 年，73 頁。
(14) 同上書，31 頁。
(15) 同上書，70 頁。
(16) 同上書，60 頁。
(17) 『占領軍調達史——部門編 III』34 頁。
(18) デザインブランチの設計担当者，網戸武夫氏の述懐による（小泉和子編，前掲書，Appendix, 19-20 頁)。
(19) 上田次郎『進駐軍家族住宅図譜』技報堂，1950 年，13 頁。
(20) なお，占領軍が本土よりも早く大規模に進駐した沖縄には洋風水洗式トイレが大量に持ち込まれた。日本の工事業者も動員され，彼らがその技術を本土に持ち帰ったという（「変わるトイレ生活」①『日本経済新聞』2001 年 8 月 27 日)。
(21) 産業学会編『戦後日本産業史』東洋経済新報社，1995 年，1111-1112 頁。
(22) 同上書，1114-1115 頁。
(23) 東貞三「住宅産業における公団の役割」荒岡孟子責任編集『わが国住宅産業の全貌』経済市場調査研究所，1969 年所収，13-14 頁。
(24) 百木茂雄「住宅産業の工業化，量産化にともなう衛生設備器具の展望」同上書所収，390 頁。
(25) 東陶機器株式会社編刊『東陶機器七十年史』1988 年，219-220 頁；井関和朗「住宅公団とトイレ」日本トイレ協会編『トイレの研究——快適環境を求めて総合的に科学する』地域交流センター，1987 年所収，62-63 頁。
(26) 東陶の 1965 年価格で当時売れ筋の便器を比較すると，洋風腰掛式ではウォッシュダウン式が 5,000 円に対してサイフォンジェット式は 14,000 円，和風ではウォッシュアウト式 3,700 円に対してサイフォンジェット式は 17,000 円（いずれも陶器は一級品で，並品ならほぼ 2 割安)。また，同じ 5,000 円の洋風腰掛式便器の場合，金具とロータンク，つまり付属品の価格は 11,800 円と陶器本体の 2 倍以上（並品なら 3 倍)，同じ 3,700 円の和風便器の場合，金具価格として 5,190-7,450 円と，これも本体よりはるかに高価であった。ちなみに非水洗式便器は 900 円台で出ているが，他の中小メーカーの製品よりは高価格だったはずである（以上，東洋陶器株式会社「衛生陶器型録-B」1965 年 8 月；同「お宅のトイレを水洗式になさるには」；山谷幹夫氏の筆者への質問回答［2007 年 4 月 11 日］による)。ちなみに，東陶における洋風腰掛式大便器の構造別出荷比率の推移は次頁の図のようになっている。サイフォン式は価格，機能ともにサイフォンジェット式とウォッシュダウン式の中間的存在と考えてよい。1960 年当時は水洗トイレの普及率が低く，一般住宅で洋風便器を備えるのは高額所得者が多かったため，サイフォンジェット式の出荷比率もそれなりに高かったと考えられる。下水道建設の進展と水洗トイレの普及に伴い，安価なウォッシュダウン式が増加し，その後，人々の意識の変革と衛生・清潔への欲望の増大により，近年ではサイフォン式およびサイフォンジェット式の比率が高まってきている。企業側の PR 効果も大きいという（山谷幹夫氏へのヒアリング調査［2007 年 11 月 20 日］を参考)。

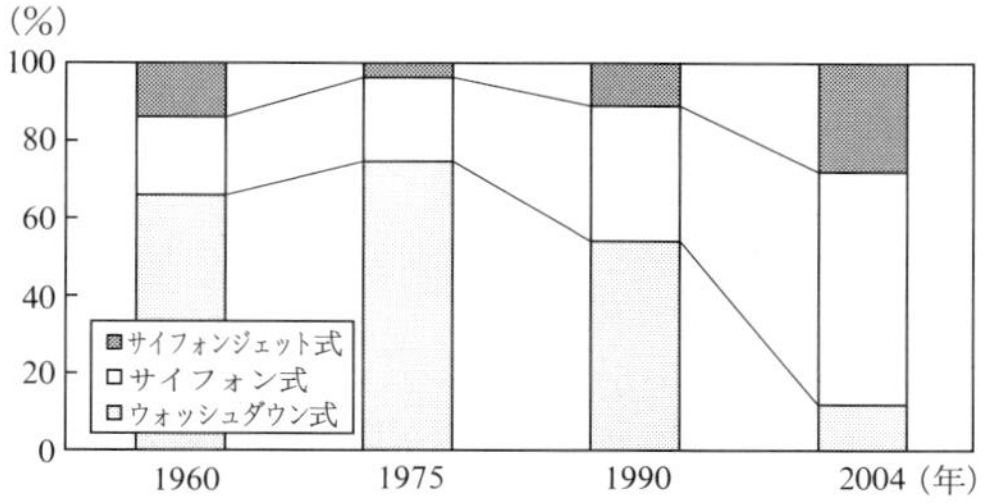

東陶の洋風便器・型式別出荷比率の推移

出所）TOTO 歴史資料館所蔵データより作成。

(27) 住宅の工業化，あるいは量産はアメリカではすでに1830年代に試みられていた。また，プレファブリックという意味では，17世紀前半以降，イギリスにおいて植民地向けに組立住宅用木製パネルを製造，輸出していたという（松村秀一『「住宅」という考え方——20世紀的住宅の系譜』東京大学出版会，1999年，15-16頁参照）。

(28) 『戦後日本産業史』1112頁。

(29) 同上書，同上頁。

(30) 松村秀一，前掲書，114-126頁参照。

(31) 1963年の生活環境施設整備緊急措置法により，第1次下水道整備5ヵ年計画が策定された。

(32) 内田元亨「住宅産業——経済成長の新しい主役」『中央公論』1968年3月。内田は当時通産省重工業局鋳鍛造品課長。

(33) 池上博史『よくわかる住宅業界』日本実業出版社，2002年，42頁。

(34) 池辺陽「住宅産業におけるシステム工学」池辺陽監修『住宅産業の製品開発』鹿島出版会，1971年所収，1-2頁。

(35) 同上論文，8頁。

(36) 欧米で使われていたツーバイフォー（枠組壁工法）は1964年に日本ホームズが導入したが，一般工法としてオープン化されたのは1974年であった。

(37) 総理府統計局『昭和48年住宅統計調査報告』全国編，87-91頁。同年，市部では7.1%，人口集中区では9.5%と高率を示していた。

(38) 清沢洋「トイレおよび水洗装置の未来像」荒岡孟子責任編集『住宅設備機器産業の展望——情報化社会における居住環境』インダストリーランドセンター，1970年所収，247頁。

(39) 西山卯三『すまい考今学——現代日本住宅史』彰国社，1989年，371-372頁。

(40) 倉部行雄「住宅設備機器産業のあり方」『住宅設備機器産業の展望』所収，16頁。

(41) 尾島俊雄「住宅設備機器の現状と問題点」『住宅設備機器産業の展望』所収，21頁。この場合，設備機器は，軀体以外のほぼすべてを指す。つまり，住宅価格に含まれる設備機器と産業として見た場合の設備機器の広がりは全く異なることに留意。

(42) 『住宅設備機器産業の展望』3頁。

(43) 井関和朗，前掲論文，69-70頁。

(44) 増原喜代志氏（有限会社増原工業）へのヒアリング（2006年10月2日）。当時，設

備工事の職人は内管工（暖房）と鉛管工（衛生）に分かれ，仕事の内容も全く別であった。

(45) この規準作成に最大の貢献をした技術者の一人，森村武雄は，東陶第3代社長森村茂樹の長男，すなわち，6代目森村市左衛門の孫にあたる人物である。1947年に大阪帝国大学工学部造船科を卒業後，西原衛生工業所に入社，のち株式会社森村協同設計事務所（1990年，株式会社森村設計）を設立した。戦後日本の建築設備，特に給排水設備規準の制定に向けて多大な貢献をした（「建築設備とともに歩んだ半生」『空気調和・衛生工学』71巻2号，133-138頁参照）。

(46) 森村武雄「給排水設備規準の必要性」『建築設備と配管工事』13巻10号，1975年8月，69-72頁参照。

(47) 谷義人氏（株式会社建工舎），増原喜代志氏へのヒアリング（2006年10月2日）。

(48) 『下水道年鑑』2004年版，水道産業新聞社，4頁。

(49) 柴田徳衛『日本の清掃問題——ゴミと便所の経済学』東京大学出版会，1961年，35頁。引用文は，1935年と55年という2時点の比較によるレトリックである。この間に起こった戦争の影響を考慮するなら，戦後経済復興の陰で市民の衛生がいかになおざりにされていたかが推測できよう。

(50) ちなみに，ヨーロッパにおいて赤痢はすでに18世紀半ばに衰えを見せていたという（アラン・マクファーレン，船曳建夫監訳，北川文美/工藤正子/山下淑美訳『イギリスと日本——マルサスの罠から近代への跳躍』新曜社，2001年，111頁）。

(51) 都政調査会編刊『東京の下水道とその将来』1960年，10頁。当時比較的下水道建設の進んでいた名古屋市，岐阜市はそれぞれ45.2%および47.2%であった。

(52) 厚生省大臣官房企画室編『厚生白書』昭和34年版，156-157頁参照。

(53) 庄司光『住居と環境の衛生学』光生館，1962年，352頁。

(54) 『東京の下水道とその将来』36-45頁参照。

(55) 柴田徳衛，前掲書，12-14頁。

(56) NPO日本下水文化研究会屎尿研究分科会編『トイレ考・屎尿考』技報堂出版，2003年，42-44頁。ちなみに，屎尿の海洋投棄は「廃棄物その他の投棄による海洋汚染防止に関する条約（通称ロンドン条約，1972年締結）により，国際的に1996年から原則禁止された。日本では2002年の廃棄物処理法により5年の猶予期間を設けて2007年に全面禁止とすることを決定したが，その最終段階までこの行為は公然と行われ続けた。

(57) 地方自治体が清掃義務を負う地域を指す。1954年制定の清掃法により，この地域内で収集された屎尿の処理法が，海洋投棄も含め規定された。本章注(64)参照。

(58) 石橋多聞/西脇仁一編『公害・衛生工学大系』I，日本評論社，1966年，178-179頁。つまり，都市人口（屎尿処理量）の増加，下水道建設の後れにより，応急処置的な屎尿処理施設の建設にエネルギーを集中した。

(59) その一方，たとえば東京では，都市域の拡大につれて汲み取った屎尿の運搬経費もまた膨大になり，下水道建設費のかわりに清掃費がかさむという，衛生的にも財政的にも非効率的な結果が生じていた（柴田徳衛『東京——その経済と社会』岩波新書，1959年，137頁参照）。

(60) 中山貴文「便所の水洗化」『下水道年鑑』2004年版所収，178頁。

(61) たとえば，東京都は1949年以来当初5ヵ年計画で進めていた水洗便所改造助成金制

度をその後も継続し，1960年までにおよそ20万戸がこの制度を利用した（『東京の下水道とその将来』16-17頁参照）。

(62)　『下水道年鑑』2004年版，6-8頁。

(63)　『下水道年鑑』1980年版，101-103頁参照。

(64)　計画処理区域は1965年に制定された「廃棄物の処理及び清掃に関する法律」に基づき，市町村等が廃棄物の収集・処理を行う地域。それ以前は1954年制定の「清掃法」に基づいて人口集中地区を「特別清掃地域」とし，市町村が処理・清掃を行っていたが，実情にそぐわないため，これを廃止して処理区域を拡大した（下表および本章注(57)参照）。1992年以降は総人口をカバーする領域となっている。

計画処理区域内人口および総人口に対する水洗化率

(%)

年度	処理区域内人口/総人口	水洗化人口/処理区域内人口	水洗化人口/総人口
1955	—	9.7	—
1960	—	12.2	—
1965	65.4	19.2	12.5
1970	81.7	25.2	20.6
1975	99.7	32.6	32.5

注）水洗化人口＝公共下水道処理人口＋浄化槽処理人口。
出所）日本水道協会編刊『下水道統計』各年より作成。数字のない箇所は不明。

(65)　末石冨太郎は，「水の制御は，都市のダイナミックスの研究に基づいた，新しい都市計画の一端として論じられなければならない。……最近ようやく，『上下水道を整備しなければならない』という表現によって，水問題の重要性を表現しようとしている」と，都市計画と水システムの乖離を指摘した（「水の制御」石原舜介/伊藤滋/熊田禎宣編『都市の制御』日本放送出版協会，1971年所収，258頁）。

(66)　公共下水道の建設・管理主体が市町村である場合に単独下水道と呼び，処理場も市町村ごとに建設される。一方，都道府県が主体となって河川流域の複数の市町村を対象とする下水道が流域下水道であり，処理施設が統合できることから経済効率が高いように見えるが，建設に時間と資金がかかり，幹線が無駄に長くなり，処理能力も地域人口に対して過大になっているケースが多い。また，工場排水も受け入れるために環境負荷も大きい。

(67)　中西準子『水の環境戦略』岩波新書，1994年，61-77頁。

(68)　石井勲/山田國廣『浄化槽革命——生活廃水の再生システムをめざして』合同出版，1994年，52-53頁。

(69)　単独処理浄化槽のBOD除去率は65%，合併処理槽では90%程度と考えられる。仮にBOD負荷量を屎尿13グラム/人・日，生活雑排水27グラム/人・日とすれば，単独処理槽の残存BOD量は合併処理槽の実に8倍になる（岡田誠之編著『新・水とごみの環境問題——環境工学入門編』[第2版]，TOTO出版，2000年，187-188頁参照）。

(70)　石井勲/山田國廣，前掲書，52頁。

(71)　永井彰一郎編『窯業製品の実際知識』東洋経済新報社，1966年，56頁参照。

(72) とこなめ焼協同組合編刊『常滑の陶業百年』2000 年，135-136 頁。

(73) 神谷高枝『衛生陶器五十五年――日本衛生陶器工業の歩み』日本衛生陶器工業組合，1967 年，42 頁。

(74) 従業員 5 名以上。ただし，5 名未満のサンプル調査 200 件を含む。

(75) 通商産業大臣官房調査統計部編『窯業統計年報』昭和 35 年版に添付されている昭和 34 年版『窯業関係会社工場名簿』による。

(76) 「変わるトイレ生活①」『日本経済新聞』2001 年 8 月 27 日。

(77) 大蔵省編『日本貿易月表』日本関税協会；『雑貨統計年報』参照。ただし，「便器」としての輸入統計はなく，確実な数字が出せない。なお，世界的大手メーカーとなっていたアメリカン・スタンダードやコーラーの製品は高価であり，全国的な販売網も成立しなかった（松島建治氏［株式会社竹中工務店設備設計部］へのヒアリング，2006 年 8 月 30 日）。

(78) 『東陶機器七十年史』208-209 頁。

(79) 神谷高枝，前掲書，41 頁。

(80) 同上書，同上頁。

(81) 『東陶機器七十年史』237-239 頁。

(82) もともとは衛生陶器のために準備された工場用地に，急成長の金具工場を建設した（東陶機器金具工場 50 年史編集室編『東陶機器金具工場 50 年史』東陶機器株式会社，1996 年，67-68 頁）。

(83) 今仁勝彦氏（石川金属工業株式会社）へのヒアリング（2003 年 3 月 3 日）。

(84) 萩正博氏（東洋合金株式会社）へのヒアリング（2003 年 3 月 3 日）。

(85) 今仁勝彦氏へのヒアリング（同前）；石川金属工業株式会社編刊『石川金属工業株式会社七十年史』1998 年，31-38 頁参照。

(86) ニッケルの光沢メッキ。それ以前は無光沢メッキであったために，ツヤ出しの羽布研磨の作業量が多大であった。クロムメッキを重ねる場合にも羽布研磨を必要とした。

(87) 中小の工場では，大工場における大量生産技術をうまく適用できないケースもあった。たとえば，研磨工程である。以前は個別にそれぞれ行っていた作業を，ずらりと並んで分業をするようになったが，結局「作業同期化」はむずかしかった。コンベヤを使うわけではないので作業強制力がなく，「前工程の人が止まった」とか「中途半端なままで後工程に渡した」などと苦情が出てかえって混乱した。こうした工程的な生産技術は試行錯誤の連続であった（今仁勝彦氏へのヒアリング，同前）。

(88) 『東陶機器七十年史』228 頁。ちなみに，日経産業新聞社の国内市場占有率調査による TOTO のシェアは，2005 年度のユニットバス第 1 位（22.6%），システムキッチン第 6 位，また 2005 年の食器洗乾燥機 2 位（11.0%）と，水回りというだけでなく電機部門においても業績が拡大している（日経産業新聞編『日経市場占有率』2007 年版，日本経済新聞社，2006 年，60，116-117 頁）。

(89) 第 3 章注(133)で衛生陶器の熟練技能者について触れたが，同じ「北九州マイスター」第 1 回認定表彰者に，東陶の金具技術者生野保幸氏も選ばれている。言うまでもないことだが，こうした技能者は製造工程のスキルのみならず，生産技術開発において優れた力量を備えている。優秀な技術・技能者を輩出する職場環境こそがメーカーにとって重要だといえるかもしれない。

(90) 生産品目としては，常に「その他」に分類されるものがある。また，定款において生

産品目が建築用設備機器と表現されるのは1970年である。

(91) 百木茂雄「住宅産業の工業化，量産化にともなう衛生設備器具の展望」391頁。

(92) FRP浴槽のユニットバスルームは東陶が主体となって日本で開発された。衛生陶器と違い，この事業分野には多くの後発企業が参入している。また，当初開発されたユニットバスルームはホテル向けで，バス，トイレ，洗面がセットされているが，家庭向けのユニットはバスのみで成立することが多い。

(93) 『東陶機器七十年史』213-214頁。

(94) 松島建治氏へのヒアリング（同前）。

(95) 『東陶機器七十年史』273-274頁。

(96) 『東陶機器金具工場50年史』74-75頁。同じく，サイフォン式は16リットルから12リットルへ，ウォッシュダウン式は12リットルから8リットルに低減された。国産化当初のサイフォンジェット式便器の水使用量は約26リットルであった（同上書，21頁）。

(97) これもサイフォンジェット式便器の事例である。ただし，節水型便器の開発および商品化については伊奈製陶＝INAXが先行してきている（高橋武治「給排水設備機器の最近の動向」『空気調和・衛生工学』51巻10号，1977年10月，74頁；「トイレ，節水競争拍車」『日経産業新聞』2006年3月13日参照）。

(98) 不採算部門の縮小や切捨ては企業の恒常的な課題ともいえる。東陶においても金具や食器からの撤退が幾度も取り沙汰されてきていたし，杉原自身，食器の切捨て論に反対していた時期もあった（杉原より深尾宛書簡，1950年3月22日付参照）。

(99) 入社にあたりさんざん逡巡した杉原だが，その後も成果を上げつつ，実は仕事上の苦悩が尽きなかった。1953年にはすでに取締役に選任されていたが，金具工場が月産1億円を見越した1956年末に至っても転職の可能性を考えていたほどだ（杉原より深尾宛書簡，1956年12月15日付参照）。直後，1957年1月の人事異動で常務取締役，1959年には専務取締役に昇任。もはや迷い無く東陶の経営に心血を注いだと思われる。

(100) 江副茂氏（TOTO特別顧問）へのヒアリング（2007年3月15日）；「わたしの道・江副茂」③『読売新聞』2002年2月4日。

(101) 著書の『不況に打勝つ成長経営』（毎日新聞社，1971年）に，モデルの誘導方法を含め，詳細が示されている。

(102) 『東陶機器七十年史』270-271頁。

(103) 新社名は伝統の陶器を主柱に抱きつつも，まさに新興産業分野である設備機器のメーカーをイメージさせるもので，衛生陶器のイメージが強い東陶が機械技術者を採用しやすくする狙いもあった（「わたしの道・江副茂」④『読売新聞』2002年2月11日）。ちなみに，戦時期に杉原が立ち上げに関わった航空エンジンの部品工場（第4章第2節参照）は「名古屋機器製作所」と名づけられていた。

(104) ヨーロッパでは，衛生陶器メーカーが衛生設備機器メーカーとして名を残しているが，単独で日米のような大企業は見られない。ただし，企業グループを形成して大規模化する例があり，たとえば，早くから金具の自製を行っていたイギリスのトワィフォード社（第1章第1節参照，現ブランド社名はトワィフォード・バスルームズ）は，1970年代以降，次々とM&Aの対象となり，2001年にヨーロッパ最大手のサニテック・グループの1ブランドとなって今日に至っている。

(105)「有価証券報告書」の生産品目（1983年より営業品目）記載にはその後，度々変更が見られる。1971年には再び衛生陶器および水栓金具，1980年：衛生陶器/水栓金具/住宅設備機器，1991年：衛生設備機器/住宅設備機器，1992年：機器商品/システム商品，1998年：レストルーム商品/バス・キッチン・洗面商品。いずれも加えて「その他」の項目がある。なお，事業としては1969年以降「建築用設備機器」で一貫している。

(106) 石田高子執筆『巧と業の協奏——INAXと常滑焼のあゆみ』株式会社INAX，1986年，358頁。

(107) 同上書，359頁。

(108) 第4章第1節で述べたように，市場シェアをつかむのはむずかしいが，昨今ではTOTO約4割，INAX約2割という（十名直喜「住宅設備機器メーカーの経営革新と国際展開」坂本清編著『日本企業の生産システム革新』ミネルヴァ書房，2004年所収，189頁）。

(109) 輸入販売した便器は1個48万円。自社開発改良型は1個28万円（株式会社INAX経営企画部アーカイブスPj. 編“INAX 20th Anniversary Digital Archives”株式会社INAX，2005年）。うち，伊奈輝三氏（株式会社INAX名誉会長）宅に据え付けられた便器は今日なお故障もなく健在だが，実際製品のばらつきも大きかったようである（伊奈輝三氏へのヒアリング［2007年4月10日］）。

(110) 以上，山路茂則執筆『炎と生きる——アサヒ衛陶株式会社前史』『炎と生きる』編纂委員会，1996年，1，21-25，38-43頁参照。

(111) 社史編纂委員会編『アサヒ衛陶50年史』アサヒ衛陶株式会社，2001年，74頁。

(112) 同上書，76-77頁。貴重な「失敗の記録」である。

(113) 同上書，75頁。

(114)「トイレ・ギャップ」『日本経済新聞』2007年5月16日参照。

(115)「上位のイノベーション」としての水洗トイレが，イギリスで開発された経緯は，第1章第1節で述べたとおりである。

(116) 第3章第2節でも触れたが，輸出自体はわずかながら戦前期から行われている。今日，たとえばアメリカの衛生陶器市場でTOTOのシェアは約1割。また，TOTOアメリカの主力製品はウォシュレットタイプの便器とフラッシュバルブである（「日経産業新聞」2006年12月6日）。INAXも海外市場で業績を伸ばしている。衛生陶器は東南アジアや中国を市場とし，欧米では建材の評価が高い。

(117)『面影』（1942年）は，東陶の創生期から小倉に在住して現場で指揮を執り，その後社長に就任してまもなく急逝した百木三郎を追悼する意味をこめて出版された書籍である。その題詞として述べられた和親の言葉は，製陶業一般というよりむしろ衛生陶器を念頭において語られたと考えてよいだろう。

(118) P・F・ドラッカー，上田惇生訳『イノベーションと起業家精神——その原理と方法』新訳・上，ダイヤモンド社，1997年，214-221頁参照。

関係

年代	陶磁器関係	金具・設備・設備工事関係
1850	1850～60頃　各地で輸出向け製陶業がおこる 72　鯉江方寿（常滑），下水用陶管製造 73　ウィーン万博，陶磁器出品と近代製陶技術の移入 75頃～　国産碍子（低圧用）普及始まる 76　森村組創業（東京）	57　大島高任，洋式高炉完成（釜石） 71　横浜に公同便所（汲取式公衆便所）設置 77　伏水製作所（京都府勧業場）で真鍮カラン製造開始
1880	1880～82　ワグネル，洋式窯築造（東京牛込） 87　鯉江方寿，4代目伊奈長三（常滑），陶製便器の特許をそれぞれ取得 91　濃尾大地震後瀬戸陶製便器の業況伸長し，普及始まる；窯工会（→窯業協会）設立 92　森村組名古屋店開設 93　森村組，瀬戸で手窯制度採用 94　名古屋陶磁器貿易商組合設立；名古屋で輸出陶磁器業隆盛し始める 98　森村組，名古屋橦木町に絵付工場の集結を完了	83　吉川商会（水道金物販売，大阪）創業；中村弥門次（松本），カラン製造開始（→日邦バルブ工業） 85　前島兵太郎（東京），工女カランと青銅弁の製造開始 87　門野留吉（彦根），工女カランの製造開始 89頃～　東京，特に芝周辺に鋳物工場急増 90　久保田鉄工所（大阪）創業 92　泉鉛管製造所創業 93　永瀬鉄工所（川口）創業 94　武井工場（東京），最初の国産給水栓製造 99　日本鉛管製造所（東京）創業
1900	01　森村組，瀬戸原料貯蔵所にて素地統一 02　松村八次郎（名古屋），硬質陶器・石炭窯完成	01　須賀商会（大阪）創業；官営八幡製鉄所設立 02　須賀商会，洋風便器を輸入

年表

上下水道・都市・環境・その他国内状況	海外の状況
54　日米和親条約締結 58　日米修好通商条約締結，5港の開港および外国人居留地設置を決定 58〜95　コレラの流行繰り返す 67　パリ万博，日本から初参加 68　明治維新；築地ホテル館竣工 69〜　居留地の下水設備建設（横浜） 70　大阪で下肥騒動（汲取権争い）発生 71〜73　岩倉使節団の欧米視察 73　ウィーン万博，明治政府初の公式参加 75　内務省に衛生局設置 77　モース，大森貝塚を発見；第1回内国勧業博覧会（東京）開催 79　各自治体に衛生課設置	48　ロンドン公衆衛生法，屋内設備技術の進展 51　第1回国際検疫会議（パリ），国際衛生条約起草；ロンドン万博開催；ジェニングズ（英），ウォッシュアウト式便器製作 52　ヨーロッパ，第3次パンデミック（コレラ大流行） 54　パチーニ，コレラ菌発見 55　クレーン社（米）創業 59　トマス・マドック社（米）創業 59〜　ロンドン大下水道工事 61〜　米，南北戦争 73　コーラー社（米）創業；トマス・マドック社，衛生陶器の製造開始 75　スタンダード社（米）創業；トワィフォード（英），ウォッシュアウト式便器製作 76　スミス（米），サイフォンジェット式便器製作
81　東京職工学校設立（近代窯業教育の嚆矢） この頃　各自治体で掃除規則，衛生取締規則，便所構造規則等を制定 87　横浜上水道完成 90　帝国ホテル竣工 93　神田下水道完成 94　日清戦争始まる 97　伝染病予防法公布；志賀潔，赤痢菌発見 99　外国人居留地廃止 この頃　水洗式便器（輸入品）が散見されるようになる	80〜　米，屋内設備技術の進展 82　ワーリング（米），サイフォン式便器製作 83　トワィフォード（英），ワンピース陶製便器製作 84　パトナム（米），サイフォンジェット式便器製作；ハンパーソン（英），ウォッシュダウン式便器製作；コッホ，コレラ菌発見 85　アメリカで超高層建築の建設始まる 89　ボステル（英），ウォッシュダウン式便器製作；パリ万博 93　シカゴ万博 98　フォージュロン（仏），トンネル窯製作 99　スタンダード・サニタリー・マニュファクチャリング社（米）設立
00　汚物掃除法（屎尿処理は住民の義務）；下水道法公布	この頃　米，第2次産業革命，企業合同進む；米，高層建築の普及

1900	03　森村組の経営/技術陣欧州視察；百木三郎，アメリカより石膏型使用法を移転 04　日本陶器合名会社設立（→17　日本陶器㈱）；池紋工場（瀬戸），和風水洗式磁器便器製造	04　高橋工場（高橋吉五郎，東京）創業。共用水栓，バルブ式カラン。シンプレクス社（米）よりフラッシュバルブ輸入。 05　国産鋼管第1号（呉海軍工廠） 06　富永製作所（富永正太郎，京都），水栓製造開始
1910	10　伊奈初之烝（常滑），炻器質モザイクタイルを試作 10　日本石膏会社設立；焼石石膏製造工場設立（→吉野石膏） 11　帝国製陶所設立（→17　名古屋製陶所） 12　日本陶器内に製陶研究所設立；大倉和親・江副孫右衛門，ヨーロッパ視察 13　日本陶器，白色硬質磁器素地完成/懸垂碍子製造開始 14　日本陶器，白素地ディナーセット，衛生陶器の販売開始 15　高島製陶所（瀬戸）設立；大倉和親，欧米視察 16　合資会社杉村組（瀬戸）設立 17　東洋陶器㈱（以下，東陶）（小倉）設立；中央窯業（名古屋）設立 18　㈱小松製陶所（小松）設立 19　大倉陶園設立；日本碍子㈱設立	12　日本鋼管㈱設立；戸畑鋳物，国産鉄管継手第1号製造 13　須賀商会，米英の陶器会社に和風水洗式大便器の製造発注；合資会社建材社設立 14　西原脩三，住宅用小型浄化槽を設計施工；高橋工場，フラッシュバルブの製造開始；久保田鉄工所，水道弁製造開始 17　初の純国産大型浄化槽設計施工（須賀・城口） 19　北沢工業（東京），青銅弁，カラン製造開始（→東洋バルヴ）
1920	20　東陶，ドレスラー式トンネル窯築造；合資会社豊橋製陶所（豊橋）設立；伊奈長太郎，アメリカ視察（陶管） 21　匿名組合伊奈製陶所設立（陶管，タイル）；東陶，硬質陶器食器製造開始，和風サイフォンジェット式便器開発；大華窯業公司設立（→40　大華窯業㈱） 24　伊奈製陶㈱設立；東陶，衛生陶器のアジア向け輸出開始 26　丹司製陶所，青地便器製造開始 28　東陶，衛生陶器社内規格を制定；熔化素地質衛生陶器を開発	20　須賀商会，スローン・バルブ社（米）よりフラッシュバルブ輸入；城口権三「大正便所」特許取得 22　高橋工場，自在水栓製造開始 24　内務省式改良便所；北村静男，北村鋳造所（名古屋）創業（岐阜水栓各社のルーツ）；合資会社ヤンソン製作所設立 26　水道管用ネジ口径の規格制定 27　㈳衛生工業協会設立；東陶，金具セットの衛生陶器をフィリピンに輸出
1930	30　西川弘三（東陶），アメリカ留学（衛生陶器製造・工事研究）；日本碍子，スパークプラグ販売開始 33　東陶，三菱長崎造船所に客船用衛生陶器を納入 この頃　東陶，高級衛生陶器を国内主要建造物に納入 35　西浦製陶㈱設立 36　日本特殊陶業㈱；日東石膏㈱；共立原料㈱設立	32　北村製作所（北村静男），水栓製造開始

02　日本生命保険本社（大阪）竣工；大阪倶楽部ホテル竣工 03　第5回内国勧業博覧会（大阪）開催 04　上水協議会設立；日露戦争始まる	03　国際衛生条約調印（パリ会議） 04　エルジャー社（米）創業 06　スローン・バルブ社（米）創業 07　国際公衆衛生局設置（パリ）
10　日韓併合条約締結 13　東京市三河島系下水道工事に着手 14　北里研究所（北里柴三郎）設立；第1次世界大戦に参戦 この頃　戦争景気；国産水洗式便器が散見されるようになる 18　東京海上ビル（旧）竣工（洋風トイレ，全館暖房） 18頃～　大都市の屎尿処理問題深刻化 19　東京市，屎尿の無料汲み取り開始	11　辛亥革命 12　中華民国成立 14　第1次世界大戦始まる 18　パリ講和会議開催 この頃　米，大手設備機器メーカーの成長
21　東京市，屎尿汲取りの一部有料公営化 22　三河島汚水処分場完成（初の放流式下水道） 23　帝国ホテル新館竣工；関東大震災，震災後便器需要増加；建築設備近代化・下水道事業進展の兆し 24　衛生工業展覧会（東京）開催 27　金融恐慌	20　国際連盟発足；リーム社（米）設立 26　フーヴァー・コード制定（米） 29　世界大恐慌
30　改正汚物掃除法（屎尿処理は自治体の義務）；昭和恐慌 31　満州事変 32　㈳水道協会設立（検査，規格制定）（→ 56　㈳日本水道協会） 34　東京市，東京湾外への屎尿海洋投棄開始 36　東京市，放流下水道区域の汲取便所新設禁止；帝国議会議事堂竣工	

1930	37　東陶茅ヶ崎工場完成	37　内務省式改良便所（新型） 38　木本鉄工所（大分），東陶と金具取引開始
1940	40　衛生陶器に臨 JES 発令（3 種） この頃　陶磁器を用いた戦時代用品製造 44　陶磁器関係工場の整理縮小 45　伊奈製陶，衛生陶器に進出；占領軍特需始まる 47　陶磁器輸出始まる；東陶，労働争議深刻化 49　衛生陶器，碍子，タイルに輸出品等級表示の義務づけ	43　金属類非常回収，給水栓も 45　占領軍特需始まる 46　東陶，水栓製造開始 48　喜多村合金製作所設立，美山（岐阜）で水栓製造始まる 49　北村バルブ（→㈱ KVK，岐阜）設立
1950	50　朝鮮戦争特需；衛生陶器 JIS 制定（3 種） 52〜53　各地にトンネル窯設置，石炭から重油焼成への切り替え 53　衛生陶器 JIS 改定で一本化 56　東陶衛生陶器工場 JIS 表示許可取得	50　朝鮮戦争特需；初の給水栓 JIS 制定 53　東陶金具工場給水栓 JIS 表示許可取得 55　公団住宅のトイレは和風共用水洗式を採用 56　東陶，金具の社内規格整備遂行
1960	60　丹司製陶，水洗式便器の製造開始 62　西浦製陶，水洗式便器の製造開始 64　日本衛生陶器工業組合設立；丹司製陶，アサヒ衛陶㈱に社名変更 69　東陶，営業品目名を建築用設備機器に一本化	60　公団住宅トイレの標準仕様が洋風腰掛式便器になる 62　㈳空気調和・衛生工学会設立 63　東陶，商品名を付属金具から水栓金具へ 64　東陶，金具工場の合理化完遂；伊奈製陶，水栓金具製造開始 この頃　岐阜水栓各社躍進 67　初の給排水設備規準HASS-206 制定；伊奈製陶，温水洗浄便器（一体型）を商品化；アサヒ衛陶，水栓金具製造開始
1970	71　東陶，社名を東洋陶器から東陶機器㈱に変更 79　西浦製陶，ジャニス工業㈱に社名変更 85　伊奈製陶，㈱ INAX に社名変更	74　伊奈製陶，節水消音型便器を商品化 76　東陶，節水消音型便器を商品化 78　西浦製陶，金具部門立ち上げ

37　盧溝橋事件 38　第一生命ビル（東京）竣工	39　第2次世界大戦始まる
41　太平洋戦争始まる 44　西武鉄道，屎尿輸送開始 45　終戦；GHQ/SCAP，「公衆衛生に関する覚書」 46〜50　占領軍家族住宅（DH）建設 47　特別調達庁設置（丸進） この頃　化学肥料使用による下肥需要の減少傾向；各自治体，トイレ水洗化の助成金制度など開始	44　ブレトンウッズ協定，IMF 発足 45　ヤルタ会談；ポツダム会談；国際連合発足 48　WHO 設立；GATT 発効 49　中華人民共和国成立
50　建築基準法：処理区域内の新築に水洗トイレ設置を義務づけ 51　サンフランシスコ講和条約締結；バキュームカー第1号（川崎市），東京は57〜 53　西武鉄道，屎尿輸送終了 55　日本住宅公団設立 57　厚生省，東京・大阪湾内への屎尿投棄禁止 58　改正下水道法：処理区域内の汲取便所の水洗化（3年以内）を義務づけ 59　プレファブ住宅発売；東京オリンピック事業開始	50　朝鮮戦争勃発
60　国民所得倍増計画 63　第1次住宅ブーム 64　㈳日本水道協会，JWWA 記号を採用；㈳日本下水道協会設立；東海道新幹線開通；東京オリンピック開催 65　初の流域下水道完成（寝屋川） 68　日本の GNP 世界第2位へ；第2次住宅ブーム この頃　“3C”時代	60　石油輸出国機構（OPEC）設立 67　アメリカン・スタンダード社（米）設立 68　アラブ石油輸出国機構（OAPEC）設立
70　改正下水道法：処理区域内の非水洗トイレの水洗化を義務づけ 72　第3次住宅ブーム；『日本列島改造論』 73　第1次石油ショック 74　下水道国庫補助率引き上げ	71　米，金・ドル交換停止 73　OAPEC 石油戦略声明